Malta - oraciones junio 05

marzo
62-63 - 64 - 71 - 90 - 133 - 154 - 155 - 157
206 - 226 - 236 - 240 - 248 - 281 - 285 - 310 -
332 - 334 - 350 - 358 - 376 - 387 -

13. libertad, esclavitud. - Todo el prólogo

La mística solar
de los templarios

Juan G. Atienza

La mística solar de los templarios

Los secretos de la inquietante
Orden de los monjes guerreros al descubierto

mr · ediciones

Primera edición: mayo de 2005

Ninguna parte de esta publicación, incluido el diseño
de la cubierta, puede ser reproducida, almacenada o transmitida
en manera alguna ni por ningún medio, ya sea eléctrico,
químico, mecánico, óptico, de grabación o de fotocopia,
sin permiso previo del editor. Todos los derechos reservados.

© 1983, 2005, Juan G. Atienza
© 1983, 2005, Ediciones Martínez Roca, S.A.
Paseo de Recoletos, 4. 28001 Madrid
www.mrediciones.com
ISBN: 84-270-3147-5
Depósito legal: M. 16.366-2005
Fotocomposición: J.A. Diseño Editorial, S.L.
Impresión: Brosmac, S.L.

Impreso en España-Printed in Spain

Índice

Prólogo 11
1. Caravaca: una primera clave templaria 23

Primera parte. El orto

2. Primera amanecida sobre Tierra Santa 51
3. Los caminos del Grial 77
4. Esquemas tradicionales para un comportamiento 98
5. Los guardianes 111
6. Levantar la casa de Dios 128

Segunda parte. El cenit

7. Retorno a los orígenes 151
8. La discreta posesión de la tierra mágica 180
9. La secreta asunción de la herejía 205
10. Cómo se fabrica un rey del mundo 259
11. Cómo se manifiesta un rey del mundo 278
12. El protegido de la Gran Madre 291

Tercera parte. El ocaso cíclico

13. El largo y abrupto camino hacia la noche 331
14. Los alucinados locos del invicto Sol 362

Apéndice I. Cronología templaria 397

Apéndice II. Los maestres del Temple 421

Apéndice III. Huellas para un misterio 431

*A Carmen,
el primer libro que dedico en mi vida;
por los veinticinco años que llevas ya soportándome,
gracias.*

Prólogo

Entre el mito y la realidad, con sospechas de una manipulación

Desde la aparición de mi libro *La meta secreta de los templarios,* se me ha presentado alguna oportunidad de tomar contacto, más o menos directo, con varios estudiosos del tema templario y hasta con continuadores —así se llaman a sí mismos, al menos— de la tradición que, según dicen, dejaron los freires del Templo de Salomón debajo de las cenizas de su último maestre, quemado por los sicarios de Felipe IV el Hermoso en la Isla de los Judíos de París, frente a la catedral de Notre-Dame, el 19 de marzo de 1314. También surgió alguna ocasión, incluso pública, de contrastar opiniones vertidas en aquel libro con las que mantienen los historiadores académicos respecto a la mayor o menor importancia que pudo tener la Orden del Temple en el contexto político, religioso y cultural de los dos siglos escasos a lo largo de los cuales se mantuvo su vigencia.

A través de todos esos contactos, se me fue haciendo cada vez más claro que aún hoy mismo, casi siete siglos después de su extinción, la andadura templaria no puede ser juzgada fríamente ni contemplada con indiferencia. Porque forma parte, lo queramos o no, de un mito cósmico que se diluye en el tiempo y que, si resulta cierto que clava sus raíces miles de años antes de la aparición material de la Orden, enreda su ramaje por toda la historia que vino después —la conocida y la ignorada— y ha pasado a constituir la razón última de una concepción del devenir humano, que tratan de adjudicarse las más supuestamente opuestas ideologías. Frente a este auténtico apasionamiento, casi enfermizo en ocasiones y siempre obsesivo, la historia que podríamos calificar de académica, más aparentemente ocupada en la presunta sucesión de los acontecimientos que en las causas intemporales que los provocan desde la aparición del hombre sobre el planeta, ha minimizado la aventura templaria siguiendo los moldes marcados por quienes trataron de borrar a toda costa cualquier señal de su existencia, rebajándola a niveles de mera anécdota en un contexto histórico que, en realidad, estuvo en buena parte condicionado por la presencia de la Orden del Temple y por el ideal —trascendente, esotérico, político y religioso— que representaba.

Para esa historia, en general, los templarios constituyen una especie de agujero negro en el tiempo, al que más vale no acercarse, so pena de caer en él y hundirse definitivamente en la vorágine de una historia paralela que, aun siendo mucho más significativa que la que viene escrita en los libros, sería preferible ignorar y hasta negar, porque su mero atisbo puede suponer el replanteamiento, desde los orígenes, de toda esa ciencia histórica tan admirablemente estructurada, tan increíblemente prendida con alfileres, tan sutilmente fabricada a imagen y semejanza de las supuestas verdades que hay que sostener a toda costa, para que el mundo —nuestro mundo— siga siendo pacientemente lo que es.

A mi modesto modo de entender la cosa, el misterio templario —¡porque sí hay, efectivamente, un misterio templario!— no sólo no merecería el olvido de los estudiosos, sino que merece a toda costa ser investigado muy seriamente y desde todos sus aspectos y con todas sus peculiaridades; porque, lejos de constituir un apartado más o menos anecdótico del proceso histórico universal, conforma el punto exacto en el cual llegó a concentrarse, con la máxima intensidad en la Europa medieval, toda una corriente ideológica trascendente que, convenientemente manipulada por tendencias extremas del pensamiento, ha servido (y puede seguir sirviendo) como estandarte de formas del comportamiento humano diametralmente alejadas de lo que debió ser, en realidad, el ideal de aquellos «pobres comilitones del Templo de Salomón».

Recuerdo, como ejemplo de esta presunta concepción «templaria» de nuestros días, la conversación que tuvo lugar en mi propia casa, apenas unos meses después de la aparición de mi libro. Mi interlocutor era un caballero francés, que se me había dado a conocer por teléfono como integrante de un grupo de estudiosos del movimiento templario y quería comentar conmigo algunos pasajes del libro y contrastar las ideas que yo había vertido en él con las que el tal caballero —o los tales caballeros— sostenían. De aquella entrevista —que significó para mí el convencimiento de una manipulación política del supuesto ideal templario traspasado al siglo XX— se me quedó especialmente grabada la obsesión casi patológica de aquel hombre por demostrar, con ideas y no con hechos, la imposibilidad o el absurdo de que los freires templarios hubieran podido tener relaciones positivas con las comunidades judías de los *ghettos* europeos y peninsulares. Incluso llegó a asegurar, olvidando que los judíos habían sido expulsados de Francia un año antes de iniciarse la persecución de los templarios en 1307, que detrás de ese prendimiento hubo nada menos que un complot israelita, que permaneció naturalmente en la sombra.

A propósito de estos conceptos, que pretenden encasillar los ideales templarios en unos parámetros cercanos —y hasta equivalentes— a los movimientos mesiánicos y políticos de momentos históricos mucho más recientes, que tratan de moldear el mundo a su imagen y semejanza y que no se detienen ante el inalienable derecho del ser humano a su propia libertad —en tanto que individuo y en tanto que integrante de la comunidad humana—, recordemos, sólo por seguir con los ejemplos, las relaciones que tuvieron los máximos dirigentes nazis de 1933 con la *Ordo Templi Orientis* (la O.T.O.) y las soterrañas raíces con la ya entonces desaparecida *Orden de la Estricta Observancia Templaria*. Recordemos los pretendidos orígenes templarios de determinadas logias políticas masónicas y rosacrucianas. Y recordemos, en fin, cómo hoy mismo, muchos de los que se llaman a sí mismos continuadores y hasta herederos de los caballeros del Temple y de su presunto mensaje proclaman, abierta o soterrañamente, claras vinculaciones con ideas racistas, militaristas y hasta del más radical dogmatismo de las ideologías involucionistas, que nada tienen que ver con lo que los templarios persiguieron en su momento, desde la realidad —incuestionable y lógica en su tiempo— de su doble condición de monjes y de guerreros.

Yo creo ver —y no sé ciertamente si me equivoco, pero trato de ser objetivo— que eso que llamamos historia no debe importarnos tanto desde una perspectiva *sucesoria* o cronológica de los acontecimientos como desde el punto de vista de una *situación* perenne que el ser humano va moldeando y adaptando en la medida en que accede —o se le permite acceder— a su evolución social, intelectual y espiritual. Una mirada de conjunto al hecho histórico nos plantea siempre la realidad inalterable de dos fuerzas encontradas que buscan el poder y que tratan de sojuzgarse mutuamente y de sojuzgar a la comunidad humana desde la cúspide del poder, sin tomar en cuenta más que la propia capacidad de dominio y despreciando, abierta o subrepticiamente, la esencial necesidad que el ser humano tiene de elegir su destino en libertad.

Que esas fuerzas se llamen papado e imperio, güelfos y gibelinos, monarquía y república, capitalismo y comunismo, o fascismo y democracia, creo que importa mucho menos que su enfrentamiento constante por alcanzar el poder sobre el resto de la comunidad. En el fondo, todos esos nombres no son más que las caras de una misma moneda, que sirve para comprar el libre albedrío del ser humano, con la fuerza del palo o con el señuelo de un bienestar que, en lo profundo, es sólo la droga calmante de una esclavitud consentida.

Aunque la historia académica y oficial pretenda ignorarlo, es bien significativo el hecho de que, en ese juego constante de tensiones por el dominio y el poder, el esoterismo, la magia y las ciencias ocultas han atraído siempre a los rivales en litigio. Si nos preguntamos abiertamente el porqué de tantas sociedades secretas o discretas, de tantas fraternidades iniciáticas, de tantos magos, astrólogos, adivinos y alquimistas pululando a la sombra de los gobernantes y en los entresijos de los golpes de estado y hasta de las revoluciones, creo que existe una respuesta que no por carecer de «pruebas» científicas tiene menos validez: la conciencia, cierta o intuida, de que, por encima de los *conocimientos* accesibles y permitidos —que sólo conducen al progreso material y son, por tanto, una forma más de dependencia— y por encima de la *fe religiosa* —que es la manipulación esclavizante por excelencia, puesto que obliga a creer en lo que se ignora por decreto—, existe un conocimiento prohibido, secreto y oculto, cuyo dominio podría presuntamente conducir al ser humano al encuentro y a la comprensión de su realidad más profunda. Hay una correlación matemática entre el saber y el poder. El que tiene —o cree tener— acceso a la realidad trascendente, el que posee o cree poseer las fórmulas que conducen al dominio de esa realidad, sabe de su ascendiente mítico sobre una parcela del pueblo sistemáticamente proscrita a la ignorancia y, a través de ella, a la superstición y a la dependencia de todo poder de origen desconocido, al cual acatará, reverenciará y hasta llegará a deidificar.

Esta *situación* constante e invariable de la Historia, de la que el ser humano viene siendo víctima secular y no protagonista —porque su eventual protagonismo se vio siempre coartado por un ente colectivo, político o religioso, que ha venido utilizando a su modo la ley del dominio y de la sumisión— provocó siempre, hasta hoy mismo, la necesidad casi visceral de encontrar el medio para superar el estado de dependencia imperante: porque, consciente o inconscientemente, el ser humano ha intuido que sólo alcanzando el conocimiento o la vivencia de las realidades suprarracionales y suprasensoriales puede alcanzar a su vez su propia liberación. La meta «material» es la misma; es la intención y los fines lo que cambia. Por eso, muy a menudo, cuando nos enfrentamos con el comportamiento mágico, somos incapaces de discernir de inmediato qué subyace detrás de cada fenómeno o incluso dónde se encuentra el límite estricto que separa la Magia Blanca de la

Magia Negra —es un modo de expresión—; sólo con la perspectiva de la experiencia podríamos separar, reconocer, elegir y, consecuentemente, admirar o condenar.

El contexto histórico en el que nació, creció y desapareció la orden del Temple invita a meditar sobre el papel decisivo —evidente u oculto— que pudo jugar a lo largo de aquellos doscientos años de permanencia como fuerza que acumulaba en una sola asociación la defensa de la religión, la potencia militar y una sólida economía, capaz de medirse con ventaja con la hacienda pública o privada de cualquiera de los estados soberanos en los que estaban establecidos sus miembros. Sería inútil que defensores a ultranza o ciegos idealistas de la orden quisieran negar cualquiera de estos aspectos; tan inútil como el que muchos detractores hagan aún hoy uso de esa triple circunstancia para proclamar —siempre gratuitamente— su aspecto negativo. Porque no es el hecho de contar con una fuerza lo que determina la validez de una doctrina, sino el uso que se llegue a hacer de ella. Del mismo modo, habría que fijar, dentro de lo posible, los límites y los fines del indiscutible esoterismo templario, para poder determinar hasta qué punto su búsqueda tendía a la liberación o al dominio estricto e inapelable de un mundo —el europeo y el del Próximo Oriente medieval— dividido por las creencias religiosas, por los poderes temporales y por potentísimos intereses económicos y comerciales.

A mi modo de ver, la meta templaria fue —aunque jamás llegó a realizarse— la institución de un régimen sinárquico universalista, que debería alcanzar a todo el mundo conocido de su tiempo. Pero como este concepto sinárquico ha caído —lo mismo que tantos otros términos como «popular», «democrático», «socialista» o hasta «cristiano»— en el equívoco de las manipulaciones ideológicas, bueno será que fijemos las coordenadas de su auténtico significado.

La sinarquía —y cito aquí casi textualmente al más reciente difusor de la idea, Saint-Yves d'Alveydre, recopilado por Jacques Weiss[1]— es, etimológicamente, *el gobierno con principios* (opuesto, por tanto, a la presunta idea de *anarquismo* o anarquía que ha regido secularmente la política de los estados históricamente conocidos, gobernados por unos principios esencialmente basados en *el poder*). Se plantea así un modelo social según el cual aquellos que disponen del poder habrían de estar auténticamente subordinados a quienes, por su saber, por su inte-

---

1. JACQUES WEISS, *La Synarchie, selon l'oeuvre de Saint-Yves d'Alveydre*, Laffont, 1976, París. Se trata de un resumen bastante inteligente de la ingente y hoy ya casi inencontrable obra de Saint-Yves.

ligencia y por su moral trascendente, son detentadores de la Autoridad. Desde tales parámetros, las tres funciones esenciales de la actividad colectiva: enseñanza, justicia y economía, estarían representadas por tres estamentos sociales —y nunca «políticos»— elegidos por sufragio universal, los cuales elegirían a su vez, mediante un tipo de examen que bien podríamos calificar de iniciático, a los cuerpos *políticos* encargados de aplicar las leyes elaboradas por las cámaras sociales. La Autoridad, pues —y nunca el poder: esto es importantísimo de distinguir—, se ejercería en un régimen sinárquico por parte de aquellos que fueran capaces de *enseñar* auténticamente a los demás y, por lo tanto, de proporcionarles un auténtico Progreso, tanto en el campo de lo económico como en lo moral y en lo intelectual. El ser humano, por este camino, tendría —al menos en teoría— acceso pleno al bienestar, a la justicia y al conocimiento.

Pero prescindamos de analizar lo que la idea sinárquica pueda tener de presunto idealismo irrealizable. Prescindamos igualmente de la exposición detallada de la teoría expuesta por Saint-Yves d'Alveydre, que trata de encontrar brotes de sinarquía en momentos específicos —tanto desconocidos como conocidos hasta la saciedad— de la historia de la humanidad. Ciñámonos a la orden del Temple, busquemos en su actuación exotérica a lo largo de sus ciento setenta y nueve años de vigencia oficial y comprobaremos cómo, en primer lugar, y tal como expuse anteriormente, su triple función como entidad religiosa, guerrera y económica tiene ya un evidente paralelismo con los tres brazos de la autoridad sinárquica. Si seguimos ahora un poco más allá, comprobaremos cómo su función en los reinos en los que estuvo establecida jamás tuvo un carácter político, aunque influyera decisivamente —y más a menudo de lo que la historia visible y académica podría admitir— en la política ejercida por sus soberanos. Por este camino de profundización, veríamos cómo responde también a la idea sinárquica su estrecha —y esotérica— relación con las fuentes del conocimiento aportadas desde las formas religiosas no cristianas vigentes en el mundo medieval: el Islam y el Judaísmo, así como la búsqueda constante de las ideas y hasta de las prácticas trascendentes —mágicas, si queremos— aportadas por las variantes heterodoxas del cristianismo y por las religiones superiores precristianas, cuyo recuerdo, más o menos camuflado, persistía en muchas aparentes supersticiones populares y en numerosas manifestaciones de la creencia tradicional, apresurada e incompletamente cristianizada por una Iglesia triunfante y abiertamente imperialista.

A los templarios se les ha encajado, alternativamente, en el contexto de los movimientos ideológicos medievales, como güelfos

—o partidarios del poder temporal del papado— o como gibelinos —inclinados a la idea de un Imperio europeo fuerte y todopoderoso, por encima de la pretendida autoridad eclesiástica—. El favor que, sin duda alguna, obtuvieron de distintos pontífices y las interpretaciones parciales y tendenciosas de determinados aspectos del pensamiento esotérico del Dante —muy cercano, por otra parte, a la ideología trascendente de los templarios— han llevado a varios investigadores a la suposición de que la Orden se implantó y se desarrolló como brazo armado de la Iglesia, guardadora y promotora de su poder temporal. Por otro lado, su acercamiento originario a soberanos imperiales como Federico II Stauffen ha hecho que otros estudiosos avanzasen la posibilidad —nunca documentada, por otra parte, como tan a menudo sucede en el contexto de la historia templaria— de una idea imperialista que habría tratado, más o menos ocultamente, de relegar la influencia de la Iglesia a planos estrictamente espirituales.

Una mirada atenta sobre los logros políticos, culturales y hasta trascendentes —muchos de ellos efímeros, como la misma Orden— de los siglos XII y XIII, nos llevan, sin embargo, a la sospecha fundada de que los templarios intentaron llevar a cabo una misión que, muy probablemente, superó sus propias posibilidades. Si nos fijamos en el hecho de que, tanto en los reinos cristianos de la Península Ibérica como en el resto de Europa y hasta en ia Tierra Santa, la presencia de los *milites Templi* coincide con los más serios intentos de progreso, tanto a niveles sociales como espirituales e intelectuales (intentos que, después de su desaparición, tenderían a diluirse o quedarían relegados en manos de estrictas minorías heterodoxas indefectiblemente perseguidas por los poderes políticos y religiosos), cabe pensar que los templarios, abiertamente muchas veces y de modo más o menos oculto otras, tuvieron que ver, y mucho, con esos abortados atisbos de sinarquía pura.

Porque ensayo sinárquico fue, al fin y al cabo, el efímero reino de Jerusalén de los Balduinos, en el que no sólo conservaron su libertad de expresión todas las creencias (hasta el punto de servir los mismos templos para celebrar alternativamente ritos cristianos, islámicos y judíos), sino que el poder de los reyes se veía restringido, como casi sería inaudito pensar en la Edad Media, por un parlamento que ejercía la autoridad más positiva que pudiera imaginarse. Del mismo modo, no creo que pueda ser casual la independencia del reino de Portugal con la ayuda soterraña de los templarios; ni lo era, sin duda, la política de tolerancia religiosa llevada a cabo por Jaime I de Aragón —educado y mediatizado por los templarios, como su padre y su abuelo y sus tatarabuelos los Ramón Berenguer III y IV—, convocando reuniones polémicas en las que kabalistas de la talla de Nahmánides de Gerona podían poner en serias dificultades los principios de la fe defendidos por abades y obispos. Ni creo tampoco que los templarios fueran ajenos a la creación de entidades culturales como las universidades de Coimbra y Palencia o como la Escuela de Traductores de Toledo o el Instituto luliano de Miramar, en Mallorca. Y hasta creo que estuvieron presentes —aunque siempre desde la sombra de su autoridad esotérica— en la primera convocatoria de cortes leonesas de 1188 y en la creación de los Estados Generales de Francia de 1302. E incluso me atrevería a asegurar que este hecho último habría de ser, más que ningún otro, el que desencadenaría las iras del rey Felipe el Hermoso contra ellos, hasta el punto de arremeter contra la orden —con la ayuda de un papa comprado— a partir del encarcelamiento masivo de sus miembros el 13 de octubre de 1307.

Creo también —pero esta creencia, como tantas otras ideas vertidas sobre los freires a lo largo de la historia, es imposible de probar documentalmente— que la pasividad de los templarios franceses en el momento de su arresto no se debió tanto a la impotencia ni a una supuesta conciencia de *misión cumplida* que algunos historiadores les han adjudicado, rizando el rizo del ocultismo trascendente y de una pretendida continuidad invisible hasta nuestros días, como a la seguridad que tenían del esencial fracaso de la meta que se habían propuesto, al convencimiento de que habían querido imponer la realización de una idea que todavía no estaba madura en la conciencia de los hombres y que, caso de llegar a estarlo alguna vez, tendría que costarle previamente a la humanidad la prueba terrible de una crisis apocalíptica universal que rompiera de una vez por todas y totalmente los esquemas de una conciencia de *poder* secularmente establecida. Fijémonos, en este sentido, en cómo, frente a la pasividad de los templarios franceses, los de la Corona de Aragón —donde los logros sinárquicos habían llevado camino de progresar con mayor eficacia— se opusieron con tenacidad a los intentos de arresto y encarcelamiento venidos de fuera de las fronteras y ofrecieron resistencia en las fortalezas de Miravet, de Castellote o de Monzón. Fijémonos igualmente en cómo Portugal, donde existía un amplio margen de identificación con la idea templaria, creó en sólo seis años una orden —la de Cristo— que acogió a todos los templarios exclaustrados del país e incluso a muchos otros emigrados de Francia y les ofreció seguir con el desarrollo de unas ideas que, en el resto de Europa, irían perdiendo su enorme fuerza después de la disolución de la Orden por el concilio de Vienne (1312).

Esas ideas fueron, en líneas generales —y mal que pese al racionalismo furibundo de quienes sólo ven problemas económicos en el desarrollo del proceso histórico—, la continuidad de una búsqueda de los conocimientos ocultistas propagados en la catedral gótica por las hermandades de constructores formadas en las bailías templarias. Pensemos que el simbolismo auténticamente trascendente de la arquitectura gótica se pierde en Europa poco a poco, después de la desaparición de los templarios; y aquel gótico tardío de la segunda mitad del siglo XIV es apenas una caricatura triste de la perfecta sincronicidad ocultista de Chartres, de Reims o de León. Frente a esa decadencia de la expresión esotérica, sólo el estilo manuelino, desarrollado en Portugal bajo la influencia de los freires de Cristo —que lo descubrieron espléndidamente en la ampliación del convento templario de Tomar— sigue constituyendo un mensaje en clave en el que vienen a inscribirse absolutamente todos los conocimientos paralelos —alquimia, astrología, hermetismo, numerología...— que pueden conducir al iniciado hasta la posesión del saber trascendente total, prohibido y perseguido por una iglesia comprometida en mantener la ignorancia del hombre hacia la Otra Realidad.

En este contexto histórico del mantenimiento del poder a toda costa, por encima y en contra de los reales intereses de una humanidad que pretende avanzar por el camino de su propia evolución —interior y exterior—, la Orden del Temple constituyó un atisbo colectivo abortado prematuramente —quizás uno de los poquísimos en toda la historia de la humanidad— para dar al hombre las claves de su bienestar social y de su trascendencia espiritual. Por eso, resulta totalmente absurdo que determinadas sectas pretendan hoy mismo revivir el nombre de los templarios para servirse de su recuerdo y hasta de su mito en beneficio de unas ideas en cuyo trasfondo se encuentra únicamente la búsqueda del poder y el intento a corto o largo plazo de la sumisión del hombre ante quienes pretenden organizarle la vida, el progreso y hasta eso que suele llamarse salvación. La idea templaria —como la idea sufí, o la kabalística y la cristiana primitiva— no eran en modo alguno el desarrollo de una creencia que tenía que ser buena precisamente por ser la suya —y que, por tanto, debería ser impuesta por la fuerza al hombre y a la sociedad, si llegase el momento—, sino la creación y promoción de un mundo de libertades conscientes en el que los seres humanos tuvieran la oportunidad de vivir en paz y en auténtica justicia —al margen de lo que las ideologías al uso han hecho con la interpretación de estos términos—, para desarrollar al máximo sus posibilidades trascendentes de evolución, tanto individual como colectiva.

La catedral templaria —y volveremos sobre ella muchas veces posiblemente— resulta, en este sentido, el ejemplo vivo que, a pesar de las transformaciones impuestas por las autoridades religiosas a lo largo del tiempo, sigue mostrando documentalmente la idea de la trascendencia. La catedral es un cúmulo inmenso de experiencias oficialmente ignoradas, cuando no prohibidas, que influyen sobre el hombre a todos los niveles de su conciencia. Desde las proporciones del templo, establecidas sobre módulos tradicionales —entrevistos por Pitágoras y por los arquitectos sagrados de la antigüedad— hasta la iconografía simbólica de sus portadas, desde el material empleado en la construcción hasta los lugares de emplazamiento de los templos, todo el conjunto y cada uno de sus elementos integrantes está llamando al hombre para que, ante la obra y dentro de ella, tenga la oportunidad de encontrarse a sí mismo y de hallar las bases de la realidad trascendente —intelectual, vital y religiosa— cuyo conocimiento se le viene negando sistemáticamente desde las inaccesibles alturas del poder.

Hoy, esas catedrales, pese a sus transformaciones y a los seculares esfuerzos de los poderes fácticos por destruir su mensaje, son todavía el documento más directo y más fiable de lo que fue el ideal templario. Frente a pergaminos que se han perdido definitivamente, frente a infolios guardados en archivos a los que no hay acceso posible, frente a libros que nunca se llegaron a escribir —pues el Conocimiento con mayúscula jamás ha llegado a ser transmitido por los libros, porque, entre otras cosas, es inefable—, la catedral, con la pirámide, la *stupa,* el *dorje* y el *zigurath,* forma parte de un mensaje que hay que descubrir abriendo los ojos del conocimiento. Posiblemente, jamás lleguen a darnos pruebas que convenzan a quien no quiera ser convencido, pero aquellos que busquen realmente los caminos de la Realidad, tendrán la oportunidad de leer en sus piedras, en sus figuras, en sus vidrieras y hasta en sus proporciones, el mensaje de un conocimiento que se nos ha ocultado sistemáticamente, porque el hecho mismo de alcanzarlo habría dado al traste con todas las estructuras de poder y de dominio que se han mantenido a lo largo del tiempo gracias a no permitir el acceso del hombre al conocimiento de su propia esencia.

Contra lo que suele ser costumbre entre los que escriben libros —una costumbre que me afecta también a mí mismo o que, al menos, me ha estado afectando hasta ahora— estas ideas del prólogo no están siendo escritas después de llenar cuatrocientos folios de ideas y de resultados de investigaciones. Lo escribo antes, cuando todavía ignoro en sus detalles el resultado de lo que escribiré después, cuando todavía es un propósito contenido en los millares de fichas que tengo intención de utilizar. Cuando en mi anterior estudio en torno a este tema, *La meta secreta de los templarios,* intenté una aproximación primera a la realidad oculta de los freires del Temple desde la perspectiva de lo que hicieron y dejaron en la Península Ibérica, me ocupé a veces más de las fuentes que ellos dejaron en su investigación trascendente que de lo que pudo significar realmente el mundo oculto de la Orden: lo que obtuvieron, a lo que aspiraron, las raíces mismas de su ideal, las causas de su mítica presencia en el mundo que hoy mismo hollamos y sentimos vibrar bajo nuestros pies y fallar y vacilar y desintegrarse.

Pienso que ahora, después de la buena acogida que aquel libro tuvo entre los lectores, ha llegado el momento de adentrarse más profundamente en la esencia misma de los templarios, en lo que realmente significaron en el mundo medieval y en lo que queda aún vigente —que no es ciertamente poco— del ideal que informó su presencia. Pero, del mismo modo que pienso —y aduje algunas pruebas en aquel libro— que el ocultismo templario fue realmente una recopilación o una refundición de muchos conocimientos esparcidos que ellos trataron en cierta manera de aglutinar para dar sentido a su mensaje, creo también que un nuevo acercamiento a su historia, a sus símbolos y a su obra, puede darnos la pauta de todo cuanto aquel ideal contenía de elementos todavía válidos para nuestra andadura presente. No se trata, naturalmente, de añorar la vida de los siglos XII y XIII, en los que los templarios tuvieron su marco de acción. Ha pasado el tiempo, sí; el hombre parece que ha aprendido a pensar más y mejor; y, sin embargo, con la relativa perspectiva de los siglos, tengo para mí —y no creo ser el único— que el acontecer histórico, más que un «eterno retorno» nietzscheano, es una constante espiral repetitiva, en la que el Hombre, como ser colectivo en fase de evolución, intenta constantemente recuperar su libertad frente a unas minorías que, desde el Poder, tratan de manipularle la vida, la muerte, la evolución, el sentimiento, el saber y hasta las creencias, ignorando que forman también parte de ese grupo del que aspiran a ser dueños totales, estableciendo una relación de dependencia en la que ellos querrán marcar las pautas del comportamiento, de la evolución y hasta, si ello fuera posible, de esa salvación quimérica de la que tanto se sirven.

Si de algo puede llegar a servirnos el ejemplo templario —y ese ejemplo no significa necesariamente que toda la ideología templaria formase un bloque con sus miembros, puesto que esos miembros eran seres humanos y, como tales, estaban sujetos a nuestras debilidades y a nuestros mismos deseos—, ha de ser en el sentido de que, en tanto que institución colectiva, intentaron alcanzar unas metas vitales desde las cuales el ser humano, sin que importase el estricto momento histórico y cultural, pudiera acceder conscientemente en la escala de su propia evolución social y espiritual. Ellos sabían que, por encima de cada creencia religiosa, hay una realidad en la que Ciencia y Creencia, investigación y fe, intelecto y subconsciente, se unen sin oponerse. Quiero pensar —y aquí intervienen al alimón mis deseos y mis atisbos— que los templarios, lo mismo que determinados miembros de excepción adscritos oficialmente a determinadas creencias religiosas —un Teilhard y un Lanza de Vasto, un Moisés, un Galileo, un Ramon Llull—, comprendieron que mal pueden progresar ciencia y religión si no se unen en un esfuerzo común, sin reticencias, sin tiquismiquis de cultos, sin racionalismos exacerbados opuestos a convencimientos viscerales. El Hombre —y sigo pensando en el Hombre con mayúscula— es un ser que, en sus coordenadas actuales, sólo tiene conciencia de una parte de su realidad total. Y que incluso esa parte le es conocida desde perspectivas deformadas tanto por una ciencia trabada con orejeras como por unas formas religiosas fundamentalmente ansiosas de poder, de manipulación y de dependencia. No me cabe la menor duda de que los templarios cayeron por oponerse a esa situación y por intentar la construcción de un mundo del que sólo quedó el mensaje de las catedrales. Y que ese mensaje quedó ahí precisamente porque estaba contado en un lenguaje que muy pocos llegaron a aprehender.

Pero se da el caso de que, a pesar de los nombres, del progreso tecnológico y de la aparente evolución del ser humano, nuestra situación vital sigue siendo idéntica. Sucede que, además, se trata demasiado a menudo de manipular a la propia conveniencia los mejores principios, para usarlos luego, debidamente caricaturizados, como arma de poder y de dominio. Por eso, bueno será que tratemos de analizar, con la mayor objetividad de la que podamos echar mano, la realidad del ideario de la Orden del Temple. Para ello me propongo partir de una aventura sin importancia aparente —un episodio secundario de la andadura templaria— y sacar de él todos los hilos que haya podido encontrar de su singladura histórica. Caminaremos, pues, de lo particular a lo general. Y trataremos, una vez metidos en ese mar mareante de la historia, de lanzar las anclas sobre aquellos acontecimientos y aquellas ideas que, habiendo sido secularmente despreciadas por los eruditos, podrán servirnos —ojalá sea así— para comprender las razones escondidas por las que demasiado a menudo se mueven unos acontecimientos que solemos limitarnos a describir, sin haber intentado nunca calar hondo en su esencia, en su Realidad, al fin y al cabo.

1

Caravaca: una primera clave templaria

Afirmaba un historiador local murciano, Cuenca, que la ciudad de Caravaca había sido fundada en tiempos inmediatamente posteriores al Diluvio por un hijo de Tubal —el nieto de Noé— llamado Sabacio Saga; y que la bautizó con el nombre de Canaca en honor a Cam, el tío de su padre, el segundo hijo del Patriarca. Naturalmente, una afirmación semejante ha tenido que ser necesariamente olvidada por la investigación académica. En el mejor de los casos, se ha tomado como una pura y simple leyenda popular. Sin embargo, yo tengo el convencimiento de que el pueblo transforma sus recuerdos, pero no inventa nada sin alguna razón. Y creo que muchos misterios de la más remota historia de la humanidad podrían comenzar a desvelarse sólo con que nos molestásemos en investigar más seriamente sobre las razones profundas que pueden latir en los mitos conservados por la memoria de los pueblos, una memoria probablemente mucho más despierta de lo que podemos sospechar.

Bases para un milagro

Por Caravaca pasaron, prácticamente, todos los pueblos que fueron asentándose en la Península Ibérica: argáricos, fenicios, griegos, romanos, visigodos y musulmanes. Su nombre primitivo —el primero que aparece documentado, al menos, en las *Tabulae* de Ptolomeo— fue Karka. Y el cronista islámico Rasis la llama, ya por el siglo XII, Karietuka'at Todmir, porque había formado parte de aquel remoto ducado mozárabe que los primeros conquistadores musulmanes dejaron en medio del territorio ocupado, tras la mítica defensa de

Orihuela llevada a cabo por sus mujeres, al mando del conde godo Teodomiro.

Caravaca, probablemente gracias a su fortaleza —esa misma que hoy, aun transformada, preside el núcleo urbano que se guarece a su sombra— adquirió una considerable importancia estratégica y esa circunstancia contribuyó a su crecimiento, hasta el punto de contar con walíes propios y haber llegado a constituir un centro cultural de primer

El santuario templario de Caravaca domina la vega que rodea la población. Y no con fines defensivos, sino como protección milagrosa de todo el contorno.

orden dentro del reino de Murcia, del que salieron eminentes hombres de letras como Abu'l Hassan al Qarawaqí. Y es precisamente en esta época de auge islámico —aunque ya en los últimos tiempos de su dominio, después de la figura señera de Mardanish y muy poco antes de la conquista cristiana— cuando se sitúa tradicionalmente, con nombres, apellidos y fechas, un hecho prodigioso que habría de convertir a Caravaca en el enclave preciso para un acontecimiento mágico de primera magnitud, que habría de marcar con su impronta a la ciudad, que le daría su fisonomía y hasta las bases de su comportamiento hasta el tiempo presente.

Porque desde el momento mismo en que se entra —aún hoy— en Caravaca puede sentirse cómo, en cierta manera, toda la ciudad está marcada por la presencia trascendente de esa pequeña y extraña cruz patriarcal de diecinueve centímetros de altura que constituye su totem local y el fundamento de esa nombradía universal de que goza. Porque la imagen de esa cruz ha venido a convertirse en módulo de magias y de exorcismos por todo el ámbito de la cultura —y hasta de la contracultura— del mundo cristiano. Pero si a esta circunstancia añadimos que la reliquia fue custodiada por los caballeros de la Orden del Temple desde 1244 hasta la disolución de la milicia y el prendimiento de sus miembros en 1308, creo que tenemos ya motivos más que sobrados para intentar una aproximación a este hecho que, desde más de un punto de vista, aparece como insólito, misterioso y decididamente impregnado de significados ocultos.

La cosa —sea milagro, leyenda o simple artilugio, eso no nos importa aún— se asegura seriamente que tuvo lugar en el año del Señor de 1231 y precisamente en el alcázar que se levantaba en el castillo que corona la población. Parece ser que allí tenía su residencia el rey Abu Zeyt, primo del Miramamolín almohade vencido en 1212 en la batalla de las Navas de Tolosa, Muhammad ben Yaqub. Se cuenta que el reyezuelo de Caravaca conservaba en sus mazmorras numerosos prisioneros cristianos y que, entre ellos, se encontraba un sacerdote conquense de nombre Ginés Pérez Chirinos. (Lo que no deja de ser significativo, según veremos más adelante, ya que ese nombre de pila tiene no sólo relación con un santo murciano tremendamente curioso, sino que camina en paralelo con los míticos *jinas*, los poderosos *genios* de los pueblos arios, los *djinns* misteriosos y omnipotentes de las primitivas tradiciones árabes del desierto. En cualquier caso, los historiadores eclesiásticos parecen confirmar la realidad incuestionable del personaje y hasta su filiación conquense, hasta el punto de que en Cuenca hay todavía un grupo de viviendas que forman parte de la ciudad vieja y que la gente conoce por las casas de Chirinos.)

Las razones del encarcelamiento de aquel sacerdote habían sido, al parecer, sus repetidas prédicas cristianas por la zona, pero en el momento en que comienza nuestra historia parece ser que hacía ya mucho tiempo que sus ojos no veían la luz de la libertad. El caso fue que Abu Zeyt convocó cierto día a todos sus prisioneros para conocer su personalidad y su oficio —digo yo si sería para dedicarles a algo útil o para saber qué rescate podría pedir por ellos— y, al llegarle el turno a

Chirinos, contestó a las preguntas diciendo que era sacerdote y que su oficio era el de celebrar el sacrificio de la misa.

Descuidos providenciales

El reyezuelo moro, a pesar de los siglos de convivencia entre paces y guerras de moros y cristianos, debía saber muy poco del ritual católico, porque sigue diciendo la leyenda que le pidió al cura detalles de aquel oficio que decía tener y Chirinos contestó que, en aquella ceremonia, el mismo Dios se ofrecía como víctima a los seres humanos y descendía al altar para ser sacrificado y consumido en el acto de la Eucaristía. El rey tomó la explicación al pie de la letra y pidió una demostración práctica del prodigio, pero Chirinos le dijo que no podía celebrar la misa, porque le faltaban todos los elementos componentes del ritual. Abu Zeyt no se amilanó; le sugirió que pidiera cuanto necesitase y con la lista *casi* completa —porque al buen cura se le olvidó pedir una cruz— mandó un mensajero a Cuenca con órdenes estrictas para que se trajera todo cuanto el sacerdote había pedido.

(Fijémonos, como de pasada, en que toda la circunstancia en torno al futuro milagro se está desarrollando como la preparación de un espectáculo de magia. El sacerdote-mago necesita unos elementos materiales imprescindibles para realizar su espectáculo y el presunto rey-espectador-crítico se apresura a ponerle los medios necesarios para que no falte ningún componente de los que son necesarios al truco. De este modo actuaría —pienso yo— Rodolfo II con los alquimistas que acudían a su corte jurándole que podían trasmutar en oro cualquier otro metal. Por eso creo que, a lo largo del proceso milagroso de Caravaca, hay también algo de sustrato alquímico, algo así como una transubstanciación que forma parte de lo que la misa tiene en tanto que acto eminentemente mágico.)

El caso es —si seguimos relatando al pie de la letra la tradición caravaqueña— que los mensajeros de Abu Zeyt regresaron de Cuenca con todo lo solicitado y que el rey musulmán pidió al sacerdote que realizase el rito. Chirinos comenzó a prepararse y sólo en el último instante se dio cuenta de la falta de aquel elemento esencial del que se había olvidado: la cruz que habría de proclamar simbólicamente la presencia divina en el altar. Así se lo dijo, seguramente un poco asustado, al monarca, indicándole al mismo tiempo —según se dice— la forma que tiene el símbolo. Y entonces el rey, mirando hacia lo alto, le preguntó: «¿Es eso la cruz?», mientras señalaba a unos ángeles luminosos que asomaban por la ventana, trayendo en sus manos precisamente lo que el cura Chirinos acababa de pedir.

Bien: detalle más, detalle menos, ese fue el milagro. Se dice que los mismos ángeles confirmaron a Chirinos que aquella que le traían era parte de la verdadera cruz del Gólgota y el sacerdote, aún no repuesto seguramente de la emoción por el prodigio, celebró con ella la misa. Naturalmente, Abu Zeyt se convirtió, junto con su mujer y sus hijos y, tras haber sido debidamente instruido en el cristianismo, recibió el bautismo. Y todo aquel suceso fue el origen de la adoración de la reliquia, que continuó en Caravaca por los siglos de los siglos hasta que, después de algunos intentos fallidos, fue robada definitivamente el 14 de febrero de 1934 y los caravaqueños y el mundo se quedaron sin aquel tesoro místico. Más tarde, en 1949, el Vaticano envió unos trocitos del Lignum Crucil para fabricar una nueva que hiciera revivir todas las tradiciones y todas las creencias y todas las piadosas dependencias que la auténtica se había llevado consigo.

Los hechos paralelos

Escuchando o leyendo las circunstancias del milagro, surgen dudas y preguntas que plantean la posibilidad de que, detrás de él, se escondan significaciones distintas a las que la piedad popular nos ha transmitido a través de los siglos. Un ejemplo: Chirinos difícilmente habría podido describir para su misa una cruz con el aspecto de la que, al parecer, le trajeron los celestes mensajeros; ni es probable —aun dentro de los límites del mito— que el rey moro hubiera podido identificar el milagroso regalo con la descripción que pudo hacerle el sacerdote prisionero. Porque la cruz de Caravaca no es en modo alguno una cruz corriente, sino el modelo de la que, en su día, llevaban como símbolo de dignidad los patriarcas de Jerusalén: la cruz patriarcal.

Tomando esa identidad como punto de partida, voy a dar cuenta breve de otra historia lejana que, como vamos a ver muy pronto, no debe de andar muy lejos de las motivaciones más profundas del prodigio caravaqueño.

Una tradición cristiana oriental cuenta que santa Elena —recordémoslo, se trata de la madre del emperador Constantino, el primero que reconoció la legitimidad del cristianismo, el de *in hoc signo vinces* y el concilio de Nicea—, durante una peregrinación a los Santos Lugares en el año 326, fue conducida por un anciano judío al lugar donde había tenido lugar la Crucifixión, al Gólgota. Allí encontró unos fragmentos del sagrado madero, que dieron inmediatamente fe de su autenticidad curando a una enferma que se acostó encima. Santa Elena recogió aquellos cinco pedazos de la cruz, los hizo enmarcar y los convirtió en un relicario en la forma que habría de denominarse cruz patriarcal:

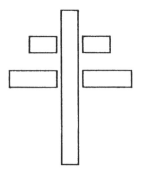

La tradición oriental añade que la santa emperatriz regaló la reliquia al patriarca de Jerusalén, que la habría mandado colocar en una capilla de la iglesia del Santo Sepulcro. En tiempos de la Primera Cruzada, después de ser tomada la Ciudad Santa por Godofredo de Bouillon (1099), el patriarca recién nombrado, Roberto, decidió utilizarla como pectoral y llevarla como enseña de la fuerza cristiana en medio de las batallas. Los musulmanes no ignoraban el poder talismánico de aquel relicario y en la batalla de Hattin —precisamente la que significó la pérdida definitiva de Jerusalén como posesión cristiana— se la arrebataron al patriarca Heraclio y la llevaron como botín de guerra a Damasco.

En 1192, como consecuencia de los tratos entre Ricardo Corazón de León y Saladino (según los cuales los cristianos tendrían acceso a los Santos Lugares, aunque éstos seguirían en manos del Islam), la cruz volvió a ser patrimonio del Patriarca hasta que, en 1228, cuando el emperador Federico II Stauffen iba a coronarse a sí mismo rey de Jerusalén, aparecieron dos ángeles de la nada, arrebataron la cruz al patriarca que consentía aquel acto y se la llevaron consigo al cielo, en señal de protesta —es de suponer— ante el contubernio islamo-imperial que había convertido una cruzada en un pacto de no agresión entre dos sistemas religiosos hasta ese instante irreconciliables.

Siguiendo el hilo de una continuidad no reconocida, esa cruz arrebatada por los mensajeros celestiales sería la misma que aparecería en Caravaca cuatro años después, santificando la ciudad y dándole intrínseca categoría de Centro del Mundo.

La cruz de Caravaca, tal como se venera en la actualidad.

Tenemos que reconocerlo: la estructura mágica del prodigio es absolutamente perfecta. A todos los niveles, posee los pelos y las señales de la autenticidad. Pero, por encima de todo —y esto es lo que nos interesa— contiene, a mi modo de ver, toda una serie de indicios que proclaman una determinada ordenación, en la que todos los hilos nos llevan irremediablemente a la Orden del Temple, a sus fines, a sus intenciones, a su ideología más profunda, a su comportamiento mágico, ese comportamiento que la historia oficial y académica se ha negado sistemáticamente a reconocerles.

Hagamos historia así, a secas

El emperador Federico II Stauffen es uno de los personajes más apasionantes de la historia europea medieval. Se cuenta que, en su juventud, pasada en Sicilia bajo la tutoría de Inocencio III, recibió la iniciación templaria. Por otra parte, se conoce su nada oculta simpatía por las corrientes espirituales y culturales del Islam. En su corte abundaban los consejeros sufíes y en su ejército los soldados musulmanes. Gracias a esos contactos logró que la cruzada, en la que estaba comprometido y cuyo retraso le valió la excomunión por parte de Gregorio IX, fuera la única de toda aquella sangrienta y larga historia de luchas religiosas en la que los tratados y la comprensión mutua contaron más que la fuerza de las armas y el poder de persuasión de las máquinas de guerra.

El emperador, dispuesto a tratar con los sultanes egipcios —y no con los de Damasco, que mantenían buenas relaciones con los templarios—, acordó con Maliq al-Qamil la instauración en Jerusalén de un régimen de tolerancia en el que la misma Ciudad Santa, aunque gobernada por los cristianos, sería reconocida también como sede espiritual de musulmanes y judíos. Los francos recobrarían la propiedad del Santo Sepulcro, pero los musulmanes serían poseedores de Kubat'at al Sajra (la mezquita de Omar) y de la mezquita de la Roca, la que fuera construida por arquitectos sufíes en el siglo IX sobre las ruinas del templo de Salomón.

Con este acto —que no era el primero que el emperador realizaba contra los intereses de la Orden del Temple, sino la culminación de toda una serie de vejaciones a que la había sometido desde muchos años atrás— Federico II arrebataba a sus antiguos maestros en ocultismo nada menos que el lugar preciso y exacto de su origen y la razón misma de su nombre de Caballeros del Templo de Salomón, con todo cuanto tal epíteto conllevaba para aquellos sempiternos buscadores del conocimiento esotérico.

Un año después de estos hechos, el emperador siciliano se hacía coronar rey de Jerusalén. La influencia que los templarios habían tenido sobre él en su primera juventud era sustituida por la de los caballeros teutónicos. Su maestre Hermann de Salza fue el único representante de las órdenes militares de Tierra Santa que asistió al acto en el que la leyenda situaría la milagrosa desaparición de la cruz patriarcal. Años más tarde (1243), gracias a una alianza con el sultán de Damasco, los caballeros del Temple intentarían recuperar, sin éxito, sus casas de Jerusalén y el mismo emperador diría de ellos en una carta dirigida en 1244 a Ricardo de Cornualles: «*Al punto que, tal como se nos apareció de forma evidente, por medio de algunos religiosos que vinieron a encontrarnos desde las regiones ultramarinas, los templarios recibieron en los claustros de sus casas a los sultanes y a sus enviados con precipitados honores, cumpliendo sus supersticiones,*

Caravaca: dos ábsides superpuestos en el santuario de la Vera Cruz. En el superior se encuentra la ventana por la que entraron los ángeles que la trajeron desde la Tierra Santa.

invocando a Mahoma y librándose a prácticas dignas de gente del siglo. Nada ha podido evitarles cometer el perjurio...»

Curiosamente —es más que probable, con razón por ambas partes— el emperador y el Temple se acusaban mutuamente de contubernio con el Islam. Un contubernio que habrá que analizar en profundidad, porque no cabe duda de que comporta razones que van mucho más allá de intereses políticos o económicos inmediatos y que, aunque la documentación histórica lo ignore demasiado a menudo, forma parte de un comportamiento trascendente al que ni los templarios ni Federico II fueron ajenos.

Cosas que la historia se calla

El devenir histórico de la edad media europea —es decir, a partir del asentamiento triunfante de la iglesia— se caracteriza por una constante tensión entre los poderes temporales y un poder espiritual empeñado en conducirlos por la senda del acatamiento absoluto a las leyes dictadas desde Roma. La intención de la iglesia era ya entonces la de controlar estrechamente la política europea desde su posición de influencia espiritual y desde la amenaza de unos anatemas que podían convertir a cualquiera en víctima de quien quisiera alzarse como brazo secular de Dios en persona. La iglesia se arrogaba el derecho de dictaminar lo que se podía y lo que no se debería hacer en cualquier circunstancia; indirectamente, se consideraba la única con poder para decidir, con la única fuerza de su autoridad, sobre las intenciones de cualquier poder ejecutivo: feudal, real o imperial.

En este contexto, la orden del Temple de Jerusalén aparecía —de modo extraoficial, naturalmente— como el brazo armado de esa autoridad que se proclamaba universal, en forma paralela a un ideal de gobierno ecuménico que llegaba ocultamente de Oriente —los límites de la Tierra del Preste Juan— y que venía a proclamar el establecimiento de un sistema sinárquico, en el que el mundo habría de ser regido por una autoridad —fuerza espiritual y consejera sin vetos ni trabas, formada por los altos sacerdotes poseedores del saber, como los druidas célticos o los brahmanes— defendida por los soldados sagrados, los **chatriyas agárthicos**, que cuidarían de que tal ordenación universal fuera debidamente cumplida y acatada frente a la anarquía del poder temporal.

En un determinado momento de la historia, en 1198, la muerte del emperador Enrique VI puso, casi providencialmente, el imperio en manos del poder papal, al ser nombrado casi simultáneamente pontífice y tutor del pequeño Federico II (cuatro años) el joven Inocencio III, protector incondicional a su vez de la orden del Temple y decidido partidario de sus ideas sinárquicas. Los templarios, sin lugar a dudas, ejercieron activa y directamente esta protección y esta influencia sobre el jovencísimo soberano y, con ella, implantaron en la mente del futuro emperador los ideales universalistas que, más o menos ocultamente, seguía la orden del Temple.

Sin embargo, a lo largo de pocos años, la confianza puesta por los templarios en ambas personas —emperador y papa— como inmediatas piedras fundamentales de su ideal tendría que venirse al suelo. En 1209 Inocencio III proclamaba la cruzada contra los cátaros del Languedoc —un movimiento religioso puro hasta la exageración, portador de ideales sincréticos ante los que los templarios no podían sentirse ajenos— y un año más tarde, Federico II, aún adolescente, se proclamaba rey de los alemanes y comenzaba a dar ya claras muestras de seguir por cuenta propia unos ideales políticos —creo que debo insistir: meramente *políticos*— insuflados por el Temple y por los consejeros islámicos fatimíes de sus territorios sicilianos. En estas circunstancias, los templarios y Federico II comenzaron a mirarse mutuamente como rivales irreconciliables en un ideal común. Y sus acusaciones recíprocas son una muestra de cómo cada cual esgrimía contra el otro unos argumentos que, en el fondo, eran perfectamente intercambiables. Los templarios tachaban de hereje a Federico por sus costumbres y por aliarse con el sultán de Egipto. El emperador, por su parte, acusaba a los templarios de concelebrar ritos religiosos con los musulmanes, tomando como tales la costumbre que la Orden había establecido en Tierra Santa, denominada el *simultáneum,* según la cual un mismo lugar, templo cristiano o mezquita, podía ser utilizado para la celebración indistinta de ambos cultos en caso de necesidad.

Fechas para un exorcismo

En el año 1244, Caravaca y su castillo, tras haber sido conquistados por los soldados aragoneses y catalanes de Jaime I, que había colocado allí como gobernador provisional a su pariente Berenguer de Entenza, pasaban a manos del Temple de Castilla en la persona de su primer comendador, Martín Martínez. Ese mismo año, exactamente el día 17 de octubre, trescientos templarios de Tierra Santa y el Gran Maestre Armand de Périgord morían luchando con los mongoles delante de Gaza y, de hecho, se ponía fin a una etapa decisiva en la corta historia de la Orden. Ese mismo año —curiosamente— caía en manos de los cruzados el reducto cátaro de Montségur y doscientos *puros* subían voluntariamente a las piras instaladas en la falda del monte, en el que aún hoy se conoce como el *Camp dels Cremats.*

En ese instante, hacía exactamente trece años que se había producido presuntamente el milagro de la cruz en aquel recinto de Caravaca y quince desde que Federico II, proclamándose rey de Jerusalén y colocándose a sí mismo la corona, diera el golpe de gracia a la influencia templaria en Oriente.

Curioso: en Caravaca se encontraba ahora la cruz que había huido milagrosamente del pecho del patriarca jerosilimitano en aquella ocasión oprobiosa para los templarios. Y la Orden era dueña y señora del santuario-castillo que la albergaba, según la tradición. Caravaca pasaba a ser, pues, en aquel preciso momento, una especie de hito sustitutorio del ideal templario que se había perdido y seguía perdiéndose en Oriente y se convertía, casi de modo lógico y automático, en un centro espiritual templario de primera categoría, desde el que cabía recomenzar la labor paciente e incansable de los ideales de la orden. Para ello, el invento —o la transformación debidamente conducida— del hecho milagroso constituía una baza mágica de primera magnitud, una especie de prueba que confirmaría que el Temple seguía en posesión de la potencia espiritual que había regido hasta entonces los ideales de la Orden.

De Caravaca y sus templarios dependían las plazas murcianas de Cehegín, Bullas, Sigla y Canara, en torno a la fortaleza. Pero dependía, sobre todo, un talismán sagrado que, a no tardar, estaba destinado a convertirse en amuleto mágico por excelencia a lo largo y ancho de toda la Península Ibérica y hasta de Europa, por encima de imposiciones ortodoxas y de conveniencias aceptables por exigencias dogmáticas.

Tomemos unos cuantos ejemplos al azar. Cualquiera podría encontrar una docena más.

En la parroquia de Cobas, en la provincia de Orense, a la entrada de la carretera que conduce al monasterio benito de Osera, existe un peto de ánimas y, delante de él, un crucero que representa la cruz de doble brazo, para exorcismo de meigas y santas compañas.

En pueblos extremeños del nordeste de Badajoz, por la sierra de Siruela y valle de Tomajosa, la gente suele llevar colgada del cuello esta misma cruz, que llaman «cruz Alcaravaca» y que les sirve para ahuyentar al diablo y evitar sus hechizos.

A mediados del siglo XIX se publicó —y creo que en el reino de Valencia precisamente— un curioso libro, el *Tesoro de Milagros y Oraciones de la cruz de Caravaca,* en el que se reunían, con la aquiescencia de «*los Sres. Emmos, Cardenales, Arzobispos y Obispos de España*», que, «*han concedido 3.000 días de indulgencia a los devotos que recen con devoción delante de dicha estampa un Credo y un Acto de Contrición*», toda una larga y alborotada serie de preces y exorcismos, fórmulas, jaculatorias, profecías, salutaciones, advertencias, simbolismos, hagiografías y utilidades mágicas en torno a este amuleto que estaba ya confirmado por panacea universal, hasta el punto de que su reedición reciente sigue siendo solicitada masivamente por lectores de todos los rincones del mundo latino. En ese libro, bajo la advocación de la cruz caravaqueña, se encuentran métodos para curarlo todo, desde el mal de ojo a las malas caídas, desde un dolor de vientre a las cataratas, pasando por la nostalgia y los conjuros contra duendes y brujas. Y hasta se advierte que, llevándola encima la persona, o colocada en un cuadro o en la puerta de las habitaciones o sobre las partes doloridas, el ciudadano devoto de esta reliquia que-

Portada del librito mágico que tanta difusión ha tenido por esos mundos de Dios proclamando las virtudes terapéuticas de la cruz templaria de Caravaca.

dará preservado de todo tipo de males. Y que besándola «*se ganan muchísimas indulgencias*».

Todavía, en nuestro momento inmediato, es posible encontrar en tenderetes de antigüedades reproducciones en latón de esta cruz, hechas en su mayor parte en el siglo XIX, con la particularidad de que, en todas ellas, el amuleto está invariablemente compuesto por dos piedras encajadas, que contenían en su interior algún elemento mágico: un papel con oraciones o alguna reliquia menor. La proliferación de tales cruces, lo mismo que el éxito del libro que anteriormente comentaba, hace pensar fundadamente que, ya desde el momento de la invención del milagro caravaqueño —o, al menos, desde el instante de la difusión *política* por parte seguramente del Temple— existía una intencionalidad claramente trascendente que, de una u otra forma, pasó al pueblo bajo el aspecto inequívoco de un suceso decididamente mágico y, sobre todo, divinal, muy por encima de sus apariencias ingenuamente ortodoxas.

La búsqueda en el lugar preciso

Vamos a husmear, en el lugar de los hechos y valiéndonos de su historia concreta, la huella que en él pudo dejar el Temple.

En apariencia, poco queda de esa huella, salvo algún recuerdo. Históricamente se sabe poco, pero suele ser corriente cuando nos metemos a indagar en las cosas de los templarios españoles, como si en torno a ellos se hubiera levantado una barrera de silencio.

De Caravaca conocemos, por ejemplo, que siendo baile frey Bermudo Méndez, en 1285, el alcaide musulmán de Huéscar, Alí Muhammad, les arrebató en una aceifa el feudo de Bullas y que el rey castellano Sancho IV, en un arranque de indignación, despojó momentáneamente a los caballeros templarios de todo el territorio, concediendo a la población el título de villa y otorgándole el fuero de Alcaraz. Pero parece ser que los templarios, para salvaguardar su honra guerrera, reconquistaron pronto Bullas y que, poco después, el monarca castellano les restituyó sus posesiones, que ya conservaron hasta la disolución de la Orden y el mandamiento procesal ordenado por el papa Clemente V.

Si penetramos en el actual santuario de la Cruz comprobaremos que, una vez traspasado el recinto —precisamente junto a la puerta de la que llaman prisión de Chirinos— se levanta la mole del santuario actual, construido en los primeros años del siglo XVII sobre planos de Francisco de Mora, que fue discípulo de Juan de Herrera, el constructor de El Escorial (de quien se conoce perfectamente su vinculación ocultista y sus conocimientos esotéricos de la obra hermética de Ramon Llull). Dicen que la fachada del santuario de la Cruz es una imitación perfecta de los módulos mágicos escurialenses. Es posible, pero, para mí, lo que hay realmente es una continuidad de determinadas pautas arquitectónicas que en modo alguno responden a meros fines estéticos, sino fundamentalmente a intencionalidades simbólicas.

Entre estos símbolos, como elemento ya común y corriente en la arquitectura de todos los tiempos, está esa concha marina que fue, desde tiempos prehistóricos, el símbolo de los maestros iniciados venidos del mar; la misma concha que habría de convertirse en vieira iniciática de las rutas jacobeas y la misma que, en su germen esque-

Fachada barroca del santuario de la Cruz de Caravaca. Atención a la estructura de la pirámide, perfectamente expresada.

mático, habría de convertirse en la representación de la pata de oca de los conocimientos transmitidos ancestralmente por la reina Pedauca (pie-de-oca) de las leyendas ocultistas bretonas y vascas: la Gran Madre, Melusina o Anna de las tradiciones célticas heredadas de los pueblos ligures.

Hay que reconocer que, en momentos de deterioro gnóstico, el símbolo se perdió como tal en aras de la alegoría. Pero bastaría observar atentamente la fachada del santuario de la Cruz de Caravaca para comprobar que aquí su inserción es absolutamente intencionada. Tanto, al menos, como la presencia de los dragones serpentarios también allí representados, que incluso han entrado a formar parte de la tradición popular de la ciudad. Y tan intencionada como las dos representaciones piramidales que apuntan sobre la fachada y en lo más alto, entre las dos figuras de la cruz patriarcal. Y hasta tan intencionada como puede ser, a fin de cuentas, la misma estructura de esa cruz, que responde tanto a una superposición de la cruz griega sobre la Tau de los ocultistas como a una representación esquemática y sacralizada de los cuadrantes náuticos que habrían de emplearse en los viajes de exploración portugueses, promovidos por la Orden de Cristo, sucesora y heredera de los bienes y hasta de los mismos secretos de la del Temple.

Dos capillas, una ventana

Si penetramos ahora en el santuario y nos dirigimos al altar mayor, veremos que está deliberadamente constituido por un doble ábside, uno sobre otro. El inferior está formado por un arco abocinado, con el techo construido con una única pieza de mármol en forma de concha —de nuevo la concha—. Encima de esta capilla hay otra, más pequeña, que todos conocen por la capilla de la Aparición. Aparte la decoración de trofeos árabes que contiene, esta capillita conserva la que tradicionalmente es considerada como la ventana por la que aparecieron los ángeles luminosos portadores de la cruz en el instante del milagro. Una ventana que, según se asegura, era la misma que formaba parte de la sala del palacio de Abu Zeyt cuando sucedió el prodigio y que posteriormente, cuando se planteó la construcción del santuario actual, fue arrancada cuidadosamente y vuelta a colocar en el sitio que ocupa en la actualidad.

Sin embargo, esta ventana es, a toda luces, un óculo gótico. Y, más que un óculo, un signo templario. Semejante a muchos tragaluces catedralicios del siglo XIII, tiene cuatro volutas que le otorgan el inequívoco aspecto de la cruz vasca, el *laburu* tradicional, tan semejante a un doble *yin-yang,* que divide el círculo en cuatro cuartos exactos y complementarios. En torno a esta figura hay un marco circular exterior y, en él, una inscripción que comienza a la izquieda de una cruz pateada que hay en la parte inferior y está compuesta de cuarenta y un signos alfabetos constitutivos de una escritura indescifrable.

Me he propuesto deliberadamente que este capítulo sea sólo una exposición de claves que posteriormente iremos tratando de desentrañar. Por eso, no querría más que exponer ahora el problema de una inscripción que, aunque generalmente ha pasado inadvertida (y creo que *deliberadamente* inadvertida, por los misterios no demasiado ortodoxos que plantea), ha tenido osados investigadores que pretendieron haber dado con la clave de su significado. Ya en 1603, un morisco, Miguel de Luna, definió aquellas letras como árabes y daba una traducción que reproduce el historiador Cuenca en su clásica historia:[1]

---

1. M. CUENCA FERNÁNDEZ PIÑERO, *Historia Sagrada de la Ssma. Cruz de Caravaca,* Madrid, 1722, pp. 168 y 181.

La ventana del milagro en Caravaca y la sucesión de letras que la rodea.

«*en el año de 584 de los árabes, imperando Mahomet, Aben Ceyt poderosísimo rey, y treinta moros se convirtieron en este sitio a la verdadera ley, por medio de dos Cruces en una, que fue traída por un Ángel, a quien hacían comitiva otros muchos, y servían al celebrar de la misa*». A pesar de la evidente gratuidad de esta interpretación, otros autores de siglos posteriores la dieron por válida y la reprodujeron con pocas variantes. Y hasta hubo quien tradujo igualmente otras inscripciones ya desaparecidas y del mismo tipo que, al parecer, se encontraban bordadas en vestidos reales hoy perdidos y en una también perdida silla de montar del reyezuelo Abu Zeyt.

A mi modo de ver, lo que aquí fue escrito —y posiblemente en otros lugares del castillo, hoy desaparecidos— tiene que ver, tanto o más que con el milagro —al menos con el milagro tal como es conocido a niveles populares— con un significado escondido expresado de modo deliberadamente críptico no por los musulmanes, sino por los caballeros del Temple que allí habitaron y que pretendieron crear la imagen del prodigio con unos fines muy definidos. En cualquier caso, creo que todo el contexto religioso creado en torno a la Cruz de Caravaca está relacionado íntimamente con el sincretismo trascendente de los caballeros del Temple, que tomaron las estructuras de su comportamiento de una Tradición cuidadosamente conservada y trataron de transmitir de alguna forma el conocimiento que habían alcanzado y la búsqueda que llevaban a cabo. Es precisamente el rito de esa conciencia mágica el que, todavía hoy, se encuentra presente en los actos multitudinarios que están contenidos en las fiestas patronales de Caravaca, cuyo desarrollo vamos a tratar de comentar ahora, como complemento del entorno misterico de la cruz y de su significado.

El festejo de la gran memoria

Desde el 25 de abril de cada año, las campanas anuncian durante cinco días el inmediato comienzo de las fiestas. Son días de espera y preparación, durante los cuales dulzainero y tamboril recorren las calles de Caravaca preparando al pueblo para el rito que va a tener lugar. Un rito que, lógicamente cristianizado, a pesar de sus raíces paganas, dará realmente comienzo en la mañana del 2 de mayo con una misa que habrá de celebrarse no en templo o parroquia alguna, sino en el que llaman el Templete del Baño.

Este templete, a pesar de todo cuanto quiera decirse de sus ortodoxos significados de piedad campesina, es un auténtico altar exagonal a las divinidades acuáticas, las mismas que traen sus aguas al pueblo desde las charcas ancestrales que nacen unos kilómetros hacia las afueras. (Por cierto, conviene recordar, aunque sea a título de curiosidad, que en las inmediaciones de las lagunas se levanta la ruina de una torre que todo el mundo llama la casa de los templarios y que parece haber tenido como misión la de cuidar del buen estado de las aguas de aquellos manantiales que muchos consideran como milagrosos o, al

El templete poligonal de las aguas, un centro mágico en el contexto de las fiestas templarias caravaqueñas.

menos, terapéuticos.) Su presencia barroca, rodeada de agua, recuerda inmediatamente ritos ancestrales de las culturas agrícolas más antiguas, conservadoras probables de la antigua tradición de aquel Sabacio Saga, nieto de Tubal, que fue, al decir de la gente, el fundador de la ciudad.

La fiesta sigue ahora en el recinto del castillo santuario, con el acto que llaman de la Carrera de los Caballos del Vino. Se trata aquí de una tradición netamente templaria, puesto que sus orígenes se encuentran en la estancia de los caballeros en la ciudad. Dice esta tradición que, habiendo sido cercada la fortaleza por la morisma, las aguas del aljibe de la fortaleza comenzaron a descomponerse, amenazando seriamente a los sitiados. Fue entonces cuando unos freires del Temple, arrostrando los peligros del asedio, salieron del castillo y alcanzaron un lugar llamado El Campillo, donde llenaron de vino tantos pellejos como pudieron transportar. Luego se abrieron paso a mandobles y penetraron

Junto a las lagunas que suministran el agua al templete de Caravaca, se levanta este edificio, que aún es conocido por todos como la Casa de los Templarios.

nuevamente en el recinto, bañaron en vino la santa reliquia de la Cruz y dieron de beber a los sedientos defensores de la plaza, que así calmaron su sed y recuperaron sus fuerzas sin que ni uno solo llegase a emborracharse, con lo que la defensa podría haberse hecho imposible.

Como es lógico, ahora se conmemora el acontecimiento con una romería de jinetes por la cuesta que conduce al santuario, en la que es premiado el mejor enjaezado. Posteriormente se bendice el vino que se ha escanciado en una jarra de plata, pero esa bendición consiste en meter en el vino el pedestal sobre el que se asienta la Cruz. Luego se rocían con ese vino las flores que se han traído en canastillas y que posteriormente son repartidas entre los asistentes.

Toda la ceremonia tiene un significado paralelo que acompaña soterrañamente a la ingenua religiosidad ortodoxa popular que aparenta. No en vano están los templarios detrás de todo el tinglado, con su exacto sentido del símbolo tradicional que habría de traducirse en significados muy concretos a lo largo de la historia de la orden. En este caso, a mi modo de ver, creo que no conviene olvidar que el caballo, en todo el contexto simbólico del que se sirvieron los templarios, fue siempre un portador de sabiduría y de iniciación y jugó el papel de conductor del adepto hacia su meta trascendente. Jugando —aunque sólo en apariencia— con las palabras, habría que decir que el caballo es un elemento kabalístico, que es el portador —en este caso concreto— del *soma* de la experiencia trascendente: el vino de Noé, la bebida ritual que habría de convertirse, convenientemente destilada por los alquimistas, en el *aque vitae*, elixir de experiencias superiores. Aquí, la bendición del vino por medio de la Cruz hace que la bebida quede totalmente sacralizada, del mismo modo que se divinizan las flores que luego habrán de repartirse como reliquias entre los asistentes.

Aguas sagradas, lustrales, griálicas

La tarde de ese primer día de fiesta se dedica a llevar la reliquia de la Cruz hasta la iglesia parroquial de El Salvador, lo que sucede después de un simulacro de combate entre moros y cristianos, que tiene lugar en la pendiente que da acceso a la fortaleza. Para efectuar ese traslado, se hace entrega de la Cruz al hermano mayor de la cofradía que la mantiene en custodia.

El tercer día de mayo, segundo de fiesta, tras la misa preceptiva, tiene lugar el que llaman Baño del Agua, en el templete que ya conocemos. Allí, el pedestal de la Cruz —siempre la Cruz es la protagonista— es sumergido seis veces en el canal que rodea el monumento, tantas como lados tiene el templete. Y los devotos beben entonces de esas aguas y aún quedan algunos que se bañan en ellas. Popularmente, el origen de esta ceremonia se fija en un momento determinado —1384 para estos caravaqueños, tan amigos de puntualizaciones— en el que la Cruz fue llevada a Lorca y a Totana, donde se había producido una espantosa epidemia. Y añade la tradición que, durante todo el camino, tanto a la ida como al regreso, dos misteriosas luces acompañaron a la reliquia a poca altura, sin abandonarla un solo instante. Hoy, según se dice, la procesión sigue exactamente el mismo camino que siguió en aquella fecha señalada.

No es la primera vez que en la historia de esta reliquia aparecen los signos luminosos, que constituyen una faceta importantísima en buena parte de los contextos prodigiosos de la religión cristiana. Según se asegura en otra ocasión, parece ser que a principios del siglo XVIII, el capellán del santuario conjuraba una tempestad desde el llamado con-

La capilla circular, como un balcón en lo alto del santuario de Caravaca, es llamada el conjuratorio y, desde allí, la cruz bendice los campos. Fijémonos que su estructura es la de un círculo inscrito en un cuadrado.

juratorio del castillo —que es una capilla circular y exterior, con amplísimos balcones que dan sobre la vega de Caravaca— y también entonces surgieron dos luces dando guardia a la cruz, «*a dos palmos por encima de las tejas*», según dicen las crónicas. Y aquel prodigio fue visto tanto por los caballeros de la orden de Santiago (que poseían por entonces el castillo) como por numerosos vecinos de la población. Y hasta se asegura que permanecieron visibles durante casi una hora. La historia forma parte de los numerosos milagros atribuidos a la reliquia y se complementa con una noticia muy corriente en manifestaciones paranormales enlazadas a fenómenos místicos: durante más de treinta días, el lugar del conjuratorio y sus proximidades se vieron envueltos en una fragancia que, a decir del cronista Cuenca, «*no era percibida por los que no estaban en gracia de Dios*».

Como podemos comprobar, a estas alturas del tiempo existía ya una especie de discriminación teológica que, por supuesto, no formaba parte de lo que había sido el ideal primero del Temple. (Recordemos, como de pasada, que este tipo de conjuratorios, más o menos transformados, constituyen en muchos lugares del mundo cristiano y, naturalmente, de la Península Ibérica, una especie de centro mágico en el que, debidamente colocado el objeto religioso —virgen, cruz o santo, que tanto da— irradia su influencia benéfica sobre las tierras circundantes. Es el caso que, curiosamente, se da en la capilla de Nuestra Señora de Monfragüe, en Cáceres, capilla que, lo mismo que este santuario de Caravaca, está levantada en honor de una virgen negra justo en el recinto de un castillo que perteneció a los caballeros de dicha orden militar, también formada en Tierra Santa e incorporada posteriormente al Temple, al menos en su versión catalana, la de los freires de Montgaudí.)

Caravaca como clave templaria

Lo que en Caravaca queda hoy de la conciencia trascendente —y hasta, diría yo, de la *metapolítica*— de los templarios, no es mucho, al menos documentalmente hablando. Sin embargo, cabe perfectamente suponer que la circunstancia histórica de aquel instante (1244) en que pasaron a ser dueños del castillo murciano era para ellos, al menos, un intento —uno más— hacia la posible consecución de un ideal ecuménico universalista en que intervendrían todas las fuerzas, evidentes y ocultas, de su formación esotérica.

Pensemos que el momento histórico era entonces crucial en el futuro de la orden. En el plano europeo y mediterráneo, su ideal de fusión religiosa se veía parcialmente truncado por la pérdida definitiva de Jerusalén aquel mismo año, con su consiguiente retirada a los últimos reductos en Acre y Chipre. En Caravaca, los freires se encuentran, por un lado, con la posibilidad de dar al mundo —¡y vaya si la dieron!— la noticia de un prodigio que venía en cierta manera a confirmar, desde planos trascendentes, las razones de su ideal y las culpas de sus adversarios. Pero, al mismo tiempo, les daba la oportunidad de ensalzar y promocionar —de modo igualmente trascendente— a unos monarcas que podían eventualmente convertirse en el objetivo sustitutorio de la meta sincrética templaria y en cabezas visibles de un futuro e inmediato enfrentamiento a un ideal imperial que no respondía en sus coordenadas a las metas político-religiosas que los templarios se habían trazado desde su instauración como guardianes de la Tierra Santa.

No olvidemos que este mismo año de 1244 es el del tratado de Almizra, por el cual se fijaban las coordenadas de la expansión territorial tanto de Castilla como de la Corona de Aragón. En estos planes, la reconquista de Jerusalén y de los territorios palestinos constituían un objetivo inmediato en la mente de Jaime I el Conquistador, que había recibido ya peticiones de ayuda por parte del último rey de Jerusalén —el último antes del emperador alemán—, Juan de Brena, veinte años antes y a muy pocos años vista de la boda de su hija con el emperador Federico II.

Más aún, un año después de esta ocupación templaria de Caravaca, el papa Inocencio IV, tras haber conseguido la segunda excomunión del emperador en el concilio de Lyon, incitaba al rey catalán a emprender la cruzada. Jaime I aceptó encantado la propuesta —no olvidemos la enorme influencia que los caballeros del Temple ejercieron sobre él ya desde su infancia en Monzón, sobre cuyas circunstancias volveremos— y emprendió en 1243 una expedición que, si hemos de dar crédito al *Libre dels Feyts,* fracasó sólo por culpa de las corrientes marinas, que le obligaron a regresar a puerto «*als disset dies i disset nits*» de su partida. Esta conquista, nuevamente intentada —y con un nuevo fracaso— en 1269, habría convertido a Jaime I, de haberse llevado a cabo, en soberano ecuménico del ideal templario. Nada fue posible y aquel rey con espíritu de freire —si es que no lo fue también de hecho— se encontró ante una traba tras otra que le obligaron a abandonar definitivamente el proyecto y a dejar en Palestina, como recuerdo de su presencia imposible, el cuerpo de su hija Sancha, la cual, tal como nos cuenta el infante don Juan Manuel, murió en San Juan de Acre como una desconocida, sirviendo humildemente en un hospital de peregrinos.

A la vista de las claves que se nos plantean en Caravaca, tengo la impresión, cada vez más confirmada, de que en la Orden del Temple hubo siempre un paralelismo entre la recóndita labor de su conocimiento ocultista y la plasmación exotérica de sus resultados ante el mundo medieval. Una plasmación que muy a menudo lograron llevar a cabo, pero siempre sin que la Orden apareciera directamente implicada en unos acontecimientos que ella misma había promovido, para que el mundo —su mundo— alcanzase un estadio de conciencia superior inspirado por su ideal sinárquico. Por eso, exactamente del mismo modo que en Caravaca se habla de los templarios a niveles populares, sin que de verdad se conozca (ni allí ni en otra parte) lo que realmente hicieron, la historia en general suele ignorar ciegamente el papel ejercido por aquellos freires de manto blanco que, bajo su humilde denominación de «pobres comilitones del templo de Salomón», estuvieron a punto de lograr una auténtica revolución humanística en el mundo medieval.

Creo que la circunstancia templaria tiene, a muchos niveles, una proyección que se manifiesta, unas veces con toda claridad y otras de modo mucho más críptico, en los sucesos, en las huellas, en la vivencia mistérica y hasta en la fenomenología folklórica y religiosa que aún puede detectarse en Caravaca. La ciudad, su milagro, sus sucesos y sus claves constituyen una síntesis del origen, de los fines y de las aspiraciones y hasta de las consecuencias de lo que los freires del Temple fueron o pretendieron llegar a ser dentro de su contexto histórico.

He intentado esparcir aquí el mosaico caravaqueño con el ánimo de que, a partir de él, podamos ahora dedicarnos a analizar y responder a todo un cúmulo de preguntas que, indefectiblemente, se plantean ante el misterio templario y que, según creo, han sido demasiado a menudo ignoradas y, aún más frecuentemente, sacadas de quicio, por ignorancia profunda de los hechos o —lo que es peor— por un afán de anteponer los fenómenos a las raíces que los hacen posibles. Porque una cosa es enfrentarse a esos hechos e interpretarlos como la mente nos da a entender y otra muy distinta sacar de ellos las consecuencias de una motivación superior que los provoca y los rige.

Desde esta perspectiva, el misterio templario puede aparecer como un extraño quiste en el contexto de la historia espiritual de la edad media o como la manifestación de una conciencia trascendente universal de todos los tiempos que, en cada momento histórico, se plantea de una manera concreta y distinta. Esta última es la perspectiva que me parece correcta y desde la que yo querría ahora enfrentar el fenómeno templario, liberándolo de toda una serie de exclusivismos inoperantes y tratando de examinarlo desde la concreta circunstancia que lo creó, lo desarrolló y terminó por destruirlo.

Me gustaría igualmente poder demostrar cómo, pese a los empeños nacionalistas de los investigadores (sobre todo los del país vecino), que han ignorado deliberadamente la función histórica y trascendente del Temple en la Península Ibérica, fue aquí, en los reinos cristianos de Portugal, de Navarra, de Castilla y de la Corona de Aragón, donde los freires buscaron *realmente* la consecución de sus fines a todos los niveles: políticos, económicos y trascendentes. El ejemplo de Caravaca, pese a haber sido sistemáticamente ignorado o minimizado —como lo ha sido, de hecho, toda la historia templaria peninsular— tiene un significado que abre, al menos, el replanteamiento de muchas preguntas que aparentemente —y sólo aparentemente— ya habían sido respondidas: ¿por qué y con qué fines se creó la orden del Temple?, ¿qué buscó en Tierra Santa, en Chipre, en la Península Ibérica?, ¿qué alcanzó, hasta dónde llegó en el camino hacia sus metas?, ¿qué creyeron y qué sabían realmente los templarios?, ¿por qué aceptaron tan mansamente en Francia su propia destrucción y por qué se resistieron a ella en los reinos peninsulares?, ¿qué quedó de su mensaje trascendente y dónde y cómo se puede encontrar?

No todas las preguntas tienen respuesta. Tampoco todas las respuestas son completas. Sin embargo, siempre he creído que sólo planteándonos abiertamente los problemas lograremos alcanzar un grado —el que sea— de conocimiento. Por eso preferiré siempre que haya quien me reproche por no haber contestado a las interrogantes que yo mismo me planteo que no quien me recrimine por no habérmelas siquiera planteado.

En el caso del Temple, sucede que cada pregunta respondida plantea, a su vez, múltiples interrogantes que hay que seguir desentrañando. Los doscientos años escasos de existencia *visible* de la Orden son una época tan densa en vivencias y en acontecimientos, en pensamientos y en misterios, que malamente podría ser abarcada en toda su intensidad y en su total extensión. No pido perdón por no hacerlo. En todo caso, tendría que pedirlo por haberme precipitado por segunda vez en la sima de un mundo tan complejo y tan absolutamente inabarcable por entero y de una sola vez.

Primera parte
El orto

Loado seas, Señor Mío,
por todas las criaturas,
especialmente por mi señor Hermano el Sol:
pues por él haces el día y nos alumbras.
Y él es bello y radiante con gran esplendor;
y de Ti, Altísimo, lleva la significación.

                San Francisco, *Cántico al Hermano Sol.*

¡Oh Dios Único sin igual!
Creaste el mundo según Tu deseo,
cuando Tú estabas solo...
¡Qué eficaces son tus planes, Señor de la Eternidad!
Estás en mi corazón
y aquí no hay nadie más que te conozca...

                Akhenaton, *Canto a Atón.*

Rabbi Ishaq dijo: En tiempos de la Creación, Yavé iluminó al mundo de un extremo a otro con la Luz; luego, la Luz fue retirada, para que los pecadores que lo habitan no puedan gozar de ella, y es reservada para los justos, tal como está escrito: «La luz ha sido sembrada para el justo» (Salmo XCVII, 11). Entonces, los mundos estarán en armonía y todo será uno; pero, hasta el momento en que esto suceda, esta luz se mantendrá escondida, en reserva.

                Moisés de León, *El Zohar.*

2
Primera amanecida sobre Tierra Santa

El misterio templario no puede de ninguna manera abordarse sin conocer y tener muy en cuenta las circunstancias históricas, políticas, geográficas y religiosas que conformaban el momento preciso y el lugar exacto de la aparición de la Orden. Se ha insistido en el hecho escueto de aquel año 1118, en que nueve caballeros, al frente de los cuales figuraba Hugues de Payns, comparecieron ante Balduino II para darle cuenta de sus intenciones de convertirse en una orden, a la vez religiosa y guerrera, que habría de tomar a su cargo la protección de los peregrinos que acudieran a Tierra Santa desde todos los rincones del mundo. Se ha especulado sobre la circunstancia de que el rey de Jerusalén les concediera como refugio y residencia una parte de las ruínas y de las dependencias aún en pie del Templo de Salomón. Incluso se ha mentido —consciente o inconscientemente— atribuyendo a aquellos nueve fundadores una presencia activa que nunca tuvieron en las acciones bélicas de la Primera Cruzada y un carácter alternativamente piadoso o satánico —eso depende de las convicciones de quienes les han tratado— que necesita de una revisión en profundidad, porque ni siquiera en una eventual especulación histórica puede hablarse así, en plano de buenos y malos o de héroes y traidores, cuando sobre ellos, como sobre todo el mundo, flota la densa nube secular de una tradición compleja, difícil de desentrañar y más difícil todavía de juzgar adecuadamente, si los prejuicios, las filias y las fobias que todos llevamos pegados al inconsciente colectivo, tiñendo de colores gloriosos o lúgubres —y ello suele depender del contexto ideológico socio-cultural en el que nos movemos— los acontecimientos del pasado.

El arcano mantillo de la historia

Me parece que muy difícilmente podremos situarnos en una época determinada, ni afrontar un hecho histórico cualquiera, sin tomar en consideración la totalidad de la larga cadena de circunstancias que lo sostienen. O, si queremos pensar en términos agrícolas, puramente simbólicos, si prescindimos del abono religioso y cultural que ha permitido su implantación, su arraigo más o menos profundo. Olvidar, cuando tratamos un acontecimiento cualquiera del pasado, aquello que era ya pasado —pero pasado activo y latente, quiero decir— cuando tal acontecimiento se produjo, es olvidar (o ignorar conscientemente, lo que sería mucho más grave) la *genealogía* de ese hecho preciso y, en consecuencia, deformarlo y, ¿por qué no?, transformarlo en un hijo espúreo sin paternidad conocida del proceso histórico total del que forma parte.

El hecho, entonces, se rodea de barreras que lo aíslan y que, a la larga, lo matan, precisamente porque nuestro olvido ha socavado las raíces que unen ese acontecimiento a todos los anteriores o, peor aún, porque nuestra torpeza ha provocado que el hecho en cuestión reciba su alimento y su razón de ser de toda la tradición que lo ha precedido y que, viva o reencarnada, transformada o en estado de pureza, rodea, acuna, alimenta y transmite su esencia a esa nueva entidad que sólo podrá desarrollarse y adquirir su razón de ser más profunda si reconocemos y entendemos su *cadena genética,* su caldo de cultivo, su árbol de Jesé particular.

Hace algunos días se dio a la publicidad en la prensa diaria un hecho que, sin merecer apenas la atención de los informadores frente a noticias inmediatas y más urgentes, fue relegado a media columna de las páginas centrales. La noticia venía a descubrir —y pido perdón por no entrar yo tampoco en detalles, pero es que, en aquellos momentos, caí también en la trampa de la trivialidad informativa y sólo me dí cuenta de su importancia cuando ya era tarde y el periódico se había perdido en el montón del papel irrecuperable— que la sistemática destrucción de una determinada hierba, considerada como *mala* desde que nos empeñamos en enmendarle la plana a la naturaleza y en «ayudar» al desarrollo rentable de nuestros recursos naturales, está resultando motivo fundamental de la depredación de las principales manchas verdes, precisamente porque el hierbajo en cuestión, sin que ningún protector de la naturaleza hubiera reparado hasta ahora en ello, es el principal aportador de una sustancia química absolutamente imprescindible para la conservación de esos bosques que están desapareciendo de nuestro entorno.

Del mismo modo que hemos pasado por alto la interdependencia que existe entre el árbol y la más humilde hierbecilla, basamos demasiado a menudo nuestros saberes en el conocimiento escueto de los fenómenos, aislándolos de su contexto espacio-temporal y llamando tal vez a las cosas por su nombre, pero olvidando sus apellidos, es decir, todas aquellas circunstancias que hacen que cada elemento del saber, por humilde e insignificante que nos parezca, tenga su espacio y su instante en el gran conjunto de la realidad en la que estamos inmersos.

La extraña fertilidad religiosa del Creciente Fértil

Cuando recordamos o mencionamos Tierra Santa, posiblemente a causa del sustrato religioso-cultural de dos mil años que llevamos a cuestas, nos representamos mentalmente la tierra en que tuvo lugar la vida y la muerte de Jesucristo, el espacio territorial en que se gestaron el judaísmo y el cristianismo y, en el mejor de los casos, el paisaje —entero, *Vorland* y *Hinterland,* el espacio ambiental inmediato y el subsidiario— en el que tiene cabida todo el contexto histórico en el que nacieron las no sé si bien o mal llamadas Tres Grandes Religiones Monoteístas de Occidente.

(Pero al decir ese no-sé, creo que, en realidad, *sí sé* que estoy cometiendo un error consciente, porque todo sentimiento o conocimiento religioso, cualquiera que sea el aspecto que revista ante los profanos, es fundamentalmente monoteísta en su esencia. Y porque, sin que ahora haya porqué entrar en detalles, tampoco se trata de tres religiones en sentido estricto, sino de tres ramas, con un número indeterminado de ramitas subsidiarias y rituales, de una tradición común que, ya desde mucho antes, estuvo dando troncos y esquejes y flores y frutos, piñas, bayas y pedúnculos de un conocimiento superior que iba convirtiéndose, al paso del tiempo, en diferentes apariencias culturales, en distintas creencias, en *modos* a veces incluso contrapuestos de divulgar y de condicionar al ser humano hacia dependencias que actuaban y siguen actuando sobre su voluntad evolutiva.)

Sin embargo, con toda la importancia que debe concedérseles a estos factores, la franja costera del extremo oriental del Mediterráneo significa mucho más en el contexto histórico del conocimiento religioso, porque allí, como en una especie de centro cósmico aglutinador de ritos, de creencias y de modos de entender al más allá, se entrecruzan y se asientan los coletazos de todas las experiencias culturales que influyeron, directa o indirectamente, sobre la formación de la idea tras-

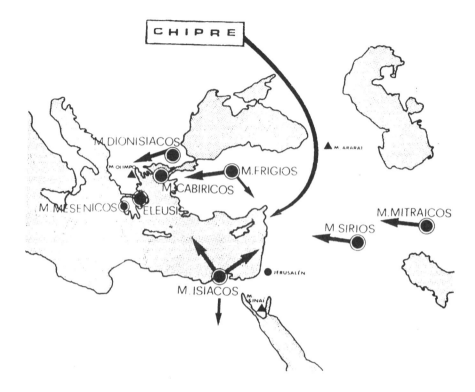

Distribución mediterránea de los cultos mistéricos más importantes del mundo precristiano. En el centro de su influencia, Jerusalén y Chipre.

cendente más profunda de Occidente, desde las religiones oficiales de Egipto, de Babilonia y de Persia —transformadas, sincretizadas y asimiladas por el Pueblo de la Biblia—, hasta las corrientes místicas e iniciáticas de un cúmulo de formas religiosas mistéricas que fueron surgiendo, a modo de cara oculta de los ritos oficiales, en el contexto espiritual de los pueblos primitivos (hablo en sentido temporal) del Cercano Oriente.

Las religiones mistéricas habían ido apareciendo desde tiempos remotos de la vida cultural más profunda del Creciente Fértil, a modo de excrecencias gnósticas o formas de conocimiento superior y secreto, que surgían como reacción de protesta más o menos patente ante rituales que únicamente exigían la fe y la obediencia ciega de los fieles. Frente a unos cultos que se limitaban a dar cuenta cabal del poder de unas clases sacerdotales dominantes, por ser presuntas poseedoras del conocimiento divino y, por tanto, intermediarias *oficiales* y únicas reconocidas entre la difusa idea divinal y el ciudadano de a pie, las religiones mistéricas surgieron como posibilidad única de que hombres ansiosos del saber trascendente tuvieran acceso a los misterios de la naturaleza, del cosmos y de la vida: al gran misterio de la Creación, en fin.

Frente a unas divinidades plurales con sentimientos, actitudes y comportamientos puramente humanos —Elohim o dioses olímpicos— las religiones mistéricas dejaban bien patente el significado simbólico superior que existía no sólo en sus personajes sagrados: Attis, Dyonisos, Adonis, Isis o Mithra, sino en aquellos ritos iniciáticos por los que debían pasar los adeptos para entender y asumir vitalmente su condición, para convertirse en parte integrante del misterio, para vivir visceralmente el hecho religioso, para *experimentar* incluso el significado de unos ritos que, en las formas religiosas oficialmente establecidas, tenían que limitarse a observar, a sufrir y a acatar ciegamente, porque así lo ordenaba la *ley divina* a través de aquellos presuntos emisarios sacerdotales que habían tomado las riendas de una verdad intransferible que sólo tenía que ser acatada y servida.

Misterios e iniciaciones

En todas las manifestaciones mistéricas del fenómeno religioso, la naturaleza de la divinidad y el proceso de la creación del Cosmos se plantearon —cualquiera que fuera la forma o el rito— sobre algunos principios fundamentales comunes que no conviene en modo alguno pasar por alto. Nos encontramos, en primer lugar, con la presencia de un sentido universalista del conjunto, que se contrapone claramente a formas religiosas —como el mismo judaísmo— estrictamente dirigidas a una etnia o a una determinada concepción nacionalista.[1] En segundo lugar, un sentido fundamentalmente salvífico, puesto que el mito sacral plantea siempre, aunque sea de modo simbólico, la evidente trascendencia humana, traducida en términos de esperanza universal hacia la vida *post mortem,* a la que los seres humanos tendrían acceso a imagen y semejanza de aquel dios que tiene que ser muerto y

---

1. A pesar de todo, estoy convencido de que el llamado nacionalismo, aunque se tome en un sentido político, entraña en sí mismo toda una serie de connotaciones religiosas referidas al «lugar sagrado» en el que ha de desarrollarse el culto y hasta el acto mismo de la adoración.

resucitado tras su paso previo por las moradas infernales. En tercer lugar, un paralelismo —simplificado como un método elemental de enseñanza— hacia la realidad agraria, puesto que la vida de la naturaleza manifiesta, sin excepción, la correspondencia cósmica del hombre con los ciclos temporarios que marcan cada instante periódico de la vida surgida en torno a los creyentes.

Pero pongamos un poco de atención: esos estadios cíclicos, esas fases por las que ha de pasar periódicamente la naturaleza y que influyen definitivamente sobre sus criaturas, están ordenados, dirigidos y hasta estrictamente medidos y condicionados por el Sol. Y ese Sol visible, bajo cualquier forma como se le trate en cada rito, es la imagen evidente y al mismo tiempo *aparente* de otro Sol invisible, desconocido y hasta inefable, creador de todo desde planos absolutamente inalcanzables de su divinidad absoluta. En este contexto, Dyonisos, Horus, Attis, Adonis o Mithra son los hijos —o *un* hijo con distintos nombres— de ese *Sol Invicto* y esencialmente incognoscible; y, en tanto que hijo(s) —y siempre en distinto grado de poder e influencia sobre los seres humanos— es (son) también representante(s) del dios padre, su imagen terrena o su manifestación inmediata, de tal modo que el Poder Supremo y la Autoridad Divinal puedan ser aprehendidos por el hombre que sea capaz de asumir su papel revelador y salvífico. Un papel tanto más natural de asumir cuanto se trata de divinidades mucho más cercanas a los seres humanos que aquellas otras que presuntamente los dominaban desde planos inaccesibles al conocimiento.

Sin embargo, si queremos llegar a las cotas más altas de comprensión que aquí nos planteamos, lo probablemente más importante de todo el esquema mistérico es el perfecto sincronismo «argumental» que va anudando ritos y hasta sectores perfectamente definidos de las manifestaciones mistéricas con elementos fundamentales del tradicional *Mensaje evangélico* de la religión cristiana. Pero siempre con una característica diferencial significativa: su presencia muy anterior al fenómeno cristiano, sus claros signos de antecedencia sobre la historia bíblica neotestamentaria y hasta sobre determinados aspectos del ritual aceptado y fomentado para aquella nueva y avasalladora religión que, en poco más de doscientos años desde que fue creada, iba a barrer con casi todas las manifestaciones que la precedieron y a alzarse con el dominio teocrático de toda Europa y del Oriente Próximo.

En los misterios dionisíacos, desarrollados fundamentalmente en Grecia pero nacidos en Tracia, el dios de Salvación es hijo del Zeus solar y de una mortal y, como tal, participa de la doble naturaleza divina de su padre y de la humana de su madre y del resto de los mortales; y sólo adquiere la divinidad después de haber sido despedazado y tras su resurrección y, una vez integrado plenamente en la naturaleza divina, salva a su vez a la madre Semele subiéndola en carne mortal al Olimpo.

Siguiendo con los paralelismos rituales, no sería inútil que recordásemos la descripción de Álvarez de Miranda[1] sobre el desarrollo preciso de las fiestas frigias, cuando se implantaron en Roma. Las celebraciones daban comienzo el 15 de marzo y en ese día los fieles se dirigían procesionalmente al templo de Attis portando cañas, para cerrar la ceremonia con el sacrificio de un toro. Seguía un período de recogimiento y abstinencia total, hasta el equinoccio de primavera, el 22 de marzo, día en el cual se celebraba la *dendroforía,* consistente en el transporte ritual de un tronco de pino envuelto en vendas rojas y guirnaldas hasta el Palatino, donde sería expuesto y adorado como representación simbólica del dios. Esta fiesta iniciaba un período de luto y de dolor por el despedazamiento de Attis, que llegaba a su paroxismo el llamado *sanguinis dies* (24 de marzo), con autoflagelaciones sangrientas de los hombres, cortes y castraciones de los sacerdotes y mutilaciones de los pechos de las mujeres. El pino era introducido en el templo, donde permanecería hasta el año siguiente, en que sería quemado y, por la noche, seguirían las manifestaciones de dolor que se prolongarían hasta el otro día. Esa jornada del 25 recibía el nombre de fiesta *hilaria* y a lo largo de ella estallaba la alegría de los adeptos, porque el dios había resucitado, lo que se expresaba con la aparición de una luz desde el interior del santuario. El día 26 se dedicaba al reposo —*requietio*— y el último a la *lavatio,* en que la imagen de la Diosa Madre era llevada procesionalmente al río Almo, pequeño afluente del Tíber, para ser bañada en él y purificada.

La revelación del Sol Invicto

Recuerdo cómo, en una ocasión, tuve la osadía de poner en paralelo esta celebración frigia con el desarrollo de la Semana Santa en una localidad concreta de nuestra geografía —San Vicente de la Sonsierra, en la Rioja, donde aún se practicaban por esas fechas ritos colectivos de flagelación para cristiana piedad de los creyentes y

---

1. Ángel Álvarez de Miranda, «Las religiones mistéricas», en *Revista de Occidente,* Madrid, 1961, p. 128 y ss.

morbosa curiosidad de turistas—[1] y recibí la durísima amonestación con apercibimiento de anatema de un sacerdote que se las daba de desempolvador de archivos parroquiales y, sobre todo, de ardiente defensor de la radical catolicidad de aquellos actos ancestrales. Por eso prescindo ahora de opinar y dejaré que juzgue quien quiera el parecido general de ambos acontecimientos.

Eppur si muove. Y si queremos seguir adentrándonos en lo que fueron los ritos mistéricos surgidos en el Creciente Fértil en torno a esa Tierra Santa de los pecados de nuestros cruzados, iremos comprobando cómo, por más que quisiéramos poner todo el empeño de los Padres de la Iglesia en inventarnos y en justificar la fundamental originalidad del cristianismo, tendríamos que caer irremisiblemente en la sospecha de que la iglesia triunfante había bebido por necesidad en las fuentes de unas creencias anteriores, de unas teogonías y de unas cosmogonías perfectamente estructuradas, tomando de sus raíces iniciáticas las bases de sus mitos, de sus rituales y hasta de sus más altas expresiones místicas. Por eso, aunque sólo fuera por ir confirmando las bases remotas de los brotes de heterodoxia sincrética que alborotaron periódicamente la unidad cristiana, que iba fabricándose a lo largo de los primeros concilios, bueno será que sinteticemos (aun dentro de la radical ignorancia que aún hoy se tiene de los aspectos más profundos de la iniciación mistérica, que nunca fueron revelados fuera de los círculos estrechos de los adeptos superiores) las bases de unas creencias y de unas formas de conocimiento trascendente que, en su momento, llenaron dentro del mundo mediterráneo los mismos huecos religiosos que luego propiciaron la expansión irreversible del cristianismo.

Precisamente uno de los rasgos aparentemente externos que caracterizan a las religiones mistéricas —sobre todo en un tiempo en que ya se habían expandido más allá de sus núcleos geográficos de origen— es el hecho señalado por Mircea Eliade[1] de que, muy a menudo, los adeptos lo eran a la vez de varias de estas sociedades iniciáticas, lo que serviría como prueba de que en todas ellas, en general, se practicaba un sincretismo trascendente que permitía la aparente diversificación ritual sin que llegasen a variar los significados más profundos de una doctrina de salvación que estaba latente, única e indivisible, en cada una de las iniciaciones. En lo esencial, nombres, mitos, grados de conocimiento y enseñanza oculta encerraban el camino único para al-

---

1. «La sangre que fecunda la tierra», en la revista *Historia 16,* año II, núm. 20, diciembre de 1977, pp. 33 a 39.

1. MIRCEA ELIADE, *Historia de las Creencias y de las Ideas Religiosas,* Ediciones Cristiandad, Madrid, 1978, t. II.

canzar una vía única también de trascendencia. Una vía que, por lo demás, venía marcada precisamente por la divinidad mitificada, que tenía que ser necesariamente —a través de su nacimiento, muerte y resurrección, con el paso obligado del descenso a los infiernos— la imagen de un estado de *paso a otra realidad* que el adepto tendría que intentar alcanzar a través de los sucesivos grados de la iniciación.

De una forma o de otra, las divinidades —y hay que pensar que, a determinadas alturas del proceso iniciático, el adepto reconocería ya en ellas el símbolo de energías superiores que se encontrarían muy por encima del mito— actuarían directamente en la vida misma de sus elegidos y, a través de esa actuación, les podrían conceder el poder por haber alcanzado el conocimiento profundo del *misterio*. De este modo, «*...se impone la convicción de que ciertos seres divinos son independientes del destino o están incluso por encima de él... En los misterios de Isis, la diosa asegura al iniciado que le prolongará la vida más allá del término fijado por el destino... Numerosos textos misteriosóficos y herméticos aseguran que los iniciados ya no están determinados por la suerte*».[1]

Así pues, se producía una identificación del iniciado con la divinidad solar, que si exotéricamente se simbolizaba por medio de elementos rituales precisos y extraños de interpretar, explicados a través de los escritos de diversos tratadistas de los misterios, como Apuleyo o Plutarco, tenía también —y sin duda de modo preferente— una vertiente esotérica, secreta y oculta, según la cual ciertos grados iniciáticos representaban, de hecho, la necesidad absoluta de que el mundo fuera regido desde lo alto por aquel *Sol Negro* al que se llegaba por medio de los rituales nocturnos y altamente secretos a los que el adepto «de a pie» jamás tendría acceso.

Cuando el adepto se quema en la luz del Sol

Mircea Eliade, que ha sido probablemente el investigador del fenómeno religioso que con más profundidad ha sabido calar en los trasfondos de la conciencia trascendente del ser humano, concreta magistralmente el problema nunca resuelto de la relación Sol-Adepto cuando en su *Historia de las Creencias y de las ideas Religiosas* ya citada, establece los lazos que unen a la figura de Mithra con el símbolo solar y, subsidiariamente, con el adepto iniciado. Según nos va

---

1. M. ELIADE, op. cit., t. II.

descubriendo, el Sol —el sol visible— es inferior a Mithra, pero es, a pesar de ello, quien indica al dios el momento preciso del sacrificio del toro, el *taurobolio,* que creará con su sangre todo cuanto existe sobre la tierra. Mithra es llamado *Sol Invictus* en las inscripciones y no sufre —al contrario de las demás divinidades mistéricas— el destino trágico que aguarda al dios salvífico. Por ello, los ritos iniciáticos que acompañan a su culto esotérico no implican tampoco pruebas simbólicas de muerte y resurrección, sino lo que muy bien podrían denominarse pruebas sucesivas de poder que se especifican en siete grados sucesivos que están apuntados en la epístola CVII, *Ad Laetam,* de san Jerónimo. El primer grado —el inferior— es el de *corax* (el cuervo) y está regido por el planeta Mercurio; el segundo, *nymphus* (el desposado), al que rige Venus; el tercero, *miles* (el soldado), bajo la protección de Marte; el cuarto, *leo* (el león), regido por Júpiter; el quinto, *perses* (el persa), protegido por la Luna; el sexto, *heliodromus* bajo los auspicios del Sol (su nombre significa «corredor del sol»); y el séptimo, el grado más alto al que se puede llegar en la iniciación, *pater* (el padre), bajo los auspicios del mismo Júpiter. Estos siete grados, a su vez, estaban divididos en dos grandes grupos, el de los servidores y el de los partícipes. Al primero podían llegar incluso niños y comprendía los tres primeros grados; a partir del estadio de *leo,* la iniciación era secreta y suponía el renacer a la vida iniciática después de la (probable) muerte del *miles.* Por eso se le practicaba al adepto una especie de lavatorio con miel en las manos y en la lengua, como alimento de recién nacido.[1] Pero la muerte que había sufrido no era la propia, sino la de una presunta víctima a la que el iniciado tenía que exterminar, lo cual sucedía después de toda una serie de pruebas de valor muy determinadas: combates, marcha por lugares peligrosos con los ojos vendados, salto de un foso con las manos atadas con tripas de pollo... y, como colofón, la marca en la frente con un hierro calentado al rojo y la purificación con una antorcha encendida, claro trasunto del fuego solar.

Todo el mito que configuraba la religión mitraica llamaba con furia sagrada a la fuerza todopoderosa del sol, capaz de regir los destinos de los seres humanos, del mismo modo que rige el nacimiento y la muerte de todas las criaturas de la tierra. Mithra, como divinidad eminentemente solar, está citada ya en textos indios del siglo XIV antes de Cristo y en el Rig Veda aparece rigiendo el día, del mismo modo que Varuna es el señor de la noche. Hasta la aparición del zoroastrismo, Mithra fue dios diurno y luminoso en el panteón iranio y sólo la preemi-

---

1. En los ritos frigios, esta misma ceremonia simbolizando la vida nueva del neófito se realizaba dándole a beber leche.

nencia oficial de Ahura-Mazda hizo que fuera relegado al olvido, excepto entre los *magos* contrarios a la reforma de Zoroastro, que conservaron su personalidad clarísima de «vigilante y guardián del mundo».

Creo que es importante este apelativo de Mithra, porque, en cierta forma, configura un sentimiento profundo, una convicción firme de mesianismo que caracteriza precisamente a toda la mística solar en cualquier momento de la historia. El dios —o, en su caso, el héroe— solar es un iluminado literal, un ser designado desde toda la eternidad a conducir con su fuerza y con su autoridad el destino de cuanto vive o se mueve sobre el planeta. Por eso no es casual que, según el mito iranio, Mithra hubiera nacido de una roca, porque la roca es la proyección del sol sobre la tierra, el nervio, la base inmóvil de cuanto se mueve sobre el planeta. Por eso tampoco puede verse como mera coincidencia que el viejo culto se expandiera por toda Europa, del Rin al desierto africano y del Ebro al Danubio, cuando las legiones romanas se impregnaron de su significado y de sus ritos, después de haber sido reforzadas con numerosos guerreros procedentes de los antiguos imperios orientales, de la Capadocia y la Comagene.

Sol-dios-padre-todopoderoso-dueño absoluto del mundo

«*Si el cristianismo hubiera sido detenido en su desarrollo por alguna mortal enfermedad, el mundo habría sido mitraísta*», osó decir Ernest Renan.[1] Y Carl Gustav Jung, afirmando sus conclusiones, completa: «*El sol, como hace observar Renan, es en verdad la única imagen "razonable" de dios, tanto si nos colocamos en el punto de vista del primitivo como en el de la moderna ciencia de la naturaleza; siempre es el dios-padre que anima todo lo viviente, el fecundador y el creador, la fuente de energía de nuestro mundo. En el sol, como cosa natural que no conoce escisión interna alguna, puede resolverse armónicamente la contradicción en que ha caído el alma del hombre. Y no sólo es benéfico, puesto que también puede destruir; de ahí que la imagen zodiacal del verano ardiente sea el león devorador de rebaños al que da muerte el héroe judío Sansón para redimir de esa plaga a la desfalleciente tierra*».[2]

1. Ernest Renan, *Marc-Aurèle*, p. 579.
2. C. G. Jung, *Símbolos de transformación,* Paidós, Biblioteca de Psicología Profunda (primera reimpresión en España, 1982). En nota a este párrafo, Jung concreta: «*Sansón como dios solar. Véase Steinhal, "Die Sage von Simson",* en Zeitschrift für Völkerpsychologie, vol. II. *La muerte del león es, como el sacrificio del toro de Mithra, una anticipación del autosacrificio divino...*».

Los hechos significativos se acumulan. Y, por un lado, surge la realidad de que los coletazos de las religiones solares alcanzaron, de modo evidente, al judaísmo, del que el mismo cristianismo no habría pasado de ser, en principio, una especie de heterodoxia local. Por otro, el hecho de que ese mismo cristianismo comenzó a universalizarse cuando, a través de Pablo y de Juan de Patmos fundamentalmente, se expandió por el Mediterráneo y por Asia Menor, poniéndose en contacto con las formas religiosas allí desarrolladas y acumulando elementos rituales —y, sobre todo, iniciáticos— procedentes de las religiones mistéricas que habían aportado a la cultura de la nueva era de Piscis tanto la conciencia clara de Salvación —es decir, el convencimiento primario de la existencia de una «vida después de la vida»— como el sentido, mucho más recóndito y basado en iniciaciones secretas, de un inapelable *dominio solar* sobre los destinos del mundo, que debería estar destinado a unas minorías de adeptos mesiánicos capaces de asumir la función rectora de aquel mundo de pobres mortales destinados inapelablemente a obedecer sin protesta los altísimos designios de un destino impuesto por el Sol Invicto o por sus representantes, cuidadosamente preparados para asumir su alto papel rector a través de las duras iniciaciones a las que debían someterse.

Planteémonos ahora otro acontecimiento trascendente, múltiple y paralelo, que se manifestaba de modo claro y repetido en el desarrollo de las creencias religiosas del Cercano Oriente. Si queremos tomar otra vez como ejemplo el mitraísmo, veremos cómo éste vino a constituir una expresión litúrgica contemporánea, en un determinado momento, del mazdeísmo. Pero en tanto que este movimiento zoroástrico representaba un aspecto metafísico, pasivo y —casi— teórico del hecho religioso, que sentaba las bases de una teogonía y de una cosmogonía puramente teológicas y discursivas, sin participación de los creyentes, el movimiento iniciático de Mithra era activo, directo, acumulador de símbolos mesiánicos y con conciencia evidente de una función activa que debía ejercerse a nivel universal para implantar entre los hombres (entre *todos* los hombres) la conciencia de Salvación: cómo y en qué circunstancias tenía que darse y, sobre todo, quiénes estaban en condiciones de proporcionarla. Los que sabían, los iniciados en los secretos mistéricos, aquellos que compondrían, en tanto que adeptos superiores, la jerarquía suprema, la de los *sacerdotes,* asistida y sostenida por la jerarquía paralela de los *guerreros* frente a la inferior y masiva de los *campesinos,* compuesta por el resto de los creyentes. Tres elementos simbólicos representaban a los tres estratos: el *haoma* (el *soma* védico, la bebida sagrada) para los sacerdotes, el *caballo* para los guerreros, el *buey* para los demás mortales. Y no resulta extraño comprobar, en estas circunstancias, cómo el elemento —también simbólico— del sacrificio fuera precisamente el toro.

Las pautas del gran concierto solar

Los cultos mistéricos que se habían ido agrupando en torno y dentro mismo de aquella Tierra Santa que siglos después conquistarían los cruzados eran, en el fondo, facetas locales de un gran movimiento universal de todos los tiempos que se ha caracterizado, más allá del tiempo y de la historia, por la *encarnación terrenal* de una alta jerarquía que debería asumir presuntamente el poder temporal y la autoridad espiritual sobre todos los seres humanos o, al menos, sobre las comunidades culturales o las etnias que han ido conformando las civilizaciones planetarias. El carro del sol egipcio y su correspondiente representación hebrea la *Merkaba;* el gran dios-luz Ormuz de Zoroastro; las dinastías *solares* del Perú, del Japón, de la China; las divinidades solares de los celtas y de los pueblos ibéricos, todos son aspectos de un mito universal que se encuentra en el origen de cualquier religión, de cualquier creencia establecida. Sin embargo, el rasgo *diferencial* del misticismo mesiánico basado en estas tradiciones planetarias consiste precisamente en la asunción, por parte de un grupo iniciado que aspira a convertirse en dirigente, de unas atribuciones que originariamente tendrían que encontrarse sólo en la divinidad suprema, presunta creadora de todo lo que existe.

Los grupos en cuestión, sean cuales sean las formas religiosas concretas que sigan (y repito que, en muchos casos, seguían diversas modalidades místicas al mismo tiempo, precisamente porque el sincretismo universalizaba sus aspiraciones), necesita, en primer lugar, basarse en una figura mítica o en un ser real convenientemente mitificado, que sirve de origen, ejemplo y, sobre todo, de *intermediario primero* entre esa divinidad inalcanzable y el hombre. Una vez creado el mito o mitificada la persona, se le hace *contenedor,* a través de su enseñanza o por medio de su ejemplo, de los secretos supremos que corresponden en principio a la divinidad incognoscible; es decir, que su historia o el mensaje que ha dejado, o ambas cosas a la vez, contendrán las claves para llegar al conocimiento de esa divinidad y, presumiblemente, de una parte de su inalcanzable poder. Claves que serán como ojos —miles de ojos, tantos como aspectos de ese conocimiento puedan alcanzarse— que el iniciado en el misterio tendrá que ir descubriendo uno a uno.

(Curioso, en este sentido, que la mística sufí haya identificado a

63

menudo el ojo y la mirada con la raíz misma del conocimiento trascendente. Curioso —como una vez más descubrió Jung al describir el arquetipo omnicreador del Sol Alado «*que explora el universo con mil ojos*»— que Mithra sea representado también con un número indeterminado de ojos esparcidos por todo su cuerpo, lo mismo que Horus en los misterios isíacos y lo mismo que se describe a Rudra en el *Shvetashvara-Upanishad: «Tiene ojos por todos lados, por todos lados tiene rostros...»* Curioso también que en las pinturas de Tahull y de otros templos románicos primitivos de Cataluña, que hoy se encuentran en el Museo de Arte de Barcelona y que representan la visión de Ezequiel, los ángeles mensajeros de Dios tengan ojos por toda la superficie de sus dobles alas y hasta en la palma de las manos.)

A nueva creencia, igual misterio

En este paisaje religioso, tachonado de mitos solares e iniciaciones místéricas, y precisamente en torno a Jerusalén, en el mismísimo centro geográfico de tan compleja red de cultos y ocultismos, muchos de ellos con tradición de milenios, el cristianismo surge de pronto. En sus inicios se presenta como una rama heterodoxa y respondona de la monolítica tradición judaica, pero muy pronto se traduce en una especie de soplo de frescor moral y teológico que desborda los límites del nacionalismo hebreo y de su peculiar religión de raza sin barruntes de otra vida para los mortales, para llenar de promesas salvíficas todo un mundo —el de la cuenca mediterránea— saturado ya de grupos místéricos y de concepciones escatológicas celosamente guardadas por los conventos de iniciados, pero sin más proyección popular que la que permitían los cultos y las fiestas, tan llenos de símbolos unos y otras que carecían de sentido real y palpable o inmediato para los creyentes de a pie.

En principio, tal como los discípulos la iban difundiendo, la fe cristiana era, al menos en apariencia, un misterio al que todos los fieles podían acceder, porque los sacramentos integrantes de la iniciación estaban al alcance de quien los solicitara, sin más limitación que el deseo y la sinceridad de cada cual. Lo mismo que la doctrina difundida por Jesucristo en su andadura mesiánica, la nueva forma religiosa se manifestaba, casi revolucionariamente, como una iniciación destinada a los humildes y a los desvalidos. El dios de salvación, al contrario de los ya remotos Dyonisos, Attis, Horus o Mithra, se encontraba a la vuelta de la esquina del tiempo, casi palpable. Incluso muchos de los que propagaban su mensaje le habían conocido en persona. Para más detalles, aquel ser celestial y humano a la vez no tenía ninguna implicación en las posibles ansias de poder, sino que, muy al contrario, parecía haber venido destinado a los más humildes, para levantarlos de su condición y para hacer a todos los hombres, sin excepción, iguales ante la divinidad.

Incluso era tan fuerte la convicción salvífica que los creyentes —o muchos de ellos al menos— no dudaban en dar su vida por la proclamación pública de su fe.

Sin embargo, aquella novísima forma religiosa, simple y sin recovecos en su origen, incluso con ribetes políticos revolucionarios y, por supuesto, sin aparentes problemas teológicos que la hicieran inaccesible a los no tocados por el Espíritu Santo, había nacido en un mundo culturalmente viejo, sobrecargado de antiguos saberes que no podían en modo alguno aceptar que una determinada creencia nueva y simple pudiera echar por tierra los conocimientos ancestrales celosamente guardados en los cenáculos del saber secreto. Poco a poco, los que expandían la doctrina iban cargando de significados complicados el esquema primero de un credo afianzado sólo en el amor y en el entendimiento entre los hombres. Porque sólo así, creando —o mejor, recreando— el misterio inaccesible e integrando en él a los grandes del saber y del poder, llegaría la nueva comunidad a alcanzar una difusión estable a la vez que masiva, que un día pudiera afirmar sólidamente su autoridad, su razón, la esencia misma de su necesaria difusión. Así, la doctrina seguramente elemental que atrajo a los primeros adeptos, revolucionaria y, como diríamos hoy, contracultural casi, comenzó a complicarse mucho antes de que cualquiera de los escritos evangélicos hubieran llegado a escribirse.

Y lo hizo tomando de la vieja Tradición todos los símbolos, todas las significaciones y hasta buena parte de los mitos que conformaban el complicado tejido de las religiones mistéricas a las que aquella doctrina originariamente diáfana y ácrata había comenzado a desplazar. Así, se produjeron identificaciones y paralelismos que no podían en modo alguno deberse a la casualidad. Era algo así como cuando, muchos siglos después, los misioneros cristianos se desplazaron en su labor evangélica por las tierras de Asia y de África y comenzaron a difundir imágenes de cristos y de vírgenes con rasgos negroides u orientalizados. Era así, pero afectando a la esencia misma del transfondo religioso, conformando las raíces teológicas de una doctrina que sólo estructurándose hacia las bases de la tradición ancestral podría tener justificación y un mantillo sólido en el que integrar su origen.

Sopa de dioses

La cuestión, en cualquier caso, no era tan difícil. Al fin y al cabo, el cristianismo había nacido en el seno de un mundo religioso en el que la presencia divina ordenaba cada acto de la vida cotidiana y cada día del año. En ese contexto de un Yavé que sólo comprometía y ordenaba la existencia de sus fieles sin promesa alguna de salvación —pues el Mesías prometido por los profetas era una entelequia inalcanzable hasta hoy mismo—, la doctrina expandida por los adeptos del cristianismo venía a corresponderse con el lado salvífico que las religiones mistéricas habían añadido a los ritos de otros panteones igualmente alejados —casi literalmente: *olímpicamente* alejados— del destino humano. Si nos tomamos la molestia de comparar las estructuras primarias de las creencias, si ponemos en paralelo ritos, mitos y principios morales, veremos cómo, al menos en su origen, lo mismo que los primeros cristianos prometían al pueblo judío inmerso en la Ley de la Tora, lo prometían los adeptos de Eleusis y de Dyonisos a los pueblos helénicos dominados por su panteón olímpico sin entrañas, o los seguidores de Attis en los ritos frigios, o los iniciados de Mithra en medio de unas creencias mazdeístas absolutamente despegadas de las necesidades particulares de trascendencia de sus fieles, o los cultivadores de los misterios isíacos ante un montón increíble de representaciones divinales que ya habían perdido —incluso por su aspecto físico— cualquier relación con los seres humanos a los que pretendían dominar.

Seguramente estaba latente la necesidad de unificar la Tradición arcana y de devolverle su sentido primordial, perdido en el fárrago de creencias subsidiarias. Había, paralelamente, una urgencia por conceder una píldora de protagonismo a toda la masa de ciudadanos de a pie, secularmente postergados a la obediencia ciega y, muy a menudo, a la esclavitud propiciada por unos poderes que se habían adjudicado —*solarmente*, no lo olvidemos— el dominio absoluto sobre la parcela de género humano que había caído dentro de su radio de influencia. Jesucristo, en este sentido, estaba en condiciones de cumplir ambas facetas, porque si en tanto que *Jesús* era el mesías esperado por los desheredados de la tierra y se personificaba en un ser capaz de sufrir como cualquiera y de morir como un malhechor por la salvación del género humano, *Cristo* en majestad asumía el misterio insondable de la gran Tradición, mitificaba su paso por la tierra con símbolos ancestrales repetidos en los cenáculos secretos desde la noche de los tiempos y transmitía un mensaje de conocimiento que había que desentrañar, echando mano de cuantos saberes ocultos se encerraban en todas las formas divinales que le habían precedido. Y ¿quiénes podían acceder a ese descubrimiento profundo, sino los más altos iniciados? Precisamente los Padres de la Iglesia. Los Padres, exactamente lo mismo que *Padres* fueron llamados los que accedían al último grado en los misterios de Mithra. Significativamente, aquellos cultos mistéricos contra los que la iglesia triunfante lucharía sin cuartel apenas quedase implantada como religión oficial en Occidente, estaban proporcionando la armazón trascendente sobre la que se edificaría la nueva teogonía de Salvación.

Pero lo más curioso en ese proceso expansivo del cristianismo fue que sus dirigentes, en su afán irrefrenable de transmitir el mensaje, no dudaron (al menos en sus primeros tiempos) en aceptar y asumir los paralelismos mistéricos sin apenas transformarlos. En numerosos lugares de la Tierra Santa —todo el oriente próximo— se rindieron veneraciones que se llamaban cristianas y que eran un evidente trasunto del culto mistérico que las precedió y que aún estaba vivo en el corazón de los adeptos. Y me niego a aceptar la idea de que tal trasunto

La diosa Isis amamantando al niño Harpócrates, tal como es representada en un fresco copto del siglo III en Karganis, Egipto.

tuviera como fin inmediato la cristianización del lugar pagano; más bien, cuando comprobamos cómo la Madre de Dios, la Virgen María, recibía culto muy especial en una caverna cercana a Antioquía donde antes se veneró a Cibeles Frigia, o cuando nos cuentan de su tumba en Éfeso, donde se levantara anteriormente el templo a Diana que fue una de las siete maravillas del mundo, nos tenemos que inclinar ante la sospecha, demasiado evidente, de que aquella Madre divinal del nuevo movimiento había nacido formalmente de las Semeles y de las Isis, cuyas representaciones aún nos las muestran, lo mismo que a María, con el Hijo Divino en los brazos, sirviéndole de primer altar materno para que le adoren los hombres. Y cuando contemplamos, ya en el entorno cultural hispánico, el ninfeo convertido en capilla en Santa Eulalia de Bóveda, pongo por caso, o el templo dolménico sirviendo de cripta iniciática o de *sancta sanctorum* en Santa Mariña de Augas Santas, tendremos que plantearnos si acaso todo aquel universo de saberes trascendentes que llegaba desde la oscura Tradición perdida no tendría que ser analizado, sopesado y desentrañado en sus significados más profundos, antes de tomarlo como un simple y casi accidental antecedente fenomenológico de la gran síntesis cristiana.

En la entraña de la gnosis

Desde los podios pedagógicos de la iglesia se nos ha enseñado e insistido hasta la machaconería que eso de la Salvación que vienen prometiendo los portavoces autorizados de la jerarquía religiosa, asumiendo las promesas evangélicas, consiste en la confianza que todos deberiamos poner en ese día en el que, después de muertos (y si hemos cumplido con las reglas del juego de la obediencia), alcanzaremos la visión divina para el resto de la eternidad. Sin embargo, el ser humano lleva dentro de sí la impaciencia, la necesidad de un acceso consciente al misterio. Resulta difícil que se conforme en lo más íntimo con un «verás que bien te lo pasas» y quiere saber en qué consiste esa presunta y difusa felicidad celestial prometida. La historia de este Valle de Lágrimas como penitencia se acepta sólo cuando se tiene conciencia moral de qué se pena y de cómo será la prometida liberación.

Pero la conciencia entraña en su misma raíz el hecho de saber, y esto es algo que estoy seguro de que afirmó Perogrullo antes que yo. Y esta circunstancia supone que hay que captar y entender el mensaje encerrado en los escritos presuntamente sagrados y en los símbolos comunes transmitidos por la Tradición, porque, al penetrar conscientemente en su significado, se penetra igualmente en la compresión y en la

El abraxas gnóstico: un cuerpo humano con cabeza de gallo (símbolo de salutación al sol) y piernas de serpiente (intuición y comprensión por el conocimiento). Un sello templario encontrado en los archivos nacionales franceses (D.9860 bis) reproduce la misma imagen y se rodea con la inscripción: «SECRETUM TEMPLI».

unión con la divinidad que los ha dictado o que, al menos, los ha inspirado. Para salvarse, pues, hay que conocer. (Y la mística solar añadiría que ese conocimiento, en tanto que asunción de la voluntad y del saber divinos, obligará ineludiblemente a su poseedor, como persona o grupo, a tomar el mando de esa mayoría necesariamente acomodaticia y a ejercer una autoridad que propicie entre los hombres el cumplimiento de su misión salvífica y trascendente.)

De este modo surgen, en el seno mismo de un cristianismo todavía en expansión, los movimientos gnósticos.

Gnosis es, en su esencia y en su misma etimología, Conocimiento. Y autores como Tourniac[1] han insistido en el universalismo de su raíz fonética, al mostrar que está presente, y con el mismo sentido, en las más diversas formas culturales a partir de sus componentes GN-JN (en el *Jhnâna* hindú, aparte el griego *gnosis*), ZN (*znacl* y *znati* ruso: signo y conocer, o en el *zen* y el *tch'in* del Japón y de la China), KN (en el *kennen* y el *können* alemanes: conocer y poder, y en el *Khan* mongol, como apuntó René Guénon, o en el *know* y el *Knight* ingleses: conocer y paladín) y CN-CGN de las lenguas mediterráneas (nuestro *conocer*

---

1. JEAN TOURNIAC, *De la Chevalerie au secret du Temple,* Editions du Prisme, París, 1975.

—el latino *co-gnoscere*— y el francés *conaître* y *génerer:* conocer y engendrar), todo ello sin el olvido del JN de los *jinas* indoeuropeos (los espíritus transmisores del conocimiento), que generaron los *djinns* de los pueblos árabes y los *genios* de las literaturas populares europeas.

La Gnosis es, pues, la expresión de la búsqueda del más alto Conocimiento *a partir* de las claves que dan los mensajes evangélicos y los libros sagrados del pueblo judío en cuyo seno surgió el cristianismo, pero *con la colaboración* —muy a menudo estrechísima— de los saberes transmitidos a través de las iniciaciones mistéricas precristianas, muchas de ellas, como el mitraísmo y el hermetismo, en plena madurez teológica cuando la nueva doctrina estaba emergiendo al mundo. La Gnosis se planteaba como una identificación consciente del individuo con la trascendencia. Naturalmente, era un conocimiento que, lejos de *aprenderse* en los libros, tenía que *desprenderse* de ellos, transformando el estado mismo del que accedía a ella por su compresión visceral e íntima del sentido esotérico de los dogmas (verdades reveladas) y por la identificación del hombre con su propia trascendencia a partir de la realización *consciente* de los ritos apropiados.

Significativamente, las escuelas gnósticas cristianas o adscritas a un cristianismo *sui generis* comenzaron a emerger de los mismos centros donde se habían generado siglos antes las religiones mistéricas. (Pero querría aclarar aquí y ahora que, contra lo que han venido estableciendo los más diversos investigadores del fenómeno religioso, creo que convendría ya plantearse la cuestión de llamar genéricamente movimientos gnósticos a todas las formas de pensamiento y hasta de cultos y de ritos que surgieron como consecuencia inmediata de la primera y arrolladora expansión cristiana. En este sentido, creo que ni siquiera una primera división en sectas cristianas monofisitas y dualistas podría tener, en el fondo, valor alguno más allá de los límites de las querellas conciliares, si tomamos tales movimientos a partir de sus esquemas estructurales, ya que el dualismo maniqueo —o su rama nestoriana— no significa, en esencia, una *concepción* dual de la trascendencia vivida por los adeptos, sino sólo una *percepción* dualista —inmediata y sensible— de lo que, en los planos más elevados del conocimiento, es fundamentalmente unívoco e indivisible.) Si compararemos las áreas geográficas del Creciente Fértil hacia las que se dirigió la atención mística de los buscadores templarios en Tierra Santa, comprobaremos cómo esa correspondencia que apunto es prácticamente perfecta.

los llamados GNÓSTICOS y los COPTOS la iglesia ARMENIA la iglesia NESTORIANA la iglesia JACOBITA la iglesia MARONITA	nace en el núcleo de	los misterios ISIACOS los misterios HERMÉTICOS los misterios FRIGIOS los misterios MITRAICOS los misterios ASIRIOS las enseñanzas ESENIAS

Primera noticia de un lugar secreto

Ha habido autores, como el teósofo van der Leeuw,[1] que han reprochado abiertamente a la iglesia el rechazo y la anatematización de las doctrinas gnósticas. Por supuesto que no es este el momento ni el lugar de analizar opiniones y hechos que han llenado páginas de tantos tratados, pero sí convendría salir al paso de reproches como este, porque la realidad de esa polémica secular, madre de actitudes aparentemente insólitas en Oriente y antecedente indudable de las herejías que en Occidente hicieron tambalearse en más de una ocasión la integridad dogmática y autoritaria de la iglesia, está más en la pugna abierta por el poder por parte de diversos grupos de presión espiritual, que en modos enfrentados de caminar hacia el conocimiento.

Hay, y de ello no me cabe la menor duda, una gnosis cristiana que ha sido reconocida como ortodoxa sólo porque coincidía con los intereses de una mayoría entre los integrantes de los primeros concilios. El mismo Orígenes, considerado como uno de los puntuales del *dogma verdadero,* se manifiesta constantemente en sus escritos como un adepto del *misterio* que el cristianismo encierra en su enseñanza.[2] Pero, frente a ese misterio, se alzaban otros que, en diversas ocasiones, pusieron en jaque la particular y exclusiva unidad que ya se perfilaba en un sector mayoritario de la iglesia triunfante, empeñada (inútilmente) en la estructuración de un dogma que pudiera diferenciarla claramente de cualquier forma religiosa precedente o

---

1. J. J. VAN DER LEEUW, *La dramática historia de la Fe Cristiana,* Ediciones, Orión, México, 1945.

2. «*Dios, el Verbo, fue enviado realmente como médico para los pecadores, pero como maestro de los divinos misterios para los que ya son puros y no pecan más*», dice en su tratado *Contra Celso,* III, 62.

contemporánea. Ese fue, seguramente, el gran error secular que la llevó a enfrentarse violentamente incluso con las variantes más cercanas a su propio credo monolítico, a anatematizar las mínimas variaciones, a obligar (cuando su expansión y el reconocimiento público de sus verdades lo permitieron) a una unidad que rechazaba incluso las más inocuas interpretaciones desviacionistas del núcleo central de su dogma.

El peligro que supuso la alianza de la iglesia con el imperio después de Constantino —con el breve paréntesis también *solar*, pero abiertamente rebelde al cristianismo de Juliano el Apóstata— hizo que aquellos grupos desviados, surgidos con la implantación cristiana en territorios tradicionalmente gnósticos o mistéricos, se replegasen parcialmente hacia zonas alejadas de la influencia inmediata del nuevo credo triunfante y avasallador. Esa es, al menos, la opinión más extendida. Según muchos investigadores, aquí reside la causa de que las doctrinas coptas se refugiasen en Etiopía, de que grupos de adeptos nestorianos se desplazasen hasta más allá del Karakorum y del país de Tangut, de que muchos armenios emigrasen hacia el Tauro y más allá del Caspio hacia el Tibet y Mongolia, o que los últimos restos de las sectas sirias presuntamente evangelizadas por santo Tomás se refugiasen en las costas indias de Malabar.

Frente a la sospecha de esta supuesta presión ejercida por los poderes espirituales del cristianismo oficialmente implantado, se plantea otra posibilidad que parece casar más lógicamente con la idea de las raíces solares de las enseñanzas gnósticas: la probable presencia, en algún punto de Asia, de una fuente primigenia de conocimiento que habría conformado, en su origen, toda una multitud de ideas religiosas basadas en la trascendencia del hombre a partir de su propia transformación iniciática. Según esta posibilidad, extrañamente difundida a través de distintos períodos culturales, habría un lugar secreto y desconocido en algún punto de Asia Central desde el cual se habría irradiado la idea de una especie de gobierno paralelo universal que, en los momentos claves de la humanidad, habría decidido su destino y hasta los pasos necesarios para alcanzar, en cada momento, los hitos espirituales, científicos, filosóficos, religiosos y hasta políticos e históricos de su evolución. Un lugar que, real o simbólico, habría movido, desde la sombra impenetrable de su propio misterio y desde la presencia casi imposible de sus mentores, la historia oculta del ser humano, esa historia de la que se conocen los efectos visibles, pero de la que se ignoran demasiado a menudo los hilos causales que la mueven y la impulsan en su evolución secular.

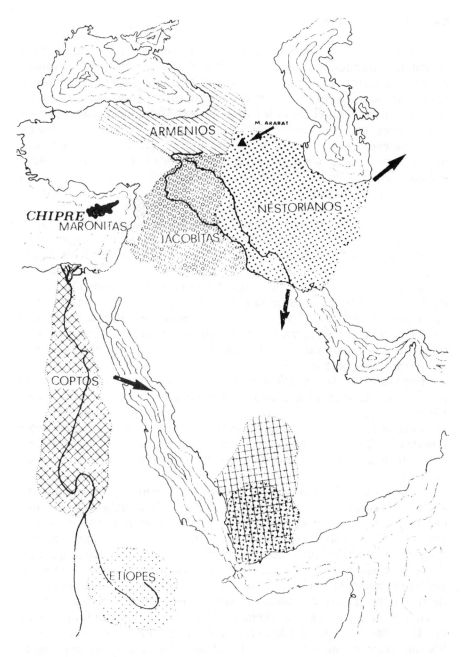

Mapa de la distribución de las sectas cristianas de Oriente.

Enviados y viajeros

Es significativo que, si buceamos con los ojos bien abiertos por los vericuetos frecuentemente inverosímiles del pasado, ese espacio concreto pero inubicable y esa extraña élite de entidades misteriosas y poderosísimas surjan como un motivo arcano y fundamental de los acontecimientos clave de la historia. Es extraño e inquietante pensar que siempre, en los instantes cruciales del devenir del hombre, llega *de allí* —de ese espacio inconcreto y presentido, errante y sospechosamente firme a la vez— o camina *hacia allí*, todo cuanto, de una manera u otra, significa un hito, reconocido o desapercibido, en la marcha evolutiva de la humanidad.

De allí viene Apolo, el dios solar que, de hecho, se convierte en motor primero del Olimpo y de toda la teogonía fantástica del mundo clásico greco-romano y mediterráneo. De allí llegan también aquellos Magos insólitamente convertidos en reyes por arte de birlibirloque eclesiástico, que vienen a *reconocer* y a *avalar* con carta de naturaleza mistérica al Mesías que originaría el movimiento religioso universal clave de la espiritualidad de la era de Piscis. Allí se originaría en la edad media ese extraño y misterioso reino del Preste Juan que conformaría la meta espiritualista y *solar* —no lo olvidemos— de toda una política presuntamente trascendente en la que más adelante tendremos que detenernos.

Pero también *hacia allí* marchan, de tapadillo y casi disimuladamente —como si se tratase de un camino oscuro y secreto que sólo los elegidos tuvieran el derecho de seguir— toda una larga serie de personajes clave del pensamiento esotérico, toda una lista de presuntos o reales iniciados que, a su regreso, provocarán las grandes conmociones internas —y no siempre visibles— del pensamiento místico occidental.

Cierta o simbólicamente —¿y dónde podrán encontrarse algún día los documentos que determinen el fin de esa duda?—, *hacia allí* caminaron muchos de los que, con el tiempo, habrían de convertirse en puntales de la iniciación mistérica. Allí, y desde muy lejos, acudió Alejandro de Macedonia, en un afán mesiánico de conquista trascendente; por allí se internó Apolonio de Tyana, el mágico prodigioso contemporáneo de Jesús el Cristo, el místico sin escuela que alfombró de milagros al biés el mundo mediterráneo oriental después de su iniciación en algún lugar de Asia. Allí se refugió Mani, el fundador de las doctrinas maniqueas e increíble sintetizador de creencias universales que trajeron al retortero a la iglesia oficial por las constantes filtraciones de sus doctrinas que se fueron incrustando en el dogma romano. Incluso por allí anduvo el mismo Jesús, en los años oscuros de su iniciación y convertido en Issa, buscando secretos universales que trasmitir al mundo desde los lamasterios del Ladakh.[1] Allí trató de acercarse en torno a 1303 nuestro maestro mallorquín Ramon Llull, que hasta parece que solicitó un salvoconducto que podrían haberle proporcionando los templarios de Chipre a través de su último maestre, Jacques de Molay. Por allí anduvieron viajeros extraños del tiempo de san Luis: Carpin y Rubruquis, buscando la confirmación de viejas noticias inquietantes que podrían cambiar el curso de la historia.

Aquel enclave, real o simbólico, pasó a convertirse en una especie de gran centro irradiador del gran misterio humano, en meta de viajes casi imposibles de hombres que, de una u otra forma, habrían de contribuir decisivamente a la evolución del conocimiento de la realidad oculta y secreta de la naturaleza y del origen del cosmos; en punto de arribo de grupos iniciáticos buscadores empedernidos de la unidad trascendente de las creencias; en centro, en fin, del que habrían emanado los principios fundamentales y los esquemas más puros de todas las formas religiosas que han conformado el modo de ser y la estructura primera de las grandes civilizaciones. Aquel lugar, al mismo tiempo, constituía algo así como la «caja fuerte» de los grandes secretos de la humanidad, aquellos secretos de los que todos los presuntos adeptos del conocimiento osaban hablar, pero de los que muy pocos —o tal vez nadie— podían dar cuenta cabal y clara. Secretos y misterios convertidos en símbolos universales que se manifestaban en el saber oculto de todas las culturas, como muestra de que unos determinados iniciados superiores habían alcanzado ya las cimas de la gnosis y estaban en condiciones de tomar abierta y ocultamente las riendas del destino de sus semejantes. En este secreto poder estaba la clave profunda de un comportamiento místico solar, según el cual el mundo estaría destinado irremediablemente a ser regido por la autoridad indiscutible de los pocos que se encontraban en posesión de la Verdad, esos pocos que, obedeciendo el alto designio de la autoridad oculta situada en el Centro Total del Mundo, conducirían desde los centros subsidiarios —a modo de virreyes universales, entronizados en los lugares sagrados previstos por la más alta conciencia— el desti-

---

1. Más documentación sobre esta presunta andadura oriental de Jesucristo pueden encontrarse en el libro de NIKOLAI NOTOVICH, *La vida secreta de Jesucristo*, Posada, México, 1975, en las noticias y creencias de la secta islámica Ahmadiyya y en el libro de ANDREAS FABER-KAISER *Jesús vivió y murió en Cachemira*, ATE, Barcelona, 1976.

no del mundo y de sus criaturas, atávicamente dispuestas a obedecer las leyes implacables de la autoridad suprema, la que estaba predestinada por la mismísima divinidad solar a decidir, desde planos superiores del conocimiento, la historia y la evolución del género humano.

Con este mundo extraño y profundamente secreto iban a tropezarse los nueve caballeros que, bajo el mando del borgoñón Hugues de Payns, acudieron a Balduino II de Jerusalén en demanda de un lugar donde instalarse para iniciar su andadura espiritual y guerrera. Llegaban de Francia, de la misma tierra en la que la más vieja de las tradiciones atlantes de Occidente se había incrustado en los pensadores cristianos a través de la perdida cultura celta. Su misión, posible encargo del mismo san Bernardo de Clairvaux, consistiría en encontrar la síntesis de un conocimiento universal contenido en las tradiciones mistéricas y gnósticas que aún latían durante el siglo XII en aquella Tierra Santa recién conquistada y que llevaban en su mismo origen noticia y razón —reales o simbólicas— de aquel saber místico solar que emanaría de algún lugar de Oriente y que tendría que dar fuerza y contenido a todo un cúmulo de tradiciones larvadas del mundo cristiano occidental.

En Jerusalén y en las costas extremas del Mediterráneo, hasta Chipre, había coptos, maronitas, armenios, nestorianos, sabeos, monofisitas y maniqueos, tímidamente activos en medio de los guerreros cruzados que convocara la iglesia para la conquista de Tierra Santa. Pero había también musulmanes chiítas e ismailíes súbditos del califato de Damasco, adeptos de una gnosis islámica que se acercaba también peligrosamente al conocimiento sincrético compartido por las sectas cristianas. Y hasta hebreos kabalistas antes de la Qabbalah, guardadores misteriosos de una tradición esotérica del Libro y de los grandes símbolos comunes de la idea religiosa universal. Allí, en suma, parecían unificarse las razones de un gran mito cósmico universal, se acumulaban los símbolos comunes y se podía encontrar la base motora de ese conocimiento que, una vez perdido, originó las creencias, los ritos y los dogmas.

3

Los caminos del Grial

No hay en la historia del pensamiento humano, posiblemente, un símbolo tan lleno de significaciones y de connotaciones trascendentes y, al mismo tiempo, tan inconcreto y universal, tan informal y desconocido como el Grial. Ninguno tampoco que haya despertado sentimientos tan dispares, que se haya integrado tanto en los esquemas ideológicos de las más diversas actitudes sociales y religiosas, que haya aflorado de tantas formas, hasta aglutinar en su esquema estructural todo aquello hacia lo que el ser humano tiende irrefrenablemente desde las profundidades de su inconsciente cósmico.

No cabe duda de la razón que asiste a los autores del *Diccionario de los símbolos*[1] cuando afirman que el Grial «*ha dado lugar a las interpretaciones más diversas, correspondientes a los niveles de realidad en los que se situaba cada comentarista*», pero cabe aún menos duda de que las distintas visiones y los distintos conceptos griálicos han sido siempre el motor primero de la comprensión, a cualquier nivel, de lo que el ser humano, en todos los tiempos, en todos los estadios culturales y en todos los lugares de la tierra, ha sentido en su entraña como expresión y conocimiento de su propia trascendencia.

El Grial es un símbolo constantemente mitificado, que aflora en las tradiciones planetarias como expresión autóctona, en cada caso, de un elemento fundamental salido de la Gran Tradición arcana de la humanidad. Cada pueblo lo ha hecho propio, le ha dado su forma peculiar, su sentido concreto, su origen y su motivo. Pero detrás de

1. JEAN CHEVALIER y ALAIN GHEERBRANT, *Dictionnaire des Symboles*, Laffont-Jupiter, Paris, 1969, tomo II, voz *Graal*.

todas estas interpretaciones formales, detrás de cada conjunto de mitos y de esquemas, está siempre la configuración de *algo que contiene* el secreto universal y que, una vez hallado por el hombre, le descubrirá el misterio último de la Vida, de la Realidad, del Conocimiento. Algo que le permitirá elevarse sobre sus propios condicionamientos y le despertará la conciencia a la comprensión última de una Realidad que se muestra oscura, envuelta en el misterio insondable de lo presuntamente divino.

La huella de los más viejos recipientes

Los nomos egipcios, los clanes que habitaban el curso del Nilo antes de la aparición de los imperios, ostentaban enseñas que los distinguían unos de otros y que, en cierto modo, proclamaban el fundamento primero de sus creencias religiosas. Algunos de estos nomos tenían como enseña la imagen de una vasija, de la que emergían las plumas de un ave. El significado que encerraban aquellas figuras se refería al mito de la fabulosa ave Fénix, que tenía que morir periódicamente abrasada por el sol al que se había acercado demasiado y a quien el mismo astro-dios devolvía cada vez una nueva vida haciéndola emerger de sus propias cenizas calcinadas en la vasija solar.

Curiosamente, ese mismo prodigio mítico resurge muchos milenios después en España, convertido en piadoso milagro realizado por intercesión de un humilde santo constructor del Camino de Santiago, santo Domingo de la Calzada. En el pueblo riojano que lleva su nombre y en el templo que él mismo comenzó a construir se conserva la tradición de un gallo y una gallina que «cantaron después de asados», dando testimonio de una verdad desconocida y reparando una injusticia que estuvo a punto de cometerse con un peregrino inocente. Cuando el visitante entra hoy en la iglesia concatedral de Santo Domingo, suele verse sorprendido por el cacareo de las dos aves blancas y vivas que cada año son repuestas gracias a la piadosa tradición conservada por los vecinos. Otra de las costumbres que se mantuvo viva a lo largo de los grandes siglos de las peregrinaciones compostelanas hacía que algunos romeros se llevasen de allí una pluma blanca prendida en el sombrero, como muestra de su identificación con el prodigio.

Pero se da el caso, más significativo aún si cabe, de que en Nájera, la ciudad inmediatamente anterior en el camino Jacobeo, existe el recuerdo de otro milagro, vivido al parecer por el rey don García de Navarra, que complementa el mito de las gallináceas de Santo

Domingo. Se trata del descubrimiento que aquel monarca hizo, durante una partida de caza, de una imagen de Nuestra Señora —Santa María la Real—, una virgen negra a cuyos pies se encontraba una jarra milagrosamente llena de azucenas frescas. La jarra y la Virgen fueron el origen de la fundación de una orden de caballería, la de la Terraza (terraza y jarra significaban lo mismo en el romance catellano del siglo XI), que agrupó durante siglos a lo más granado y caballeresco de la nobleza europea.

Jarra y aves resucitadas conforman, en dos pueblos inmediatos del Camino de Santiago, la totalidad de un mito ancestral que el cristianismo no hizo más que traducir a su propio esquema semántico. Pero constituye sólo un ejemplo menor de una búsqueda universal que ha afectado, a lo largo del tiempo, al meollo mismo de la inquietud trascendente del ser humano. Una búsqueda que afecta tanto al *continente,* bajo sus más diversas formas —copa, jarra, pátera, mesa, piedra, libro, caldera— como al *contenido:* maná hebreo, energía solar egipcia, *soma* hindú, *haoma* mazdeico, sangre divina cristiana, elixir alquímico, leche de la Virgen o hidromiel olímpico, filtro mágico o bebida de la inmortalidad. En cada caso, la significación aboca indefectiblemente a una sola meta, la que proporciona a su poseedor, individuo, grupo o secta, el poder iniciático de un conocimiento superior o de una experiencia trascendente.

Una gran sinfonía cósmica

Cuando Lucifer, el Ángel Rebelde, fue precipitado por Dios a los infiernos, cayó de su frente una esmeralda,[1] que fue a parar al jardín del Edén. Seth, el hijo de Adán, pidió al Angel Guardián del Paraíso aquella gema y una rama del Árbol de la Ciencia. Plantó la rama del árbol —de la cual nacería otro que, con el paso del tiempo, daría lugar a aquel del que se construyó la cruz del Gólgota— y labró con la gema luciferina una copa que, transmitida misteriosamente de generación en generación, estaba en manos de Jesucristo la noche del Agape en que, inmediatamente antes de su prendimiento en el Huerto de Getsemaní, instituyó los primcipios de su Iglesia.[2] La copa fue entregada por

---

1. «*Esta esmeralda recuerda neta y significativamente al* urnâ, *la perla frontal que, en el simbolismo hindú (y en el budismo) representa a menudo el ojo de Shiva, aquel que puede ser llamado el "sentido de a eternidad..."* (RENÉ GUÉNON, *Le roi du monde,* cap. V).

2. Mt., XXVI, 17-35; Mc., XIV, 12-31; Lc., XXII, 7-23; Ju., XIII-XVII.

Pilatos a José de Arimatea, que recogió en ella la mezcla de sangre y agua que manó del costado del Señor cuando, ya en la Cruz, fue herido por la lanza del centurión Longinos.

José de Arimatea emigró a Occidente con su divina reliquia y llegó a tierras célticas, precisamente donde viejos mitos muy anteriores al cristianismo[1] mantenían recuerdos de una raza remota, la de los *Thuata de Danánn,* que logró un gran triunfo sobre los *fomoré* y los *fir-bolg* en la decisiva batalla de Magh-Tiured gracias a unas armas prodigiosas proporcionadas por el dios Lug: la piedra *Lía-Fail,*[2] la espada de *Nuada*[3] y, sobre todo, otras dos que, extrañamente, conservaban un sorprendente paralelo con el significado de la reliquia cristiana.

La primera era la lanza de *Lughaid,* que proporcionaba un terrible poder de invencibilidad gracias a los rayos mortales que podía despedir. En este sentido, como tal amuleto poderosísimo, estaba íntimamente ligado al extraño poder que también se atribuía a la lanza de Longinos y que, según varias tradiciones emparentadas con el Grial, estuvo en las manos de los grandes conquistadores de la historia cristiana,[4] desde Constantino el Grande, que la llevaría en la batalla de Puente Milvio, a los emperadores de la casa de Habsburgo, pasando por Alarico el Godo, Carlomagno, Carlos Martel y ese extraño monarca contemporáneo de los templarios del que ya nos hemos empezado a ocupar en estas páginas: Federico II Stauffen.

La otra era el caldero de Dagda, de cuyas portentosas y distintas virtudes hablan varios de los manuscritos. Al parecer, fue construida por la divinidad que lleva su nombre, llamada también Eochu (caballo solar) y Ollathir (padre Universo), hermano de Ogma, el inventor de la escritura. El caldero servía para devolver la vida a los guerreros muertos en la batalla que eran sumergidos en el líquido que contenía. Pero era también un inmenso matraz alquímico, porque se narra que Brigitt, la hija del dios y autora de los libros sibilinos de Pherylt, coció

---

1. Mitos estrechamente emparentados con la Península Ibérica, puesto que los conquistadores precélticos partieron, según la leyenda, de las costas gallegas para conquistar los territorios irlandeses. Todos estos mitos fueron transcritos por primera vez por monjes que, entre los siglos IX y XII, legaron lo que hasta entonces habían sido tradiciones sólo transmitidas por vía oral.

2. Esta piedra fue trono de los reyes de Brigantium (Galicia) primero y luego de los de Irlanda y cambiaba de color si se sentaba sobre ella quien no fuera merecedor del trono.

3. La espada tenía la virtud de producir heridas que jamás sanaban.

4. Trevor Ravenscroft, *La lance du Destin,* A. Michel, París, 1973.

El rey Arturo y los caballeros de la Tabla Redonda, cuya leyenda griálica establece la estructura de toda la mística solar de la Edad Media.

en él el Agua Viva de la inspiración durante un año y un día, obteniendo tres gotas del Elixir de la Vida; pero el precioso líquido rompió el caldero con su titánica potencia y se volvió veneno para el pueblo de los Thuata, que tuvo que refugiarse para siempre en las cavernas, llevándose consigo sus tesoros de conocimientos para protegerlos de la codicia de los hombres que no estaban en condiciones de saberlos emplear.

A partir de este arribo a tierras célticas, la historia de José de Arimatea y el Grial comienza a intrincarse. Surgen milagros significativos, como el de haber servido alimento al santo varón durante cuarenta y dos años; luego la copa sacratísima surge y desaparece alternativamente, convirtiéndose más en una gran búsqueda que en un elemento tangible. Sirve de motor primero a grandes mitos caballerescos en manos de poetas tradicionales esotéricos, autores como Chretien de Troyes, Wolfram von Eschenbach y Robert de Boron.[1] Hace nacer el reino de Arturo entre el mito y la historia y la leyenda de sus doce pares, paralela a la de los pares de Carlomagno, sentados con su soberano en torno a la Tabla Redonda como iguales, en un compromiso de por vida para la búsqueda de aquel objeto sagrado entre todos.

Pero hay una circunstancia que en modo alguno debemos pasar por alto: en todo ese inmenso mito oculista, las tierras de la Península Ibérica parecen estar siempre presentes como lugar en el que, por alguna parte, se encuentra oculto el gran talismán griálico; como espacio concreto geográfico en el que se centran las búsquedas trascendentes del objeto sagrado, a medio camino entre la aventura guerrera y la experiencia mística de los paladines del conocimiento, los Galaades, los Parsifales, los Lanzarotes.

El Grial de san Lorenzo mártir

Aurelio Prudencio fue un zaragozano sádicamente entusiasta de los derramamientos de sangre martirial, un romano-aragonés del siglo IV —murió en el 410— que dio cuenta y razón de infinidad de cristianos despedazados, decapitados, desmembrados, quemados y hasta comidos en aras de la Nueva Fe. Muy a menudo, sus historias abracadabrantes no han podido ser verificadas y sus mártires se han quedado en su puesto del panteón cristiano gracias a la bondad de unos padres bolandistas que admitieron su improbable realidad sólo porque ya el pueblo —más sabio que las leyes y los decretos— la había asumido plenamente. Sin embargo, esa asunción popular era frecuentemente el reconocimiento tácito de una continuidad cultural, más o menos disimulada por la fuerza política de las circunstancias. Y así, del mismo modo que una santa Demetria suplantaba limpiamente — y

---

1. Vuelve a no ser superfluo que anotemos, por lo que inmediatamente habremos de ver, que el texto de Robert de Boron, perdido casi totalmente en su versión original francesa, se ha podido reconstruir gracias a las versiones españolas y portuguesas medievales, cuidadosamente conservadas y recientemente publicadas en castellano.

hasta con los mismos atributos— a la madre Demeter de los cultos mistéricos, lo mismo que un san Hipólito sufría igual despedazamiento entre cuatro corceles furiosos que el Hipólito del mito helénico, surgía en el martiriologio un isólito san Lorenzo, diácono de la iglesia de Roma, del que el hemólatra Prudencio jamás daría pelos ni señales, ni fechas ni detalles de su origen oscense y que, en todo o sólo en parte, estaba santificando la continuidad de un Lug céltico que, en otros enclaves, aparecería bajo la denominación y los atributos de san Lucio, san Lupo, san León papa o san Luciano y que, en ocasiones, hasta suplantaría la personalidad del mismo evangelista san Lucas que, exactamente lo mismo que el dios sin nombre herencia de los atlantes acumularía en la mente del pueblo despaganizado las virtudes del médico, del taumaturgo universal y hasta del imaginero.[1]

San Lorenzo, recordémoslo, fue patrono preferido del rey Felipe II, sobre todo después de habérsele atribuido la intercesión divina por la victoria de San Quintín, que tuvo lugar precisamente el día de su fiesta. Y en honor suyo —¿suyo o de la antigua divinidad de los arcanos saberes?— mandó levantar el monasterio de El Escorial, con planta de parrilla martirial, que se pobló de claves ocultistas tanto por el constructor que remató la obra —Juan de Herrera— como por su primer bibliotecario: Benito Arias Montano.

Según se proclama por Aragón y confirma Juan Agustín Ramírez en su *Vida de San Lorenzo,* el santo había nacido en un pueblecillo cercano a Huesca, llamado Loreto (otro extraño acercamiento onomástico al viejo Lug) y fue a este pueblo donde, al parecer, el diácono santo mandó el Cáliz de la Última Cena que, tallado en un ágata cornalina, le había entregado para su custodia el papa Sixto II. Allí permaneció hasta los primeros años del siglo VIII y, cuando la invasión mora, el obispo Acisclo de Huesca se lo llevó en su huida, primero a la cueva del monte Yebra donde fuera martirizada santa Orosia y, a partir de entonces, siempre custodiado por los obispos de Aragón, en un periplo que pasaba por San Pedro de Siresa —en el valle de Echo—, por Santa María de Sasabe, cerca de Borau y, finalmente, por la catedral de San Pedro de Jaca, donde quedó a buen recaudo hasta 1076. En aquel año, el obispo don Sancho dejó su puesto y, al regresar a su antiguo monasterio de San Juan de la Peña, se llevó consigo la preciosa

---

1. No lo olvidemos: la mayor parte de las imágenes de Nuestra Señora a las que se ha atribuido aparición milagrosa en lugares sagrados han sido, según las tradiciones populares hispánicas, un retrato de la Virgen esculpido en vida por san Lucas. Esta atribución iconográfica al evangelista aparece incluso en la obra de numerosos pintores italianos del Renacimiento.

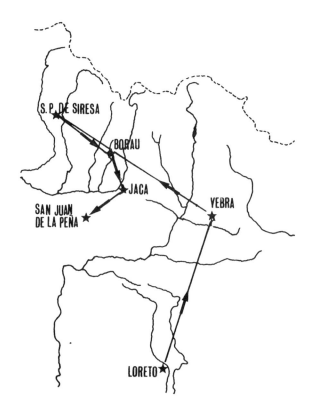

Camino que siguió el Grial en la Edad Media hasta su definitivo establecimiento durante trescientos años en San Juan de la Peña.

reliquia. Allí la guardaron los monjes en un arca de marfil, de donde sólo la sacaban en fechas muy solemnes para ser usado en la misa por los abades del monasterio.

La aventura viajera de este Grial se recomenzó en 1399, año en el que el rey Martín el Humano lo permutó a los frailes de San Juan de la Peña por otro de oro y esmaltes dedicado a san Jorge y con un peso de cinco marcos y una onza. El monarca lo llevó a Zaragoza primero, al palacio de la Aljafería, y posteriormente a la capilla Real de Barcelona, desde donde Alfonso V el Magnánimo lo trasladaría a Valencia, en cuya catedral sigue hasta nuestros días.

No cabe duda de que este Cáliz fue como una primera llamada entre la ortodoxia y la mentalidad trascendente del mito griálico. Wolfram, en sus poemas —el *Perceval* y el *Titurel*—, se aproxima parcialmente a él al citar lugares como *Azaguz,* que corresponde, según varios investigadores, a Zaragoza. Y es curioso, si no definitivo, que uno de los grandes reyes de Aragón, Alfonso I el Batallador, fuera

Capiteles del claustro de San Juan de la Peña. Si la restauración hubiera podido conservar el orden primitivo en que fueron colocados, habría sido seguramente posible restablecer la historia griálica que cuentan.

llamado en algunos documentos *Anfortius,* lo mismo que el rey Amphortas, el custodio del Grial en la leyenda de Eschenbach, y que fuera precisamente él quien, en su testamento, dejara su reino en herencia a los templarios y a los hospitalarios.[1] Como lo es el hecho también

---

1. Véase F. OLIVÁN BAILE, *Los monasterios de San Juan de la Peña y de Santa Cruz de la Serós,* Zaragoza, 1974. El autor confirma toda una serie de paralelismos entre el personaje griálico de Eschenbach y el rey aragonés, advertidos por un deán de la catedral de Jaca, don Dámaso Sangorrín, en un artículo de la revista *Aragón* (1927-1930) que me es desconocido: «El santo Grial en Aragón». Allí se cita la circunstancia de ser ambos hijos segundos del monarca fundador del enclave, haber sido ambos también sucesores de un hermano primogénito muerto sin herederos; la ausencia de un sucesor directo tras el matrimonio con una princesa orgullosa y altiva, etc. En cualquier caso, las aportaciones presuntamente probatorias

significativo que el monte en cuyos pliegues se alberga el monasterio de San Juan de la Peña sea llamado de San Salvador, como el *Montsalvat* de los poemas griálicos. Eschenbach dice también que ese lugar está situado camino de Galicia. Y, aunque lejos de ella, San Juan de la Peña era paso —no obligado sino iniciático— para los peregrinos jacobeos.

Griales a gogó y una fundada sospecha

No sé ya dónde, leí una vez que, si reuniéramos todos los fragmentos del *Lignum Crucis* que andan siendo venerados por el mundo, podríamos reconstruir una cruz de varios centenares de metros de altura. Tres cuartos de lo mismo, sólo que en el campo de lo mágico y lo oculto y lo secreto, sucede con el Grial. En primer lugar porque, ya lo vimos, los autores que lo han tratado dudan y discuten sobre si se trata de un símbolo puro o de una realidad tangible. Y además porque, aun partiendo de su hipotética realidad, se sigue discutiendo sobre si se tratará de un vaso, de un libro, de una piedra, de una mesa, de un caldero o de una jarra.

Dicen que, en el siglo XVI, había no menos de veinte cálices que reclamaban la autenticidad de haber sido el que Cristo utilizó en la Cena y el que recogió su sangre licuada del costado herido por la lanza de Longinos: uno en Lyon, otro en Génova (procedente por cierto de Almería y regalo de Alfonso VIII de Castilla a los genoveses por su participación en la aventura efímera de la conquista andaluza), otro en Reims, otro en el Cebrero —donde los cluniacenses fabricaron un hermoso milagro de las formas para conversión de peregrinos preguntones—, otros en Albi, en Flandes, en Jerusalén (citado por Beda el Venerable), en Auvernia...

Sólo en España, aparte de los que ya he citado, hay tradiciones griálicas en Daroca, en Sant Pere de Roda, en San Pantaleón de Losa, en Toledo[1] y en Medinaceli. Pero estas dos últimas llaman perentoriamente la atención sobre otra curiosa pista perdida sobre la posible naturaleza y el presunto significado de la tradición ocultista griálica.

---

sobre la identificación de cálices han entrado, al menos hasta ahora, plenamente en el terreno de lo especulativo. También OTTO RAHN (*Cruzada contra el Grial,* Hiperión, Madrid, 1982) advirtió en su día la identificación del Montsalvat de Wolfram con el Montségur cátaro, sobre el que volveremos.

1. Los cité en mi libro *Los Santos Imposibles,* Plaza & Janés, Barcelona, 1976, pp. 240-244.

Porque si acaso el Grial —copa, piedra, libro o mesa— fue el *continente* del conocimiento divino, ¿por qué no pudo ser un continente referido a la naturaleza del Yavé de Israel, Aquel que comunicó o reveló la Torá a Moisés y dio las pautas precisas para la construcción de la Casa de Dios: el Templo de Salomón?

Tendré que empezar la cosa pidiendo perdón por tener que referirme ahora a los godos, de cuya lista de reyes renegaron muchos estudiantes de mi generación. Pero he de volver sobre ellos, porque creo que su presencia constituyó un momento clave en la historia y en la evolución de nuestras ideas mágicas y religiosas. Y no sólo nuestras —hispánicas— sino en las de otros pueblos vecinos. Porque, entre otras cosas, los godos fueron el pueblo que marcó la frontera precisa entre un mundo romano en imperial decadencia y un universo medieval en el que reaparecerían, *bárbaramente* vivas —y, por tanto, prohibidas y anatematizadas por los concilios— las tendencias espirituales recogidas de la Gran Tradición venida de la Noche de los Tiempos y alumbrada por las sugerencias trascendentes que arrastraba consigo la estructura primaria de la nueva fe.

Los godos no son un pueblo menos enigmático por el hecho de que hayamos oído hablar de él durante toda la vida. Una vieja teoría que los hacía procedentes de los países nórdicos se va viendo firmemente desplazada por la idea de su procedencia oriental, que supone una lentísima emigración secular desde la India, con largas estadías en el Cáucaso primero y en las orillas orientales del mar Negro después —donde se podrían identificar con los *getes*— antes de lanzarse a la ocupación de las tierras nórdicas y de la Europa del Occidente mediterráneo.

De la naturaleza eminentemente solar de su sustrato ideológico nos hablan muchas de las circunstancias que los rodean, desde el nombre que adoptaron —*godos* significa textualmente *dioses*— hasta su probable evolución religiosa. Si fueron realmente el reino de Gog de que habla el Antiguo Testamento (Gén., X, 2; Ez., XXXVIII y XXXIX),[1] habrían representado en su momento la gran fuerza oscura —*solarmente* oscura, pues *gug,* en el idioma de los sumerios, significa tinieblas— de un movimiento dispuesto a esa conquista universal igualmente anunciada y temida en el Apocalipsis de Juan (XX, 7-9). Si, como parece probable, fueron los *getes* (y así se nombran a sí mismos los godos, a través de su historiador Jordanes), coincidirían con las descripciones de Estrabón y Heredoto y habrían sido tanto los crea-

---

1. Apunta la idea Gérard de Sède en *Le Mystère Gothique,* Robert Laffont, París, 1976.

dores efectivos de los misterios dionisíacos que luego asumirían los pueblos helénicos, como los seguidores mesiánicos de Zalmoxis, un presunto pitagórico erigido en divinidad solar por los pueblos de la orilla izquierda del Danubio.

Zalmoxis, a través de lo que narran sus mitos y sus ritos, fue una de las personificaciones más claras y sincréticas del culto solar universal. No sólo jugó el papel de gran divinidad salvífica, sino que se constituyó en promotor de ideas mesiánicas muy semejantes a las que se proclamaban en los misterios mitraicos y en instaurador de ritos asombrosamente paralelos a los que, salvando abismos de espacio y de tiempo, se practicaron en pueblos igualmente solares de puntos opuestos del planeta.

Más sospechas solares e historia de unos trofeos

Cada cuatro años, los *getes* elegían a un mensajero que debería transmitir directamente a la divinidad los saludos, los ruegos y las necesidades del pueblo. El elegido, una vez aprendido su mensaje, era arrojado al aire para que cayera en un bosque de jabalinas hincadas en el suelo, entre las que se ensartaría. Este sacrificio ceremonial era muy parecido al que practicaban los caballeros águilas en la explanada del centro monástico de Malinalco, en México, cuando mandaban un mensajero al dios solar Huitzilopochtli durante la fiesta iniciática llamada Netonatiuhzaualitzli.[1] En aquel caso, la víctima predestinada subía lentamente las escaleras del zócalo solar, memorizando el mensaje que tenía que llevarle a la divinidad y, cuando llegaba a la cumbre, era esperado por los sacerdotes, que le abrían inmediatamente el pecho y le extraían el corazón. En ambos casos, la muerte constituía un honor al que el designado se sometía con el convencimiento de ir a reunirse con la divinidad a través de un acto heroico y doloroso del que no se sentía en modo alguno víctima, sino protagonista con una misión trascendente.

Apuntemos todavía otra circunstancia de los godos precristianos, significativamente propia de una ideología solar. Se cuenta que Zalmoxis se ocultó en una caverna y que sus fieles, en vista de su ausencia, pensaron en su muerte hasta que, al cabo de cuatro años, regresó con ellos dando cuenta cabal y simbólica de una resurrección mística. Con

---

1. Cfr. el capítulo «Chalma, el misterio de una peregrinación», en mi libro *Claves Ocultas de la Historia,* Latina, Madrid, 1980.

el tiempo, el símbolo de la caverna-centro del mundo constituiría para los pueblos godos otro gran motivo de su dinámica religiosa. En una caverna llamada *Asgart* (extraño nombre y más extraño parecido aún con el *Agharta* de la Tradición de Oriente) se encontraban los *Ashes,* que constituirían el gran clan de las poderosas divinidades intermedias, rectoras del mundo y del destino de los hombres. Pues bien, una cueva similar hubo en el Toledo godo, según el cronista musulmán Ben Adhari el-Maruqqi, que relata que la tal cueva contenía un tesoro de enorme valor mágico y talismánico que nadie debía descubrir y cada monarca debía añadir una cerradura más a su puerta para aumentar la seguridad del secreto. Cuando Rodrigo la abrió, desobedeciendo el mandato de la Tradición, pudo contemplar el destino de su pueblo, cuyo poderío sería muy pronto aniquilado por la invasión islámica.

En el año 325 fue condenada la herejía gnóstica de Arrio en el concilio de Nicea y muy poco después comienza a implantarse su ideología entre los godos de allende el Danubio. Y era lógico, porque, en realidad, se trataba de una variante del cristianismo que planteaba abiertamente unos principios de auténtica teogonía solar, acordes con lo que había sido hasta entonces la trayectoria religiosa de aquel pueblo. *«Queriendo Dios producir la Naturaleza creada, vio que su mano era demasiado pura* —dice san Atanasio, explicando el credo de Arrio desde perspectivas ortodoxas— *y su acto inmediato demasiado divino para esta creación; por tanto produjo desde luego un Ser único, a quien llamó su Hijo, su Verbo, y el cual, llegando a ser mediador entre Dios y el mundo, debía crear todas las cosas».* Hay en esta propuesta primera una clara tendencia solar, a partir de una divinidad esencialmente desconocida que crea o produce un ser mediador ante lo que va a ser la Creación. Es, con todas las variantes y todos los distingos y todos los detalles que se quieran añadir, una concepción que viene de muy lejos, de los misterios y de esa doctrina esencialmente proclamante del *dualismo* luciferino que expandió Manes y que estaba tácitamente presente en la Gnosis.

Pero tengamos en cuenta que esa doctrina, para convertirse en religión activa y, sobre todo, para arrastrar a todo un pueblo, necesitaba de los signos, de la existencia de un símbolo hecho objeto por el que los fieles reconocieran su relación inmediata con la divinidad y su papel en tanto que *posesores* de un presunto regalo divino que, conteniendo la esencia de su credo, les diera la prueba de su predestinación mesiánica. Pues esta y no otra es, en síntesis, la razón universal de todos los mitos griálicos, el motivo patente inmediato de la mística solar de todos los tiempos.

Y ese motivo lo tuvieron también los godos arrianos. Y lo personificaron en lo que ellos habrían de llamar el *Tesoro Antiguo*,[1] talismán del reino, garantía de legitimidad y de continuidad mesiánicas, legado mágico que nadie debería profanar, porque contenía las piezas clave de ese mito universal de conocimiento divino al que sólo deben tener acceso los adeptos iluminados por la iniciación.

¿Pero qué contenía ese tesoro?

El arzobispo Rodrigo Ximénez de Rada nos habla en su *Crónica* de la Tabla Esmeraldina, sostenida por 365 pies de oro macizo que, procedente del tesoro del Templo de Salomón, fue trasladada a Roma por Tito después del año 70 d.C. y recuperada por Alarico tras la conquista de la Ciudad Imperial en el año 410. Entre los trofeos celosamente buscados y llevados en su día en triunfo a Roma —y ahí está la columna de Tito para dar testimonio— se encontraban nada menos que la *Menorah*, representación ritual de la obra de Dios: el candelabro de siete brazos que simbolizaba los días o las eras o los eones de la Creación y pesaba un talento (23,565 kg) en oro puro. Y la mesa-altar de los panes ácimos, que simbolizaba la huida del Pueblo desde Egipto bajo la Hégira de Moisés, y que tenía dos codos de longitud y uno de anchura y estaba hecha de madera de acacia recubierta de oro.

Enclaves sagrados

Alarico I el Godo, después de la toma de Roma, debió incorporar todos sus trofeos al Tesoro Antiguo de su pueblo. Luego, bajo el gobierno de Walia (415-419) pasó de Tolosa a Carcasona y allí pudo permanecer hasta el sitio de la ciudad por los francos de Clovis (507) o hasta, tal vez, el sitio y toma posteriores por Tariq en el año 713. El cronista musulmán Al-Maazin escribe: «*En el año 93 de la Hégira, Tariq conquistó Al-Andalus y el reino de Toledo y llevó a Walid, hijo de Abd el-Maleq, la Tabla de Salomón, hijo de David, compuesta por una aleación de oro y de plata y con tres rebordes de perlas*».

Ante los testimonios que nos han llegado, comprobamos, en primer lugar, una desinformación patente de cronistas lógicamente no iniciados en la simbólica sagrada, que confunden la mesa de los panes ácimos (de madera de acacia, revestida de oro) con la Tabla Esmeraldina tallada en una sola piedra e infinitamente más significativa, desde una perspectiva tradicional, que la otra, que simbolizaba sólo un episodio

---

1. Véase RAMON D'ABADAL. *Dels visigots als catalans*, Barcelona, 1969: «El llegat visigòtic a Hispània» y, sobre todo, «Del Regne de Tolosa al Regne de Toledo».

específico del pueblo de Israel. La Tabla Esmeraldina sería, en cambio, la realidad tangible de los esquemas herméticos y, por su naturaleza misma, el resultado de una posible talla sacral de la piedra desprendida de la frente de Lucifer al precipitarlo Dios a los infiernos: un objeto, pues, fundamentalmente sagrado, que tendría que ver, para los iniciados, con el principio mismo de la realidad divina; un elemento imprescindible para alcanzar la evidencia trascendente. Un Grial, en fin.

Pero lo curioso es que esa tradición de la mesa salomónica se rodea, en determinadas ocasiones, de aires extraños que le confieren la calidad de una reliquia auténticamente sagrada. Otto Rahn[1] recuerda un fragmento del *Perceval* de Eschenbach en el que el poeta cita al trovador Kyot (posiblemente Guyot, de cuyo poema perdido extraería presuntamente el material del suyo), que estuvo en Toledo y encontró un escrito con la historia de la Mesa. Según Rahn, el tesoro entero de Salomón habría caído en Toledo en manos del Islam, con lo que se confirmaría lo que transcriben las crónicas musulmanas.

Sin embargo, si repasamos la historia popular y, sobre todo, las tradiciones de la ciudad soriana de Medinaceli, nos encontraremos con sorpresas, porque allí se cuenta que llegaron clérigos y nobles godos procedentes de Toledo que venían huyendo de la invasión de los moros y que llevaban consigo, entre otros tesoros, la mesa de oro y esmeraldas del rey Salomón. La leyenda añade, en una de sus versiones, que Tariq nunca pudo hallarla, tan bien habían sabido esconderla los huidos, pero que, teniendo la seguridad de que aquel era el lugar donde se encontraba, lo llamó Medinat al-Selim, la ciudad de Salomón, de donde vendría el nombre actual de la población.[2]

Todo podría haberse quedado en los límites de la leyenda improbable, a no ser por otra circunstancia que no deja de ser ciertamente sospechosa. Siendo ya desde mucho atrás cristiana Medinaceli, fue una de tantas ciudades de Castilla que se vieron envueltas en la lucha fratricida que en el siglo XIV enfrentó a Pedro I con su hermano bastardo Enrique de Trastamara. Aquella guerra tuvo implicaciones extrañas que los historiadores han dejado de lado demasiado alegremente, como la intervención de las compañías blancas de Bertrand Duguesclin de quien se dijo que era un templario secreto cien años después de la extinción de la Orden. En cualquier caso, no cabe duda de

---

1. Op. cit., pp. 118-119.
2. Otros, con no más ni menos razón, opinan que el nombre de la ciudad procede de la arabización —Medina— del poblamiento romano que hubo anteriormente, *Ocilis*. Y aún hay quien asegura que es una Ciudad del Cielo (Medina Coeli) que bautizaron así los cristianos.

que fue un episodio profundamente penibético, en el que se vieron implicados nobles y mercenarios de toda Europa. La guerra terminó con el triunfo por degüello de don Enrique (debidamente ayudado por el presunto templario Duguesclin en los campos de Montiel) y al nuevo rey lo llamaron el de las Mercedes por las muchas que concedió a todos cuantos le habían ayudado.

Pues bien: Medinaceli, convertido en cabeza de un condado, fue entregada a doña Isabel de la Cerda y a su esposo, don Bernal de Bearne, que era hijo bastardo del conde Gastón de Foix, que había intervenido activamente en las campañas al lado de don Enrique y que, hecho prisionero después de la batalla de Nájera y devuelto a su tierra provenzal tras el pago de un rescate, volvió a la lucha pagando de su pecunio las nuevas compañías con las que ayudó al bastardo de Trastamara. Pero el conde de Foix tenía una historia familiar también curiosa, toda vez que sus antepasados, cien años antes, estuvieron implicados en los sucesos de la Cruzada Cátara, hasta el punto de que una de sus abuelas, Esclaramonda, se convirtió en algo así como el ángel de los albigenses en Montségur.

Aunque volveremos más adelante sobre el fenómeno cátaro, no puedo por menos de contar este hecho aquí y ahora, adelantándome a otras implicaciones, precisamente porque todo el movimiento cátaro —y bien se cuida de insistir en ello Otto Rahn, en el libro que ya he citado— tuvo enormes implicaciones griálicas, tan evidentes que se prolongaron mucho más allá del término oficial de la cruzada y de la herejía. Curioso, porque en Carcasona, uno de los reductos del catarismo, existe la tradición —seguramente cierta— de que parte al menos del Tesoro Antiguo de los godos no pasó a Toledo, sino que permaneció allí custodiado por *perfectos* que posteriormente (y no se sabe si a raíz de la invasión musulmana o de los inicios de la cruzada) fue llevado por fieles adeptos a lo más intrincado de las grutas pirenaicas, para protegerlo y conservarlo.

¿No cabría pensar que este Gastón de Foix —y luego su hijo bastardo, el primer conde de Medinaceli— tuvieron noticia de la tradición que situaba una de las más preciadas piezas de aquel tesoro salomónico precisamente en la ciudad que ahora se les daba como feudo?

El arca perdida

Todavía queda algo por constatar en ese tesoro salomónico que tantas vicisitudes había de correr desde que Tito lo llevase en triunfo a Roma: la ausencia misteriosa del Arca de la Alianza, de esa arca que, siendo el objeto más sagrado de cuantos había custodiado el pueblo judío, tendría que haber sido también el trofeo más preciado de sus vencedores... y de los vencedores de sus vencedores.

Según la Tora (Éx., XXV, 10-22 y XXVI, 33), Moisés construyó el Arca siguiendo medidas estrictas dictadas por Yavé, para *contener* Su palabra (las Tablas de la Ley, Éx., XL, 20 y 1 Re., VIII, 9), un vaso con el Elixir de la Vida (el Maná, Éx. XVI, 33) y el Cetro de la Sabiduría (la vara de Aarón, Núm. XVII, 10). Desde entonces, el Arca siguió las vicisitudes del Pueblo, guió sus campañas como un estandarte que daba testimonio de la custodia divina, mató a quienes osaron levantar el velo de su terrible secreto y, cuando Salomón hubo terminado la construcción del Templo, se depositó en el lugar más sagrado: en el *sancta sanctorum,* el *debir,* un recinto perfectamente cúbico construido en madera de cedro y revestido totalmente de oro. A partir de su colocación, los libros bíblicos la silencian casi totalmente. En el Primero de Macabeos (I, 21-24) se narra el saqueo del Templo por Antíoco, pero no se cita el Arca en ningún momento entre los tesoros que se llevó. Una tradición hebrea afirma que fue llevada por Jeremías a una caverna del monte Nebo, donde la ocultó cerrando secretamente la entrada. Luego, el mismo Jeremías (III, 16) dice que los israelitas «*ni se acordarán ya de ella, se les irá de la memoria, ni la echarán de menos ni harán otra*».

Pero Juan de Patmos habrá de apuntar su presencia en el templo celeste de Dios (Ap. XI, 19): «*Se abrió el templo de Dios, que está en el cielo, y dejóse ver el Arca del Testamento en su templo, y hubo relámpagos, y voces, y rayos, y un temblor, y granizo fuerte*».

No creo que puedan caber dudas acerca de la identificación griálica tanto del Arca como de las demás reliquias sagradas procedentes del Templo de Salomón y custodiadas por los godos, ni tampoco sobre el hecho de que esa identificación fuera reconocida por ellos. La prueba la tenemos en la oculta veneración en que las mantuvieron mientras formaron parte de su Tesoro Antiguo, cuyo guardián oficial recibía el nombre de Conde de los Secretos y figura como uno de los presentes, aún en los concilios toledanos que se celebraron después de la conversión visigoda al catolicismo.

El doble esquema griálico

A través de los mitos sagrados que hemos estado repasando hasta ahora —y otros vendrán más adelante— nos ha ido surgiendo, como al desgaire, una sutil y extraña parentela, que se me hace tremendamente significativa si nos tomamos la molestia de analizar y de comprender las claves: el Grial, en tanto que *continente* del conocimiento, va casi siempre acompañado de un elemento *agresivo* que, en ocasiones —como se da en el caso de la lanza de Longinos— resulta ser el encargado de violentar la manifestación del contenido sagrado del recipiente, para que dicho contenido (como en este caso, la sangre licuada del Salvador) se derrame en el recipiente que habrá de conservarlo. De esta manera, el objeto profundo del conocimiento trascendente parece que debe ser *derramado* después de su *descubrimiento*, de acuerdo con la ideología griálica solar, para poder ser *conocido*. Incluso en ciertos momentos y en determinados esquemas, la apariencia del elemento agresor y el hecho mismo de su aparición puede servir de pista para sospechar la presencia cercana —simbólica o real— del recipiente griálico.

(Por cierto, ¿será posible que aún no se nos haya ocurrido pensar en una especie de erótica trascendente de tales elementos? Porque no cabe duda de que, a determinados niveles, la lanza se identifica necesariamente con un elemento fálico primordial, del mismo modo que la copa-crátera-jarra-ampolla se convierte automáticamente en recipiente femenino de esa vida trascendente que el elemento agresor penetra y derrama. En todas las culturas y en todos los tiempos se ha producido este paralelismo que, a ciertos niveles, podríamos llamar incluso *tántrico*, entre el misterio del conocimiento y la iniciación al misterio de la vida. O, si lo preferimos, entre el inmediato simbolismo de la generación y el simbolismo evolucionado que se dirige a una trascendencia primordial.)

Raymond d'Agiles, canónigo de Puy y capellán del conde de Toulouse —y, por favor, no olvidemos este título, porque resurgirá a lo largo de este histórico losange de creencias e ideologías violenta y trascendentemente encontradas— fue testigo ocular, según afirma, protagonista directo y cronista fiel y consciente de la Primera Cruzada y, sobre todo, de la circunstancia de haber sido «encontrada», durante la toma de Antioquía en 1097, la lanza con la que el centurión Longinos hirió el cuerpo moribundo de Jesús durante el drama del Gólgota. «*Yo vi lo que cuento* —relata el capellán— *y fui yo mismo quien llevó entonces la lanza del Salvador*» (sic). Tal como viene a contarlo, pues, fue un pobre frailuco llamado Pierre Barthélmy, marsellés por más señas, quien recibió la visita visionaria de san Andrés, el cual debió revelarle —¡pongamos atención!— que, para que el enemigo islámico pudiera ser vencido, era preciso que el ejército cruzado se hiciera poseedor de la lanza del centurión Longinos. Y hasta le dijo más: que esta lanza se encontraba en Antioquía y que estaba enterrada ante el altar mayor de la iglesia de San Pedro: «*Por medio de ella* —debió decirle al apóstol— *deberéis combatir a vuestros enemigos y por medio de ella también alcanzaréis sobre ellos la victoria completa, la misma victoria que Jesucristo obtuvo sobre Satanás*».

Yo, ciertamente, me maravillo (y me estremezco a la vez) ante tales muestras de supuestos designios de la violencia divina. Pero pienso que mi papel no es el de juez moralizador de eventuales preceptos evangélicos de amor y de paz entre los seres humanos, sino (dentro de lo que cabe) de cronista de hechos ante los cuales cada quisque tendría que tomar partido y elegir, de acuerdo con su conciencia, el camino más propio a su modo de entender la vida. Pero sigamos con el testimonio del canónigo del conde de Toulouse.

El caso fue que el frailuco divulgó su visión, que la lanza fue encontrada y que todos los cruzados se sintieron transportados de gozo guerrero. Pero alguien planteó dudas sobre la autenticidad del trofeo y el buen curilla Barthélmy se ofreció para servir de prueba personal e irrecusable de su visión, proponiendo una especie de Juicio de Dios que aclarase dudas y apuntando incluso que ese juicio consistiera en pasar sobre brasas ardiendo que él atravesaría con la lanza, para demostrar que, si las cruzaba sin quemaduras, se aceptaría como una señal de que Dios mismo así quería haberlo probado.

Después de vestirse con una túnica blanca y después de haber doblado la rodilla ante el obispo de Albania, que puso la lanza entre sus manos, «*Barthélmy hizo la señal de la cruz, se acercó a la hoguera y entró en ella sin la menor vacilación. Permaneció un instante rodeado de las llamas y, saliendo de ellas por la gracia de Dios, sin que su túnica hubiese recibido la más leve quemadura; y del mismo modo sin que la gasa ligerísima que recubría la lanza del Señor sufriera asimismo el menor daño, hizo la señal de la cruz sobre la muchedumbre que se había congregado en torno suyo y exclamó en alta voz: ¡Dios, ayúdame!*». Según parece —en lo referido a la lanza auténtica (?) de Longinos, y según narra Judit Gautier en su prólogo al Parsifal de Eschenbach— la reliquia fue llevada a Constantinopla, donde se pudo conservar en una capilla secreta.[1]

---

1. La referencia de este episodio, tomado de la traducción francesa del *Percival*, ha sido sacada de una nota a pie de página del polígrafo español, teósofo y ateneísta, don Mario Roso de Luna, en su obra *Wagner, mitólogo y ocultista*, Pueyo, Madrid, 1917.

Caminos internos, caminos externos

A ese prodigio citado por el canónigo cruzado de Puy se le llama pirobacia y es un fenómeno que, de modo colectivo, se suele dar en diversos lugares del mundo, desde Grecia al Asia central chamánica y el Japón. E incluso se da, y a fecha fija —en la noche del 23 al 24 de junio, la más corta del año, dedicada a Juan el Bautista— en un pueblo español, San Pedro Manrique, en la provincia de Soria. Un pueblo que, por cierto, formó parte de una importante encomienda templaria de la que aún parecen guardar memoria sus habitantes cuando citan el origen de una iglesia derruida que alza su esquelética estructura como recuerdo misterioso de sus freires.

Pero al margen de las explicaciones que se le hayan querido dar al fenómeno de los piróbatas, lo que no cabe duda es que constituye siempre una prueba de poder y que tales pruebas van ligadas siempre también a un determinado tipo de iniciación solar. En este caso que cuentan las crónicas de la Cruzada, el hecho de que se eligiera precisamente esa prueba para demostrar el poder y la autenticidad de la reliquia nos lleva a afirmarnos en toda esa corriente de mística heliocrática de la que forman parte los símbolos griálicos y, sobre todo, esa lanza (o espada, o vara, o hacha) que acompaña siempre al símbolo de la copa (o crátera, o mesa, o piedra, o libro). Y ese poder, como podemos comprobar en las leyendas que se vinieron a fabricar precisamente en tiempos del mayor auge templario, se da precisamente también a aquellos que, como los paladines de la Tabla Redonda, demuestran un dominio absoluto sobre su condición humana, aquellos que dan prueba de haber alcanzado un estado superior por sus hazañas, por su entrenamiento ascético o por algún tipo de iniciación paralelo al que practicaron los gnósticos o los adeptos de las religiones mistéricas.

Gracias a ese estado, los elegidos —siempre pocos y siempre por encima de las presuntas bajezas de la generalidad de los humanos— podrán tener acceso, al mismo tiempo, al conocimiento superior que proporciona el recipiente griálico a través de su contenido y a la fuerza poderosísima proporcionada por la posesión —o incluso por la contemplación— del arma sagrada. En el fondo, pues, la *queste* griálica es, por más que quiera envolverse en paños de sublime misticismo, una marcha hacia el dominio absoluto sobre los demás, un entrenamiento para alcanzar los símbolos mágicos que aúnan poder y conocimiento. No es por eso casual que, muy a menudo, como sucede en el *Titurel* de Eschenbach, el Grial esté en manos de ese Preste Juan que representó en la

Edad Media la cima misteriosa, desconocida e inalcanzable de ese poder universal o de esa autoridad planetaria que, demasiado a menudo, puede decantarse hacia la dictadura total que pretenda decidir el destino mismo de la humanidad por encima de la voluntad de sus componentes.

4

Esquemas tradicionales para un comportamiento

Hay ocasiones en que la historia parece revelar, contra todo pronóstico, la presencia de un contexto intemporal —tal vez podríamos llamarlo cíclico— en el que los seres humanos o determinados grupos adoptan actitudes similares, o hasta paralelas, en momentos muy concretos, a las adoptadas en lugares muy distantes pero en circunstancias idénticas por otras gentes con las que, al menos de forma evidente y comprobable, no debería existir la menor relación. Es como si el ser humano se rigiera por esquemas heredados de instantes ya olvidados, en los que la historia de todos hubiera tenido algo muy importante en común: un período planetario de relaciones desconocidas o —¿por qué no?— una conciencia originaria que hubiera actuado sobre la totalidad del género humano imponiendo actitudes-tipo a partir de las cuales cada grupo desarrollaría su devenir de acuerdo con sus circunstancias particulares, pero conservando el nexo de esos esquemas como base de su aventura histórica.

Más a menudo sucede, sin embargo, que una querencia latente (y nunca manifestada) despierte ante la evidencia de actitudes concretas que son constatadas en otros grupos humanos con los que se establece una determinada relación. En esos casos, más que una imitación de formas ajenas, se produce la asunción de la propia forma de actitud. Y el hecho mismo de que dicha forma tenga parecido con aquellas con las que se tropezó es sólo una evidencia de la comunidad de actitudes, de símbolos y de reacciones, que afecta a todos los grupos humanos.

Nueve pobres compañeros

Cuando el caballero Hugues de Payns, después de haber pronunciado los votos de pobreza, castidad y obediencia ante el patriarca de

Jerusalén, Gormond de Piquigny, se presentó en diciembre de 1118 ante el rey Balduino II planteándole la intención de dedicarse, con ocho compañeros más, a asegurar la vigilancia de las rutas a los Santos Lugares, vigilar las cisternas y defender a los peregrinos de los musulmanes,[1] llevaba ya un bagaje de varios años de presencia en Tierra Santa. Hay noticia de que, hacia 1110, acompañado de Geoffroy de Saint-Omer y puestos ambos al servicio de Dios bajo la regla de los canónigos de San Agustín, estuvieron colaborando en la construcción de una torre-refugio de vigilancia en el desfiladero de Athlit, que proporcionaba paso entre Jaffa y Cesarea: la Tour de Destroit, que luego se convertiría en la fortaleza templaria de Château-Pélerin. Aquella obra sirvió seguramente como garantías de intenciones para unos caballeros que se presentaban como humildes siervos de los peregrinos, a pesar de que la mayoría de ellos ni siquiera habían intervenido en la Cruzada que tuvo como resultado la toma de la Ciudad Santa veinte años antes (1099) y a pesar también de que prácticamente todos procedían de la más poderosa clase dirigente borgoñona y flamenca e incluso uno de ellos había sido el hombre que cedió sus propias tierras para la construcción de Clairvaux: Hugo de Champaña[2] y que otro, André de Montbart, que llegaría a ser quinto Gran Maestre de la Orden, era tío de san Bernardo, el Gran impulsor del Císter.[3]

Si nos fijamos bien, hay una evidente intencionalidad inicial que parecen buscar los templarios conscientemente, desde el momento mismo de su instauración. No cabe duda de que van dejando unas claves que sirvan para testimoniar, ante quien se tome la molestia de interpretarlas, una finalidad de la orden que va más allá de las puras apariencias. Aparte el empeño por mantener evidencias en torno a la cifra 9 —nueve caballeros, nueve años de preparación antes de su reconocimiento como orden—, nos tropezamos, por un lado, con un hecho que nadie puede creer casual: la obtención como sede primera de la orden de un sector muy preciso de las ruinas del Templo de Salomón, que no sólo les darán su nombre, sino que mantendrá para los templa-

---

1. Textualmente, dice Guillermo de Tiro: «*Ut vias et itinera, ad salutem peregrinorum contra latronum et incursantium insidias, pro viribus conservarent*».
2. Parece ser que Hugo de Champaña se incorporó al Temple en 1125. Sin embargo, la orden en ciernes se mantuvo con nueve miembros desde su fundación hasta la aprobación de su regla en 1128. Ningún cronista consigna si hubo alguna deserción.
3. Era hermano de Alette de Montbart, madre de san Bernardo.

rios la gloria de haber sido el lugar sagrado directamente «diseñado» por Yavé, que dio al rey David los cánones precisos de su estructura y designó a su hijo y sucesor para llevar a cabo la obra con absoluta fidelidad a los esquemas *revelados*. No en vano, aun después de destruido el templo y tras la ocupación de la Tierra Santa por los musulmanes, el lugar siguió siendo sagrado, hasta el punto de servir también como enclave a la mezquita más importante de los primeros tiempos del esoterismo islámico: la de Al-Aqhsa, construida por arquitectos sufíes en la segunda mitad del siglo VII sobre la Roca en la que descansó Abraham y sobre la que posó su pie el mismo Mahoma al subir a los cielos.

Pero aún hay otra posesión primera que, desde el punto de vista de su constitución, fue capital para los templarios: la donación de que les hicieron objeto los canónigos del Santo Sepulcro de un espacio en el lugar capital de la Pasión. Un lugar que, sin ambargo, nunca ocupó la primacía de las sedes templarias, como habría sido lógico tratándose de una orden que se proclamaba esencialmente cristiana. Un lugar que, sin embargo, trataron de adaptar de alguna manera a la concreta ideología que constituyó la razón de su presencia. Así, llenaron el lugar de inscripciones que, aunque desaparecidas, ha quedado alguna consignada en los archivos de la orden.[1] Así, la que reproduce el prior del Temple en Jerusalén, Achard:

> AQUÍ SE DESTRUYE LA MUERTE Y SE NOS DA
> LA VIDA: AQUÍ SE NOS OFRECE PAN DE VIDA
> PLENA. LA FALTA QUEDA LAVADA. EL CIELO
> SE REGOCIJA, LLORA EL TÁRTARO, LA LEY
> SE RENUEVA. AQUÍ, ¡OH CRISTO! SE NOS
> ENSEÑA QUE ESTE LUGAR ES SANTO.
> AQUÍ, A ESTE RECINTO, HA VENIDO AQUEL
> QUE, EN SU DÍA, CREÓ EL MUNDO. SI VIENES
> A SU TUMBA, APRESÚRATE A CONVERTIRTE EN
> SU TEMPLO. ES DULCE CONTEMPLAR AL
> CORDERO JUNTO AL CUAL SUSPIRAN LOS
> PATRIARCAS. Y QUIEN, NACIDO EN ÉFRATA
> Y MUERTO EN EL GÓLGOTA Y ENTERRADO
> EN LA ROCA, AQUÍ MISMO LLEVADO AL CIELO
> EL PRIMER HOMBRE Y VENCIDA LA ASTUCIA
> DEL MALIGNO, LEVANTANDO AL CAÍDO, ME
> DICE: ¡HEME AQUÍ!

1. Ms. lat. I, 567. Fol. XII, 265 y ss.

El alma oculta sembradora de bayas

Es imposible pensar que unos caballeros cristianos sin una cultura religiosa superior a la que se enseñaba en las escuelas y en los monasterios de su tiempo, pudieran redactar textos como éste, que supera con creces sus presupuestos culturales y que, a poco que se analicen, colocan a quienes los escribieron en la frontera misma de la ortodoxia, a un paso de las corrientes gnósticas y dentro de los esquemas salvíficos proclamados secretamente en los ritos mistéricos.

Pero hay algo más: los templarios son hombres adscritos (hasta el momento en que Jehan Michel les redactase la suya propia, inspirada por el abad de Clairvaux) a la estricta obediencia de la regla de San Agustín, y concretamente a unos preceptos que prohíben al monje empuñar las armas contra quien sea. Y, sin embargo ellos, los templarios, parecen irrevocablemente destinados a la guerra —guerra siempre, por más santa que la lucha se plantee— y en su calidad de guerreros son admitidos por el rey Balduino II y por el patriarca de Jerusalén y como guerreros los presenta el mismo monarca cuando les entrega la carta en la que solicita de san Bernardo su apoyo para el reconocimiento oficial de la orden por la iglesia de Roma: «*Fundamentad las constituciones templarias de modo que no les obliguen a alejarse del tumulto de la guerra, para que sigan siendo tan útil auxilio a los príncipes cristianos como lo han sido hasta ahora...*» Y a guerra y a muerte y a sangre —desengañémonos— huelen y saben las palabras del mismo Bernardo cuando escribe su *Exortatio ad Milites Templi*: «*...Cuando suena la hora de la batalla, se arman de fe por dentro y por fuera de hierro y no de oro; quieren armarse y no detenerse, inspirar terror al enemigo, nunca conmiseración. Se preocupan de tener caballos rápidos y no les importan sus adornos ni sus colores, porque van a la batalla y no a un desfile y están deseosos de victoria y no de vanagloria, ocupados en hacerse temer más que admirar...*»

San Bernardo surge siempre, como un extraño *Deus ex Machina,* a lo largo de todo el proceso de gestación de la orden. No le basta con ser sobrino de uno de los fundadores, ni se conforma con unir a la naciente milicia al donante de su abadía de Clairvaux. Parece empeñado en citarles constantemente en sus cartas y siempre con palabras que definen a los templarios como salvadores de la cristiandad[1] e incluso, en la que escribe al papa Eugenio III, especifica la necesidad de «*sacar las dos espadas*» (la espiritual y la temporal, se entiende) para resucitar la

---

1. Véase carta 332 a los clérigos y al pueblo de Francia; 395 al emperador Manuel Commeno; 56 al papa Eugenio III.

autoridad omnímoda de la Iglesia. Y en el concilio abierto el 13 de enero de 1128 con el único fin de dar carta legal de naturaleza al Temple, será efectivamente el humilde Michel quien redacte la regla, pero lo hará «*par le commandement dou concile et dou venerable pere Bernard abbés de Clervaus, a cui estoit comis et creu cestui devin office*».[1]

San Bernardo es el «inventor» real del Temple. Y realiza ese invento porque, probablemente, tiene conciencia de que la iglesia, que él ha concebido como universal, necesita asentarse sobre elementos propios de la Gran Tradición que sólo pueden obtenerse encontrando las estructuras ancestrales comunes que conformarían una religión originaria que nunca sería fe o creencia pura y ciega, sino conocimiento trascendente capaz de dar todo el poder de la tierra a quienes lo poseyeran. (Y pensemos que san Bernardo estuvo, en su instante histórico, muy cerca de ese poder, del mismo modo que estuvo inmerso en la experiencia mística. No olvidemos que su autoridad era reconocida sin discriminación por papas y reyes, condes, obispos y pueblo. Que bastaba su presencia para detener matanzas de judíos en Renania. Que fue suficiente su deseo para configurar toda una nueva concepción del arte, del templo, del sentir religioso de su época. Que terció con toda su autoridad en la lucha por el pontificado entre Honorio II y Anacleto II. Y que sólo fracasó —y aún cabría preguntarse el porqué— cuando intentó evangelizar a los cátaros del Languedoc. Y que hasta hizo uso del milagro y de la profecía cuando convino a los fines que se había marcado, como cuando auguró a los alemanes la derrota que sufrieron frente a las fuerzas de la iglesia.)

La sombra solar de un dios sin nombre

De san Bernardo de Clairvaux se ha asegurado, por parte de gente propicia a los extremismos ideológicos, que fue un druida iniciado —aunque tardíamente— en los misterios de lo que, increíblemente, se ha dado en llamar la Kabala céltica. Por supuesto, a esos investigadores les bastaría con leer los escritos del santo: sus cartas, sus tratados o sus sermones, para rechazar unas afirmaciones más inspiradas en la necesidad de arrimar ascuas propicias a la sardina de unos ideales involucionistas que basadas en hechos incontrovertibles que, por otro lado, nunca podrán ser probados sin echar mano de una cierta dosis de especulación. Aunque esa especulación sea siempre necesaria, si que-

---

1. Prólogo a la Regla Latina, § 5.

remos que esa verdad nunca expresada en los documentos pueda abrirse paso y darnos fe de un proceso histórico e ideológico profundamente desconocido.

Si de algo no cabe duda, no obstante, es del hecho de que, ya desde sus inicios misioneros, fue precisamente la orden monástica de San Benito la que supo penetrar más profunda y sistemáticamente en los entresijos de la tradición céltica y de que fueron sus monjes bretones e irlandeses quienes, entre los siglos IX y XII, se ocuparon en primer lugar de la conservación de los grandes mitos de su pueblo. Hoy, con toda seguridad, poca o ninguna noticia tendríamos de las creencias míticas y religiosas de aquellas culturas profundamente atlánticas —o atlantes, si se me permite— a no ser por la labor paciente de unos monjes que sintieron la necesidad, casi herética en su tiempo, de que aquellos retazos de la tradición no cayeran en el olvido.[1]

Por supuesto que, en tanto que cristianos más o menos nuevos, aquellos monjes benitos trataron de suavizar en sus transcripciones diferencias radicales, porque su idea era, precisamente, la de justificar y fomentar el cristianismo demostrando, dentro de lo posible, que el Buen Dios se había manifestado ya, anunciándolo, desde mucho antes del triunfo de la Iglesia. Pero en esa justificación estaban siempre presentes, voluntaria o involuntariamente, las profundísimas raíces de una Tradición imposible de anular. Una tradición que, aunque habría de empaparse de las ideas cristianas que se estaban expandiendo por la Europa atlántica como una mancha de aceite, teñiría esas ideas a su vez con principios no menos profundos, procedentes de culturas infinitamente más antiguas, más arraigadas en la memoria cósmica de los pueblos, en esa memoria que es la única capaz de darnos razón del pasado —y hasta de la conciencia primigenia— de la raza humana.

Lo más significativo que puede extraerse de la revisión concienzuda y sistemática de esos ciclos mitológicos célticos es la circunstancia de que, tratándose de la particular cosmogonía de un determinado pueblo, sin lógicas conexiones con otros grupos étnicos y sin evidencias palpables de un conocimiento histórico profundo por parte de

---

1. La biblioteca de la Royal Irish Academy de Dublín conserva unos mil trescientos manuscritos de estas transcripciones. Entre los más significativos, se encuentra el *Leabhar na h'Uidré* —el Libro de la Vaca Parda, por su encuadernación—, el *Libro amarillo de Lecan, El Libro de Ballymote,* el *Manuscrito de Leyde* y *El libro del deanato de Lismore.* Pero hay aún manuscritos fundamentales guardados en el Trinity College de Dublín (*El libro de Leinster*), de 1150, o en la Bodleian Library de Oxford, el «*Harleian 5280*» o el «*Egerton 1782*», en la Biblioteca de abogados de Edimburgo.

los transcriptores medievales de la orden de San Benito (gracias a quienes nos legaron aquellas historias aparentemente tan fantásticas), cabe perfectamente encajar *hoy ya* las piezas dispersas del gran puzzle cósmico, evidenciando la similitud y el paralelismo casi espeluznante que existe entre los mitos conservados y los hallazgos que la historia y la arqueología van poniendo lentamente al descubierto.[1] Pero hay aún, y de esto no cabe la menor duda, una relación constante entre los procesos históricos y la evolución de las creencias, que marcha siempre acorde con las teogonías y con los ciclos de auge y decadencia de los pueblos y de las culturas. Y hay, en el caso de la Europa Occidental —de Norte a Sur, en toda la ribera atlántica— una especial relación familiar que, en sus mismas variantes, revela el esquema teológico de esa Tradición Arcaica de la que me he venido ocupando desde casi el principio de este intento de armonizar y de justificar —porque, a veces, necesitan justificación— las actitudes presuntamente trascendentes de un estricto instante temporal.

Existe un evidente *drama teológico* y, como consecuencia de él, una consecuente *tragedia antropológica* (pues que viene provocada, al menos en apariencia, por potencias que el ser humano, en tanto que colectividad, sería incapaz de controlar), que lleva a la creación, simbólica siempre, de una mitología específica, que será retrato fiel de altibajos culturales desconocidos y, al mismo tiempo, de normas de acción por parte de aquellos que están al tanto del *secreto cósmico*. Tal drama, aunque se le haya divinizado, tiene todo el aspecto de haberse producido en un contexto puramente humano, con la única diferencia, respecto a quienes lo mitificaron, de haberse tratado de gente poseedora de conocimientos posteriormente perdidos. El resultado fenoménico de esos conocimientos sería el recuerdo de prodigios divinos y, en consecuencia, quienes los realizaron serían, a lo largo del tiempo, convertidos en dioses y asimilados a la divinidad primigenia y todopoderosa, el Sol.

La partición del poder

Sobre los druidas célticos se ha especulado mucho más allá de las noticias escuetas que nos transmitieron César o Tácito. Sobre el origen de su mismo nombre se han dado también muchas versiones, porque suele ser propio de determinados apelativos clave entre los

---

1. Estas circunstancias las estudié, en su día, en mi libro *Los supervivientes de la Atlántida,* Ediciones Martínez Roca, Barcelona, 1978.

pueblos la facultad de asimilar las más diversas significaciones, hasta convertirse en auténticos símbolos cósmicos que abarcan el sentido de buena parte del pensamiento trascendente de la comunidad. Pero entre esas versiones hay una, que apunta René Guénon[1] que me parece especialmente significativa, porque se origina en la división del nombre en dos raíces: *dru* y *vid,* de las que la primera quiere decir *fuerza* y la segunda *sabiduría.* Y añade Guénon que «*la reunión de ambos atributos, como la de los dos elementos de la esfinge,*[2] *en un solo y mismo ser... es, sin duda, un recuerdo de la época lejana en que ambos poderes estaban todavía unificados en un principio común y supremo*».

Lo cierto es, sin embargo, que toda la tradición solar de los movimientos iniciáticos del mundo —y el druidismo tuvo un componente iniciático fundamental— ha planteado, sin excepciones, la necesidad (o eventualmente la realidad) de un concepto sinárquico del gobierno trascendente, compuesto por una Autoridad espiritual suprema, de carácter *pontifical,*[3] que regiría un mundo cuyas leyes haría guardar celosamente un poder secular igualmente supremo. Es lo que en la tradición hindú y, subsidiariamente, en todos los movimientos tradicionales, ha venido en llamarse la casta de los *brahmanes* y la de los *chatriyas,* cabezas ambas de un mundo arcano —y hasta para muchos futurible— que exaltaron todos los ideólogos de la vuelta a la Tradición desde que sembraron la semilla solar en el mundo moderno, por un lado Saint-Yves d'Alveydre[4] y por otro los primeros rectores de la Sociedad Teosófica.[5]

Por supuesto que, tal como nos lo van mostrando los mitos célticos entre brumas irlandesas y fragores de cruentas batallas, este sistema político-religioso fue muy probablemente el que rigió la vida de los antiguos habitantes de la cornisa atlántica europea; y esa ideología debió ser la que, envuelta en glorias míticas cantadas por los bardos,

---

1. *Autorité spirituelle et pouvoir temporel,* Véga, París, 1976.
2. Se refiere a otro pasaje del mismo libro en el que apunta que la esfinge de Gizé representa igualmente la unión de ambos poderes en su cabeza humana (la autoridad espiritual) y en el cuerpo de león (el poder temporal).
3. «El pontífice, como lo indica la etimología de su nombre, es una especie de puente entre Dios y el hombre». (San Bernardo, *Tractatus de Moribus et Officio episcoporum,* III, 9.)
4. Sobre todo en su obra *Mission de l'Inde en Europe,* Dorbon-Ainé, París, 1949 y, en general, en todas sus *Misiones.*
5. ANNIE BESSANT, *El gobierno interno del mundo,* Orión, México, 1970. Y en general, toda la obra de Madame Blavatsky.

seguía arraigada en un mundo en el que ya comenzaba a expandirse el credo cristiano que, según el mensaje inequívoco del Evangelio, tendría que haber estado alejado de cualquier esquema guerrero de poder, aunque ese esquema se encontrase teñido de los más sublimes aspectos sacrales de la autoridad.

Pero curiosamente, cuando nos acercamos a los recuerdos más antiguos de la evangelización de la tierra céltica, no hemos de tropezar —y precisamente teniendo por protagonistas a monjes de San Benito— con la extraña presencia de esa autoridad, incluso avalada por prodigios y protegida por la magia trascendente de un *poder armado* que contribuirá al asentamiento definitivo del nuevo credo. Aparte figuras ya señeras, como el venerable Beda o los monjes celtas Clemente y Dungal, asesores del emperador Carlomagno, o aquel ya casi mítico san Brandán o Borondón, que emprendiera con sus frailes la singladura del Océano Tenebroso en busca de sus propios orígenes, destaca a mi modo de ver otro abad benito llamado Gwennolé, que cabalga entre la historia y la leyenda allá por el siglo VII y que, después de haber alfombrado de milagros una tierra que ya de por sí era propicia a ellos, consiguió instalarse con sus monjes en los parajes de Lanndevenec —el Monasterio Abrigado— donde el rey Cradlon de Kemper se proclamó defensor a ultranza de su autoridad espiritual, que impondría entre su pueblo con la fuerza disuasoria de las espadas y de las mazas de guerra que tenía a su servicio.[1] Extraño y esclarecedor: Gwennolé (Gwenn-o-lé) significa «el más blanco». Y blanco es, de acuerdo con la simbólica tradicional, el color de la autoridad espiritual, del mismo modo que es rojo el color que define y significa a la clase de los *chatriyas*.

La miel de las abejas

A san Bernardo se le ha llamado insistentemente el *Doctor Melifluo*. Y se le ha llamado así —lo hizo incluso Pío XII en su encíclica ante el octavo centenario de su muerte (1953)— echando mano de un simbolismo que, como tantos otros, encierra múltiples significados y, por descontado, muchas más razones que las que surgen en la inmediatez de un primer impulso en busca de los significados profundos del apelativo.

---

[1]. He extraído la historia del abad Gwennolé de fray Justo Pérez de Urbel, benedictino, en su libro *Semblanzas benedictinas* (II), Voluntad, Madrid, 1926.

La miel es la esencia griálica de la colmena, el alimento que sirve para el mantenimiento de la especie, el elixir de vida que decide quién habrá de ser qué en la comunidad: obrera o reina (porque los zánganos machos provienen, desde su mismo origen, igual que los mesías entre los hombres, de huevos que nunca fueron fecundados: de huevos virginales). La colmena ha sido siempre como un oscuro ejemplo a seguir, planteado en todos los tiempos por los más diversos movimientos religiosos. Una especie de ideal sinárquico en acción en un mundo de insectos en el que el ser humano es Dios, porque dispone del destino de la comunidad. Naturalmente que esta derivación del epíteto de *melifluo* aplicado a san Bernardo dista mucho de una llamada inmediata a la dulzura que podría sugerir ese apelativo a un monje que fue el auténtico creador del Temple, pero tengo el convencimiento de que, en determinadas personalidades, se han conjugado los significados de tal modo que, aplicados a ellas, expresan una cosa para la generalidad de quienes acceden a su conocimiento superficial y otra radicalmente distinta para los que desean realmente penetrar la importancia de su papel en el mundo.

En el caso de Bernardo de Clairvaux —ya lo apuntaba antes— se detecta un aura de autoridad total a lo largo de toda su existencia, que empieza con la convocatoria masiva de no menos de treinta miembros de su propia familia a los que arrastra consigo al tomar el hábito del Císter apenas cumplidos los veinte años y no se extingue hasta su muerte, convocando concilios, predicando cruzadas, luchando de palabra y obra contra las mínimas desviaciones a los principios que representa, educando papas y aun con tiempo para realizar milagros. Todo ello le convierte en personificación insólita de esos pontífices —que no papas— que él mismo definía, como auténtica miel alimenticia de la religión que ha asumido con todas sus consecuencias, haciéndola sobrepasar con creces los límites evangélicos para convertirla en fuente absoluta de autoridad indiscutible a todos los niveles.

Para Bernardo, por su personalidad y por los conocimientos que poseía, tanto como por sus más profundos convencimientos, la necesidad del cumplimiento de un ideal sinárquico era un hecho; un ideal a fomentar y bosquejar, si no a cumplir. Por eso sentía como deber insoslayable la creación de un grupo de poder que, tanto por su iniciación como por la fuerza disuasoria de sus armas, puestas al servicio absoluto de la autoridad suprema —el papado que él mismo estaba también modelando a través de papas cistercienses como su discípulo Eugenio III— allanase el camino hacia un supremo ideal teocrático, en el que no sólo estuviera comprendido el mundo católico ortodoxo, sino el conjunto de pueblos que tenían la Biblia como

Tradición común: todos los cristianos, todos los musulmanes, todos los judíos.

Pero para cumplir ese fin a plazo medio había que preparar a los *chatriyas* que deberían conseguir con su poder de disuasión —poder de armas y poder obtenido a través de un conocimiento iniciático superior— que el mundo se plegase irremisiblemente a esa necesidad sinárquica. Y la preparación exigiría, en primer lugar, la obtención del saber supremo presuntamente transmitido por la divinidad a los hombres que fueran capaces de descubrirlo en los mensajes que había ido dejando a través de la historia y de las tradiciones de las más diversas creencias. Ningún lugar tan apto como Tierra Santa para alcanzar ese saber primero, ningún enclave tan propicio como el mismo Templo de Salomón para empaparse de la presencia ancestral del conocimiento divino convertido en piedra medida y en número hecho estructura sagrada; ninguna prueba tan eficaz de potencia como el ejemplo constante de unos freires que tendrían que ser siempre los primeros en el combate, en la austeridad y el comportamiento firme dictado por su milicia, igualmente atada a la disciplina militar y eclesiástica.

Creo que, aparte disquisiciones y lucubraciones, sin necesidad de atender en primera instancia a búsquedas concretas y seguramente utópicas —propiciadas sobre todo por quienes basan fundamentalmente los conocimientos tradicionales en la *presencia* griálica de un objeto prodigioso que serviría de enseña y de prueba inalienable de poder—, el origen de la orden del Temple estuvo sostenido por una idea que, formando parte consustancial con la Tradición Universal, había estado presente en la mayor parte de las civilizaciones de la Tierra (aunque, bueno será decirlo, como ideal truncado a causa de la constante conversión de los medios en fines) y aún no había hecho acto de presencia en esa civilización cristiana que llevaba mil y pico de años de existencia y todavía no había logrado imponer definitivamente su Imperio Universal, precisamente porque, por su misma necesidad de cumplir con las apariencias impuestas por la enseñanza evangélica, había tenido que ponerse, en lo temporal, bajo la protección de clases guerreras —feudales o imperiales— que acataban las normas sólo bajo la amenaza, no siempre eficaz, de anatemas meramente espirituales.

Ahora, en los inicios del siglo XII y con la creación del Temple y con la auténtica y nunca disimulada publicidad con que el mismo san Bernardo apoyaría la presencia y los ideales de la orden (la *Exortatio* y los *Laudae* son el más perfecto modelo de panfleto político-religioso, si somos capaces de leer estos escritos colocándonos en el tiempo preciso en que fueron hechos), la iglesia podía ya prepararse a la conquista de esa autoridad total y absoluta a que había aspirado desde el momento mismo de convocar el concilio de Nicea ochocientos años antes.

Las caras y las cruces

Sé muy bien que, juzgada románticamente y a distancia de siglos, la orden de los templarios es, aún hoy y para muchos, un soñado modelo de virtudes religiosas y castrenses sin tacha, una luminaria que pudo haber impulsado el curso de la historia de Occidente si la ambición de un rey y la molicie de un papa vendido no hubieran cortado de raíz una obra que apenas comenzaba a dar sus frutos. Parcialmente al menos, comparto esa idea. Y la comparto en la medida en que siempre he visto a los templarios —y cuanto he estudiado sobre ellos y cuanto sobre ellos he encontrado no ha hecho más que confirmármelo— como unos hombres en quienes imperó el conocimiento sobre la fe y, en su conjunto, como un grupo organizado que cumplió fielmente una misión de capital importancia en lo que atañe a la búsqueda del saber y de nuevas formas de espiritualidad en un mundo en el que el cristianismo al uso había impuesto sus reglas de juego sin concesiones al desarrollo del potencial trascendente del hombre.

Debemos a los templarios —y creo que lo veremos a lo largo de estas páginas— el contacto efectivo y directo de un cristianismo esotérico con el esoterismo de formas religiosas hermanas con las que, de una u otra forma —y siempre de medio tapadillo, por supuesto— intentaron conectar, al menos en el terreno de las grandes estructuras del conocimiento. Les debemos la implantación en el mundo occidental de formas arquitectónicas dirigidas, por un lado, a un pueblo que iba tomando conciencia de su identidad y, por otro, a un número restringido de buscadores del saber que aprendían a ver en ellas su significado más allá de su presencia real e inmediata. Les debemos la protección —soslayada siempre, siempre anónima, pero no menos evidente por ello— a formas heterodoxas del conocimiento que, de alguna manera, como en el caso de los cátaros y de los kabalistas, contribuirían decisivamente a la apertura de mente de otros hombres que, sin su presencia y sin su apoyo, tal vez habrían pasado sin pena ni gloria por un mundo cerrado a las coordenadas del pensamiento profundo.

Nos bastaría con estudiar atentamente el cuadro de acontecimientos históricos paralelos que planteo al final de este libro para comprobar cómo, a lo largo de sus escasos doscientos años de presencia activa, la orden del Temple estuvo presente, aunque muy a menudo en silencio, en el desarrollo de los momentos más cruciales de la historia de los siglos señeros de la Edad Media. Nunca figuraron en los documentos capitales, muy pocas veces, y como de soslayo, en las crónicas, pero sería muy difícil comprender instantes muy precisos de esa historia —y, sobre todo, de la historia interna, de esa historia que hay que aprehender y no memorizar— sin incluir a los templarios en esos acontecimientos capitales.

Sin embargo, la misma historia nos ha enseñado —y no me refiero a la historia concreta de aquellos siglos medievales, sino a la que ha venido después y nos ha permitido discernir los hechos sin tener ante los ojos las románticas brumas con que se suele contemplar y aun juzgar el pasado— que nunca la autoridad ha podido sustraerse del peligro tentador de ejercer el poder. Que nunca el poder, a la larga, ha logrado contribuir a la verdadera libertad de elección y conciencia del ser humano. Y que demasiado a menudo, la búsqueda del conocimiento superior por parte de grupos organizados ha degenerado irremisiblemente en el deseo —y en el intento— de oprimir a la mayoría que se mantuvo al margen de las disciplinas restrictivas del grupo. Desde esa perspectiva, que no tengo más remedio que asumir, creo que si hoy podemos estudiar al Temple con objetividad y hasta con admiración por cuanto indudablemente tuvo de positivo, es porque la orden fue eliminada exactamente en el momento en que estaba a punto de traspasar el límite en que el conocimiento y la ascesis dejan de ser un auténtico camino de superación interior para convertirse en un modo de patentizar abierta y dictatorialmente el poder adquirido.

5

Los guardianes

Para buena parte de los investigadores de la historia que se han atrevido a penetrar en la intrincada selva del fenómeno templario, la adecuación que se da en la orden (por primera vez dentro del mundo cristiano) entre religión y milicia, parece plantearse como un evidente contrasentido que sólo puede justificarse si se admiten hechos paralelos, como el de que los templarios surgieran como una organización afirmada sobre los mismos esquemas que la de los *ashashins* fatimíes del Islam y el de que la orden, en cierto modo, se desarrollara precisamente como una oposición a ella, valiéndose de los mismos medios —aunque con fines distintos, lógicamente— a los de aquella secta que constituyó un auténtico problema para los primeros cruzados establecidos en Tierra Santa. Para estos historiadores, en síntesis, la fuerza que daba a los seguidores del Viejo de la Montaña el hecho de guerrear por un ideal específicamente religioso, para el que habían sido cuidadosamente preparados en los monasterios —*ribbats*— de Siria e Irán, sólo podía contrarrestarse gracias a la acción fulminante de una milicia en la que el combate fuera igualmente un fin esencialmente trascendente, un acto estricto de fe..., sólo que, esta vez, católica y ortodoxa, ni siguiera adscrita a cualquiera de las formas cristianas marginales que pululaban por los aledaños palestinos como recuerdo de los cismas religiosos de los primeros siglos del cristianismo.

Las reticencias de un santo

Fue sin embargo el mismo Bernardo de Clairvaux quien, a la hora de justificar los fines guerreros de una orden que él había prácticaó mente fundado, tuvo que recurrir incluso a licencias poéticas para hacer comprender a posibles elementos escrupulosos de la iglesia que podía admitirse perfectamente la realidad de un fraile con yelmo y espada y cuya función no fuera exclusivamente la oración y la penitencia —ni siquiera el «*ora et labora*» de san Benito—, sino vestir la cota además y enristrar la lanza y arremeter contra el primer sarraceno que se pusiera en su camino. El derecho canónico, en efecto, prohibía de modo tajante que clérigos y religiosos vertieran —de propia mano, se entiende— sangre humana. Y se trataba de una prohibición tan estricta, por más ancha que fuera en el fondo, que incluso cuando se crearon los tribunales de la inquisición (1232), los dominicos encargados de los interrogatorios trataron a toda costa, al menos en un principio, de que ningún torturado sangrase en el tormento, lo que llevó a la creación de complicadísimas máquinas de tortura que podían descoyuntar al infeliz sin que las huellas surgieran a flor de piel. Y cuando se trataba de ejecutar a los relajados, el mismo tribunal del Santo Oficio los entregaba al brazo secular para que se pudiera cumplir la condena sin infringir la ley canónica.

En sus *De Laudae Novae Militae*, escritas precisamente como promoción oficiosa de la nueva caballería monástica del Temple, san Bernardo elogió, ante todo, la religiosidad a ultranza de los freires. Y lo hizo con un sentido que denotaba a la vez su clara debilidad por los templarios y un profundo conocimiento de los puntos más sensibles de la sociedad de su tiempo. «*No es posible encontrar entre ellos ni vagos ni ociosos; cuando no se encuentran de servicio, lo cual es extraño, o comiendo su pan dando gracias al cielo, emplean su tiempo en zurcir sus ropas y reparar sus arneses rotos o descosidos; o hacen lo que el maestre les ordena o lo que las necesidades de su casa prescriben. Nadie es inferior entre ellos; honran al mejor, no al de estirpe más noble; son corteses los unos con los otros y practican la ley de Cristo ayudándose entre ellos*». En otro lugar advierte que su misión consiste en combatir contra el espíritu del mal y «*contra los adversarios de carne y de sangre*».

El gran espíritu del Císter nunca dijo, sin embargo, nada que pudiera aclarar el error de los historiadores que aún piensan que el Temple fue una orden organizada a imagen y semejanza de las sectas ismailíes del Islam. Y creo que no lo dijo a pesar de que, con toda probabilidad, fue él mismo quien dio las directrices de su meta futura a Hugues de Payns y a sus ocho compañeros, ya antes de que partieran a establecerse definitivamente en Tierra Santa. Casi con absoluta certeza los primeros templarios, antes aún de recibir este nombre, sabían muy bien cuál iba a ser su futura misión y cómo, desde unas coordenadas ideológicas perfectamente acordes en lo externo con el esquema cristiano del que formaban parte, estaban destinados, entre otras cosas, a servir de enlace esotérico —es decir, nunca abiertamente proclamado— entre la idea cristiana originaria y una tradición religiosa universal que no se encerraba en credos ni en dogmas y que, por encima del tiempo, concordaba entre sí las más diversas creencias en un conocimiento superior que justificaba ampliamente la misma significación de la palabra *religión* como unión, como nudo planetario de saberes y de creencias.

En este contexto universalista, la idea de Bernardo de Clairvaux, como subsidiariamente la de los primeros templarios, fue la de constituir una orden que fuera realmente el germen de una casta de guardianes de la Tradición y de esa Tierra Santa que traspasaba los límites estrictos de la Jerusalén de Tres Religiones y quedaba integrada por todos aquellos enclaves en los que el saber humano hubiera dejado señal o huella de su existencia y de su presencia, aglutinando misterios que deberían quedar guardados y protegidos a toda costa.

Por eso precisamente, a la hora de escoger los emplazamientos de sus encomiendas, los templarios pedirían, conquistarían, permutarían o comprarían, mediante sus enormes recursos económicos, aquellos lugares en los que podía hallarse alguna señal reveladora del conocimiento contenido en la antigua Tradición de los pueblos. Para velar por aquellos enclaves tenían sus armas, pero también —y sobre ellas— un regla en la que, con un sentido muy específico del simbolismo, se les prohibía todo tipo de caza *excepto la del león*,[1] que era precisamente el animal que, según el lenguaje hermético, representaba a la vez la máxima sabiduría y el más alto poder solar (recordar la esfinge). Por eso también, a la hora de bautizar sus tierras mágicas, las llenarían de nombres significativos que tan a menudo derivaban de esa *espina de la rosa* que, lo mismo que en el relato ocultista de la Bella Durmiente, expresaba el arduo camino que había que recorrer para alcanzar el lugar sagrado, el enclave en el que se escondía una parte al menos de la Sabiduría Perdida.

1. El artículo 56 de la Regla Primitiva dice textualmente: «*Cosa cierta es y que a vosotros se os encomienda muy especialmente que debéis poner vuestras almas al servicio de vuestros hermanos, como hizo Jesucristo y defender la tierra de paganos y descreídos siempre enemigos del Hijo de Nuestra Señora. Y esta prohibición antes dicha* (la de la caza, especificada en el artículo anterior) *no se refiere al león, pues él busca y cerca a quien quiere devorar; así pues, del mismo modo que sus garras se vuelven contra todos, vuélvanse las manos de todos contra él*».

Hermanos de Oriente

Los templarios, pues, en el momento de encontrarse en las tierras del oriente mediterráneo con los monjes guerreros fatimíes, no podían ser ya sus imitadores. Simple y llanamente, ambos grupos formaban parte de la misma tradición originaria, desarrollada paralelamente en dos mundos lejanos y oficialmente enemigos. Por eso surgen, a lo largo de la historia del Temple, una serie de instantes en los que esa identidad de miras, más allá de la misma Cruzada, iba a dar sus frutos a pesar de la apariencia de rivalidad religiosa que aparecía como escudo definidor de ambas organizaciones.

Ese paralelismo ideológico se nos revela claramente en hechos como el de que los templarios llegasen en ocasiones a armar caballeros a guerreros musulmanes, o en la circunstancia de que los freires cristianos utilizasen a menudo el *dziq'r*, que era una especie de salvoconducto que les permitía pasar sin problemas a través de los territorios controlados por las cofradías guerreras fatimíes, las *tariq'a*. Y se hará patente, sobre todo cuando, durante la cruzada de San Luis pactaron amistosa y unilateralmente —enfrentándose a la santa e ingenua ira del rey cruzado— con los musulmanes de Damasco, con lo que consiguieron evitar la segura matanza de cristianos que se habría producido si todo el mundo islámico, ortodoxos egipcios y heterodoxos iraníes, se hubieran aliado contra el ejército de los francos, ya diezmado y consumido después de Mansurah (1249).

Los *fatimíes* o *ismalíes* (se llamaron así indistintamente, según se recordase su origen en Fátima o en Ismael, hijo del sexto imán Djafar) eran los seguidores de la rama femenina del Profeta y reclamaban, en principio, su derecho a proclamarse sus herederos políticos e ideológicos, por el hecho de descender de Mahoma por partida doble. Sin embargo, la preponderancia chiíta ortodoxa los declaró heréticos y, durante algún tiempo, tuvieron que vivir en la clandestinidad, refugiados en tierras iraníes. Su máxima autoridad fueron los *Imanes*, que transmitían su cargo no por herencia ni consanguinidad, sino por los *signos ocultos* que veían en el sucesor elegido. Esta circunstancia revelaba ya, desde su mismo origen, un elemento mágico, esotérico y secreto, en la constitución misma de la secta. Pero los cambios que llevaron a su configuración definitiva surgieron hacia el año 800 d.C., en los tiempos en que el imán Abdallah ibn Maimún sistematizó una doctrina que, siendo esencialmente islámica, comenzaba a tomar elementos filosóficos de sectas judías (esenias sobre todo) y cristianas (nestorianas fundamentalmente). El sistema recién configurado venía además profundamente influido por la mística islámica *sufí,* que ya por entonces florecía en Irán, en Siria y, al otro lado del Mediterráneo, en Al-Andalus.

En la doctrina ismailí hay —al menos en la época de las Cruzadas— toda una serie de elementos místicos que la insertan en ese pensamiento solar del que he tratado de dibujar los esquemas primarios en capítulos anteriores. En primer lugar, hay conciencia entre los fatimíes de que el Imán es el Rayo encarnado de la Divina Luz, que Mahoma representa en la tierra. Por otro, hay un sentido —casi me atrevería a llamarlo griálico— de búsqueda del verdadero Imán, que tendrá que llegar algún día para establecer el Imperio Universal predicado por el Profeta.[1] Esa búsqueda les hizo expandirse, aunque muy a menudo en secreto, por todo el mundo islámico, hasta lograr establecerse oficialmente como centro político en Damasco.

Una vez oficializada en cierto modo la reforma religiosa fatimí, y aunque conservó siempre la consideración de heterodoxa para el resto del Islam, los imanes procuraron el desarrollo de una fuerza de choque que pudiera afianzar la autoridad religiosa que representaban y trataban de ejercer. Era, una vez más, la instauración de una casta de *chatriyas* que defendiera la autoridad *brahmánica*. Y, siendo la Tierra Santa el Eje del Mundo y el *Qoth* (El Polo del Espíritu), ese era precisamente el lugar cuya santidad esencial —y no meramente la propiedad territorial— había que defender. Después de su fundación por Hassán-Sabah, los *ashashins*, aún como orden militar en ciernes, tuvieron que huir de las persecuciones chiítas y refugiarse en los montes sirios, donde construyeron la fortaleza de Alamut, que se convirtió inmediatamente en el principal centro de su acción. Allí floreció la personalidad de Hassán, que fue llamado El Viejo de la Montaña (*Sheiq el-Djebel*) y que insistió siempre en la afirmación de que su mando no era sobre un territorio determinado, sino sobre una fraternidad que estaba por encima del concepto de territorialidad. Desde su refugio, llamado La Casa de la Felicidad, desarrolló una política de intimidación, y hasta de muerte, contra los rivales de la doctrina ismailí, fueran chiítas, judíos o cristianos de cualquier secta. Al mismo tiempo, esa política de intimidación servía para proteger el asentamiento de centros de cultura fatimita en territorios teóricamente rivales, centros en los que se desarrollaba el estudio de una ciencia universal y sincrética que se había convertido en esotérica, precisa-

---

1. Es la misma espera mesiánica que rodea a la muerte de los emisarios solares de la historia y del mito: Artús, Alejandro, Federico Barbarroja. Su desaparición se convirtió en una espera intemporal de su regreso, para restaurar el imperio esperado.

Una miniatura de los viajes de Marco Polo reproduce una escena en la fortaleza de Alamut, con El Viejo de la Montaña dando instrucciones a los ashas.

mente por culpa de los estrechos dogmatismos que regían el mundo oficial de las religiones imperantes, tanto la islámica como la cristiana.

Un bello principio para un fin contradictorio

Estas Casas de las Ciencias (*Dar ul-Hiqmet*) estaban abiertas a los miembros de cualquiera de las creencias y, regidas y protegidas estrechamente por los ashashins fatimíes, desarrollaban conocimientos científicos —y hasta mágicos— basados en el recuerdo del esplendor cultural que, siglos atrás, se había concentrado, gracias a Alejandro Magno y los Tolomeos, en torno a la gran biblioteca de Alejandría.[1] Allí imperaba la idea del sincretismo religioso —es decir,

---

1. Al margen de cuanto hoy se sabe y se sospecha de lo que aquella biblioteca planetaria pudo contener, recordemos que fue el lugar donde aprendió toda su ciencia, según el piadoso mito cristiano, una extraña e insólita santa Catalina, cuya

la idea primigenia del Conocimiento— que era la base del mundo trascendente sufí; aquella religión unitaria por encima de las religiones que habrían de proclamar los grandes místicos del Islam y que está presente en el *Futuhat* de nuestro máximo místico islámico, el murciano Ibn'Arabí: «*No te apegues exlusivamente a ninguna religión, de modo que dejes de creer en las otras; perderás no poco bien; más aún, nunca acertarás a reconocer la verdadera verdad. Porque Dios es el omnipresente y el omnipotente y no puede estar encerrado en ningún credo ni religión, porque dice* (Qorán, 2, 119) *que "dondequiera que os volváis, allí está el rostro de Dios". Cada cual reza lo que cree; su dios es la hechura de sí mismo y, al rezar se ora a sí mismo; por eso anatematiza las creencias de los demás, lo cual no haría si fuese justo, porque el desagrado hacia la religión ajena se basa en la ignorancia*».

(Claro que no estaría de más, y ahora precisamente, hacer una breve reflexión ante principios tan absolutamente sublimes como los que expuso, a lo largo de su obra, aquel gran místico murciano tan desgraciadamente desconocido por sus propios compatriotas.[1] Y más que sobre sus principios, ante las consecuencias de una toma de conciencia sectaria que puede aparecer y que, de hecho, aparece, tomando como bandera palabras y actitudes que fueron expresadas con fines muy distintos a los que suele perseguir la ideología solar sinárquica. La mística universal no reconoce dogmas, pero tampoco sectarismos. Vaya eso por delante. Y cualquier adscripción que pudiera hacerse del estado místico a una concreta ideología sería sectaria y peligrosamente manipuladora. Proclamar a ultranza, como se ha hecho, la catolicidad de santa Teresa o de san Juan de la Cruz —y su santificación oficial por parte de Roma es la máxima prueba de adscripción— no es más que la muestra palpable de eso que el lenguaje

---

veneración se extendió en la Edad Media por todo el orbe cristiano y cuya tumba, al pie del monte Sinaí, provocó la fundación de un importantísimo monasterio altamente protegido por todos los príncipes cristianos de las cruzadas y, muy especialmente, por los condes-reyes de la Corona de Aragón, que donaron importantísimos tesoros para su culto.

1. Hoy en España y sobre el místico Ibn'Arabí, aparte los estudios y textos reeditados tardíamente por Hiperión (*El Islam Cristianizado* y *Vidas de Santones Andaluces*) de la ingente obra de don Miguel Asín Palacios —el resto de su obra sigue agotado e inencontrable para los lectores— sólo cabe encontrar una *Cartilla de Fisiognómica* editada por Javier Ruiz para la Editora Nacional (1977) y la traducción de la *Clave espiritual de la Astrología Musulmana* de Titus Burckhardt (J. de Olañeta Editor, Barcelona, 1983).

popular llama «arrimar el ascua a la sardina», queriendo afirmar determinados principios dogmáticos que se valen arteramente de la experiencia personal de unos seres humanos que, seguramente, habrían alcanzado las mismas cimas trascendentes en el seno de cualquier otra creencia, para dar la prueba de su esencial autenticidad. Que Ibn'Arabí, o santa Teresa vistieran la túnica sufí o el hábito del Carmelo reformado y fueran paladines de determinadas reformas puede valer a niveles inmediatos, pero jamás en el ámbito de las ideas fundamentalmente trascendentes. La adscripción, en uno y otro caso, es sólo un intento más o menos eficaz, para demostraciones fenoménicas religioso-circenses de ¡hola-hop! dogmático. Pero tan grave como esta manipulación es aquella otra que, proclamando a ultranza el universalismo religioso primordial, se vale a su vez de él para intentar la reagrupación de las creencias en un macro-dogma —pero dogma a la postre— que sólo pretende, a corto o a largo plazo, una influencia decisiva y una dependencia posterior absoluta de la totalidad o de una determinada mayoría del género humano.)

El encuentro

No sabemos a ciencia cierta cómo ni cuándo se estableció el contacto entre los freires templarios y los monjes guerreros del Islam fatimita, pero hay constancia de que, a lo largo de su estancia en Tierra Santa y a pesar de su intervención en las acciones guerreras, se ganaron el respeto y la admiración de los musulmanes. Ibn al'Athir dice de ellos: «*Los caballeros eran hombres piadosos, que proclamaban la fidelidad a la palabra dada*». Y Usamâ, visir de Damasco, atestigua admirado cómo los freires habían reservado, dentro de sus propiedades de Jerusalén, una mezquita en la que los musulmanes podían ir a orar libremente. Y un templario, Geoffroy Fulcher, fue el primero en esbozar el cuadro del esplendor de los jefes políticos y religiosos del Islam. Por su parte, los *ashashins* respondieron a estas deferencias, en una ocasión asesinando al sultán de Musul, Mandud, que había emprendido una *razzia* contra los francos en Galilea, en otra ejecutando al sheiq Busraqi, que había mandado un ejército sobre Edessa y Antioquía.

Los templarios, ya casi desde el momento mismo de su instauración como orden después del concilio de Troyes, adoptaron una organización que, en buena parte —y tal como se refleja en las reglas tardías, los Estatutos— era paralela a la de los heterodoxos fatimíes. No sólo vestían de modo similar, utilizando los mismos colores simbólicos que ellos —el blanco en mantos y chilabas, el rojo en cruces y cintos— sino que los mismo escalafones de su autoridad eran, en la práctica, idénticos para ambas órdenes. El Gran Maestre tenía su igual en el Viejo de la Montaña, los grandes priores que le seguían eran como los *Dais el-Qebir,* o grandes emisarios; y los priores constituían un cargo paralelo a los *Dais*; los caballeros eran como los *refiq's* (compañeros), los escuderos como los *fedaqi* (devotos) y los hermanos, sargentos y tropa, iguales a sus émulos los *lassiq* fatimíes. Naturalmente, existían diferencias, emanadas de costumbres que, durante siglos, habían sido esencialmente opuestas. Para los sufíes fatimitas —guerreros o monjes a secas— la orden religiosa no constituía una entidad perpetua que tomase para cada uno de sus miembros una forma permanente y secular. En este sentido, era mucho menos rígida y tenía más parecido con el concepto de escuela que con el de convento.

Las reglas de vida eran igualmente diversas. (Y, en este sentido, habría que pensar nuevamente en un cierto paralelismo con los templarios, porque si es cierto que se acogieron los freires a una regla estricta de setenta y dos preceptos, que fue la que redactó Jehan Michel por boca de san Bernardo, esa regla fue ampliándose y hasta en muchos puntos modificándose a través de la historia del Temple por medio de los Extractos —los *Retraits,* de 1165— los Estatutos de 1230-1240 y las Consideraciones —los *Égards*— de 1257-1267, hasta convertirse en una minuciosísima relación de deberes y de ejemplos que se contienen a lo largo de 685 artículos y que constituyen una perfecta guía para conocer la evolución del ideario exotérico de la orden,[1] mucho más exacto que mil lucubraciones gratuitas.) En general, conviene tener en cuenta que el espíritu del místico sufí —y no hablamos ahora del ashashin ismailita— está mucho más abierto a la realidad cotidiana que el del religioso cristiano; se adapta a lo establecido según la necesidad interna que sienta de hacerlo así y le importa mucho menos su apariencia externa que su propia experiencia interior, hasta el punto de que muchos de sus conventos —*ribbats*—, en lugar de albergar y preparar gente de guerra, se dedicaban a enseñar oficios, porque el trabajo manual se consideraba fundamental en la experiencia trascendente del sufí. Y hasta daba cobijo a estudiantes e incluso, muy a menudo, ni siquiera constituían una unidad monástica, porque dice el aforismo sufí que «*el ribbat está en los corazones de los hombres*». Pensemos si esta actitud no fue, en cierto modo, similar a la

---

1. HENRI DE CURZON, *La règle du Temple,* Librairie Renouard, París, 1886. Reedición facsímil realizada por la Librairie Honoré Champion, París, 1977.

que tenía lugar en las granjas templarias, donde se impartieron conocimientos a los campesinos y donde en muchos casos recibieron su primera iniciación los constructores que luego serían los grandes creadores del gótico.

Hay que pensar, sin embargo, que, por encima de similitudes externas, había una identidad entre templarios y fatimíes que, muy a menudo, estuvo por encima de las apariencias. Y hasta que posiblemente tuvieron muchos más principios comunes —universales— que los que podrían proclamar las diferencias de cultura. No olvidemos que, en la misma Península Ibérica, los templarios fueron, a lo largo de las guerras contra el Islam, los que muy a menudo ocuparon sus monasterios fortificados. Recordemos que fue suya la Rábida de Huelva, con terrenos que llegaban hasta la actual provincia de Sevilla; recordemos Calatrava la Vieja (*Qalaat-Ribbat*), la primera plaza fuerte que les fue encomendada en Castilla la Nueva, apenas aprobada oficialmente la orden (1129); recordemos el posible convento islámico que debió existir en Tomar, en las inmediaciones de *Fátima*, o en fin, la enorme colaboración de los templarios castellanos y aragoneses en la conquista de Murcia, que era, en aquellos momentos de la historia, en torno a 1240, el núcleo fundamental del sufismo andalusí, la tierra natal de Ibn'Arabí.

Maestros y soldados del Sol

Monjes guerreros fatimíes y freires templarios no forman, sin embargo, una identidad única. La tradición arcaica, conocida seguramente tanto por el esoterismo cristiano como por la heterodoxia islámica, indicaba que el saber primordial, el que se encuentra reflejado en el Árbol de la Ciencia común a cristianos, judíos y musulmanes, fue guardado desde épocas remotas por los sabios *brahmanes* y protegido y defendido por los guardianes armados del saber: los *chatriyas* en el mito hindú, jabalíes druídicos y osos guerreros de las remotas creencias precélticas. Todo va adquiriendo un sospechoso paralelo en cuanto nos remontamos en el tiempo; un paralelo que, con variantes que confirman más que distinguen, parece hablarnos de una historia común que sólo el paso del tiempo logró diversificar. Y aún así, quedó siempre en esquema, la idea originaria de algo que nunca llegó a perderse totalmente, fuera cual fuera la cultura que lo asimilase.

Los cronistas de Indias que dieron cuenta cabal del proceso de la conquista de América, nos proporcionan a menudo noticias escalofriantes. Pero, entre ellos, fray Diego Durán, en el capítulo 88 de su

Historia de las Indias de la Nueva España, nos cuenta un hecho tremendamente significativo: «*Hubo en esta tierra de Nueva España una orden de caballeros que profesaban la milicia y hacían votos de morir en defensa de su causa y de no huir frente a diez o doce enemigos y que tenían por patrón al sol. Todos ellos eran hijos de caballeros y señoras, por no admitirse entre ellos gente de baja estirpe, por más valientes que fueran, y celebraban su fiesta el día de Nahui Olín.*[1] *Esta orden de caballeros tenía su templo y su casa particular curiosamente labrada de muchas salas y aposentos, donde se recogían y servían a la imagen del sol y dado que todos eran casados y tenían sus casas particulares y haciendas, tenían empero en aquellos aposentos y casas de aquel su templo sus prelados y mayores a quienes obedecían y por cuyas ordenaciones se regían y donde había gran número de mozos mancebos, hijos de señores que profesaban de seguir aquella orden de caballería, y así los adiestraban ahí e imponían en todo género de armas que ellos usaban... [A] esta orden de caballería los podemos llamar los comendadores del sol, este templo del Sol llamaban por excelencia Cuacuahtinchán, que quiere decir la Casa del Águila; el cual nombre de águila o de tigre que usaban por metáfora para engrandecer y honrar...*»

Mientras transcribía el párrafo anterior, tuve tentaciones de destacar determinados detalles, para mostrar más claramente hasta qué punto coincidieron los caballeros mexicas del Sol con los templarios y con otras órdenes militares, cristianas o no, del Viejo Continente. Abandoné sin embargo el propósito, temiendo ser demasiado prolijo al repetir lo que salta evidentemente a la vista. Sin embargo, hay circunstancias de estos monjes guerreros que creo que sería conveniente recordar, porque son un claro ejemplo de la continuidad de la Tradición Arcaica, capaz de saltar por encima de los océanos y de los continentes, de modo tan sospechoso que, una y otra vez, asalta la idea de que, en un determinado momento, hubo relaciones humanas que nunca la historia ha sido capaz de desvelar. Yo, con petición previa de perdón, no comparto en modo alguno la idea de que costumbres, hábitos y tradiciones idénticas puedan surgir en enclaves tan distantes sin que exista un motivo común que los provoque y que les dé origen.

De los caballeros del Sol cuentan las crónicas mexicanas que no fueron una institución originariamente azteca, sino que ya existían cuando florecieron las ciudades sagradas de Tula y Teotihuacan. Hay incluso pinturas en los frisos de esta última ciudad que nos revelan sus

---

1. Cada 260 días o Tenalpohualli, una de las divisiones cíclicas del tiempo para los aztecas.

más remotas representaciones. Y, si esto es cierto —y no hay la menor duda: los hallazgos arqueológicos coinciden—, los monjes guerreros tuvieron que constituir, durante muchos siglos, un estrato sociorreligioso que se mantuvo, respetado y hasta posiblemente temido, a través de las culturas que fueron sucediéndose en la altiplanicie de México, como conservadores —o guardianes reconocidos, podríamos decir mejor— de una tradición misteriosa y sacralizada de esos espacios sagrados que, aún en nuestros días, conservan celosamente la incógnita de su origen, pese a los esfuerzos inútiles que se han llevado a cabo y siguen realizándose por explicar lo que es esencialmente inexplicable, al menos desde los parámetros racionalistas entre los que se mueve la investigación histórica académicamente aceptada en nuestros días.

Pero los caballeros del Sol, además, no fueron creyentes estrictos y fieles del dogmatismo religioso solar que su nombre proclamaba. En cierto modo, lo mismo que a veces intentaron —y hasta consiguieron— los templarios, fueron en busca de otras tradiciones religiosas aparentemente contrarias y oficialmente proscritas y, haciendo uso de su poder, tanto militar como político, las protegieron, las conservaron y hasta las utilizaron, en ese intento de unificación de credos y de saberes que nuestro místico sufí murciano proclamaba en el párrafo que antes he transcrito.

Los brujos lunares de Malinalco

Cuenta la leyenda de la emigración azteca que, en su largo camino hacia la laguna de Tenochtitlán, los mexicas abandonaron una noche a su diosa maga Malinal Xochitl y siguieron camino con una sola divinidad positiva, Huitzilopochtli, el Sol. La diosa lunar, según la transcripción de Tezozómoc, buscó refugio en Texcaltépec (el Cerro de los Peñascos) y allá casó con su rey, Chimalcuauhtli (Escudo del Águila), de quien tuvo un hijo al que llamaron Cópil o Cóhuil. Antes de alcanzar su meta, los mexicas fueron ya atacados por la magia poderosísima de este hijo de la Luna y estuvieron a punto de ser vencidos.

En los ritos religiosos aztecas, la diosa lunar fue indistintamente llamada Malinal Xochitl, Cohuacihuatl (Mujer Serpiente), Cuauhcihuatl (Mujer Águila), Yaocihuatl (Mujer Guerrera), Taitzicuihuatl (Mujer Infernal) y, sobre todo Coyolxauhqui, la diosa desmembrada recientemente aparecida en las excavaciones realizadas en la plaza del Zócalo en una de las más significativas estelas religiosas de la cultura azteca. La diosa-luna era siempre, para los mexicas, la representación de una magia infernal que debía ser a toda costa eliminada. Por eso, en los ritos sangrientos de la religión azteca, el hijo de la Luna era el primer corazón sacrificado en Tenochtitlán, porque las artes heredadas de su madre maga mataban a muchos por medio del mal de ojo (la fascinación, como lo llamaron los hombres de lengua hispana hasta el pasado siglo). ¿Estaría de más recordar, aquí y ahora, que también el cristianismo solar se cebó con los restos de los cultos lunares ancestrales que representaban las brujas y sus aquelarres? Es curioso cómo se achacaban los mismos males a las hechiceras europeas y aztecas y cómo, costumbres locales particulares aparte, debidas a puras circunstancias ecológicas,[1] la represión contra las brujas europeas fue una acción similar, si no paralela, al sacrificio ritual de esa diosa-luna desmembrada aparecida en la estela circular de la plaza del Zócalo.

El mismo fray Diego Durán que nos ha dado la noticia más preciosa sobre los templarios aztecas, hace una versión más realista del mito que he transcrito anteriormente. Según lo que deja traslucir en su *Historia,* los mexicas debieron iniciar su gran éxodo rindiendo cultos paralelos al Sol (Huitzilopochtli) y a la Luna (Malinal Xochitl). Los sacerdotes encargados del culto lunar no estarían de acuerdo con las prácticas sacrificiales de los ritos solares y preferirían congraciarse con el cielo practicando «*el sutilísimo arte de la magia*», como lo ha llamado el profesor Gutierre Tibón.[2] Los adeptos de este culto serían finalmente abandonados por la mayoría de rito solar y tuvieron que instalarse en el ya mencionado Cerro de los Peñascos, fundando allí una ciudad de magos —lo dice fray Diego—, que bautizaron con el nombre de su diosa, Malinalco.

Siguiendo el relato de las crónicas de la Nueva España, nos venimos a enterar de que los aztecas, al mando de Axayacátl, conquistaron la ciudad de los brujos hacia 1476, más de siglo y medio después de la fundación de Tenochtitlán. Y sabemos más: que Malinalco fue entregada precisamente a la custodia de los caballeros del Sol y que éstos construyeron allí, entre los años Nueve Casa y Diez Caña (1501 y 1510), durante el gobierno de Moctezuma el Joven), un impresionante convento con sus dependencias excavadas en la roca del Texcaltépec, el mismo cerro donde había sido tradicionalmente en-

---

1. Sobre los muy probables orígenes ecológicos de los sacrificios humanos entre los mexicas, véase MICHAEL HARNER, *Bases ecológicas del sacrificio azteca,* en la revista *Historia 16,* núm. 45, año 1980.

2. GUTIERRE TIBÓN, *Historia del nombre y de la fundación de México,* Fondo de Cultura Económica, México, 1975.

terrado Cópil, el hijo de la Luna, «*el primer sacrificado del mundo terrestre, como la Luna lo fue del celeste*».[1]

Los hechos más curiosos —y, para mí al menos, más esclarecedores— llegan precisamente a raíz de la conquista azteca y de la instalación en el monte sagrado de los caballeros del Sol. Al parecer, y contrariamente a las costumbres que regían entre los mexicas, los malinalcos no fueron destinados masivamente al sacrificio, sino que pasaron a ser protegidos de los caballeros de la orden sagrada y hasta llegaron a ponerse al servicio del mismo Moctezuma cuando éste, en dos ocasiones, recurrió a sus artes mágicas, primero para que le interpretasen los dibujos realizados por los espías que habían retratado en las costas orientales a los españoles recién desembarcados; y un año después, para que tratasen de detenerlos, cuando los hombres de Cortés se encontraban acampados en Cempoala.

Posteriormente, cuando Cuauhtémoc —que era Caballero Águila— se batía contra los invasores, los malinalcos volvieron a poner su magia y su fuerza al servicio del último caudillo mexica, luchando contra Ixtlilxixhítl, aliado de Cortés y reyezuelo de Tezcoco. Con la conquista, los brujos malinalcos siguieron gozando del temor y del respeto de todos y su fama se extendió por todo el país hasta la época de la Revolución, en la que desaparecieron casi todos. Sin embargo, en el pueblo se recuerda aún a doña Juana, que fue bruja y ejerció al menos hasta 1969. Y todavía hoy, los feligreses de la parroquia de San Martín conservan un misterioso códice que se niegan rotundamente a enseñar a ningún curioso ni a las autoridades; y un tambor ritual, el Tlapanhuehuetl, que hacen sonar ritual y ruidosamente el día de su fiesta. Este tambor procede al parecer de la fortaleza de Malinalco y formó parte de los rituales de los monjes guerreros del Sol, lo mismo que otro tambor idéntico que les fue arrebatado a los mismos vecinos por el general Villada, cuando fue gobernador del estado de México, y que hoy puede verse en el museo de Toluca, grabado su tronco con la formidable figura de un caballero del Sol.

Los claros caminos de la Tradición

No voy ahora a extenderme más en detalles realmente significativos, que ya tuve ocasión de exponer en otro lugar.[2] Lo que nos

---

1. GUTIERRE TIBÓN, op. cit. Pienso que no es necesario que recordemos aquí y ahora los evidentes paralelismos religiosos que surgen como ritos y prácticas del Viejo Continente.
2. Mi artículo «El abismo de los brujos», publicado en la revista *Mundo Des-*

puede ahora interesar más es comprobar cómo, a un lado y otro de la Tierra, se repiten con los mismos esquemas estructurales las señales perdurables de una Tradición primordial. Los caballeros guerreros del Sol, al igual que los templarios, lo mismo que los *ashashins* fatimíes y paralelamente a los *chatriyas* de la tradicón hinduísta, son los guardianes de unas relaciones ocultas —aunque simbólicamente diáfanas— entre creencias aparentemente dispares. Y surgen con los mismos signos de identidad y con iguales características formales en civilizaciones que no tuvieron contacto conocido a lo largo de la historia. Porque fijémonos en cómo los templarios habrán de estar, muy a menudo, relacionados con el mundo de lo oculto: de la magia y de la brujería, al decir del pueblo. Aparte de las implicaciones hechiceriles en las que los freires se vieron envueltos en los años de su proceso (causa indirecta, por cierto, de muchas de las prácticas que con posterioridad les siguieron achacando con efecto retroactivo), no es menos cierto que sus casas y sus encomiendas coinciden muchas veces, en la misma Península Ibérica, con lugares en los que, antes o después de ellos, surgieron focos de brujería o de herejías que fueron ruidosamente reprimidos por los tribunales del Santo Oficio. Sin ir más lejos, los templarios tenían casa en la localidad navarra de Vera de Bidasoa, en el centro mismo de la zona de donde salieron los principales acusados del proceso de Logroño de 1610, que juzgó a los presuntos asistentes de los aquelarres de la cueva de Zugarramurdi. Al otro lado de la Península, el foco principal de la herejía de los alumbrados se da, a principios del siglo XVI, en Llerena y Zafra, núcleos de población extremeños que se hallan prácticamente rodeados por lugares que pertenecieron a los monjes del Temple: Burguillos del Cerro, Fregenal, Jerez de los Caballeros, Aracena, Cabeza de Buey, Capilla, Alconchel e Higuera la Real. En Aragón, los castillos templarios de Monzón y Chalamera guardan aún la entrada de una zona tradicionalmente pródiga en brujas: los montes malditos entre los cauces del Cinca y del Noguera Ribagorzana, donde se levanta el pico del Turbón, conocido por la gente como el Frontón de las Brujas. Por su parte, Toledo, la capital de la magia medieval, tuvo casa de templarios, que estuvieron instalados igualmente en el castillo de San Servando, no lejos de la ciudad.

¿Coincidencia, casualidad? Creo que no. ¿Reconocimiento, entonces, de un componente brujeril dentro del comportamiento y de la

conocido, año 4, núm. 44, pp. 33-46, y reproducido posteriormente en mi libro *Claves Ocultas de la Historia,* Editorial Latina, Madrid, 1980.

ideología de los templarios? Eso depende del valor y del significado con que carguemos las palabras. Me parece que el ejemplo citado de Malinalco y el simbolismo que encierra la leyenda mexica puede venir a darnos una luz que, por otra parte, podríamos detectar exactamente igual ahondando en los orígenes remotos de la brujería occidental.

Simplificando las cosas y las ideas hasta sus límites, pensemos que el origen del sentimiento religioso está en la observación y en la experiencia de una serie de fenómenos que, para el ser humano —sea primitivo o evolucionado, que eso importa bien poco— son esencialmente inexplicables. Son los fenómenos trascendentes, los que rigen la vida y la evolución del ser humano, sin que nada se pueda hacer ni por comprenderlos en su profunda verdad ni, naturalmente, por controlarlos. Son fenómenos, en esencia, *aparentemente* buenos o malos, según el ser humano en cuestión *crea* —o le *hagan creer*, que todo puede darse en la viña del señor— que le benefician o le perjudican. (Y debo insistir en la importancia de las palabras que he destacado, porque tenemos que pensar en esos hechos, tal como hace la Tradición, como en fenómenos que sobrepasan ampliamente nuestra íntima capacidad de penetrar en su realidad y, por lo tanto, imposibles de encasillar en las coordenadas de nuestro juicio.) La Tradición primordial ha penetrado en la comprensión de estos acontecimientos trascendentes, pero las formas religiosas exotéricas aceptadas por la mayoría de la Humanidad —y estoy refiriéndome a simples estructuras religiosas, sin especificar modos ni credos ni ritos ni dogmas concretos— se han inclinado, a lo largo del tiempo, por aquellos aspectos celestes o terrestres en apariencia, solares o lunares en símbolo, que han coincidido con sus necesidades inmediatas o con las conveniencias autoritarias de las clases rectoras o sacerdotales, que muy a menudo han sido las mismas. Consecuentemente, en cada uno de los casos, el otro aspecto de la trascendencia ha sido considerado como maligno, negativo y, consecuentemente también, punible; y con este fausto motivo, ha pasado limpiamente a lo que podríamos denominar, si nos gusta, la «oposición religiosa», perseguida, vilipendiada y cargada con todas las máculas, horrores y ascos con los que el dogma dominante la ha querido cubrir.

En esta situación secular, unas minorías conscientes se han preocupado, a lo largo de la historia, de buscar y conservar la esencia de la primitiva Tradición y, eventualmente, se han aprovechado de ella. Pero en su búsqueda han tenido que saltar por encima de las tendencias acomodaticias y gregarias que han constituido para los demás los dogmas y los credos de toda especie y, por eso mismo, han sido también eventualmente marginados e ignorados, cuando no perseguidos y aniquilados, por los poderes espirituales y políticos que regían sus respectivos ámbitos culturales. Estas minorías, en aras de su propia seguridad —y a la espera muchas veces de la consecución del conocimiento que les proporcionaría el poder—, se han visto muchas veces obligadas a mantener celosamente el secreto de su búsqueda y, en otras ocasiones, la han disimulado con la apariencia externa de un acatamiento, incluso exagerado, de las normas de conducta impuestas desde el poder. Únicamente, para que su intención real fuera reconocida por otros grupos afines o por otros individuos, se preocuparon de adoptar determinados signos de reconocimiento que sólo pudieran ser detectados por los que buscasen en su misma senda. Buscando y localizando esos signos, dándoles también su valor real (y quiero significar con ello, sin dejarnos arrastrar por magias baratas ni por alucinados esoterismos de barraca de feria, ni cayendo en extremismos mesiánicos que sólo podrían conducir a la creación de nuevos movimientos volcados a una real y demasiado peligrosa alternativa de poder, sino investigando seriamente en los auténticos móviles que condujeron a los buscadores de la realidad), podemos llegar a calibrar los lazos de unión efectivos que existen en los movimientos esotéricos de todo el mundo y de todos los tiempos y, con ello, ahondar en esa búsqueda del auténtico conocimiento trascendente que ha sido, querámoslo o no, el motor de las civilizaciones y el factor decisivo de la evolución del hombre.

6

Levantar la casa de Dios

La vía oculta

Es cosa que sabe todo el mundo: la masonería fue, en su origen, una sociedad que adoptó principios simbólicos heredados de las hermandades de constructores que se crearon en la Edad Media. Estas hermandades, a su vez, se habían formado siguiendo normas estrictas del arte arquitectónico sagrado de raíz tradicional, que intentaba adecuar el modelo del templo cristiano a unos cánones que lo convertían, más allá de la simple edificación piadosa, en el lugar específico en el que determinados seres humanos podían tener la oportunidad de entrar en contacto con la trascendencia.

El principio que regía esta intencionalidad era el de acumular en la estructura del templo todos aquellos saberes que el hombre había venido transmitiéndose por vías ocultas desde el origen de los tiempos. Saberes que, en muchas ocasiones, poco o nada parecían tener que ver con lo que podría haber supuesto el arte escueto de *edificar* pero que convertían el recinto sagrado en una clave de la que el adepto podría valerse para alcanzar el conocimiento trascendente y en un lugar en el que aquel que, aun sin saberes, fuera capaz de experimentar la trascendencia —el místico en potencia—, tuviera la oportunidad de acceder al estado de conocimiento intuido que ningún libro ni ninguna enseñanza podrían proporcionarle.

A primera vista, estas intenciones de los constructores sagrados pueden parecer el sueño irracional de unos alucinados que pretendían plasmar creencias imposibles en unas obras esencialmente humanas.

Sin embargo, cuando analizamos el Templo sin prejuicios, es decir, *buscando* realmente en él y no sólo tratando de confirmar ideas estéticas preconcebidas, tenemos que reconocer que allí —y no me refiero únicamente al templo cristiano, sino al Templo que ha constituido el centro del culto sagrado en todas las formas religiosas del planeta— se ha intentado expresar la síntesis de todo cuanto, a lo largo del tiempo, ha servido al ser humano para descubrir (o, al menos, para intuir) la razón profunda de su existencia y las claves de una realidad más allá del mundo de apariencias que constituye nuestro universo cotidiano.

No tengo la menor intención de lanzar aquí un panegírico de esos saberes que se ha dado en llamar ocultos; en primer lugar, porque no es éste el sitio adecuado. En segundo término, porque no lo necesitan. En última instancia, porque no se trata tanto de volcarse a ciegas sobre sus enseñanzas como de tratar de entender el porqué de su presencia constante a lo largo de la ya larga historia de la humanidad. Los saberes ocultos (y la arquitectura esotérica como una faceta totalizadora de todos ellos) han sido y siguen siendo el método secreto que los seres humanos utilizan para obtener una respuesta válida a todo cuanto ni el mundo racionalista de la ciencia ni el mundo dogmático de las religiones instituidas puede explicar. Así, se convierten (o intentan convertirse, al menos) en la vía que sólo puede servirnos si, prescindiendo de cuanto se nos ha querido imponer, obedecemos estrictamente a nuestra conciencia y a cuanto la experiencia trascendente puede enseñarnos.

(Se insiste en el hecho de que la enseñanza ocultista es oscura. En que nunca se llama pan al pan y vino al vino. En que la ejercen espíritus manipuladores y la reciben sólo pusilánimes dispuestos a comulgar con ruedas de molino, con tal de atisbar una respuesta a sus preocupaciones patológicas. Y todo es cierto, a determinados niveles. Porque es auténtico que la inquietud espiritual propicia la caída en lo supersticioso y ayuda a la manipulación a niveles vitales; y porque no caben ya dudas —y parte de sus razones las he venido exponiendo hasta aquí— sobre la intencionalidad abiertamente condicionadora con que determinados espíritus, repletos de mesianismo solar, se enfrentan a lo desconocido con intenciones más o menos explícitas de dominación sobre el destino de sus semejantes. Por eso quiero dejar bien sentada la diferencia existente entre quienes buscan su propia superación para entregarla en forma de enseñanzas al resto de la humanidad y aquellos otros que van tras ella con la esperanza de adquirir poderes o conocimientos que les sitúen por encima de los demás seres humanos para dominarlos a su gusto y capricho.)

Las proporciones del divino hogar

En los libros bíblicos de las Crónicas —Paralipómenos— y en el primero de los Reyes, se especifica, paso a paso, cómo David primero y Salomón después cumplieron estrictamente los deseos de Yavé para la construcción del Templo; de ese mismo Templo cuyas ruinas habrían de ocupar muchos siglos después los caballeros templarios. Con una minuciosidad digna de un manual de arquitectura, se dan medidas, volúmenes, ángulos, tamaño justo de los recintos, materiales necesarios, proporciones exactas. Y hasta se especifica qué objetos litúrgicos y sagrados deben albergarse allí y el espacio que deben ocupar.

Todo es exacto, inamovible, imposible de ser abandonado a la improvisación o al capricho del arquitecto. Porque allí no hay más arquitecto que Yavé, un Yavé inspirador y terrible al tiempo, que nunca habría permitido la mínima alteración de Su obra. Y aquel rey sabio, Salomón, que lo era también por voluntad expresa de la divinidad, se limitó a expresar línea a línea, codo a codo, ángulo a ángulo, aquello que ni siquiera podía considerarse obra suya, sino del dios terrible que era dueño y señor tonante de Israel.[1]

Pero ¿qué significaba exactamente el hecho de que el Templo fuera obra de Yavé? Sólo esto, nada más y nada menos: que en él, en su estructura y en cada uno de sus detalles, en cada muro y en cada objeto litúrgico, *tenía que estar presente la sabiduría divina,* esa sabiduría que todos deben acatar y que sólo el sabio debe tratar de desvelar. Una sabiduría superior, suprema, que servirá en todo instante como prueba inamovible de que la divinidad —esa divinidad dueña y señora de todo un pueblo— está presente *a través de sus obras.*

Tratemos de racionalizar las ideas, al menos dentro de los límites estrictamente válidos de la razón. Tratemos de *traducir* lo que en el lenguaje ocultista mantiene una *apariencia* ortodoxa, pero que, escarbando en la intencionalidad de quienes lo expresaron en su momento, significa —simboliza— una realidad que nada o muy poco tiene que ver con las apariencias que se imponen a la credulidad de la masa de fieles, sometidos al dogma, al rito y a la ley. Si seguimos esta idea hacia su origen, nos encontraremos con que la divinidad se corresponde con una Realidad superior, presente entre los seres humanos pero radicalmente ignorada, cuya percepción puede proporcionar a quienes la captan una visión más acorde con la verdad universal y, en consecuencia, más consciente de la mentira esencial de la percepción in-

---

1. Crónicas, I, 7-12.

mediata, de lo que captamos a través de los sentidos y convertimos en supuesta realidad rectora del comportamiento.

(En el fondo, esta dicotomía entre las apariencias captadas y la realidad intuida o buscada se corresponde, en líneas generales, con lo que la física especulativa de nuestros días está investigando a partir de la Teoría de la Relatividad y del Campo Unificado: hay un mundo de apariencias que normaliza y rige nuestra existencia y nuestro comportamiento cotidiano; frente a él, dándole a la experiencia un sentido que está mucho más allá de nuestra capacidad inmediata de captación, se manifiesta una realidad que sólo a través del conocimiento —trascendente y científico a la vez— podremos aprehender. Llamemos a ese «otro» mundo Más Allá o Universo Supradimensional; tanto da, porque lo único cierto es que tendríamos que expresarlo a través de la palabra y que, siendo esa palabra-lenguaje la traducción semántica específica que sólo sirve para entendernos en el contexto de las apariencias que captamos en torno nuestro, jamás podría explicar o definir correctamente lo que esa Realidad es en esencia. Por eso, sólo el lenguaje irracional de los poetas podrá expresarlo..., o sólo la fórmula matemática pura. ¡Precisamente esa fórmula que rige, sin aparente lógica, sin sentido racional de nuestro pedestre *porqué,* la construcción del recinto que denominamos sagrado!)

Regresemos a los libros del Antiguo Testamento. Busquemos en el Primero de los Reyes (VI) y dejémonos apabullar por la minuciosidad de fechas, de detalles, de medidas, de elección de materiales, incluso por la exactitud de esas palabras en las que ni sobra ni falta nada. Allí todo está calculado para un fin: el cumplimiento estricto de la función para la que ese edificio está destinado. Un destino que atañe directamente al contacto del hombre con su propia trascendencia y, sobre todo, con el *móvil sagrado* en quien esa trascendencia se concreta. «*Yavé, has dicho que habitarías en la oscuridad. Yo he edificado una casa para que sea tu morada, el lugar de tu habitación para siempre*» (2 Reyes, VIII, 12-13). Son palabras del rey Salomón.

Algo choca, sin embargo, en esta dedicatoria: precisamente la presunta intención de la divinidad de *habitar en la sombra,* exactamente igual que el otro sol oscuro e invisible que rige inexorablemente los destinos del hombre según las formas religiosas basadas en la gnosis mistérica y, en último extremo, en la mística solar buscadora del secreto del poder religioso. Ya tenemos, pues, un motivo —posiblemente fundamental— para entender el porqué de la búsqueda templaria en las ruinas de aquel recinto que aún debería conservar al menos una parcela del secreto de su remota construcción. Conocer ese secreto sería conocer también algo de la ciencia divina que permitiría acceder al gran saber universal al que aspiran los iniciados de todos los tiempos.

El gran «puzzle» del Arca

Diáspora significa, más que destierro, dispersión. Suele aplicarse a la suerte de los judíos a partir del momento (70 a.C.) en que Tito tomó Jerusalén y, apoderándose de cuanto había de valor en la ciudad santa, obligó al «pueblo elegido» a errar por el mundo a la búsqueda de un rincón donde sobrevivir. Con el pueblo se dispersaron también sus tradiciones, sus objetos sagrados, sus bienes ancestrales y los restos mismos de su casa sagrada, alguna de cuyas piedras sirvieron, tradicionalmente, para la construcción de sinagogas en los lugares más apartados del mundo.[1]

Ya hemos hablado anteriormente de la suerte que pudo correr una parte fundamental del tesoro del Templo después del saqueo de Roma por Alarico. Pero ese tesoro no era todo el patrimonio divinal del pueblo hebreo. Quedaba el misterio del emplazamiento escondido del Arca de la Alianza y, sobre todo, el otro misterio, el de su identidad, el del secreto sagrado que presuntamente guardaba y que sólo alcanzando el conocimiento de Dios podría ser desvelado.

El Arca, en tanto que continente de una esencia divina, forma parte de la Gran Tradición religiosa del Oriente mediterráneo. No olvidemos que, en el mito de Isis y Osiris,[2] el cuerpo destrozado del dios es introducido por Seth en un cofre que, arrojado al Nilo, habrá de arrastrar los despojos más allá del mar. Más allá de las interpretaciones místéricas[3] ese *contenido sagrado* del arca es todo un símbolo de la importancia inmensa de lo que en ella se guarda: nada menos que *la persona misma del dios,* que tiene que ser recompuesta por el adepto del conocimiento (Isis) con el fin de engendrar su esencia, la sabiduría de salvación (Horus).

---

1. En la isla de Gerba, junto a las costas de Tunicia, es especialmente venerada la sinagoga llamada de la Ghriba, que fue levantada, según cuentan los judíos de la isla, sobre una piedra traída hasta allí desde el templo de Salomón. La sinagoga es aún hoy centro universal de peregrinación de los judíos de todo el mundo.

2. PLUTARCO, *Los mitos de Isis y Osiris,* Glosa, Barcelona, 1976.

3. «*Lo que se dice sobre el cuerpo encerrado en un cofre, no parece haga alusión a otra cosa que al ocultamiento de las aguas del Nilo y a su desaparición. Por eso se dice que Osiris desaparece durante el mes de Athyr...*» PLUTARCO, op. cit. § 30.

Pero no lo olvidemos tampoco: con casi absoluta seguridad, Moisés fue un sacerdote solar de Ekhnaton, el gran reformador de los cultos egipcios, antes de hacerse cargo de la custodia del pueblo judío,[1] llevarle a la Tierra de Promisión y proporcionarle una Ley Divina que seguir. Moisés sería también, presuntamente, el autor de la Tora —los cinco primeros libros del Antiguo Testamento—, que escribiría *al dictado de Yavé;* y fue igualmente el constructor del Arca de la Alianza. Pero esa Arca era, a su vez, trasunto palpable, ritual y reflejo simbólico de otra: la que, construida por el patriarca Noé bajo el mandato y las estrictas medidas (¡siempre la medida justa!) dadas por Dios, sirvió al patriarca para *salvar* de la destrucción a una nueva humanidad después del Diluvio.

El arca es, pues, a todos los niveles del esoterismo religioso, un símbolo de la salvación que le llega al hombre a través del conocimiento transmitido por la divinidad. Y, aunque en el contexto religioso judío no existe la salvación como fin inmediato, no cabe duda de que el arca/cofre/nave/grial, como objeto sagrado de contenido secreto, guarda la clave de esa cuestión que el pueblo hebreo ni siquiera se plantea. (De ahí las palabras de Jeremías antes citadas y que ahora adquieren un significado más exacto: «*...no se acordarán ya de ella, se les irá de la memoria, ni la echarán de menos ni harán otra*».)

Fijémonos atentamente en ciertos rasgos que, al menos en apariencia, no tienen conexión, pero que, vistos con mirada consciente, pueden aclararnos la búsqueda de esos secretos trascendentes por cuya posesión fue creado el Temple.

El pueblo judío no asumió una religión de Salvación, pero engendró religiones salvíficas que terminaron por dominarlo y que observaron para con él una política claramente hostil y discriminatoria.

El pueblo judío *inventó* el Arca, pero la perdió; y su búsqueda fue una meta decidida y un fin trascendente para determinadas ideologías de raíz solar salidas de las creencias dominantes derivadas de las enseñanzas de los Libros del Antiguo Testamento.

El pueblo judío no fue nunca un pueblo de constructores. Recordemos que el mismo Salomón tuvo que recurrir a los fenicios de Hiram para la realización del Templo, del palacio y de sus ciudades (1 Reyes, IX, 10-27). Recordemos igualmente que, a lo largo de toda la Diáspora, jamás edificaron los judíos con un estilo propio, sino que levan-

---

1. SIEGMUND FREUD, *Moisés y la religión monoteísta,* Ensayo incluido en la recopilación *Escritos sobre judaísmo y antisemitismo,* Biblioteca de Bolsillo de Alianza Editorial, Madrid, 1970.

taron sus sinagogas siguiendo —y generalmente siguiendo mal— los moldes de otros estilos y formas. Sin embargo, tanto el Templo como el Arca de los judíos son los módulos a partir de los cuales habrán de nacer las grandes formas arquitectónicas sagradas de Oriente y Occidente durante la Edad Media.

El misterioso mundo de los coptos etíopes

En el manuscrito llamado *La Gloria de los Reyes* (Kebra Nagest), que es el primero en establecer una relación histórica de la realeza etíope desde sus orígenes, se dice que la reina de Saba y el rey Salomón tuvieron un hijo, Ibn el-Haqim, a quien su padre entregaría como regalo sagrado el Arca de la Alianza, la cual, desde entonces, habría sido celosamente guardada por la casta sacerdotal copta. Esta casta se ha considerado, desde siempre, descendiente de los judíos, emplea en sus ritos un vocabulario extraído del hebreo y asegura ser «el verdadero Israel», a pesar de que, históricamente, se conoce su conversión al cristianismo, que tuvo lugar en el siglo IV, durante el reinado de Ezana, de la mano de san Frumencio, el que luego sería nombrado obispo por san Atanasio de Alejandría (341).

Se sabe igualmente que la conversión de Frumencio se produjo a nivel de las clases elevadas, nobleza y casta sacerdotal, pero que la verdadera expansión de las ideas cristianas tuvo lugar con la llegada, ya entrado el siglo V, de los Nueve Santos, que fueron con toda probabilidad monjes sirios monofisitas emigrados bajo la presión de los nestorianos. La cristianización comenzó por el norte, en Axum, en el territorio llamado de Tigré, y se caracterizó por la inmediata proliferación de cenobios e iglesias de un tipo arquitectónico muy especial, cuyo auge se alcanzó en las once iglesias monolíticas subterráneas de Lalibela, que aún hoy constituyen uno de los grandes misterios de la arquitectura sagrada universal.

Lalibela fue un personaje real que mitificó la tradición. Pertenecía a la dinastía de los *zagués* y era de la raza *agau,* que reinó suplantando a la dinastía salomónica desde el siglo X. Lalibela debió vivir entre 1190 y 1225, pero el conjunto de templos que tomaron su nombre se habían comenzado a edificar mucho antes de su reinado y continuaron edificándose hasta varios años después. Eso, al menos, es lo que parece demostrar la arqueología, porque, según cuenta el capellán Alvares, un sacerdote portugués del siglo XVI que fue el primero en visitar aquel insólito conjunto y dar cuanta de él, todos aquellos templos fueron levantados en sólo veinticuatro años por los «gibetes» (los hombres blancos). Un misterio y una identidad más a añadir a la larga historia de los entes misteriosos que siempre surgen creando mitos, religiones y culturas.

Los templos de Lalibela son once monumentos excavados en la roca rosada, al pie de un circo de montañas dominado por el Abuna Jose, de más de cuatro mil metros de altitud. Contra lo que suelen ser otros templos, no hay en ellos la menor apariencia ostentosa. Más aún, en su mayor parte se hallan hundidos en la tierra, a ras de la superficie del suelo, y se accede a ellos por una serie de caminos laberínticos que los unen extrañamente. Están divididos en dos grupos y en su estructura siguen fielmente las enseñanzas de un libro de clarísima raíz kabalística, el *Libro de los Misterios del Cielo y de la Tierra,* que escribió Ishaq el Monje y en el que el arte de los números sagrados es aplicado específicamente para la construcción de las mansiones divinas.

El problema arqueológico de los templos de Lalibela sólo puede tener explicación —por más heterodoxa que nos parezca— si consideramos las raíces profundas que en el sentimiento trascendente de los constructores tuvo el recuerdo, consciente o inconsciente, de una tradición arcana enraizada en la sabiduría profunda de la naturaleza. Son la expresión más pura de la vuelta del hombre a la entraña de la tierra creadora y fundamentalmente sabia, una vuelta que sirve al adepto para encontrar, en el gran vientre de la Madre, la fuerza del conocimiento trascendente, ajeno a dogmas y sólo pendiente de la experiencia superior.

(Curiosamente, ese templo-caverna, cripta pura, útero fecundo de muerte y de resurrección salvífica, será el refugio predilecto de los iniciados y santos anacoretas que escarbarán en la tierra española o aprovecharán las cavernas naturales de la Península para buscar no un refugio, sino la expresión de su propia búsqueda, de su particular *queste* trascendente. Y esas cavernas-templo las encontraremos aún en Ojo Guareña, en la ermita de San Tirso y San Bernabé;[1] y en los muchos cenobios trogloditicos de la provincia de Burgos;[2] y en San Pedro de Rocas, en Orense, y en tantos otros lugares de la superficie peninsular, sin olvidar la primitiva construcción del templo griálico de San Juan de la Peña, cuyos ábsides se excavaron en la roca del monte

---

1. Véase mi artículo «Ojo Guareña, el ombligo del mundo», en *Historia 16,* núm. 15, julio 1977, pp. 31-36.
2. Cfr. ELÍAS RUBIO, *Eremitas en el Norte de Burgos,* folleto editado en Burgos sin pie de imprenta ni fecha (1980 ?), con un catálogo exhaustivo de los eremitorios trogloditas de la provincia.

para integrar el templo al Templo-Madre, lo mismo que estaban integrados a lo más profundo de la tierra los santuarios prehistóricos del monte Castillo, en Cantabria.)

Pero en el caso de los coptos surge, además, un hecho que creo fundamental: hay noticias de que los constructores coptos de Etiopía estaban integrados en fraternidades que compartían el secreto de la estructura numérica de sus templos con otras agrupaciones de canteros que estaban proliferando al otro lado del mundo cristiano oriental, en Armenia, precisamente la tierra donde, según la tradición, quedó colgada el Arca —la otra, la del Noé del Diluvio— en la cima de un monte especialmente sagrado: el Ararat.

Distintos collares para los mismos perros

Los armenios habían sido evangelizados, según cuentan sus tradiciones, por un apóstol Addai que no figura en ninguna relación neotestamentaria y, muy tempranamente, transformaron su recién adquirido cristianismo, empapándolo con la esencia de los cultos mistéricos frigios que hasta entonces habían constituido su contexto religioso. No es de extrañar, en estas circunstancias, la aparición de formas contrapuestas al dogma que proclamaba la iglesia que se erigió como ortodoxa e inamovible tras el concilio de Nicea. Llamar a los cristianos armenios monofisitas, como es costumbre en los tratados de historia de las religiones, es tomar como fundamental en sus creencias lo que, en realidad, era apenas un detalle diferenciador, uno más entre los muchos que hacían de su cristianismo una adaptación circunstancial de nombre y de símbolos, aunque la esencia de sus convicciones trascendentes seguía siendo, en realidad, profundamente mistérica.

En este sentido, no cabe duda de que había una relación mucho más estrecha entre cualquiera de las iglesias orientales entre sí que entre todas ellas y el cristianismo ortodoxo dominante y presuntamente auténtico. Si analizamos la devoción a la Virgen que se detecta entre los armenios y los coptos, entre los nestorianos y los arrianos, entre los maniqueos y los jacobitas, no cabe duda de que, detrás de esas prácticas, encontraremos —y no sólo en lo mítico, sino en lo esencialmente creído y sentido— la presencia de Isis, de Cibeles, de Semele, de Astarté. Del mismo modo, es incuestionable que, detrás de la figura del Cristo aceptado, se encuentra fácilmente a Horus y a Osiris, a Attis, a Dyonisos y hasta a Orfeo.

De estas herencias habrán de surgir dos rasgos que, según mi modo de ver, son no sólo comunes a todas estas formas heterodoxas del cristianismo, sino que son también los que enlazan estrechamente y sin la menor ambigüedad la presencia de la gran tradición precristiana del oriente mediterráneo y del occidente atlántico, el sincretismo *solar* que afecta por igual a la remota memoria precéltica y a la gnosis de las religiones mistéricas.

El primero de estos rasgos es el que caracteriza la identificación de la Virgen María con la Gran Madre del dios solar. Y es tremendamente significativo que la historia oficial haya ignorado sistemáticamente acontecimientos muy concretos que sólo pueden adquirir su auténtico sentido si partimos de la premisa de determinadas creencias larvadas que, consciente o inconscientemente, emergieron a la luz en este período histórico de las Cruzadas, en el que Oriente y Occidente se dieron excepcionalmente la mano en una comunión espiritual soterraña que significaba mucho más que el hecho concreto —catártico, me atrevería a decir— del combate y de la matanza.

Un ejemplo diáfano lo constituye la relación que mantuvo la familia de los Lusignan con los armenios. Los Lusignan formaron parte de la dinastía alternativa de monarcas cruzados jerosilimitanos, frente a la familia del primer conquistador de la Ciudad Santa, Godofredo de Bouillon. Y, a lo largo de ese período de cruzada mesiánica que abarca desde 1097 a 1291, nos encontramos con toda una extraña serie de enlaces matrimoniales de esta familia Lusignan con la más alta jerarquía armenia. León I, llamado el Magnífico y primer monarca de Cilicia, casó en segundas nupcias con Sibila, hija de Amaury de Lusignan. Luego, Isabel, hija y heredera de ese matrimonio, se casaría con Felipe de Antioquía, que era el sucesor legítimo del reino de Armenia. Posteriormente, el 1342, Guy de Lusignan, sobrino de Enrique II de Chipre e hijo del príncipe de Tiro, Amaury, sería proclamado rey de la Pequeña Armenia, siendo, a su vez, nieto de Isabel, hija de otro rey armenio, León II.

Pero en torno a los Lusignan flotaba —y se me ocurre que lo he expresado con toda propiedad— una curiosa tradición. La narra Jean d'Arras, que escribió en 1392 *La Noble Histoire des Lusignan,* que confiesa basada en «*ce que nous avons ouy dire et raconter a nos anciens...*»[1]

Según la leyenda, Melusina fue un hada que conquistó a Elinas, rey de Escocia, y con el que casó bajo promesa de no ser vista nunca en enaguas. El rey, sin embargo, fue incapaz de resistir la tentación de lo

---

1. Hay una edición reciente de este texto insólito de JEAN D'ARRAS, *Melusina,* Ediciones Siruela, Madrid, 1982, con traducción y prólogo de Carlos Alvar y apéndice de Jacobo F. J. Stuart.

prohibido y descubrió que su esposa, periódicamente, se convertía en un extraño ser, híbrido de mujer y de serpiente. Descubierto el secreto, Melusina se marchó de su lado, dejándole tres hijas, la primera de las cuales —Melusina, como su madre— se convirtió en dragón cada sábado; la segunda, Melios, fue la guardiana de un halcón inmortal en un castillo de Armenia, y la tercera, Palestina, fue encerrada en la montaña de Canigó, con el tesoro legado por su padre, a la espera del caballero que venga a liberarla.

Carlos Alvar, en el prólogo a la edición española, da una visión estructural del mito que merece citarse: «*En realidad, la leyenda de Melusina, tal como la narra Jean d'Arras, está formada por la fusión de tres núcleos distintos, ampliamente atestiguados por separado en los cuentos folklóricos: encuentro de un ser sobrenatural y un humano; beneficios que obtiene el humano mientras respeta la prohibición que le hace el súcubo y las calamidades que ocurren al cometer la transgresión; por último, regreso del ser sobrenatural a su mundo con forma de serpiente, como consecuencia de la infracción*».[1]

Por su parte, Daniel Poirion[2] viene a aclararnos algo más que puede sernos importante: «*Los motivos maravillosos tradicionales son recogidos y combinados en función de la historia del linaje de los Lusignan, que estos sucesos originan. Melusina espera a Remondín, sobrino del conde de Poitiers, precisamente cuando Lusignan acaba de matarle accidentalmente en el bosque de Colombiers, en el Poitou. El hada ayuda al homicida a construir el castillo de los Lusignan, dando instrucciones a los canteros y a los albañiles, y la propiedad se extenderá rápidamente gracias al poder de la magia*». En cuanto a sus descendientes, serán marcados por un signo específico que proclamará su condición a medias entre lo sobrenatural y lo caballeresco; al fin y al cabo, la misma condición que habían cumplido, en épocas precristianas, los héroes hijos de dios y de mortal y las divinidades salvíficas de los cultos mistéricos. Con la particularidad de que el personaje de Melusina, con este nombre o con algún otro —Mari entre los vascos, Lusina entre los celtas— venía formando parte de la tradición perdida que heredaron los pueblos de la cornisa atlántica, en su papel de elemento femenino sagrado, dedicado a expandir entre los humanos la sabiduría incognoscible de Lug, el Dios sin Nombre.

---

1. Op. cit. p. XII.

2. *Le Merveilleux dans la Littérature Française du Moyen Âge*, P.U.F., Col. Que sais-je?, París, 1982.

El enigma de los templos armenios

Melusina, la madre sobrenatural de la estirpe de los Lusignan, se nos muestra en la tradición recogida por Jean d'Arras como instructora de canteros. Pero, cosa curiosa, también entre los armenios cristianizados —y mucho antes que en Occidente— estaban firmemente asentadas las cofradías de constructores, que, por cierto, habían creado un tipo muy característico de monumentos religiosos y que, precisamente por los tiempos de la formación de la orden del Temple, estaban colaborando con el patriarca de Jerusalén, Gormond de Piquigny —el que recibiera los votos de los primeros templarios— en la construcción de máquinas de guerra y de fortalezas.[1]

Las iglesias armenias se extendieron, y aún se levantan muchas de ellas hoy día, por todo el territorio que ocuparon sus creyentes.[2] Su característica arquitectónica es, en todas ellas, la de un acusado centrismo: formas poligonales, octogonales sobre todo, redondas y de cruz griega; templos en los que se superpone y complementa el círculo al cuadrado o, simbólicamente, el paraíso terrestre a la Jerusalén Celeste. Todo en el templo se construye con armonía de centro, lo mismo que es absolutamente central —solar— su deificación crística.

En este tipo de estructura central es donde entra en juego el segundo de los rasgos que antes mencionaba: el de la Cruz, vista no como instrumento cruel de la Pasión de Cristo (como la habría de proclamar la iglesia católica), sino como elemento sagrado en sí mismo, símbolo dimensional de una realidad trascendente, de la realidad de ese universo en el que el ser humano ha de integrarse si quiere cumplir plenamente su función. La cruz, desde esa perspectiva, es un signo que supera amplísimamente los credos particulares que intentan monopolizarlo y se convierte en representación de una verdad universal presente en el panorama cultural de todos los tiempos, desde las cuevas-santuario del paleolítico hasta la nueva gnosis de los científicos de Princeton. La representación de esa cruz, formando parte de la construcción sagrada —del monumento dedicado a la divinidad y destinado al ser humano buscador de trascendencia— no será nunca exclusiva de un credo determinado, sino del sustrato total de la humanidad.

En tal sentido, merece la pena que recordemos que este aspecto de

1. Véase JEAN TOURNIAC, *De la chevalerie au secret du Temple,* Éditions du Prisme, París, 1975.
2. Véase *Documenti di Architettura Armenia,* publicado por el departamento de arquitectura de la Universidad Politécnica de Milán, Milán, Ares, s.f.

centro —centro del mundo o centro del ser humano— se manifiesta en las iglesias orientales —y, sobre todo, en la armenia— incluso en los actos litúrgicos cotidianos. Cuando los fieles hacen sobre su cuerpo la señal de la cruz, tocan los cuatro puntos (cabeza, vientre y ambos hombros) y terminan con un quinto toque en el centro del pecho, que coincide con el *amén*. Un amén que, curiosamente, es común a todas las formas religiosas derivadas del judaísmo y que, como hace notar Guénon, contiene en sus letras el valor numérico de la divinidad misma, por la suma de sus valores, que da $91 = 9 + 1 = 10$.

Aquí entra de lleno el significado esotérico y solar de la creencia. Sólo que —lo mismo que sucede en el rito católico— se trata de un significado que sólo se le revela al adepto de la vertiente gnóstica pero que, necesariamente, tendrá que descubrir y analizar y aprovechar todo aquel que quiera penetrar en el conocimiento que se esconde detrás de las creencias y que sepa, por tanto, dar un sentido exacto y justo a los ritos que los simples creyentes realizan como puro acto de fe cotidiana, sin cuidarse de conocer lo que encierran en su interior.

En el oriente mediterráneo se podía encontrar el germen de la arquitectura sagrada y podía igualmente profundizarse en el secreto de quienes la habían adoptado. Se trataba, en cierta manera, de encontrar allí el significado profundo de un tipo de estructuras que ya existían desde siglos atrás en Europa, pero de las que seguramente se ignoraba el motivo que las había generado. En Europa, en efecto, se conocían desde las invasiones godas (y ahí están la tumba de Teodorico o la iglesia de San Vitale de Rávena, o algunas de las iglesias circulares catalanas[1] de origen incierto, pero insertas en su mayor parte en la tradición altomedieval más primitiva de la Península), sin embargo se mantuvieron como monumentos atípicos, mientras la estructura generalmente aceptada seguía siendo la de la basílica, adoptada por los primeros cristianos como una especie de «arreglo» de los grandes recintos imperiales, que permitían una asistencia más numerosa de fieles. Así, mientras el templo cristiano occidental servía en principio para la concentración masiva en el acto de fe aceptada —y sólo los detalles denunciaban la complejidad del símbolo—, el de Oriente se concebía como el espacio sagrado en el que no había que entrar solamente para cumplir un rito o un deber, sino para que, mediante unas estructuras concebidas desde los planos más profundos del conocimiento, se despertase la trascendencia en el adepto y su

---

1. Véase JORDI VIGUÉ, *Les esglésies romàniques catalanes de planta circular i triangular,* Artestudi, Barcelona, 1975. Col. Art Romànic, núm. 3.

comunión efectiva con el hecho religioso, con la conciencia mística universal. Esa era, al menos, la intención. Y el símbolo estaba siempre presente con el fin de atestiguarla.

El círculo solar como rotonda y como cúpula; la cruz como irradiación; el cuadrado como signo de la tierra. Y, entre círculo y cuadrado, como abriendo la serie iluminada de polígonos que van acercándose infinitamente al sol divino, el octógono.

La identidad del pueblo de ād y de los ifrit

René Grousset, en su monumental estudio sobre las Cruzadas, narra el testimonio de la visita del emir Usâma a Jerusalén en el siglo XII, durante el reinado de Foulques d'Anjou, escrito por su cronista Unu'r. Allí se narra: «*Al visitar Jerusalén, entré en la mezquita de El-Aqsâ, que estaba ocupada por los templarios, mis amigos. Al lado se encontraba una pequeña mezquita que los templarios habían convertido en iglesia. Me la asignaron para rezar mis plegarias*».

La Cúpula de la Roca o mezquita de El-Aqsâ estaba emplazada —y allí continúa— en la gran explanada donde se levantó el Templo de Salomón y fue siempre, para los musulmanes, el más entrañable recuerdo coránico después de la Qa'ba. Tradicionalmente, aquel fue el lugar desde el cual Mahoma, a lomos de la yegua Burāq, realizó su viaje al Séptimo Cielo y, para muchos creyentes musulmanes, recorrer devotamente el corredor que rodea el santuario con la Roca (en la que reposó el patriarca Abraham y sobre la que cabe ver la huella de los cascos de Burāq cuando los clavó para empujarse con el Profeta a los cielos) equivale a hacer la peregrinación a la Meca.

Pero nos encontramos definitivamente en terrenos del mito simbólico. No cabe la menor duda respecto al significado profundo de ese viaje: es un *paso místico*, un claro salto al éxtasis trascendente. Pero fijémonos además que el tal tránsito —al que se invita también al adepto capaz de comprenderlo y asumirlo— se realiza en un lugar muy concreto: precisamente la piedra sagrada desde la cual otro personaje de la tradición tuvo la visión divina, el mismo lugar también sobre el que se edificaría el Templo de Salomón y el mismo que el Islam sacralizaría definitivamente levantando *una mezquita octogonal* de insólita traza en sus edificaciones sagradas y que luego, a su vez, los templarios reproducirían como auténtico modelo sacral nada menos que en el sello del Gran Maestre de la Orden.

La sombra de Salomón, el rey constructor por mandato expreso de Dios, campea también, y con una fuerza enorme, sobre el mundo

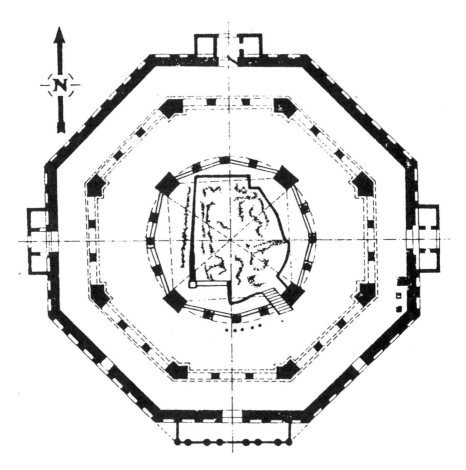

Plano de la mezquita de la Roca. Levantada por arquitectos sufíes en el recinto del Templo de Salomón, sirvió de esquema a muchas construcciones templarias.

islámico. Es Suleymán el Profeta, el edificador por excelencia, el monarca semidivino que tuvo a su disposición la ayuda de todos los genios y demonios del Otro Mundo para realizar su obra: los *ifrit*, el pueblo de ād, *Sajr* el Genio.[1] Los *ifrit*, como los *djinns* de la tradición

1. Tomo estos datos y algunos de los que siguen de MARÍA JESÚS RUBIERA, *La arquitectura en la literatura árabe*, Editora Nacional, Biblioteca de Visionarios, Heterodoxos y Marginados, dirigida por Javier Ruiz, Madrid, 1981.

Dos sellos templarios llamados del Gran Maestre. El primero representa la mezquita de la Roca, aunque su leyenda indica: S. TVBE TEMPLI XPI (sigillum tumbe templi Christi). El segundo, esquematizando la doble puerta y el triple recinto propios de las construcciones templarias, lleva la leyenda: MILITEM P...SAT.

nómada del desierto, fueron seres elementales, tremendamente activos, creados por Alá «*de una llama sin humo*» (Qorán, LV, 14). El pueblo de *ād* fue, según las leyendas, una comunidad de gigantes que dominaron la tierra en tiempos del Patriarca Noé.

Si el pueblo de *ād* desapareció por indignación de Alá, los genios *ifrit* fueron los auténticos canteros que construyeron el templo a las órdenes de Suleymán y quienes pusieron a su señor en contacto con los encantos de Bilqis, la reina de Saba. Pero, curiosamente, lo hicieron mediante una identificación —¿casual?, me resisto a creerlo— de ésta con un personaje que apenas hace unas páginas hemos mencionado: Melusina. En efecto, tal como refiere Al-Nuwarí en el *Nihāyat al-Arab*, «*Cuando Bilquis, la reina de Saba, iba a llegar a la corte de Salomón, un ifrit de los genios se acercó a Salomón y dijo: "¡Oh, Profeta de Alá! Las piernas de Bilqis son como las pezuñas de un burro", y dijo Salomón: "Si esto no es como has dicho, te castigaré"; y el ifrit dijo: "Querría construirte un pabellón de vidrio en el que haré correr agua e incluso pondré peces, de modo que quien lo vea creerá que es agua corriente". Lo edificó tal y como decía, y, cuando terminó, Salomón le dio las gracias y el ifrit dijo: "¡Oh, profeta de Alá!, perdóname porque he mentido sobre las piernas de Bilqis". Y Salomón le perdonó*».

Fijémonos en los detalles que complementan esta leyenda: según el Qorán (sura XXVII), el pueblo de Saba, sobre el que gobierna la reina Bilqis, es una comunidad pagana, a la que Suleymán ha de convertir conquistando a su reina. Por su parte, la Biblia (1 Reyes, X, 1) define a este personaje como una maga, porque llegó a Jerusalén para probar al rey «*con enigmas*». Esta mujer, pues, pagana y enigmática, enlaza su personalidad perfectamente con la Melusina de los Lusignan (igualmente maga y reina de remotas paganías precristianas) y con la esfinge que, tanto en el mito griego como en la iconografía egipcia, aparece como con medio cuerpo de mujer y medio cuerpo de bestia. Y que esa bestia sea serpiente, león o borrico en cada caso, puede parecer un azar, pero no olvidemos que tanto la serpiente como el león son, simbólicamente, animales que la Tradición ha definido como símbolos de sabiduría y de poder secretos; y que el asno, lo mismo exactamente que el caballo, son en esa misma tradición el vehículo simbólico que conduce al adepto por el camino del conocimiento,[1] como la misma yegua Burāq que conducirá a Mahoma al Séptimo Cielo, como el Asno de Oro de

---

1. Traté más ampliamente este tema en mi libro *Claves Ocultas de la Historia,* Editorial Latina, Madrid, 1980, en el capítulo titulado «Cuando Dios resulta ser un asno», p. 74 y ss.

La doble puerta del Templo del Santo Sepulcro de Jerusalén, que perteneció a los templarios. ¿Símbolo de un maniqueísmo escondido?

Apuleyo, como ese Xanto que fue caballo de Aquiles y auguró la muerte del héroe, como los blancos caballos de Indra en el *Rig Veda* (1, 52, 4)...o, en fin, como el mismo Clavileño de madera de don Quijote. La mujer medio metamorfoseada en uno de esos animales es también, en cierto modo, portadora y transmisora tradicional de sabiduría, del mismo modo que es patrona de quienes poseen el conocimiento: Melusina, de los canteros, en la novela de Jean d'Arras; Mari, de los *jentillak*, en la tradición vasca; vírgenes negras y cofradías de constructores en el esoterismo templario.

Podrá argüírseme que, según el texto de Al-Nuwayrí, el *ifrit* sólo engaña a Suleymán para lucirse *construyendo* un espacio mágico. Pero habría que añadir que el rey le cree. Y que se trata del rey sabio por excelencia, el soberano a quien el mismo Alá o YHWH mandó construir Su casa. Entre canteros anda el juego. Canteros que también constituirán cofradías secretas en Etiopía y se declararán descendientes de la reina de Saba, una reina que, por lo demás, según refiere otro escritor árabe citado por María Jesús Rubiera,[1] siguiendo el mismo texto de Al-Nuwayrí, si no tenía piernas de asno, sí las tenía tan cubiertas de vello que hicieron proclamar su fealdad al mismo Salomón.

Las piezas de un «puzzle»

Parece extraño o absurdo, pero cuando uno se adentra en los vericuetos de las huellas de ese viejo conocimiento escondido en los símbolos y en los mitos, suele suceder que, al examinar los hechos de la historia y de la tradición a un mismo tiempo, muchas piezas dispersas de acontecimientos sin relación aparente comienzan a ensamblarse hasta darnos la visión total de un mosaico perfectamente coherente, cuyas partes adquieren sentido propio precisamente cuando se resalta su parentesco —o su contraste, en ciertos casos— con las que supuestamente nada tenían que ver con ellas.

Aquí, el mosaico aparece compuesto por toda una larga cadena de claves que se fueron atrayendo mutuamente, como si sus polos buscasen la identidad de los mitos y de las tradiciones olvidadas para unirse y reconocerse. En este sentido, el arte de la edificación sagrada parece representar claramente la energía unificadora que promovió la búsqueda de esa identidad, como si las cofradías tradicionales de

1. Op. cit., p. 51.

constructores —armenios, coptos, *ifrit* islámicos o fenicios de Hiram— hubieran sido los auténticos conservadores secretos de ese conocimiento que sólo a través de la obra en piedra podía subsistir a lo largo del tiempo, legando a las generaciones siguientes las fórmulas y los símbolos de un saber que únicamente así y allí podía representarse de modo perenne.

La cosa —el recuerdo del saber perdido— venía de muy lejos. Y, curiosamente, se trataba de una memoria que, lo mismo que hoy es ignorada y despreciada por la ciencia académica, era entonces ya negada y prohibida por el poder fáctico espiritual de una iglesia promotora de cruzadas sangrientas, que necesitaba a toda costa del reconocimiento ignorante y ciego del pueblo para medrar en su influencia omnímoda sobre los hombres y sobre los estados. Pero en ese ambiente, una parte muy concreta y elevada de la misma pirámide de poder trataba de hurgar en el recuerdo dormido para alcanzar ese grado de conocimiento cósmico tradicional que, dándole las claves de una realidad trascendente presuntamente larvada, le servirían para afianzarse por las sendas del dominio universal, del gran poder solar que se detectaba en los hechos y en los mitos y en los recuerdos del pasado perdido.

La búsqueda —entonces como hoy mismo— consistía en establecer esos nexos de unión que identificaban en una sola todas las tradiciones de los pueblos de Oriente y de Occidente, en atar esos cabos sueltos para reconstruir la Tradición Única y Universal que daría la clave de ese conocimiento, en seguir las huellas de la noticia dispersa, en fin; de esa misma noticia que todavía en nuestros días podemos detectar y que los grandes grupos de presión espiritual e intelectual de todos los tiempos nos han querido relegar más allá de las fronteras de lo fabuloso, sin permitir que el ciudadano de a pie percibiera lo que realmente contenían: la presunta verdad de una metahistoria que, si algún día pudiera ser científicamente probada y reconocida, daría al traste con la mayor parte de los conocimientos cojos y parciales sobre los que hemos basado todos nuestros pretendidos saberes.

Que los templarios, desde su primer origen, constituyeron la avanzadilla de esa búsqueda en Oriente, parece demostrarlo toda su actuación desde el momento mismo de su implantación, tomando el Centro espiritual y arquitectónico a la vez de ese complejísimo mundo de huellas dispersas —el Templo de Salomón— como casa, como sello, como símbolo y hasta como raíz de su propio nombre. Que regresaron a Occidente con una parte al menos de ese conocimiento tradicional buscado, lo prueba el hecho mismo de que, a partir de su implantación en Europa, tras los nueve años de silenciosa iniciación en Oriente, comienza a surgir, como de la nada, un concepto totalmente revolucionario del arte sagrado de la construcción, promovido por cofradías de constructores que recibieron su enseñanza en las encomiendas templarias, su ejemplo en los módulos esquematicos de las pequeñas capillas y de los oratorios que fueron autorizados a construir a partir de la bula *Omne datum optimun,* promulgada por Inocencio II en 1139; y su dinero de aquellos fondos casi inconmensurables que muy pronto poseyó la orden, producto parcial de sus inteligentísimas actividades financieras en un mundo aún no preparado mentalmente para eso que hoy llamamos economía de mercado.

Segunda parte
El cenit

> E ils crestians fan moltes figures en les esglesies. E etressí los sarrayns pinten lurs mesquites. E tot açó fan per tal que hajen los infants volentar de anar la. E per aquesta rahó fayen les escoles dels grechs e dels gentils d'aur e d'argent. E havien en costum que quant algú aprenía alguna sapiencia o algun ensenyament bo pujaven per unes graes en un palau de marbre tot entallat e figurat.
>
> JAUME I, Libre de Saviesa.

> ¡Oh, luz de las fuerzas!, atiende y guárdame. Hállense necesitados y permanezcan en la oscuridad los que quieren arrebatarme mi luz.
> Vuélvanse presto a las tinieblas los que me afligen, diciendo: «Dominamos en ella».
> Que se alegren y regocijen todos los que buscan la luz; y digan en todo tiempo: «Sea exaltado el *misterio* de los que quieren tu *misterio*».
> Protégeme, pues, ahora, ¡Oh, luz!, porque necesito de la luz que me arrebataron. Y tengo *falta* de la fuerza que arrancaron de mí.
> Pero tú, ¡oh, luz!, Tú eres mi *Salvador*, y tú eres mi protector, ¡oh, luz! Apresúrate y libérame de este caos.
>
> PISTIS SOPHÍA, Terecera Metanoia.

7

Retorno a los orígenes

¿Una regla para la guerra?

Sucede demasiado a menudo, ante los acontecimientos de la historia, que los admitimos sin preocuparnos por buscar sus motivos, que los acatamos como verdades que no necesitan de análisis. Y pasa así aunque, sin darnos cuenta, surja la más evidente falta de lógica en situaciones que se resuelven de un modo distinto a como su planteamiento inicial habría exigido.

Cuando se repasa la aventura de la orden del Temple con propósito crítico —y quiero decir con ello *buscando* y no dando nada por sentado— surge inmediatamente la duda sobre el posible engaño que pudo entrañar su misma fundación. ¿Una orden destinada a la defensa de los peregrinos? ¿Unos monjes soldados programados desde las alturas espirituales de la Iglesia para dar su vida por la causa de la Cruzada cristiana en Tierra Santa?

Bernardo de Clairvaux, en sus dos ardorosas proclamas en pro de los templarios —la *Exortatio* y el *De laude novae militiae*— parece empeñado en dar a toda costa la imagen ruda del guerrero en las arenas de los desiertos palestinos: «*Cortan rasos sus cabellos, sabiendo por boca del Apóstol que es una ignominia para un hombre cuidar de su cabellera: no se les ve jamás peinados, raramente lavados, con la barba hirsuta, apestando a polvo, manchados por el calor y la cota de malla*»... O, en otro lugar: «*Cuando suena la hora de la guerra se arman por dentro de fe y por fuera de hierro y no de perifollos; quieren armarse, no asistir a un desfile; inspirar terror al enemigo, no su envidia. Se preocupan por poseer caballos rápidos, sin cuidarse por decorarlos con cintas de colores: porque van a la batalla, no a un des-*

file, y están deseosos de victoria y no de vanagloria, preocupados por hacerse temer más que de ser admirados...».

La realidad de la Regla templaria, dictada por el mismo abad del Císter, comienza chocándonos precisamente por no concordar demasiado exactamente con estos principios. Compuesta en su versión primitiva por setenta y dos artículos y cuatro mandatos, no hay en ella uno solo que haga alusión a la misión guerrera de la orden. En años siguientes —y a lo largo de casi un siglo— la Regla se amplió con los llamados Estatutos Jerárquicos (ciento veinte artículos). En ellos, sólo el que lleva el número 98 trata de las escoltas en época de guerra; el 101 sobre los derechos del Mariscal en tiempos de contienda; el 127 sobre la defensa de la Vera Cruz durante la batalla;[1] el 126 sobre el aprovisionamiento de los castillos; y del 156 al 168 sobre el equipo de campaña, la marcha y la disciplina en tiempos de paz y de guerra y el comportamiento en el combate. La última parte de la Regla comprende 488 estipulaciones sobre temas como la elección del Maestre, penalizaciones a los freires, vida conventual, desarrollo de los capítulos y recepción de nuevos miembros. Sólo en el apartado de penalizaciones (art. 241), en el de la vida conventual (art. 366 a 384) y en los que narran ejemplos de penalizaciones (568 a 570, 574 a 577 y 611 a 615) aparece de modo directo el hecho guerrero que era, al menos oficialmente, la mitad de los fines propuestos a la orden templaria.[2]

En total, sobre seiscientos ochenta y seis artículos de que consta la Regla definitiva, únicamente cuarenta y nueve se refieren a esa guerra para la que los templarios fueron supuestamente creados. Y ninguno de ellos se encuentra incluido en la Regla primitiva, sino todos en los estatutos que fueron confeccionando los mismos dirigentes de la Orden sobre la marcha de sus necesidades exotéricas.

Curiosamente, de la Regla templaria se han conservado muy pocos manuscritos. Cuando Curzon emprendió la primera edición completa en Francia (1886) se conocían únicamente tres. Uno estaba en Roma, entre los fondos de la biblioteca del príncipe Corsino; el segundo en París, conservado en la Bibliothèque Nationale (fondos franceses, ms. 1977 ant. 7908) y procedente de la biblioteca del cardenal Mazarino; el tercero en Dijon, conservado en los archivos departamentales y originario del priorato de Champagne. En lo concerniente a la Península

---

1. Atención a esa Vera Cruz. Nos encontramos ya con ella cuando planteamos el enigma del milagro de Caravaca. Volveremos a tropezárnosla, como un misterioso *leit-motif* del secreto templario.

2. Véase CURZON, op. cit. Campomanes reproduce libremente la Regla Primitiva.

Ibérica, hay ejemplares manuscritos de la Regla que pertenecieron a las encomiendas de la Corona de Aragón, pero Campomanes confiesa[1] que la reproducción que hace en su historia la sacó de las colecciones de los Concilios y Cuerpo Universal Diplomático de Mons. Dumont, aunque, al parecer, vio una edición castellana hecha por Zapater y otra portuguesa contemporánea debida a Ferreira.

Es una pregunta que queda, de momento, en el aire: ¿por qué los mismos templarios tuvieron tan escaso acceso al conocimiento de su propia regla? El mismo artículo 329 de los estatutos sobre la vida conventual especifica que «*ningún hermano debe poseer estatutos ni regla, a no ser que los tenga por encargo del convento [...] a no ser que sea bailío, en cuyo caso podrá conservarlos como posesión de la bailía*». Aun en tales casos, parece ser que, tal como afirma Curzon, muy pocos poseían la totalidad de los artículos y que se hicieron recopilaciones especiales con recortes y alteraciones que eran entregadas a los distintos comendadores, según su categoría y —muy probablemente— según su grado de iniciación. En el proceso de los templarios figura la declaración de un leguleyo que dijo haber oído a Gervasio de Beauvais, maestre del Temple en Laon, «*que había un pequeño número de estatutos de su Orden que él podía mostrar libremente, pero también otro más secreto* —confidencial— *que no podía dejar ver a todo el mundo*».[2]

Asentamientos para una paz armada

Durante nueve años, entre diciembre de 1118 y enero de 1128, los nueve caballeros del Templo de Salomón mantuvieron una casi total discreción y un absoluto mutismo respecto a sus actividades en la Ciudad Santa y en el espacio sagrado del Templo que se habían adjudicado. Sin embargo, apenas la Orden fue reconocida en el concilio de Troyes y apenas se vieron poseedores de una Regla propia, comenzó una insólita expansión que, contrariamente a lo que su mismo fin parecía proclamar, estaba teniendo lugar en Europa y no en Tierra Santa, donde estaba su sede originaria y su meta oficial.

1. CAMPOMANES, *Dissertaciones...*, edición facsímil El Albir, Barcelona, 1975.
2. Sesión del 11 de abril de 1310, citada en el *Procès des Templiers*, editado por Michelet (Collection des Documents inédits, 2 volúmenes, 1840, tomo I, pp. 243 y 388, y II, pp. 434, 438 y 444).

Hay testimonios que acreditan, sin embargo, que ya antes del Concilio, los templarios estaban buscando un afianzamiento en Occidente. El día primero de julio de 1124, el conde Guillermo de Poitiers les entregaba la custodia de la iglesia de San Bartolomé, en Fréjus; y en 1125 se detecta ya su presencia en Portugal, donde, al parecer, colaboraron activamente en el afianzamiento del incipiente reino, contando con un maestre provincial, don Guilhelme Ricardo, que sería designado en 1127 y debió morir hacia 1139. En marzo de 1128, tres meses apenas después de Troyes, recibían el castillo de Soure de manos de la reina doña Teresa y se establecían en Braga, donde la misma reina les había hecho donación de Fonte Arcada, en el consejo de Penafiel.

Muy pronto, la expansión templaria era incontenible. El marqués de Albon, que se dedicó a la recopilación de documentos templarios entre los años 1119 y 1150, reunió más de seiscientas actas de donaciones, la mitad de las cuales se encontraban (y no perdamos de vista esta circunstancia) en Provenza y el Languedoc, otras doscientas al menos en Flandes, Borgoña y el Este de Francia y las cien restantes en Inglaterra, Aragón, Castilla, Navarra y Portugal. En muy poco tiempo hay una densa red de encomiendas de la Orden repartidas por toda Europa y tanto los concilios —desde el de Pisa, en 1135— como los papas y los monarcas, sin excepción, parecen volcarse concediéndoles privilegios, diezmos y tierras que, en buena parte, los mismos templarios se encargan de elegir, rechazar, permutar o vender, según sus intereses. En líneas generales —luego entraremos en detalles, sobre todo en lo que atañe a los estados de la Península Ibérica— cubre en Europa entera, desde Hungría a Portugal y desde las Bocas del Rin a Sicilia, con sus propiedades, que les convierten en principalísimos terratenientes de esa tierra en la que el feudalismo estaba ya abandonando su influencia y comenzaba a traspasarla a duras penas a la burguesía ciudadana.

Toda esta expansión repentina da la impresión inmediata de un gran despliegue de fuerzas casi incontenible, muy semejante al que llevó a cabo cualquier orden monástica en su momento, pero con una característica claramente diferenciadora: la que le daba su condición militar, de fuerza armada, dispuesta en cualquier momento —todo lo religiosamente que se quiera, pero dispuesta— para el combate. Y ni siquiera valen argumentos como los que han proclamado repetidamente que el Temple no luchaba nunca contra cristianos. Eso forma parte, como tantas otras cuestiones, de una especie de proclama ideal de principios, pero en la misma Península tenemos ejemplos flagrantes de que no siempre fue así, puesto que se sabe, entre otros actos, que el quinto maestre de Portugal, frei Lopo Fernandes, murió al frente de sus caballeros en el cerco de Ciudad Rodrigo (1199), luchando contra Alfonso IX de León; que intervinieron en las reyertas entre Entenças y Montcadas en la raya del Ebro[1] y que se defendieron con las armas en varios castillos aragoneses contra la orden de arresto dictada por Jaime II en 1308.

En mi opinión, la singladura templaria es una especie de viaje de ida y vuelta, en el cual se comenzó la aventura por Oriente sólo para encontrar allí las claves de una búsqueda que, en realidad, tenía que abocar en hallazgos que tendrían luego lugar en Occidente, cuando esas claves primeras hubieran sido localizadas, esclarecidas e interpretadas. A partir de ese momento, la presencia templaria en Tierra Santa se convertiría en una necesidad oficial y en una especie de cabeza de puente siempre tendida hacia los fundamentos gnósticos que permanecían anclados en aquella frontera espiritual con el conocimiento trascendente de Asia, pero la labor activa, la preparación final de ese ideal sinárquico sobre el que ya nos hemos extendido, tenía que realizarse en ese Occidente originario, que andaba ciegamente a la búsqueda de su esencia tradicional.

La historia verdadera de un viejo qabalista mallorquín

Hace algunos años, en un libro mío en el que recopilaba estudios sueltos sobre temas históricos,[2] conté algo que creo que tiene, precisamente aquí y ahora, su verdadera razón de ser. Por eso voy a contarlo de nuevo, aunque tenga que pedir perdón a quienes puedan haber tenido acceso a aquel escrito. Naturalmente, ahora lo contaré apoyando el interés en el problema concreto que aquí tratamos, pero esa es una mera cuestión de acentos, por lo que mi excusa sigue en pie.

Se trata de la muy auténtica y cabal historia de un *buxoler* mallorquín, judío por más señas y de nombre Cresques Abraham, que nació y vivió en la segunda mitad del siglo XIV —exactamente su fecha de nacimiento fue el 5 tamuz del año 5085 de la creación del mundo, que se corresponde en la cronología cristiana con el 11 de julio de 1325—, y que habitó toda su vida en la casa solariega de sus antepasados, situada en el *call* de Palma de Mallorca, precisamente entre

---

1. Véase *Entenças i templers en les montanyes de Prades,* de Francesch Carreras i Candi, en el Boletín de la Real Academia de Buenas letras de Barcelona, año IV, núm. 13, enero a marzo de 1904, p. 217-257.

2. *Mística y Ovnis, signos para un Apocalipsis,* Altalena, Madrid, 1979. Cap. IX: «Secretos de un mapa viejo», pp. 121-146.

un callejón que hoy de llama *del Buxoler* en honor suyo y la calle del Portal del Temple que, como indica claramente su nombre, bordeaba las tapias de la casa de templarios situada en pleno barrio judío de la capital mallorquina. (A propósito, creo que conviene aclarar dos cosas: la primera, que *buxoler* significa, en el idioma mallorquín, lo mismo que *brujulero* en castellano, es decir, el que conoce los puntos cardinales de la brújula, el que realiza cartas náuticas y mapas; la segunda, sobre la que habrá que volver, es la circunstancia que ya apunté en mi libro *La meta secreta de los templarios* y sobre la que me reitero ahora, de que es corriente encontrar en España noticia y razón de las casas de la orden del Temple precisamente en los barrios judíos de las ciudades más importantes.)

Por supuesto, hay razones para pensar que nuestro Cresques Abraham, hijo de rabino, tenía conocimientos de Qabalah. Ha llegado hasta nosotros una obra suya, la *Biblia de Farhi,* que en su día formó parte de la colección Sassoon con el número 368 de la serie de manuscritos hebreos que la componían. Allí surge el nombre litúrgico de nuestro hombre —Elisha, empleado únicamente en actos religiosos dentro del seno de la comunidad judía de la que formaba parte— y la transcripción de un poema del que asegura ser autor y en el que, además del tema, decididamente ocultista, juega mediante la *guematría* con su nombre vulgar, *Qresques,* la suma de cuyos valores numéricos da la cifra 1.000.[1] Otro documento, publicado en 1904 por E. Aguiló y comentado recientemente por Jaume Riera Sans,[2] da cuenta de que, en cierta ocasión, el maestro Cresques adquirió, por valor de dos libras y ocho sueldos, algunos libros que habían formado parte de la biblioteca de un médico también judío del *call* mallorquín, llamado Lleó Mosconí. Entre los títulos comprados por nuestro *buxoler* figuran obras decididamente qabalísticas, como un ejemplar de los *Adné Kesef* de Yosef Kaspí —que eran unos comentarios mís-

---

1. La *guematría* es un método qabalístico consistente en sustituir las letras sagradas por su equivalente numérico. En este caso, los valores del nombre de Qresques nos dan: Q (Quf = 100) + R (Resh = 200) + S (Shin = 300) + Q (Quf = 100) + S (Shin = 300) = 1000. No olvidemos que, en hebreo, lo mismo que en árabe, no existen signos para las vocales, que quedan sobreentendidas en toda obra escrita, aunque en la actualidad se añaden en ambos idiomas signos convencionales que permite localizarlas.

2. «*Cresques Abraham, judío de Mallorca, maestro de mapamundis y brújulas*», estudio incluido en la edición de El Atlas Catalán de Cresques Abraham realizada por Diáfora, S. A., Barcelona, 1975, con motivo del quinientos aniversario de su confección.

ticos a las Escrituras— y otros, que aparecen como comprados por su hijo Yafudá (del que ahora hablaremos) y que son una obra astrológica de Ibn Ezra (s. XI) y una adaptación hebrea de la vida de Buda, el *Ben Ha-malekve ha-nazir,* escrita en el siglo XII por uno de los maestros más brillantes de la Qabalah de Gerona, Rabí Abraham ibn Hasday el Barceloní.[1] Resulta muy significativo que tanto el maestro en mapas como su hijo se preocupasen precisamente de libros en los que el pensamiento esotérico del pueblo judío surgía con un sentido sincrético tan propio de la mística universal y es preciso pensar que sólo si compartían ambos ese conocimiento podían interesarse por aquellos escritos.

Atemos algunos cabos: el maestro Cresques, más que probable estudioso de la Qabalah, vivió y murió en un lugar de la aljama mallorquina que estaba pegado a la que fue, hasta poco más de quince años antes de su nacimiento, la casa madre de los templarios de la isla. Es más que probable que esa presencia constante de la Orden en las cercanías y en el interior mismo de las juderías —como sucedió en Toledo, en Gerona, en Valencia, en Murcia, en León y en tantas otras ciudades señeras de la cultura medieval peninsular— tuviera como clave un estrecho contacto de determinados miembros del Temple con los representantes del conocimiento qabalístico y, en general, con todo el valor radicalmente religioso que representaba, sin duda, el pueblo hebreo en su exilio secular. El hecho mismo de que no hubiera persecuciones ni vejaciones hacia los judíos durante los casi dos siglos de presencia templaria en Europa parece ser —lo es para mí, al menos— un aval suficiente que permite suponer con fundamento que los freires protegieron de modo decisivo y firme a aquel pueblo tradicionalmente maldito por la todopoderosa iglesia, bajo la acusación de culpabilidad por el martirio del Salvador sobre el que se asienta toda la doctrina oficial cristiana.

Al servicio de los sucesores del Temple

Todo el mundo sabe y reconoce el enorme valor de la escuela mallorquina de cartógrafos que floreció en los siglos XIII y XIV, de la que Cresques Abraham fue uno de sus más inspirados representantes. Muchos saben, igualmente, que entre las preocupaciones de la Orden

---

1. Recordemos que también en castellano hubo, en esta misma época, una obra que narraba en clave cristiana la vida de Buda: el *Barlaam y Josaphat.*

del Temple, no fue la menor el conocimiento de la Tierra y de su estructura. Sabemos que, desde el puerto de La Rochelle, los templarios emprendieron probablemente viajes de exploración que nunca figuraron en las crónicas históricas, pero que debieron ser importantes cuando el mismo Cristóbal Colón, antes de emprender su expedición atlántica, acudió a aquel puerto francés en busca de información que jamás fue dada a la luz, lo mismo que se conoce, aunque de modo muy fragmentario e inseguro, que durante su estancia en Portugal el futuro almirante de la Mar Océana tuvo acceso a documentación que tenía en su poder la Orden de Cristo, que había sido creada por la Corona portuguesa en 1319 para dar cobijo a los caballeros templarios a quienes la disolución de la Orden había dispersado.

Aquí comienzan a encajar ya algunas piezas del rompecabezas cósmico. Cresques Abraham murió en su tierra mallorquina en 1385. De su labor —que debió ser muy importante y reconocida en todo el mundo científico europeo de su tiempo—, queda la Biblia de la que antes hice mención, un fragmento de carta náutica que se conserva en el museo Topkapi de Estambul y el Atlas Catalán de 1375 que se guarda en la Biblioteca Nacional de París y que va a descubrirnos inmediatamente unas cuantas cosas fundamentales, además de otro mapa que dejó inacabado y que terminaría su hijo Yafudá. Se sabe que, ya en sus últimos años, le cupo el honor de ser nombrado por dos veces familiar de los soberanos de la Corona de Aragón, primero por Pedro el Ceremonioso y posteriormente por Juan I.

Yafudá, el hijo que siguió su arte —pues hubo algún otro—, dejó la isla y pasó a Barcelona, donde trabajó algún tiempo en la corte y se convirtió al cristianismo, tomando el nombre de Jaume Ribes. Estando allí, fue llamado a Portugal, al parecer por el infante don Enrique el Navegante en persona, y allí vivió hasta su muerte, en 1410, como maestro de mapas del taller cartográfico de la escuela náutica de Sagres, fundada por el mismo infante y, significativamente, puesta bajo la especial protección de los caballeros de la Orden de Cristo.

La Orden de Cristo sintió, lo mismo que la del Temple, que la aventura marinera era una de las experiencias trascendentes del conocimiento superior. Lanzarse a la exploración de los mares suponía, lo mismo que significó para los normandos y para los monjes célticos de san Borondón, una profundización en los secretos más íntimos del planeta, que eran parte fundamental de otro conocimiento: el de un pasado remoto y desconocido en el que la sabiduría pudo ser muy bien una realidad asumida por el hombre. En este sentido, el conocimiento cosmológico y cosmográfico era un claro paralelo de otras experiencias místicas, como la alquimia o la profundización en los secretos

Uno de los «tondi» de las historias de María, pintadas por Tadeo Gaddi para la Santa Croce de Florencia, muestra a una virtud teologal de doble faz llevando en la mano el astrolabio del conocimiento cósmico.

astrológicos. (Y bastaría estudiar cuidadosamente las estructuras arquitectónicas adoptadas por el Temple y por la Orden de Cristo, como el castillo de Tomar o el monasterio de Batalha, levantado por sus canteros, para comprobar una presencia constante de la simbología gnóstica, que se patentiza desde la figura del astrolabio-emblema de la escuela de Sagres y constante emblemática del conocimiento hermético superior —como lo demuestran los retratos simbólicos de Apolonio de Tyana o las alegorías de las virtudes cardinales pintadas por Tadeo Gaddi en los frescos de la capilla Baroncelli de la Santa Croce de Florencia[1]—, hasta las figuras de claro significado hermético que constituyen la base ornamental de ambas construcciones.)

Habrá que suponer —y creo que con suficiente fundamento— que el hecho mismo de ser llamado el hijo de Cresques a Portugal para hacerse cargo del taller cartográfico de su Escuela Náutica no se debía únicamente al hecho de que el recién converso Jaume Ribes fuera un hábil artesano de la cartografía, sino por ser, de alguna manera, depositario de una tradición que tendría que ver con las metas cosmosóficas perseguidas por la Orden de Cristo. Metas que no estarían tanto adscritas a un conocimiento más o menos exacto de la configuración física del Planeta como en el estudio de su realidad esencial a todos los niveles, una realidad cuyo conocimiento venía de muy atrás y se encontraba en manos de unos pocos estudiosos del ocultismo que espiaban pacientemente el significado de las huellas dejadas por la Tradición perdida. Conocimiento que era convertido en símbolos sólo descifrables por quienes hubieran recibido la iniciación.

Pero volvamos a Cresques, el padre de Yafudá-Jaume. Recordemos ese fragmento de mapamundi suyo que se conserva en el museo de Topkapi de Estambul. Recordemos, para seguir uniendo piezas del puzzle, que en aquel museo se guarda igualmente el ya casi demasiado célebre mapa de Piri Reis, que casi con seguridad fue dibujado en la misma escuela náutica de Sagres y que da cuenta de los relieves exactos de una zona del planeta que sólo pudo ser debidamente estudiada, ya en nuestra época, en 1958 y por medio del sonar, por encontrarse hundida bajo centenares de metros de hielo antártico. ¿Sería trazado aquel mapa por el cartógrafo Jaume Ribas?

Regalo de reyes

Allá por 1375, año más o menos, el infante don Juan de Aragón, hijo de don Pedro el Ceremonioso, quiso hacerle al heredero de la Corona de Francia un regalo sonado. El príncipe Carlos, futuro Carlos

---

1. No dejemos de observar, precisamente en esa imagen de la virtud sabia de Gaddi, el hecho de que representa una figura bifronte, una clarísima representación ocultista de ese Jano de la tradición que es imagen indudable del doble conocimiento al que el ser humano debe aspirar.

VI, era, lo mismo que el príncipe catalán, un redomado amante de la cartografía. Por eso, el que habría de convertirse en Juan I de Aragón encargó al *buxoler* mallorquín Cresques Abraham la confección de un atlas en el que se reseñase muy artísticamente todo el orbe conocido por aquellas fechas. El mapamundi de Cresques fue un regalo altamente apreciado. Hoy se le conoce como Atlas Catalán de 1375 y se encuentra en la Bibliothèque Nationale de París; lo han estudiado centenares de investigadores y todos ellos, sin excepción, han llegado a la genial conclusión de que, al margen de su valor arqueológico y de su calidad artística, el mapa está repleto de errores, lógicos en cualquier caso, puesto que en aquella época se tenía una idea muy deficiente de la estructura y de las mediciones exactas de la Tierra.

El Atlas Catalán del judío Cresques consta de siete rectángulos de madera, de 0,643 × 0,249 metros. Puestos en su debido orden, la primera y la última cara de madera quedan libres y sirven de tapa a la carta, mientras que las demás se unen una a la otra, formando seis hojas pintadas sobre pergamino y pegadas a la plancha de madera. De ellas, las dos primeras constituyen una especie de manual en el que se entremezcla la cosmografía con el conocimiento astrológico y, por sí solas, merecerían ya un estudio detenido desde el punto de vista de los conocimientos ocultos tradicionales, precisamente por lo que tienen de conjunción minuciosa entre el universo macrocósmico y el microcosmos del hombre. Pero vamos a dejar a un lado esta faceta del conocimiento kabalístico para entregarnos por completo a lo que constituye estrictamente el atlas.

La tercera hoja del atlas reproduce, a su modo, la costa atlántica europea y africana. Y, aparte significativas apostillas en torno a lugares como Irlanda e Islandia (Hibernia) «*donde los hombres nunca mueren, pues cuando son viejos y están a punto de morir son llevados fuera de ella*», conviene destacar lo que narra de las Islas Bienaventuradas —las Canarias—, llamadas así, según Isidoro, porque «*los paganos creen que es el paraíso por lo templado del clima y la riqueza de la tierra*». En el mismo párrafo, integrado a la carta náutica, añade que «*los paganos de las Indias creen que sus almas van a aquellas islas cuando ellos mueren y que viven eternamente del aroma de aquellos frutos; creen que es su paraíso, pero, según la verdad, sólo es fábula*».

Creo que es importante, en casos como éste, la acumulación de datos, sobre todo si tales datos dan luz sobre lo que fueron, en su momento, determinadas creencias tradicionales siempre indebidamente apreciadas, pero integradas en una gnosis en la que es necesario escarbar para extraer el conocimiento que se albergó en dicha tradición. Aquí está, querámoslo o no, el *Amenti* del Libro de los Muertos de los egipcios, la marcha del hombre, después de su tránsito, hacia la tierra de los antepasados, esa tierra que, significativamente, siempre y sin excepción se encuentra al Occidente, siguiendo el camino que marca el sol.

La hoja cuarta del atlas de Cresques comienza, por el norte, con la zona septentrional de la península italiana y termina, a la derecha y hacia el sur, un poco a oriente de la tierra de Israel, comprendiendo el mar Rojo por abajo y el Negro por arriba.

La quinta abarca desde el golfo Pérsico y el mar Caspio —con el monte Ararat— hasta el nudo montañoso en el que se reúnen el Karakorum y la cordillera de Tien Shan.

La sexta, desde el desierto de Takla-Makán y Siberia occidental por el norte y Ceylán por el sur hasta, en Oriente, las tierras de China más extremas —el Catay de Marco Polo— y una abigarrada y caprichosa visión de los archipiélagos del Asia suroriental.

Comienzan las realidades escondidas

No cabe duda: si nos dedicamos a observar el atlas de maese Cresques con perspectivas cientificistas, nos será sumamente sencillo apreciar errores geográficos de bulto, originados por el natural desconocimiento de los métodos utilizados en nuestros días. Pero me refiero, como es lógico, a un aspecto puramente físico y tridimensional del globo terráqueo. Hay distancias equivocadas, emplazamientos mal medidos, fallan proporciones y ubicaciones de muchos lugares. El mapa parece basarse, por una parte —la occidental—, en el conocimiento de los numerosos puertos en auge del Mediterráneo y del Atlántico oriental. Por otra —a partir de la orilla oriental del Mediterráneo— en las narraciones y descripciones de los pocos viajeros y comerciantes que establecieron a lo largo de la Edad Media una relación todavía parcial y fragmentaria con el mundo desconocido del extremo oriental asiático. Pero es significativo que tomemos en cuenta cómo, frente a ese exhaustivo catálogo de ciudades y puertos europeos, el mundo africano y el mundo asiático se pueblan en el atlas de figuras, de esquemas de ciudades, de estandartes y de leyendas con doble y hasta triple sentido que tienden a conducirnos, casi insensiblemente, a un universo en el que la Tradición y la memoria cósmica colectiva imperan mucho más allá de la posible realidad inmediata y fría que se basa únicamente en nombres y en emplazamientos más o menos exactos, más o menos precisos.

Observemos la parte inferior derecha de la hoja cuarta: el mar Rojo,

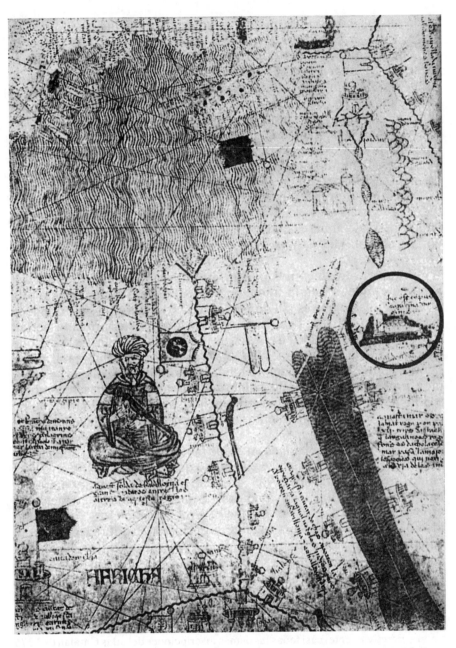

Fragmento del mapa de Cresques, con el lugar —marcado por un círculo— donde sitúa el monasterio de Santa Catalina en el Sinaí.

como su mismo nombre indica, aparece fuertemente teñido de ese color. Y no precisamente porque la ignorancia del cartógrafo así lo hubiera decidido, ya que él mismo adosa una leyenda que aclara la cuestión: «*Y sabed que el agua no es roja, sino que el fondo es de aquel color*». Sin embargo, el hecho mismo de la gran mancha roja señalando el mar es, ya de por sí, un señuelo que atrae la mirada cuando se realiza una visión general del atlas. Luego cabe sospechar que allí hay una llamada, un aviso de atención puesto deliberadamente por el artista, pero ¿qué aviso, qué señal, qué llamada?

En el ángulo nororiental del mar Rojo se encuentra dibujado el monte de Horeb y, en torno suyo, nos encontramos con una doble inscripción. La primera está escrita con tintas rojas —la única entre todas las que hay en el atlas, por cierto— y remacha la fundamental importancia de aquel enclave, importancia qabalística naturalmente, porque se trata del «*Monte Sinay, en el que Dios entregó la Ley a Moisés*».

Vamos a replantearnos por un instante la cuestión. Se trata del lugar en el que, según la tradición hebrea, tiene que dar principio la Qabalah, puesto que es allí donde Yavé se revela a Moisés y donde le hace entrega de las Tablas de la Ley que posteriormente serían guardadas por el Pueblo en el Arca de la Alianza perdida. Es decir, que esa Ley Divina, la Torah, es la *Devar ha-Shem,* la palabra misma de Dios. Por lo tanto, para comprender a la divinidad, habrá que penetrar muy profundamente en Su palabra y extraerle los más recónditos significados. La Qabalah es, en principio, su génesis, el principio de esa búsqueda del entendimiento trascendente a través del mensaje más directo de la divinidad.

Y Cresques Abraham, en su doble faceta de cartógrafo oficial y de qabalista reservado, deja bien entendido que aquel lugar y no otro es el punto preciso del planeta del que había nacido milenios antes la búsqueda primordial de la sabiduría mística. Y como con intención de probarlo, en una especie de tácita proclamación de sincretismo ideológico, coloca allí una segunda inscripción escrita insólitamente en latín:[1] «*Hic est corpus Catarina Virginis*». Y es que, al pie del monte Sinaí se encuentra, efectivamente, el convento de Santa Catalina, que conserva desde tiempo inmemorial el cuerpo de la santa mártir de Alejandría, así como una tabla gótica que fue donación del cónsul catalán Bernat Manresa en nombre de la Corona catalano-ara-

---

1. Efectivamente, casi todas las demás inscripciones del atlas Catalán de 1375 están escritas en vernáculo y sólo ésta en latín. Porque conocida es la aversión de los judíos al idioma de Roma.

El monasterio de Santa Catalina, en la falda del Sinaí.

gonesa, porque aquel fue lugar especialmente sagrado para muchos de los peregrinos que acudían a Jerusalén.

Pero profundicemos un poco: ¿quién fue, o quién dicen que pudo ser, esta santa Catalina de Alejandría, que resulta identificable con tantos santos que se veneran a horcajadas entre la realidad —problemática— de su existencia y el símbolo —evidente— que representan?

(Lo confieso sin rubor: siempre me ha preocupado profundamente el santoral cristiano. Y no tanto el que dieron y siguen dando por válido los padres bolandistas, sino ese otro de los santos pretermitidos, que ha tenido que ser tolerado porque, de lo contrario, el pueblo habría emprendido revoluciones místicas sin posible resultado previsible. Porque esos santos, en buena parte, están dando cuenta cabal de un sentimiento trascendente y sincrético mucho más real y auténtico que la milagrería de otros santos varones especialmente programados para exaltar determinados principios ortodoxos del gran grupo de presión eclesial del catolicismo aceptado. Esos santos locos de trascendencia que surgen en los martiriologios resistiendo los tormentos más sádicos de dioclecianos paranoicos son, a poco que se les analice, claves del saber sincrético, símbolos que proyectan verdades más allá de las creencias oficiales, personajes a caballo entre el dogma impuesto y la trascendencia presentida, que proclaman certezas de un conocimiento que nunca se ha casado con los ritos de ninguna forma religiosa establecida.)

Virgo Catherina, mater Lusina

Oriente se desposa con Occidente siempre que surge un atisbo de verdad trascendente. (Pero atención: tengamos cuidado con quienes tratan de ARRIMAR el ascua a su sardina dogmática. Allí encontraremos los rescoldos de su mística solar, dominadora y, si se tercia, creadora de campos de exterminio, de hogueras inquisitoriales y de cámaras de gas. Cuidado con quienes proclaman ver a Nuestra Señora y se creen o se definen como mesías de eras nuevas con hombres nuevos: pueden ser capaces hasta de crear iglesias y amontonar piras en las que quemar a nuevos priscilianos.)

La personalidad adjudicada tradicionalmente a santa Catalina en todos los relatos hagiográficos es evidentemente singular: una mujer virgen, fundamentalmente sabia que, en esencia, representa una trasposición ortodoxa de los profundos conocimientos impartidos por escuelas filosóficas de Alejandría, el núleo de saber gnóstico más importante de la antigüedad y del cual se hace proceder a esta hembra subsidiariamente santa. Dicen que fue sometida durante las persecuciones al martirio de la rueda. Pero la rueda es también, en la tradición ocultista, un símbolo claro y evidente del conocimiento superior; lo que hace suponer que la santa en cuestión murió bajo el influjo del saber que la rueda representaba.

Santa Catalina, según la leyenda que envuelve su supuesta vida, conocía los secretos del universo, gracias a lo que aprendió en la escuela de Alejandría. «*Santa Catalina, hija del rey Costo y entregada desde su niñez al estudio de las artes liberales, adquirió muy extensos y profundos conocimientos en la materia de estas disciplinas*».[1] Se dice de ella, igualmente, que, después de su martirio, se la enterró al pie del monte Sinaí. Y todavía se dice algo más o, mejor aún, se contradice, porque muy a menudo se la identifica con otra santa o se le adjudica un segundo nombre, el de santa Dorotea, que quiere decir, nada más y nada menos, que ¡regalo de Dios!, es decir, una circunstancia —la del regalo—, paralela a la que distingue y define a la Torah, que es igualmente un presente de Yavé al género humano.

---

1. Lo dice Jacobo de la Vorágina en su *Leyenda dorada*, recientemente editada por Alianza Editorial, Madrid, 1982, p. 766 del tomo II.

Santa Catalina es representada siempre con la rueda que fue uno de sus presuntos martirios, pero que encierra también todo un simbolismo del conocimiento superior.

Pensemos si acaso que el judío Cresques, el *buxoler* mallorquín, al hacer hincapié en estas claves y no en otras a las que podría haber recurrido, nos demuestra que conocía más que perfectamente el significado profundo del monte, todo cuanto contenía de enseñanza trascendente y todo cuanto representaba de veras dentro de esa corriente del pensamiento ocultista que se salta los credos a la torera para indagar en la verdad común que es capaz de unirlos a todos en un saber más allá de los dogmas.

Pensemos si tal cosa sería posible. Porque el mismo Jacobo de la Vorágine, en otro lugar de su extenso tratado hagiográfico, nos da cuenta de un milagro *post mortem* de la misma santa que, posiblemente, conviene no olvidar a la hora de interpretar la simbología de los mitos cristianos. Cuenta dicho milagro que, en cierta ocasión, dos ilustres peregrinos, el obispo Sabino de Milán y el abad Teodoro de Montecasino, fueron desde Jerusalén al Sinaí con el ánimo de visitar la tumba de santa Catalina. A los pies del monte fueron apresados por los turcos, que mataron a todos sus acompañantes y torturaron a los dos santos varones cortándoles las orejas, las narices, las manos, los pies y la lengua y sacándoles los ojos (atención al martirio en cuestión, porque lo que se hizo presuntamente con ellos fue *privarles de todos sus sentidos*). Ambos, sin embargo, mutilados como estaban, tuvieron ánimos para subir hasta la tumba y allí murió el abad, pero santa Catalina, rodeada de seres angélicos, se apareció ante el obispo y no sólo le curó de sus mutilaciones, sino que le regaló un anillo divino, con el que, al día siguiente, pudo resucitar al abad muerto y, naturalmente, convertir a los turcos que les habían torturado.

Esta Catalina virgen y sabia, capaz de devolver *sus auténticos sentidos a quienes los han perdido,* se nos presenta en todas las vidas de santos como personificación sublime de la inteligencia, maestra de sabios e iniciadora de adeptos. No olvidemos su patria de origen, Alejandría, la sede más importante del conocimiento que hubo en Oriente. No olvidemos tampoco el tradicional martirio al que fue sometida: el de la *rueda*, con la cual se la representa siempre. Ni olvidemos —y ello me parece importante, aunque no sea este lugar apropiado para extendernos en citas— que muchos de sus santuarios y en ermitas dedicadas a ella en la Península Ibérica coinciden con lugares en los que se han hallado restos de cultos célticos, lo que identifica, por muchos caminos, a la santa cristiana con la diosa también maestra de los pueblos precélticos, Lusina, la misma diosa que posteriormente la tradición caballeresca convertiría en el hada Melusina, la maestra con cola de dragón de los canteros iniciados.

La llamada del Preste Juan

En el mismo sector del Atlas catalán donde se encuentra el mar Rojo, pero más hacia Occidente, cruzando la sinuosa línea que representa al Nilo —por cierto, bordeado de aves que muy bien podrían representar símbolos de la enseñanza tradicional egipcia en la que bebió el patriarca Moisés— se encuentra representada una ciudad a la que denomina Núbia y sobre la que añade en la leyenda adosada: «*Este rey de Núbia está... en guerra y sobre armas... cristianos de Núbia, que están bajo... soberanía del emperador de Etiopía y de la Tierra del Preste Juan*».

Aquí vuelve a surgir el personaje cuyo mito parece envolver todos los rescoldos de la sabiduría gnóstica medieval. Y que conste que, si hablo aquí de mito, es con el convencimiento de que esa palabra encierra, por sí misma, una evidencia que muy a menudo la hisoria ha sido incapaz de desvelar, pero que constituye una realidad que, de un modo o de otro, ha influido a lo largo del tiempo en el devenir del género humano.

En los tiempos en que el judío Cresques pintó su mapa, las noticias del Preste Juan ya se habían aplacado considerablemente. Incluso la ubicación de su fabuloso reino se había trasladado a un lugar impreciso del África Oriental, donde la hipotética presencia de un reino cristiano tenía una razón más inmediata de ser, por la existencia —esta vez real— de las comunidades coptas de Abisinia. Sin embargo, tendríamos que recordar que, a principios del mismo siglo XIV, Ramon Llull, mallorquín como Cresques y profundo buscador del conocimiento, se había trasladado a Chipre con el ánimo dispuesto a ponerse en contacto con aquel personaje que representaba una extraña especie de sublime esperanza *solar* de conocimiento, poder y felicidad sólo comparable al lejanísimo mito del Jardín del Edén o el no menos remoto del pueblo de los Hiperbóreos, creadores de dioses y presuntos depositarios tradicionales de una sabiduría buscada incansablemente por los ocultistas. No olvidemos que, en ese viaje, Llull tuvo la oportunidad de encontrar en Chipre al último maestre del Temple, Jacques de Molay, que por entonces (1303) se encontraba en Limassol. Hay quienes aseguran que, a pesar de lo que Llull mismo cuenta en su *Vida Coetánea,* en la que dice que permaneció en la casa templaria «*hasta recuperar la salud de antes*», el fin que guiaba al santo varón mallorquín era conseguir del Temple un salvoconducto que le permitiera internarse en las zonas desconocidas de Asia en busca de aquel extraño y fabuloso reino.

El Preste Juan, su tierra perdida en lugares desconocidos y su sobrehumana sabiduría fueron una constante en ese tiempo que precedió y sucedió a las Cruzadas. Y si hoy no figura en los libros de hisoria como motor de viajes y de temores es porque la investigación académica ha relegado sistemáticamente ese gran mito como se relegan limpiamente a los rincones de las ideas imposibles o molestas todos aquellos temas que pueden alterar el curso de una histoira programada y sin detenerse a pensar que son precisamente esas constantes culturales e ideológicas las que, sin interferir directamente en los acontecimientos, hacen que muchos de ellos lleguen a producirse.

En este caso hay una coherencia muy particular en las génesis del mito a partir de las primeras noticias que han podido recogerse —las del obispo sirio de Gabala, a fines del siglo XI—, que lo entronca con el conjunto de las grandes incógnitas universales, esas incógnitas que cabalgan sobre el tiempo y sobre las culturas sin que jamás surjan pruebas de que pueda tratarse de algo más que un mito sin fundamento, pero con la sospecha de que encierra un determinado tipo de realidad que, en nuestro caso, sabemos ya enlazada con muchos movimientos espiritualistas de las corrientes gnósticas.

La crónica de Albéric des Trois Fontaines menciona de modo muy concreto una supuesta carta dirigida por el mismo Preste Juan en 1165 al emperador de Bizancio Manuel Commeno, prometiéndole su ayuda para la conquista definitiva de Tierra Santa. Otras cartas del mismo tenor y, al parecer, de la misma procedencia, parece que fueron recibidas por el emperador Federico Barbarroja y por Ricardo Corazón de León, rey de Inglaterra. Y hasta parece ser que el propio Alejandro III recibió otra de aquellas misivas y que el papa —y esto viene confirmado en la Enciclopedia Católica— contestó con otra carta al extraño y poderoso personaje, fechada a 27 de septiembre de 1177, en la que, además de enviarle su apostólica bendición, reconocía abiertamente su existencia real «*a través de numerosas personas y muy especialmente por el maestre Felipe, nuestro amigo y médico, que ha tenido la oportunidad de conversar con grandes y honorables personajes de vuestro reino*». El caso fue que ese médico, el maestre Felipe, debió de ser el encargado de llevar la misiva papal a su destino, que se internó en el Asia Central y que nunca más se supo de él.

En mi opinión, carece de fundamento la identificación que algunos historiadores han establecido entre el Preste Juan y Gengis Khan, aunque es cierto que las primeras noticias que llegaron a Europa sobre el avance de los mongoles hicieron que muchos cristianos creyeran que se trataba del mismo personaje. La suposición venía avalada por la realidad de que, entre aquellas hordas, había muchos cristianos que habían sido convertidos por monjes nestorianos misioneros en el lejano Oriente. Pero el Preste Juan era otra cosa. Su figura nunca podía *llegar*, se limitaba a *estar* en su fabulosa y desconocida tierra y, desde allí, regía los destinos de un mundo que le desconocía y se limitaba a presentirle. En este sentido, el Preste Juan era con su reino, el equivalente europeo del misterioso Agharta asiático donde se cobijaría la flor y nata de la sabiduría humana y del soberano poder solar que rige, desde lo desconocido, los destinos del mundo entero.

El Preste Juan, en la mente de los cristianos creyentes, era un descendiente de los Reyes Magos que adoraron a Jesús Niño en Belén. En la conciencia de los buscadores del conocimiento solar era, mucho más allá, la meta final de una búsqueda griálica incansable. No olvidemos que Eschenbach, en el *Titurel*, coloca la Santa Piedra en manos del Preste Juan; que fue en esa hipotética tierra donde se asegura que Apolonio de Tyana alcanzó sus inmensos poderes mágicos y taumatúrgicos; que hacia esa tierra incógnita se desplazaron también (o, al menos, intentaron desplazarse, como sucedió con el mencionado Llull) muchos buscadores del conocimiento total.

Los Reyes Magos y el lugar donde están colocados en el mapa de Cresques. Proceden del mismo lugar hacia el que emigraron los pueblos uigures de Iberia caucásica.

La tierra de los Reyes Magos

En tiempos del judío cartógrafo Cresques se había dejado ya de identificar la tierra del Preste Juan con algún lugar determinado de los montes o de los desiertos de Asia Central. Sin embargo, según se desprende de la observación cuidadosa del Atlas Catalán, el misterio de una tierra desconocida en la que todo fuera todavía posible y de la que podrían proceder toda suerte de prodigios seguía, en cierta forma, vivo en la mente de los que caminaban por la senda del conocimiento ocultista.

En la hoja quinta del mapa de Cresques, lado derecho, están claramente dibujadas las figuras de los tres magos de Oriente a caballo, en un lugar geográfico que forma ya parte de esa Asia Central misteriosa en la que se localizó el lugar desconocido del reino del Preste Juan. Los tres jinetes cabalgan por un territorio que se correspondería aproximadamente con las comarcas de Afghanistán y Pakistán. Pero sucede que, si leemos la inscripción que el *buxoler* puso sobre ellos, podemos inclinarnos a pensar en un error cartográfico, porque allí se dice: «*Esta provincia es llamada Társia, de la cual salieron los tres reyes muy sabios que vinieron a Belén de Judea con sus regalos y adoraron a Jesús*». Pongamos atención a dos cuestiones: la primera, la personalidad tradicional de los Magos; la segunda, el lugar de Társia.

Por lo que atañe a los Magos —y comienzo llamándoles simplemente Magos y no Reyes Magos, como es habitual— conviene recordar que surgen en los Evangelios de modo totalmente episódico, pero ya como portadores de unos regalos para el dios recién nacido que son toda una declaración de principios, puesto que el *oro* representa el poder solar, el *incienso* el vehículo hacia la trascendencia y la *mirra* la garantía de la vida en ultratumba. Su número —tres— y su nombre —Melchor, Gaspar y Baltasar— aparecen sólo en los Apócrifos que fueron defenestrados por los padres conciliares de Nicea, lo que significa que su tradición viene de, al menos, doscientos años después de la que hemos convenido en llamar Era Cristiana.

En la basílica de San Apolinar de Rávena (atención a este santo, porque se trata de un Apolo solar cristianizado)[1] los Magos están

---

1. Las fuentes de san Apolinar, en Roma, son las mismas fuentes que anteriormente fueron consagradas a la divinidad Apolo y las que los campesinos romanos llevaban sus ofrendas al dios solar para asegurarse el éxito en las cosechas.

representados, en un mosaico del siglo VI, como señores orientales, vestidos con ropilla corta, calzones ceñidos y tocados con *gorros frigios*.¹ Sólo muy posteriormente, ya en época plenamente románica, cambian su atuendo por el de los monarcas de la época, pero es entonces cuando comienzan a aparecer con claras diferenciaciones raciales, que les identifican con las supuestas tres razas atlantes: la escita (blanca), la ligur (roja) y la etíope (negra); las mismas razas que Hesíodo, en el fragmento CXXXII de su *Teogonía* identifica con los *hipomolgos* (ordeñadores de yeguas), es decir, con los que utilizan al caballo —simbólico— como *vehículo* de conocimiento, del conocimiento tradicional.²

Por lo que atañe al lugar de Társia, esa es tierra de la que hablan varios cronistas de la Edad Media, relacionándola precisamente con los Magos del Evangelio. El rey Hathum de Armenia —no olvidemos su relación con los Lusignan— les cita en su *Historia Orientalis,* y Jehan de Mandeville, en sus *Voyages,* la sitúan simplemente al Occidente de Catay —China—, pero ambos añaden datos muy precisos que la identifican claramente con la cuenca del río Tarim, llamado hoy Aksue o Akesuhe, que separa los montes de Tien Shan del desierto de arena de Takla-Makán.

(Los historiadores no lo mencionan, pero yo no puedo por menos de relacionar esta Tarsia con Tartessos o, al menos, con la Tarshis del Antiguo Testamento, se trate o no del mismo lugar en ambos casos. Y la relación la tengo que establecer por causa de unos lazos extraños y nunca reconocidos por la ciencia académica que enlazan estos territorios de Oriente con la Península Ibérica.)

Marco Polo, en la relación de sus viajes, hizo a los Magos originarios del lugar aproximado donde fueron dibujados por el maestro Cresques, precisamente en las fronteras orientales del antiguo imperio iranio. Creo, no obstante, que el cartógrafo mallorquín los coloca en aquel lugar a modo de camino de paso hacia la tierra de Israel, mientras que, al mismo tiempo, extiende los dominios de esa extraña Társia, un

---

1. El gorro frigio, como tocado mágico, aparece en muchos capiteles románicos (recuerdo ahora los del claustro de la colegiata de Santillana) y se ha conservado en la barretina catalana y en la portuguesa.

2. Dejo para otra ocasión una cuestión que no hay que olvidar: los Magos se convierten en el mundo occidental en portadores de obsequios para los niños en torno al año nuevo, exactamente igual que el «papá Noel», que no es otro que san Nicolás, procedente de la misma zona de Antitauro, patrón de curtidores, dispensador de maravillas e identificado con san Claudio-Klaus-Niklaus, genio de las minas de Nickel.

poco a capricho, en aras de otra verdad seguramente más profunda que ahora trataremos de aclarar.

Volvamos a la cuenca del Tárim. Allí es precisamente donde se localiza el lugar de llegada de una extraña emigración, la del pueblo de los *uigures,* una comunidad procedente del norte de la actual Turquía —de tierra armenia, por lo tanto— que era ya conocida en la Edad Media, pero cuyo pretendido conocimiento tenía mucho de leyenda mal asimilada. Tengo la impresión, no obstante, de que la realidad histórica de aquel pueblo podría darnos una pista en este esbozo de penetración ocultista del pasado que aquí hemos emprendido.

Según se estableció sin lugar a dudas, parece ser que los uigures eran de origen armenio o georgiano, que emprendieron su éxodo hacia el siglo VII, que se asentaron en aquellos valles relativamente fértiles entre desiertos y montañas en una fecha incierta y que hacia el siglo VIII fueron *catequizados* por unos monjes «maniqueos» —así los llaman algunos historiadores—,[1] que les llevaron a una creencia sincrética, mezcla al parecer de cristianismo, budismo y doctrinas zoroástricas.

Los hijos de Brigo

Por regla general, en época medieval, cuando surgía una creencia de este tipo —y, sobre todo, si surgía en lugares lejanos a los que en modo alguno podían tener acceso los tribunales eclesiásticos—, se identificaba a quienes la practicaban como cristianos. Así, simplemente. Y así lo hace también Cresques en su mapa, porque en el lugar más próximo a las tierras uigures —el lago Issik-Kul, que él llama Ysicol y lo dibuja en su atlas en el borde occidental de la sexta hoja— traza la estructura de una iglesilla cristiana, con sus cruces y su campanario, y escribe junto a ella: «*El lugar llamado Ysicol. En este lugar hay un monasterio de frailes armenios donde, según se dice, está el cuerpo de san Mateo, apóstol y evangelista*». Es un modo, limpio y simple, de cristianizar un determinado lugar, situando en él la tumba hipotética de un santo reconocido. Pero, por parte del cartógrafo mallorquín, se trata también de llegar a la explicación de un sicretismo en aquellas zonas en las que, tanto en su tiempo como en

---

1. ALEXANDRE DE BENNIGSEN, *El Islam en Asia Central,* vol. XVI de la Historia Universal Siglo XXI, Madrid, 1970.

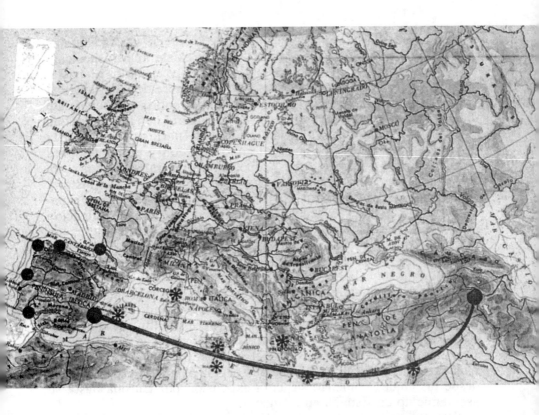

Posible recorrido mítico de la expedición de Brigo, desde la Iberia peninsular a la Iberia caucásica, dejando a su paso todo un mundo de manifestaciones dolménicas (marcadas con estrellas). En círculos negros, la localización de los más importantes lugares noéticos.

nuestros días, la tónica religiosa imperante ha sido precisamente una buena hermandad de los credos que, en otros lugares, se han mostrado secularmente irreconciliables.

Pero hemos hecho mención de este pueblo uigur y debemos volver sobre él, porque, aunque la admitamos sin rechistar, resulta obviamente extraña esa marcha masiva hacia lo desconocido y esa opción religiosa, que podríamos muy bien calificar de universalista y predicada por unos misteriosos monjes de quienes la historia bien poco ha llegado a aclarar.

Los uigures —decíamos anteriormente— procedían del Cáucaso, de esa zona armenia o georgiana que fue denominada en la antigüedad precisamente Iberia. Pero pongamos atención: en varios idiomas indoeuropeos, sobre todo en ramas eslavas, existe una trasposición fonética del sonido «L» en sonido «U». (Tenemos ejemplos a la vista: el papa Wojtyla se pronencia *Voitíua* y el nombre del líder sindical polaco Walessa se lee *Vauesa*). Este cambio podría perfectamente identificar —o, al menos, hermanar— a los uigures con los ligures que estuvieron asentados en la antigüedad en todo el norte y occidente de la Península Ibérica y a lo largo del golfo de León y en las regiones norteñas de Italia. Pero es que esa suposición no entraña sólo una mera presunción fonética. Viene apoyada precisamente por esa historia tradicional que proclamaron las primeras crónicas mediavales españolas y que jamás fue aceptada oficialmente por la investigación histórica académica, sino considerada como una leyenda mítica sin fundamento.

Esa historia nunca reconocida nos habla claramente de un caudillo Brigo, quinto rey de las Españas, que en tiempos de los monarcas fabulosos descendientes de Noé y de Tubal llevó a sus gentes hasta las regiones de Iberia de Oriente y allí los asentó formando colonias. Este rey, por otra parte, viene a coincidir —hasta por similitud de nombre— con el caudillo Berig, que los primeros historiadores visigodos —con Jordanes a la cabeza— citan como el que condujo a su pueblo desde la nunca realmente localizada tierra de Scanzia a las tierras de Georgia, desde las cuales comenzó su lenta expansión por Europa hasta su asentamiento en España en el siglo V.

Pero no son estas todas las coincidencias: en tierras armenias es donde se encuentra el monte Ararat, el actual Büyük agri-dag, en las estribaciones septentrionales del Antitauro, a medio camino entre el mar Negro y el Caspio. Y es el monte sobre el que, como todo el mundo recuerda, se posó el Arca de Noé después del Diluvio Universal. Pero resulta que en tierras ibéricas de la Península, habitadas por los ligures en tiempos igualmente remotos y a menudo contestados, abundan los lugares costeros y las noticias aparentemente alucinadas de nuestros antiguos historiadores y viajeros —entre ellos el mismo geógrafo musulmán El Idrisi— que aseguran igualmente que Noé o alguno de sus descendientes desembarcó en puntos muy precisos que ocasionalmente siguen conservando su nombre con variantes: Noya, Noega, Noela, Noyon, Navia o el cabo de la Nao.

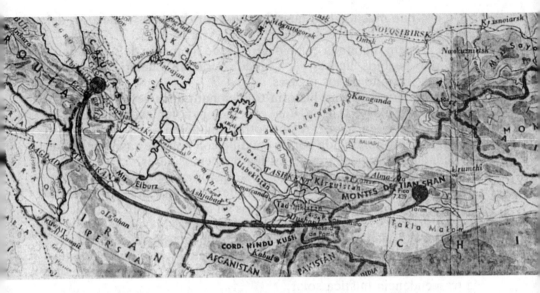

La emigración de los uigures, desde sus tierras armenias en torno al Ararat hasta el lugar en el que fueron catequizados por los misteriosos monjes maniqueos de los que habla la historia. En este punto también es donde Cresques localiza la tumba de un apóstol.

Los hilos tenues de una densa trama

Vamos a detenernos, por ahora, en ese punto del análisis del mapa de Cresques y vamos a tratar de sintetizar, aunque corramos peligro de repetirnos, algo que puede muy bien justificar el interés de los templarios por una tierra que era la respuesta probable a determinadas claves que habrían sido descubiertas por ellos en Tierra Santa. No olvidemos que los templarios tuvieron una estrecha relación con los armenios, hasta el punto de que esta tierra, como ya apunté anteriormente, es una de las pocas que aparecen directamente citadas en la Regla templaria como lugar por el que los freires tendrían que internarse a menudo (art. 129 de los Estatutos).

En primer lugar, se plantea el misterio de las dos Iberias. La primera, la peninsular, plegada a lo largo de sus costas de referencias noéticas, es decir, de lugares que guardan el recuerdo de un remoto desembarco civilizador en épocas inciertas; la segunda, con la noticia bíblica —que muchos han querido convertir en historia cierta— del arribo del Arca de Noé a la cumbre del Ararat.

La primera, habitada en un determinado momento de su protohistoria por pueblos ligures; la segunda, con un pueblo, emigrante eventual, llamado de los uigures.

La primera, con una historia tradicional nunca reconocida, que proclama la existencia de una expedición colonizadora hacia la segunda, la cual, a su vez, recibe ¿otra? migración —esta vez goda— aparentemente conducida por un caudillo con nombre casi idéntico al que condujo la expedición de los ligures peninsulares.

En un determinado momento de su historia, el pueblo uigur de la Iberia caucásica abandona la tierra en que está establecido y emprende un viaje migratorio hacia los territorios en los que, según la tradición arcana de Oriente y de Occidente, se encontraría eventualmente el reino del Preste Juan, o el Agharta, o Shambhala. Y allí se establece, conviertiéndose a una religión de tipo sincrético en la que el cristianismo mezcla sus esencias con las de otras creencias fundamentales de la trascendencia mística solar.

Armenia (o Georgia) se convierten, así, en el mundo geográfico y cultural que recibe y vomita pueblos, que crea santos (y acordémonos de san Jorge, sobre el que habremos de volver a lo largo de estas páginas), instaura unos módulos arquitectónicos sagrados que expande luego hacia Oriente y Occidente y asimila mitos y elementos tradicionales que adquieren su sentido precisamente cuando esta tierra los asume y los comparte. Es, por tanto, una especie de archivo misterioso y secreto de noticias cuyo conocimiento llevaría a los templarios a remontarse precisamente hacia el origen probable de aquella extraña trama histórica que, cierta o no —puesto que no hay suficientes elementos objetivos de discusión como para establecer presuntas verdades inamovibles—, formaban el esquema único del conocimiento del pasado en aquella época; un esquema que, por lo demás, reúne hoy todavía suficientes incógnitas nunca despejadas como para sentir que en ese cúmulo de supuestas leyendas han de encerrarse verdades que aún nos son científicamente desconocidas. (Y se me ocurre pensar si ese desconocimiento no será, como tan a menudo sucede, un escamoteo deliberado que la ciencia académica realiza sólo para no tener que alterar unos esquemas que ya han sido tan afianzados que su alteración supondría tener que recomenzar el estudio de la historia desde un principio muy distinto al que nos han dado por válido e inamovible.)

Y ese origen podía estar muy bien en la Península Ibérica,

en aquella otra Iberia de occidente hacia la que se habían dirigido los godos arrianos, los judíos, los musulmanes. Aquella Iberia del Finis Terrae que, más que un fin, era un origen, tal vez el origen de aquella remota tradición solar que el Temple había asumido desde el momento mismo de su constitución. Hacia Iberia se ponía el sol, hacia Iberia se encaminaban los muertos del Egipto faraónico a encontrarse con sus antepasados, con su origen. Hacia Iberia y por Iberia y hasta el Finisterre discurría el Camino de Santiago, seguido desde tiempo inmemorial por los peregrinos buscadores del conocimiento. ¿Y acaso los templarios no se habían creado a sí mismos proclamándose defensores de los peregrinos?

8

La discreta posesión de la tierra mágica

De cómo se despiertan, a veces, las conciencias

Según la descripción que hace de él Sulpicio Severo, Prisciliano[1] es el vivo retrato de un místico solar con todas sus consecuencias; noble, brillante en el saber y en el decir, portador de éxito: «*Podía mantenerse en vela mucho tiempo y soportar el hambre y la sed, no deseaba más que lo necesario y era parquísino en sus gastos. Pero era, al mimo tiempo, muy vanidoso y más engreído de lo debido en las ciencias profanas; incluso se cree que ejercitó desde su adolescencia las artes mágicas*». Cuando surgen en la historia seres así —o, al menos, seres a quienes se atribuyen semejantes cualidades—, sólo hace falta la chispa precisa en el momento justo para que se desencadene una tempestad. Y Prisciliano, a ciertos niveles, la desencadenó, y probablemente mucho más profunda y duradera de lo que la noticia de su vida y de sus doctrinas podría revelar. Pues sería necesario analizar las consecuencias a largo plazo de cuanto proclamó y de cuanto esa proclama dejó prendido en el pueblo —su pueblo y nuestro pueblo, no lo olvidemos— para comprobar hasta qué punto

---

1. Sobre Prisciliano y el priscilianismo conviene que el español tenga más noticia de las que se le ha permitido poseer hasta ahora. La bibliografía más inmediata a consultar sería, aparte la erudita y apasionada aportación de Menéndez Pelayo (*Heterodoxos,* L. I, II, 4), HENRY CHADWICK, *Prisciliano de Ávila,* Espasa Calpe, Madrid, 1978; *Tratados y cánones de Prisciliano,* Editorial Nacional, Madrid, 1975; «*Priscliano y el Priscilianismo*», Monografías de Los Cuadernos del Norte, 1982; *Concilio Caesaraugustano, MDC aniversario,* CSIC, Zaragoza, 1981.

pudo ser aquel cristiano herético el promotor de toda la heterodoxia nacional hispánica y de buena parte de su ortodoxia, aunque a algunos les cueste creerlo.

Como es evidente, y no hay razón para insistir en ello, hoy resultaría imposible penetrar en el contexto espiritual de nuestro hereje patrono Prisciliano si sólo fuéramos capaces de entender el armazón histórico-religioso sobre el que se ha dado en construir la verdadera y pretendida historia de nuestro pasado, desde los tiempos más remotos. Tampoco habría podido él mismo entender y asumir su propio pasado —que era también ya entonces, por cierto, el nuestro— si no se hubiera dado de bruces, en un instante impreciso de su vida, con ese maestro Marco, *«quien había llegado de Egipto y había nacido en Menfis»*, del cual nos habla también, y en sus primerísimas líneas, el único biógrafo cercano. *«Oyentes suyos fueron una tal Agape, mujer de cierta nobleza, y el rétor Helpidio. Por ellos fue iniciado Prisciliano»*, cuenta Sulpicio Severo.

Menfis era uno de los centros mundiales —y me refiero al pequeño *mundo* del siglo IV— de la gnosis y de la magia derivada de sus saberes ocultos. Allí se daban cita, como en la cercana Alejandría, todas las corrientes místéricas del Creciente Fértil, unidas en sus esquemas sobre unas ideas básicas de la trascendencia. En esas ideas dominaba fundamentalmente la conciencia de un Saber superior, cuya asimilación unificaría creencias y pueblos enteros, que provenía de una fuente originaria situada al Oeste, allí donde terminaba la tierra. Desde allí se expandió, adoptando y adaptando los sentires primitivos de los pueblos en los que se fue infiltrando.

Metidos —y es un decir más— en el cuerpo y en el espíritu de aquel hombre que llevaba el mesianismo prendido de las entretelas, resulta evidente su toma inmediata de conciencia ante la realidad de unas doctrinas que, llegadas de allende el mar y los desiertos norteafricanos de la mano de Marco de Menfis, venían a confirmarle que él, Prisciliano, vivía y respiraba en las fuentes originarias de aquella tradición y que la esencia de todo el saber que aquellos ritos apuntaban estaba, en realidad, en su propia tierra, en su propio pasado, en la tradición que él ya había sabido captar o intuir entre los harapos de los recuerdos espirituales que había dejado aquella iglesia absorbente que se constituyó en única y exclusiva detentadora de verdades en la cuenca mediterránea. En él, en su tierra, en sus piedras, en sus fuentes, en sus montes y en sus costas, estaba la esencia de aquel cristianismo que Prisciliano había asumido y del que se proclamaba sincero adepto. Porque su iniciación en la gnosis le había descubierto que esa doctrina cristiana era la consecuencia lógica y aglutinadora de otras muchas doctrinas enraizadas en el conocimiento profundo de aquella realidad trascendente hincada en el tiempo perdido. Por eso, el cristianismo auténtico —el que Prisciliano veía y sentía y sermoneaba a los cuatro vientos como auténtico— era el que podía basar sus ritos y, sobre todo, su esencia, en la conservación y en la resurrección de las prácticas ancestrales que la iglesia cronoclasta se empeñaba en despreciar y en hacer desaparecer. ¿Por qué? Seguramente porque asumir la idea cristiana como resultado final y químicamente puro y perfecto de la tradición arcana habría significado la innecesidad de aquellas autoridades eclesiásticas que pretendían proclamarse exclusivas mantenedoras de la verdad y únicas con licencia para dirigir los nuevos ritos a las conciencias adormecidas de los creyentes.

Los hijos del dios sin nombre

A un lado y al otro del Mediterráneo subsistía una tradición con esquemas comunes que, ya en el momento de los últimos estertores del Imperio romano, se hallaba fragmentada en toda una larga serie de sectas y de ritos que, con distintas palabras y más o menos parecidos procesos iniciáticos, daban cuenta cabal —y simbólica— a sus adéptos de un conocimiento superior que nada tenía que ver con la fe a rajatabla que el pueblo y el ciudadano de a pie tenían que aceptar. El conocimiento —la gnosis— transmitido por estos grupos de tradición mistérica aceptaba la idea cristiana como un intento tácito de unión de las diversas tendencias territoriales, pero la transformaba según sus esquemas previos para dar una visión consciente y fragmentada a la vez de las verdades trascendentes que habían encajado en el armazón del cristianismo triunfante.

El núcleo de aquel conocimiento iniciático, que aparecía como meta final de los grupos gnósticos, estaba en la tradición atlante, la de los dólmenes y los betilos, la de las arcas triunfantes de diluvios destructores que aniquilaron a la humanidad para hacerla renacer mediante la salvación transmitida por noéticos iniciados en la ciencia perdida y en el saber supremo. Todos los simbolismos, todos los mitos, todos los caminos por los que se introducía al adepto en la iniciación, giraban en torno a la recuperación de una conciencia trascendente que, lo mismo que sucede con los seres vivos de la tierra, lo mismo que pasa con el curso cíclico de las estaciones, tenía que *renacer* a partir de la *muerte* de un mundo de apariencias que mantienen al ser humano prisionero de los sentidos y, sobre todo, de una falsa concepción de la Realidad. Cómo alcanzar ese estado y cómo mantenerse en él, ese era precisamente el secreto de la antigua tradición, el misterio que había sido revelado a través de aquel mundo de símbolos y de creencias sólo aparentemente primarias que la iglesia en expansión triunfante intentaba hacer olvidar con verdades impuestas y jamás explicadas, con la excusa de una Revelación que no necesitaba ser vivida, sino únicamente aceptada.

La raíz de toda aquella gnosis universal que se había manifestado masivamente entre los conversos cristianos de Oriente estaba en Occidente, entre los adeptos originarios de la Divinidad sin Nombre, los ligures, que fueron quienes crearon la primera dinastía solar de la tradición. Todas las antropogonías mediterráneas convergen en ellos y en su dios único, inconcebible e inaccesible: Lug. Ellos fueron los creadores del hombre —tras el desastre cósmico del Diluvio— y los transmisores, directos o indirectos, de un saber que quedó plasmado en las claves secretas de los libros sagrados de la Humanidad, en los monumentos prehistóricos y en unos ritos que, con el tiempo, los seres humanos fueron trasformando, hasta que degeneraron en simples y hasta burdos actos mágicos presuntamente propiciadores de los favores de una divinidad múltiple y polimorfa, cada vez más alejada en su esencia del ser humano y más cerca —para mal— de la esencia humana también.

Sin embargo, en la conciencia gnóstica y en todos los modos subyacentes de la espiritualidad primigenia —en maniqueos y monofisitas, en coptos, en nestorianos, en miembros de la iglesia armenia y en godos seguidores de Arrio—, había un sentido clarísimo de *regreso a las fuentes*. Fuentes que, geográficamente, se encontraban en dos direcciones: una hacia Oriente —más a Oriente aún—, allí hacia donde los antepasados habían ido a esconder presuntamente la esencia de su conocimiento y desde donde emitían su influencia oculta y todopoderosa sobre los acontecimientos trascendentes de la tierra. Hacia ese Oriente desconocido e ilocalizable partieron los nestorianos, los maronitas, los miembros de las llamadas iglesias indias. Allí fue a aprender sus saberes Apolonio de Tyana y algunos dicen que incluso acudió Jesús durante los años en que los evangelios enmudecen. Hacia allí emigraron los uigures cárpatos y allí quiso acercarse con el tiempo nuestro Ramon Llull. Era el Agharta de los mongoles, la Tarsia de los Reyes Magos, la Shambalah de los tibetanos, la Tierra del Preste Juan de las tradiciones medievales. Un lugar donde estaba la fuente de la sabiduría universal. Un enclave griálico por excelencia.

La otra dirección era Occidente, la Tierra del Fin del Mundo, la que a la vez, era fin y principio, porque de ella surgió el Sol negro que se oculta cada noche tras el Océano que no tiene fin. En aquella tierra reposaba la ciencia de los antepasados, el saber que iban a encontrar los muertos del Libro egipcio de la Clara Luz del Día, para resucitar a la nueva realidad. Allí estaba la clave mágica de un conocimiento originario que dejaron en cuevas y en montes y en megalitos imposibles los más remotos antepasados del saber. Y hacia allí, consecuentemente, se desplazarían los godos arrianos y los suevos y los vándalos asdingos —los *lugios,* no lo olvidemos, que eran hijos de Lug como los *visigodos* eran Dioses sabios, *Weise Goten*, hijos o seguidores del gran dios sin nombre con que Arrio transformó para ellos la antigua conciencia del mistérico Zalmoxis— y, en último lugar, bajo la enseñanza del profeta Mahoma, los nuevos guerreros solares del Islam. Un lugar donde se encontraba la raíz soterraña de esa misma sabiduría universal. Otro enclave griálico por excelencia. Recordemos a Eschenbach: Montsalvat estaba en Occidente, pero el Grial de Titurel lo guardó el Preste Juan.

Nacimiento nuevo de un viejísimo camino

Prisciliano, patrono de la gnosis peninsular, se lanzó como héroe solar que era a la transformación radical del prójimo. Predicó apasionadamente el ascetismo integral, los derechos de la mujer, la importancia trascendente de los enclaves tradicionalmente mágicos, el contacto descalzo con la Madre Tierra, la oración en el seno cavernario o en las cumbres sagradas.

En sus cánones se encontraba, identificada íntimamente con la tradición remota, la esencia gnóstica y despectivamente llamada maniquea dualista por los guardadores oficiales de la fe: «*Son dos las clases de espíritus, uno de Dios y otro del mundo para el error. Dos son la sabidurías, una de Dios y otra de los hombres y de la carne*».[1] En el año 380 se reunía en Zaragoza un concilio condenatorio de aquellas ideas viejas como el hombre mismo que, proclamadas por un nuevo profeta que se declaraba cristiano, podían dar al traste con un régimen de poder espiritual que ya comenzaba a afianzarse. Había que cortar de raíz las desviaciones, evitar a toda costa libertades peligrosas, calzar a cada cual el zapato que se ajustase a la andadura que se le imponía: «*A nadie se permita ausentarse de la iglesia en las tres semanas previas a la Epifanía, ni ocultarse en casa, ni establecerse*

---

1. PRISCILIANO, *Cánones,* III y IV. Op. cit., p. 129.

en una villa,[1] *ni dirigirse a los montes, ni caminar con los pies descalzos, sino que se asista a la iglesia. Quien esto no observare entre los fieles, sea anatema para siempre. Por todos los obispos se dijo: Sea anatema».* Son las actas del Concilio Cesaraugustano, texto del cuarto cánon.

Cinco años después, em 385, Prisciliano y algunos de los suyos acudieron a Roma, queriendo hacerse oír de san Dámaso, papa en ejercicio. San Dámaso, que era también hispano, se negó a escucharle. San Ambrosio, en Milán, hizo tres cuartos de lo mismo. Mientras tanto, en las Galias, otro español, Clemente Máximo, se había alzado con el poder imperial ayudado por ciento treinta mil legionarios. Ansiaba congraciarse con el papa, para que le confirmase desde su autoridad el máximo poder sobre el que se había asentado. Y así, cuando Prisciliano y los suyos aparecieron por sus dominios, un sínodo reunido en Burdeos condenó su herejía y, exactamente igual que haría novecientos años después cualquier tribunal de la inquisición, pasó sus decisiones condenatorias al poder ejecutivo secular. Máximo sabía muy bien lo que la Iglesia esperaba de él y lo cumplió. Se acusó a Prisciliano de practicar maleficios, de reunir conciliábulos obscenos, de convocar asambleas nocturnas de mujeres, de practicar el nudismo mientras rezaba. *«En el año del Señor 385, sindo cónsules Arcadio y Bauton... fue degollado en Tréveris Prisciliano, conjuntamente con Eucrocia, mujer del poeta Delfidio, con Latroniano y otros cómplices de su herejía»*, dice el cronicón de San Próspero. De nada sirvió que clamase por su vida el obispo Martín de Tours. Terminada la era de los mártires cristianos, la iglesia creaba el primer mártir de la heterodoxia. Lo que no era ninguna tontería e iba a traer cola, porque el mismo Sulpicio Severo termina su cita en la *Crónica* diciendo algo que no debemos olvidar: *«Por lo demás, muerto Prisciliano, no sólo no se reprimió la herejía, que había brotado por obra suya, sino que, fortalecida, se propagó más ampliamente. Pues sus seguidores, que antes le habían honrado como santo, después comenzaron a venerarle como mártir. Los cuerpos de los ejecutados fueron llevados a España y sus funerales fueron celebrados con grandes exequias. Es más, incluso el proferir un juramento en nombre de Prisciliano se consideraba de la mayor respetabilidad. Y entre los nuestros prendió una guerra de eter-*

---

1. Lo de «establecerse en una villa» se condena a propósito de una de las costumbres iniciáticas fomentadas por Prisciliano, que consistía en reuniones religiosas con ágapes y oración en común que tenían lugar en determinadas casas campesinas, cuya estructura ha podido ser reconstruida (véase Blanco Freijeiro en *Cuadernos del Norte*, op. cit.).

nas discordias que, animada durante quince años por vergonzosas disputas, no podía ser ya apagada de ningún modo».

Animado por la benevolencia de la iglesia hacia su persona, Máximo invadió el norte de Italia. Fue en el verano del 388, tres años después del martirio, cuando Teodosio cayó sobre él, le derrotó y lo mandó ejecutar. Fue por entonces también cuando adeptos fieles de Prisciliano recogieron sus restos y, en olor a multitud —una multitud atisbante y silenciosa seguramente, pero sin duda ferviente—, le llevaron a enterrar al Finis Terrae, a los lugares sagrados en los que formó y maduró su escuela mística. Y lo hicieron siguiendo la ruta de las estrellas, la senda peregrina que, con los años, se trocaría en Camino jacobeo y recorrerían fieles pecadores y cumplidores de promesas y oscuros buscadores del conocimiento ancestral que aún guardaba sus claves en las costas del mar Tenebroso. Por lo que cuenta Severo, durante quince años el priscilianismo tomó bríos gracias a la presencia del cuerpo santo. La doctrina se expandió como mancha de aceite, afectó a monjes y a obispos (recordemos a aquellos de Astorga, Simposio y Dictinio, padre e hijo, por cierto). Luego, según jura la ortodoxia, se fue apagando.

Bueno, digo yo que hay fogatas que se apagan y otras —precisamente las fogatas solares, las grandes hogueras cíclicas de muerte y resurrección— que se disimulan entre rescoldos y esperan, enteras, a que otros las hagan revivir echando nuevas ramas y aventando las cenizas bajo las cuales se esconden las brasas. San Martín Dumiense aún clamaría, cerca de doscientos años después, contra los que veneraban las viejas piedras noéticas, contra los oscuros conocedores del secreto de los petroglifos mágicos, contra los ágapes iniciáticos. El espíritu del viejo saber perdido estaba presente y sólo hubo necesidad de que un eremita iluminado de nombre marino (Pelagio) viera caer luces misteriosas sobre el sepulcro olvidado del hereje decapitado para que toda la parafernalia de la gnosis hermética y de los viejos saberes volviera a estallar en el siglo IX, aunque una iglesia ya definitivamente triunfadora, en lucha abierta con el Islam que florecía al sur, transformase a su imagen, semejanza y necesidad aquel cuerpo decapitado en apóstol evangélico con suficientes ribetes solares para convertirse en celeste protector de ejércitos cristianos, en matamoros consagrado de batallas que nunca tuvieron lugar.

Santiago y cierra España. España cerrada y tumba cerrada para ignorancia fervorosa de fieles masivos, definitivamente condicionados a cuanto se les quisiera dar como verdad consagrada. ¿Que un Hijo del Trueno viene a evangelizar Galicia y España entera? Bienvenido. ¿Que se le aparece Nuestra Señora primero en Muxía sobre barca de piedra y luego en Zaragoza sobre pilar berroqueño? Bienvenido. Ya tenemos patrona y patrón de España. ¿Que surge en Clavijo arremetiendo sobre un caballo blanco contra la horda sarracena? Mejor. El pueblo calla. El pueblo callará siempre ante el impulso solar, sólo verá su luz y le dará la bienvenida. Mientras tanto, los adeptos del otro sol, del sol oscuro, del sol del conocimiento que calienta a sus fieles antes de lanzarles al dominio universal, esperan, cavilan, descifran claves, avanzan despacio hacia el lugar sagrado, lo ocupan antes de que otros se percaten, dejan pacientemente señales que sólo otros adeptos podrán descifrar, simulan, proclaman su imposible ortodoxia y la mantendrán hasta que llegue su momento.

La multiplicación por X de nueve caballeros

Cuando se estudia la historia del Temple, cuando se lee atentamente su regla, cuando se localizan sus casas, tan a menudo indocumentadas, incluso cuando se advierten esas numerosas lagunas de silencio que son como eslabones perdidos que deberían completar una misteriosa aventura que ahora queda lamentablemente incompleta, se advierte un *plan* que, por más que proclamen lo contrario los defensores de su ortodoxia y los mantenedores a ultranza de una historia de causas y efectos racionales, se basa fundamentalmente en una búsqueda trascendente y se mueve por caminos bastante apartados de la senda marcada por la ortodoxia. En el Temple no se encuentra la verdad en los documentos existentes; hay que extraerla de ellos, yendo más allá de sus textos, porque esos textos se limitan muchas veces a exponer los hechos bajo prismas exotéricos que encierran otros motivos que sobrepasan las verdades inmediatas. En el caso de los templarios, los documentos que normalmente sirven para entramar su historia son, demasiado a menudo, losanges repletos de porqués sin respuesta, a no ser que acudamos a motivaciones que tienen que insertarse necesariamente en el mundo movedizo de la intencionalidad trascendente.

Las interrogantes sin respuesta inmediata referidas a la Orden comienzan en el instante mismo de su reconocimiento en el concilio trecense, pero ya podemos decubrir sus silenciosas ramificaciones desde años antes. Aquella milicia compuesta —aparentemente— por nueve caballeros flamencos y borgoñones que se refugiaron entre las ruinas de las caballerizas del Templo de Jerusalén en 1118 y que parecen haberse mantenido en discreto silencio hasta el instante de su reconocimiento (enero de 1128), está ya, al parecer, actuando en

Occidente antes de su elevación al rango de Orden militar. Con fecha 1 de julio de 1124, el conde Guillermo de Poitiers les hace donación de la iglesia de San Bartolomé en Fréjus. Y, lo que resulta más significativo, se encuentran en Portugal en 1125, según Pedro Alvares ayudando a los condes doña Teresa (hija de Alfonso VI) y don Enrique de Borgoña a consolidar un estado que está gestando aceleradamente su independencia del reino castellano-leonés. Parece ser incluso que en 1127 hay ya en Portugal un procurador de la Orden, frey Guilherme Ricardo, que permanecerá allí en calidad de primer maestre provincial hasta su muerte en 1139. Curiosamente, don Enrique, como su hermano Raimundo —casado con otra hija de Alfonso VI, Urraca, e instalados en Galicia, la tierra de Prisciliano— son oriundos de la misma comarca de la que proceden el fundador del Temple, Hugues de Payns, alguno de sus primeros caballeros —Guillermo de Champagne, por ejemplo— y nada menos que el gran líder religioso del Císter, Bernardo de Clairvaux. La casa de Borgoña tiene, pues, un poder establecido sobre el núcleo sagrado de la espiritualidad arcana peninsular, donde ya, desde siglos, están llegando buscadores del saber remoto: el monje armenio Simeón, Esteban el Griego...

Es precisamente aquí, en Portugal, en ese Portugal embrionario que comienza a dar fe de vida independiente, donde se produce uno de esos acontecimientos —el de su propia independencia— que los historiadores no logran en modo alguno enmarcar en las coordenadas al uso. Y, afortunadamente, alguna vez lo confiesan. «*Es preciso que haya habido una serie de circunstancias o de sucesos, que la Historia no consigna, que infundiesen en la población existente entre el Tajo y el Miño un espíritu de independencia. No hemos de buscar el germen de estos hechos en época muy remota. Durante la dominación romana, la provincia de Lusitania era mucho más extensa que el actual Portugal y ningún indicio persiste de que hubiese en esa comarca, una vez sometido el reino suevo, el menor conato de resistencia contra los reyes godos de Toledo*».[1]

Naturalmente, se olvida aquello que se desea olvidar, lo que no tiene visos de revestir importancia, lo que la historia ha despreciado como despreciaba las uvas la zorra de la fábula. ¿O acaso no registran las crónicas las rebeliones gallegas «sin trascendencia» que tuvieron que reprimir los reyes de Asturias precisamente en torno a la época en que se estaba inventando el descubrimiento del sepulcro del Apóstol?

Fijémonos en la circunstancia temporal de ese instante histórico.

---

1. MARQUÉS DE LOZOYA, *Historia de España,* Salvat, Barcelona, 1967, t. I, p. 412.

Por un lado, una identidad total, en lo étnico y lo espiritual, entre Galicia y Portugal. Yo me atrevería a llamarlo *el espíritu atlante o ligur,* que es el mismo que animó a Prisciliano a descubrir su propia identidad religiosa y la de su pueblo. (Y recuerden si no, las huellas incluso toponímicas de ese espíritu: las Noyas, Noelas y Navias por una parte; los Lugos y Lisboas por otra). Por otro, la *toma* pacífica de esa tierra por miembros de la casa borgoñona, que se constituyen en sus condes con el consentimiento tácito —que no documentado— del emperador Alfonso VI. Por otro aún, la muerte prematura del conde Raimundo (1107), que desgaja accidentalmente las dos zonas hermanas de Galicia y Portugal, dejando la segunda en las manos de la casa de Borgoña, que creará el reino independiente, y la primera envuelta en litigios por la legitimidad sucesoria del hijo del muerto, Alfonso Raimundez, que zanja con su apego a Castilla el arzobispo Gelmírez. Aten ustedes, si se atreven, moscas por el rabo de la Historia: el arzobispo don Diego Gelmírez es cluniacense de pro; rival, por tanto, de la reforma estoica, ascética (y solar, con perdón), que proclama el Císter de Bernardo de Clairvaux, de que nace el Temple como hijo lógico y natural; Gelmírez y sus escribas no se molestan siquiera en citar a los templarios ni una sola vez en la *Compostelana,*[1] a pesar de que la huella de los freires se detecta ya en Galicia desde bastante antes de la muerte del arzobispo, en 1140.

Portugal templario

Si la labor de los templarios en Galicia ha de ser necesariamente de zapa, la que desarrollan en Portugal es abierta y diáfana. En marzo de 1128, dos meses después de la celebración del Concilio de Troyes, el templario Raymond Bernard recibe de la condesa Teresa el castillo y la «dignidad» de Soure, sobre el río Mondego, en la frontera musulmana; y muy poco después, *«la tierra deshecha y despoblada entre los términos de Leiría y Colimbria»,* con los castillos de Pombal, Radinha y Ega. El hijo de la condesa, Alfonso Enríquez, que será primer rey protugués desde 1139, formula en la sierra de Albordas la promesa de ofrecer terrenos al abad Bernardo de Clairvaux, que habría augurado la victoria sobre los moros en Santarem, victoria en la que mucho tuvieron que ver el Temple y el templario Gualdim Pais,

1. *Historia Compostelana, o sea Hechos de d. Diego Gelmírez, primer arzobispo de Santiago,* traducida del latín al castellano por el R. P. Fr. Manuel Suárez. Porto, Santiago de Compostela, 1950.

El castillo de Almourol, levantado sobre una isla del Tajo en Portugal, fue uno de los enclaves templarios encargados de la vigilancia del núcleo mágico de Fátima.

que será maestre de Portugal desde 1157. La promesa se convertirá en el monasterio de Alcobaça, diseñado bajo la supervisión directísima de san Bernardo. El rey asigna al Temple la protección del monasterio y de su zona. Este hecho conduce directamente a la conquista y posesión de la comarca mágica de Fátima y Tomar, donde se levantará, en 1160, la sede principal del Temple portugués y las subsidiarias de Almourol (sobre una isla del Tajo) y Bode, complementadas con Pombal, Penela, Castelo Branco, Idanha, Niza, Marsanto y Ceras, hasta el puerto de Obidos (hoy a diez kilómetros del mar tierra adentro).[1]

1. Véase mi libro *La meta secreta de los templarios,* Ediciones Martínez Roca, Barcelona, 1979.

La presencia templaria se hace fundamental en el naciente reino. Y los freires, a cambio, obtienen las lógicas prebendas y el lógico poder cosecuente. Consiguen no depender del obispo inglés de Lisboa, Gilberto de Hastings, después de haber logrado la intervención de cruzados ingleses en la conquista de la ciudad (1149). Tras este hecho, Gualdim Pais embarca para Gaza, para recibir la iniciación templaria en Tierra Santa y, a su vuelta, será nombrado cuarto Maestre Provincial.

A principios del siglo XIII, los templarios custodian más de veinte mil maravedíes del tesoro del reino.

Preguntémonos ahora, ¿en qué sentido colaboraron los templarios en la gestación política del nuevo reino portugués? Y ¿por qué llevaron a cabo esa colaboración? Para responder a estas cuestiones, tendrá que intervenir por necesidad la conjetura. Pero tengo la impresión de que ya he tenido ocasión de aclarar suficientemente los móviles de la Orden para que podamos avanzar suposiciones con un respetable margen de credibilidad, aunque —lógicamente— siempre quedarán historiadores que negarán todo cuanto los archivos no hayan podido retener.

El *porqué* ya hemos empezado a apuntarlo: Portugal era, con Galicia, la tierra que contenía, junto a Irlanda y la Bretaña francesa, el testimonio secreto de una civilización portadora de la Tradición Arcana, esa Tradición que luego se extendería hacia el interior de la Península marcándola con su impronta de mitos, de ritos y de símbolos. Lusitania —la tierra de Lug— era el país desde el que el Océano se abría hacia lo desconocido, el que contenía las huellas y hasta las claves —o parte de ellas— de un mundo remoto presuntamente implicado en la posesión sincrética de una forma de saber trascendente del que nacieron en el más oscuro pasado las formas religiosas rectoras universales de la espiritualidad y del conocimiento. Poseer Portugal, o estar asentados en él, era estar en inmediato contacto con las fuentes y con los más viejos vestigios de aquella Tradición. Colaborar a su independencia era formar parte inmediata de ella, intervenir directamente en la conservación, sin injerencias, de la personalidad espiritual de aquel pedazo fundamental de Franja Atlántica, preservar su integridad oculta, recuperar y aislar su tradición.

El *cómo* era más difícil para una milicia, como la templaria, comprometida en principio a no hacer la guerra a cristianos (aunque ya hemos tenido ocasión de apuntar que no siempre sucedió así). Pero, en este sentido, los templarios aprovecharon una ventaja evidente en una situación crítica como la que estaba atravesando en aquellos años el país. El futuro rey Alfonso Enríquez tenía que batirse en dos frentes de batalla: uno ante el rey castellano-leonés Alfonso VII, otro frente a la morisma del sur y la invasión almohade. Los templarios descargaron en buena parte al conde portugués de uno de sus frentes, encargándose de la batalla contra el Islam... y ampliando consecuentemente unos dominios en los que se sentirían plenamente integrados, hasta el punto de que —volveremos sobre ello en su momento— Portugal fue el único país de la Europa cristiana en el que el Temple siguió actuando oficialmente, aunque con distinto nombre —la Orden de Cristo— después de que el concilio de Vienne ordenase su disolución en 1312.

Cuando errar es de sabios

Naturalmente, la Península Ibérica, a pesar de las peculiares características de sus distintos reinos y nacionalidades —en la Edad Media como hoy— constituía una unidad total en el desarrollo del plan de expansión de la influencia templaria. Los freires de la Orden (o, al menos, sus altos dirigentes) sabían aquello y emprendieron muy tempranamente su penetración peninsular, aun a sabiendas, supongo, de las distintas mentalidades con las que tendrían que enfrentarse en su singladura hispánica. Ellos se encargarían de encontrar el acomodo necesario, moviendo los hilos de su gran guiñol por donde soplasen mejor sus aires.

La presencia de templarios en Castilla se detecta desde 1129, un año después del concilio de Troyes. En ese momento, con toda probabilidad, recibieron de Alfonso VII la custodia del castillo y la comarca de Calatrava, para defender aquella marca manchega de los musulmanes. Se trataba de un territorio en la justa línea fronteriza de la cristiandad castellana y, curiosamente, ha sido el que ha servido con mayor deleite a los defensores a ultranza de las órdenes militares de origen autóctono para proclamar la inoperancia del Temple frente a los freires penibéticos, puesto que este castillo fue abandonado por los templarios en 1158 en circunstancias sospechosas, que vamos a dejar que narre el historiador don Ángel Álvarez de Araujo y Cuevas: «*A la muerte de D. Alfonso se dividió su imperio, respetando su última voluntad, tocando a D. Sancho, apellidado el Deseado, el reino de Castilla, en el que fue el tercero de su nombre; esta división alentó a la morisma, que lograron tremolar su pendón en Andújar, amenazando invadir la Castilla por el campo de Calatrava; los Templarios no se creyeron con fuerzas para defenderle, y le entregaron al Rey, el cual se vio apurado con tal donación, porque tenía que atender a la guerra que le preparaba su hermano D. Fernando, Rey de León, coaligado con el de Navarra, y no encontró otro medio de salir adelante del compromiso que publicar un edicto prometiendo, al que se hiciera cargo de la defensa del campo de Calatrava, darle por juro de heredad, para él y sus legítimos descendientes, la villa de Calatrava, llave de aquella frontera, con todos sus términos; pero nadie se presentó a solicitarla, por lo que el Rey consultó a fray Diego Velázquez, monje del Císter, y éste fue a ver a su Abad Fray Raimundo, que con él había venido a Toledo, aconsejándole solicitara la defensa del campo de Calatrava, costándole gran trabajo a decidirle a ello; al fin lo logró, y el rey otorgó la merced en Almazán, año de 1158».*[1] De aquella merced nacería la Orden de Calatrava, que con las de Santiago y Alcántara y luego la de Montesa, más otras órdenes menores como las de Monfragüe, San Jordi d'Alfama, la Terraza y Avís en Portugal, constituirían el cuerpo armado de las milicias religiosas hispánicas, émulas e imitadoras del exoterismo templario.

Cuesta creer que, de modo tan gratuito —y, digámoslo de una vez: tan *felón,* por seguir con el léxico decimonónico de don Ángel, repetido hasta la saciedad por la práctica totalidad de las historias de España al uso— unos freires como los del Temple, capaces como fueron de batirse el cobre en condiciones absolutamente desesperadas y trágicas en Hattin, en Mansurah o en Acre, abandonasen el campo calatraveño sin pelear, después de haberlo conservado durante casi treinta años, a la primera amenaza de aceifa. Y cuesta aún más de creer si nos planteamos que el Císter mismo, su orden materna, lanzase inmediatamente al futuro canonizado fray Raimundo de Fitero por tierras navarras y castellanas, para organizar precipitadamente una milicia paralela que sustituyera a los templarios en aquella cuña fronteriza a punto de caer como fruta madura en manos moras. Pero la historia está escrita, los hechos son generalmente admitidos en su objetividad más despelotada y aparente y ahí tiene la historia del Temple hispano su mácula particular para loor y gloria de calatravos, santiaguistas y alcantarinos.

¿Por qué hizo tal cosa el Temple? ¿Y cómo, ante tal hecho, no fue inmediatamente defenestrado de Castilla y declarado *non grato* en todas las fronteras con la morisma? La historia dice que calla, dice que expone... y hace como que juzga, según su conveniencia. Y, como en el

---

1. D. Ángel Álvarez de Araujo y Cuéllar, *Las órdenes militares de Santiago, Calatrava, Alcántara y Montesa. Su origen, organización y estado actual,* Imprenta de Fernando Cao, Madrid, 1891. No pasemos por alto que el autor era caballero profeso de la Orden de Santiago.

refrán, aconseja aquello de «si quieres ser feliz como me dices...» etcétera.

Por nuestra parte, podríamos también ahora conformarnos con los hechos mondos, exponerlos simplemente y dejar que todo siguiera como hasta ahora. Pero me he propuesto, contra vientos y mareas, que no sea esa mi actitud, que esta no sea una historia al uso, porque nunca he creído que esa historia al uso tenga validez a la hora de analizar situaciones en las que sabemos positivamente que ha entrado en el juego, con todo su protagonismo, el comportamiento mágico de los seres humanos y de las instituciones, ese comportamiento mágico que ni los documentos ni las crónicas revelan a no ser por equivocación de copistas alucinados por las voces de una tradición siempre despreciada por la ciencia.

Volvamos, pues, a los hechos, aunque esta vez tengamos que observarlos desde otro ángulo. Calatrava es entregada a los templarios en 1129. Constituye, pues, su primera cuña para penetrar en el reino castellano-leonés de la mano de un monarca, Alfonso VII Raimúndez, introductor en el reino de la dinastía borgoñona. Con la primera entrega vendrán casi inmediatamente otras y hay que aceptarla para poder optar a lo que interesa. Efectivamente, en los casi treinta años que pasan entre la aceptación de la custodia de Calatrava y su abandono, el Temple es ya una realidad que pesa en Castilla, tanto en lo político (aunque menos que en Portugal o en Aragón y Cataluña) como en lo militar y en lo espiritual. Los conventos, las granjas y las casas de la Orden están ya instaladas en el Camino de Santiago castellano, en Soria, en Palencia, en Valladolid. En Toledo, el centro espiritual heterodoxo por excelencia de Castilla, tienen casa en la judería y fortaleza al otro lado del Tajo, San Servando. ¿A qué han de molestarse más y asumir riesgos inútiles por una posesión que sólo les sirvió de cabeza de puente para introducirse en el reino?

La discreta expansión del Temple por las Castillas.

Si vamos buscando los asentamientos templarios en el reino de Castilla —luego hablaremos de León, aunque pronto formarían ambos territorios una unidad política rota momentáneamente por la herencia de Alfonso VII— nos encontraremos con algo que, probablemente, sorprenderá a aquellos lectores que identifiquen a los templarios con las fortalezas: los freires tuvieron un solo castillo en Castilla la Vieja: Castillejo de Robledo, en la actual provincia de Soria. Y aun ese fortín no debió ser nada impresionante, sino casa murada con torres que aún

Ruinas de la fortaleza templaria de Castillejo de Robledo, probablemente el único castillo que poseyeron los freires en el reino de Castilla.

muestran hoy sus mochones cayéndose a pedazos frente al viento de los viejos barranco que lindan con la Alcarria. Lo demás son —fueron— conventos en los desiertos, casas en las aljamas, hospicios de peregrinos y encomiendas de las que quedan algunas capillas y oratorios. Sólo poseyeron fortalezas en custodia hacia la frontera musulmana, de Toledo hacia el sur.

Sin embargo, es en esa vieja parte de Castilla donde pueden comenzar a detectarse las razones de la búsqueda templaria. Sin intervenir para nada en los asuntos políticos del reino, conservando una silenciosa discreción, interviniendo con la eficacia justa allí donde les llaman para cumplir con las tareas para las que fueron oficialmente instituidos, los templarios piden, obtienen, compran y permutan los enclaves precisos donde se alberga la tradición mágica. Y allí, como de tapadillo, se instalan, estudian, viven los efluvios de la vieja sabiduría y velan. Ellos lo saben bien: hay lugares de acción y espacios concretos donde la tierra se ha impregnado con una magia que hay que procurar extraer.

Castilla es, además, el centro de la Península. Y desde ese centro es desde donde cabe establecer una geografía también mágica, que tal vez conocieron ya los viejos ligures que la poseyeron en la noche de los tiempos. En cualquier caso, recorrer la Castilla templaria equivale, aún ahora, a redescubrir un pasado buscado y en buena parte reencontrado.

Los conceptos en torno a los que gira la geografía mágica son, en general, difusos y se prestan, por desgracia, a una fantasía tomada al pie de la letra y sin discriminación por los fervientes seguidores de un conocimiento deliberadamente mal digerido. Lógico error, si tenemos en cuenta que nos movemos sobre las coordenadas del pensamiento racionalista y que, con más frecuencia de lo que creemos, tratamos de escapar a su influencia empleando los mismos razonamientos que intentamos combatir. El pensamiento mágico —como su consiguiente comportamiento, surgido de la gnosis cuando ésta intenta difundirse a niveles relativamente masivos— parte de principios que anudan, en una sola corriente, todas las manifestaciones cósmicas, de tal modo que resulta imposible concebir ningún fenómeno, por poco importante que sea, que no esté ligado de alguna manera a la estructura total del universo. Así, nada es gratuito, nada se produce o puede siquiera concebirse aisladamente del resto del cosmos. Consecuentemente, a la hora de emprender cualquier acto —la elección de un lugar donde vivir, como la concepción de la estructura de un templo— el adepto deberá partir de esa unidad primordial, para que su obra o su asentamiento estén en armonía con la Totalidad, porque sólo esa armonía permitirá la conexión cósmica y, por lo tanto, el conocimiento o la experiencia de lo trascendente, de lo llamado —mal llamado, pero llamado— mágico.

Cuando en mi anterior libro sobre el Temple intenté profundizar en algunas de las motivaciones para el emplazamiento de los lugares en los que se asentó la Orden y estableció sus posesiones, sé que los lectores se dividieron entre los que aceptaron sin más aquellas conclusiones como artículo de fe y los que las tomaron como un simple juego curioso que debía más a la casualidad que a motivos estrictos y conscientes. Convendría haber calado, sin embargo, en dos hechos que creo significativos. Uno, el de un conocimiento geográfico excepcional e insólito en una época en la que se estaba muy lejos de contar con los medios técnicos de nuestros días. Otro, el de una manifiesta intencionalidad de encontrar las *distancias armónicas,* los ángulos precisos y las estructuras exactas para que, cumpliéndose determinados requisitos que estaban ya representados en el mundo simbológico (la Tau, la Cruz, el Pentáculo, etc), aquellos lugares elegidos tan cuidadosamente tuvieran una correspondencia cósmica con las leyes de un universo aún hoy mal conocido y mucho peor interpretado.

En este sentido, muchos de los emplazamientos castellanos del Temple eran —y aún pueden ser reconocidos como tales— el germen geográfico de unos puntos muy concretos que era necesario dominar para entrar en posesión de las fuentes primigenias de la energía de la tierra peninsular. Si estos puntos fueron descubrimientos realizados por los templarios o si fueron algo que esos templarios aprovecharon partiendo de emplazamientos que ya habían sido fijados por los antiguos poseedores de la Gran Tradición, eso es algo que muy difícilmente podríamos ya establecer con absoluta seguridad. Pero es cierto que, en términos generales —y eso ya lo afirmé en aquella ocasión y sería reiterativo insistir en ello—, a) los emplazamientos clave del Temple coinciden con lugares en los que pueden encontrarse restos, recuerdos o manifestaciones tardías bajo forma de costumbres y de tradiciones, de enclaves de especial importancia religiosa o mágica a través de los siglos, y b) buena parte de esos emplazamientos templarios (y me refiero a aquellos que el Temple eligió más que los que les proporcionaron las múltiples donaciones recibidas) se encuentran formando una disposición armónica con relación a la totalidad de la superficie geográfica de la Península Ibérica.

Datos escuetos de un comportamiento

Es posible que, para algunos —los sempiternos escépticos ante el acontecimiento irracional—, se trate únicamente de coincidencias. Sin embargo, creo que merece la pena detenerse alguna vez en ellas, descubrirlas, ponerlas en evidencia, porque suele suceder que una acumulación de esas supuestas casualidades nos den la norma de una determinada actitud.

Zamarramala, que es un pueblo en la íntima vecindad de Segovia, fue encomienda templaria desde muy temprano. Y encomienda importante, con toda probabilidad, puesto que allí fue a parar en 1224, según un breve de Honorio III que se conserva en su iglesia parroquial, un fragmento de la Vera Cruz[1] donado a los templarios para su capilla del Santo Sepulcro, que es el templo poligonal conocido hoy como el de la Vera Cruz y que se encuentra a los pies del pueblo y del que ya

---

1. Fragmento engarzado, por cierto, en una cruz patriarcal de doble brazo, idéntico por su forma a la cruz de Caravaca de la que venimos hablando desde el principio de este libro.

Una lápida del siglo XVII, conservada en la capilla de la Vera Cruz de Segovia, vuelve a darnos razón del aspecto que tuvo el relicario del Lignum Crucis que estuvo allí custodiado por los templarios. De nuevo surge la extraña imagen de la cruz patriarcal de Caravaca.

hablé exensamente con anterioridad, analizando sus características arquitectónicas.[1] Pues bien: en aquella localidad de Zamarramala se celebra aún, el primer domingo de febrero, la fiesta llamada de las Alcaldesas que, con todo cuanto el tiempo y las costumbres la hayan hecho degenerar, sigue constituyendo una exaltación pagana de los cultos a la Gran Madre. En ese día, las mujeres casadas y viudas toman simbólicamente el mando del pueblo, hacen justicia, cobran contribuciones, exhiben sus facultades como danzarinas y todo el mundo, propios y extraños, debe obedecer sus órdenes y sus caprichos. Se trata, en suma, de una asunción a fecha fija del mando municipal y, se trata, sobre todo, del sacrificio del macho, representado por un muñeco que cada año es colgado y quemado a la anochecida por las todopoderosas alcaldesas de un día.[2] La pervivencia de una celebra-

1. Véase *La meta secreta de los templarios,* op. cit. pp. 200 y ss.
2. Véase el capitulo «*El mundo "al revés"*» en mi libro *Claves Ocultas de la Historia,* Editorial Latina, Madrid, 1980. Col. Tercer Milenio.

ción de ese tipo a lo largo del tiempo, por más desfigurada que hoy podamos encontrarla —hay una constante presencia del clero en la fiesta, representado por el párroco que nunca abandona a las mujeres en ninguno de sus actos— es una muestra palpable y evidente de la conservación de un comportamiento humano tradicional, muy anterior a la implantación del mundo machista judeo-cristiano en el que la mujer —nada más y nada menos que la mitad del género humano, por si no lo sabíamos aún— ha visto limitado su papel al de un ciudadano de segunda clase en razón del sexo.

San Pedro Manrique, camino del puerto de Oncala, en la provincia de Soria, celebra en la noche de San Juan su Paso del Fuego, una insólita exhibición de pirobacia que realizan los hombres del pueblo, atravesando la alfombra de brasas encendidas con los pies descalzos sin sufrir la menor quemadura. Aunque se haya convertido aquello en nuestros días en poco menos que una exhibición circense —ese día las autoridades municipales cobran entrada a los curiosos que quieren entrar en el pueblo—, el rito del fuego es, en esencia, una prueba iniciática que ha pervivido extrañamente, sin que esos poderes siempre dispuestos a cortar por lo sano cuanto no sea fe o milagro se hayan atrevido a anatematizar su celebración, que tiene lugar, no lo olvidemos, durante la Gran Noche de exaltación del solsticio sanjuanero, el momento solar por excelencia. De nuevo un rito de la Gran Tradición que flota como una insólita balsa en el océano del cristianismo eclesial triunfante. Y de nuevo —sigo sin creer en casualidades— en un lugar que fue templario, porque allí poseyeron los freires una granja fortificada de la que todavía queda algún paredón que muestran orgullosos los sampedrinos.

Oropesa, en Toledo, no fue nunca templaria, en cambio, pero tuvo templarios en torno y, curiosamente, es allí donde se conserva la leyenda de la doncella que fue rescatada por los freires entregando a los moros su peso en oro. Las armas del castillo nos muestran el hecho: una balanza sostenida por una mujer. Pero viniendo de los templarios y estando sobre todo su nombre mezclado en el asunto, es casi imposible tomar ingenuamente la historia como recuerdo de un acontecimiento real, sino en su sentido simbólico: el de la recuperación de un rito precristiano o de una deidad pagana para recuerdo y constancia de saberes y de creencias anteriores. La leyenda es, en clave trovadoresca, la del nuevo despertar de un ritual antiguo perdido u olvidado. Si añadimos que corre por la ciudad otra leyenda sobre su nombre, según la cual habría sido bautizada así en recuerdo del *Rey Oro* (Osiris, el Hércules egipcio, el dios despedazado de los misterios isíacos, el patrono pagano y presunto fundador de la cercana y mágica Toledo), hay materia para sospechar la presencia de la mano templaria en la recreación mítica de los orígenes.

Naturalmente, he puesto estos casos, casi al azar, a guisa de ejemplo. No son únicos. Antes bien, podríamos crear, con ellos, recorriendo las leyendas y muchos festejos de las zonas de implantación templaria, toda una teogonía tradicional emergiendo de los mitos que el pueblo logró conservar gracias a la discreta acción ejercida por los caballeros del Temple. Lo extraño es que, en un mundo como era el de Castilla durante los siglos XII y XIII, y a pesar de las claves esotéricas que pueden aún detectarse (sobre todo cuando se mira la historia con los ojos bien abiertos), pudieran tener los templarios la oportunidad de vivir plenamente aquel comportamiento sin despertar sospechas peligrosas.

Sospechas y perdones

Las sospechas existieron, por supuesto. Y, con toda seguridad, mucho antes de que se desatase desde París y Avignon la campaña que terminó en proceso y en concilio aniquilador de la orden. Precisamente entre las escasas páginas que los investigadores españoles han dedicado a los templarios, hay un artículo, aparecido hace ya más de veinte años, en el que su autora[1] da cuenta de algunos de los datos que sirvieron para formar el sumario que abocaría en el proceso de Salamanca, que juzgó —y, por cierto, absolvió también— a los templarios de Castilla y de Portugal.

Se cita allí la deposición de uno de los testigos, que aporta dos datos interesantes. El primero de ellos, el relato que había escuchado en la corte castellana donde servía, según el cual el rey Alfonso X el Sabio —recordemos que el proceso tuvo lugar durante el reinado de Fernando IV— quiso llegar a conocer algunos de los misterios secretos que rodeaban a la Orden, para lo cual convenció a un criado de confianza para que ingresase en ella y para que permaneciera al menos un año entre los freires, al cabo del cual saldría del Temple y le daría cuenta, en el más absoluto secreto, del comportamiento de los hermanos durante la profesión y del modo en que vivían. Al parecer, el joven criado obedeció la orden real, pero cuando tuvo que presentarse a dar cuenta de cuanto había vivido y averiguado, manifestó al rey que

---

1. AUREA JAVIERRE MUR, «Aportaciones al estudio del proceso contra el Temple de Castilla», en la *Revista de Archivos, Bibliotecas y Museos,* tomo LXIX, 1961.

prefería ser decapitado antes que hablar de cuanto en los conventos sucedía. El rey debió insistir y jurar a su deudo que guardaría secreto de cuanto le dijese y el muchacho declaró que, al ser recibidos como freires, los neófitos eran requeridos para que negasen a Jesucristo, para que escupieran sobre el crucifijo y «*a cometer otras obominaciones*» y que daban muerte a quien se atrevía a revelar sus secretos nefandos.

El mismo testigo declaró también otro hecho que, como el anterior, «*había oído decir*» en su calidad de doméstico de la corte castellana y era que, habiendo acudido a visitar unos frailes franciscanos al maestre provincial de la Orden, residente en Villalpando, le sorprendieron leyendo un librito que, al notar su presencia, se apresuró a ocultar guardándolo en una arqueta que cerró con llave. Los frailes debieron preguntarle qué libro guardaba tan precavidamente y el maestre contestó que se trataba de algo que, si caía en manos enemigas, podía acarraear daños irreparables a la Orden templaria.

No es este el momento de analizar todavía qué se ocultaba detrás de determinadas acusaciones que proliferaron durante los procesos a los templarios. He citado esta declaración porque, según el testigo que depuso, al menos el primero de los hechos tuvo lugar en un momento —el reinado de Alfonso el Sabio— en que el Temple aún era considerado como una milicia santa en todo el territorio de la corona castellana y en una circunstancia en la que estaba colaborando activamente en la guerra de expansión reconquistadora en territorio islámico de Andalucía. Pero, sobre todo, porque se trataba de un monarca que, a ciertos niveles, había asumido el comportamiento mágico de los templarios —por ellos o de *motu proprio*—, fomentando activamente los estudios que tenían lugar en torno a la Escuela de Traductores de Toledo, escribiendo personalmente libros que, como el de los Juegos, o el Lapidario o las Tablas Astrológicas, estaban decididamente integrados en el pensamiento tradicional y en la cultura sincrética de las Tres Religiones. Y, sobre todo, proclamando ¡y nada menos que en gallego! su devoción incondicional a la Gran Madre a través de las Cantigas de Santa María, en las que, tan a menudo, se versifican y se musiquean milagros marianos plenamente integrados en las amplísimas coordenadas del fenómeno trascendente.

Este respeto, aunque muchas veces disimulado bajo la obligada capa de abominación ortodoxa, forma parte, sin lugar a dudas, del comportamiento político y cultural castellano del siglo XIII, pero si nos preguntamos el porqué sincero de esta actitud (o de hechos mondos como el que hace figurar en la tumba de Fernando III en la catedral de Sevilla la denominación de soberano de las tres religiones) comprobaremos que, frente a una presión integrista del poder espiritual establecido, subyace, y sin disimulos patentes, una corriente de amplia comprensión hacia los temas y las creencias que, oficialmente, están sujetos al anatema religioso. Frente a un cristianismo estricto que propicia la aparición gloriosa de un Domingo de Guzmán (castellano de Cilleruela) y de su orden dominicana, inventora de hecho de los tribunales del Santo Oficio, subyace en esa misma Castilla toda una corriente de cristianismo sincrético, respetuoso y hasta capaz de asumir una parte de las formas espirituales que se guarecen bajo el estandarte del Islam o en el fondo de las callejas de las aljamas hebreas, sin trabas dogmáticas que las coarten.

Los otros motivos de la aventura calatraveña

En ese contexto, volvamos de nuevo sobre los primeros pasos del Temple en Castilla. Cuando le fue entregada en custodia la plaza y el campo de Calatrava (un *Qala'at Ribbat*, no lo olvidemos) los templarios tenían enfrente la fuerza almorávide, esos guerreros divinales de los que Asín Palacios dice: «*... se llamaban almorávides los que a la vida devota unían la militar, defendiendo las fronteras en conventos que a la vez eran cuarteles (ribats, rápitas), al modo de las órdenes militares del Occidente cristiano*».[1] Estos almorávides, émulos y paralelos de los *ashas* de Oriente, representaban lo mismo que el Temple y lo mismo que los antiguos *Bärritter* (caballeros osos) de los viejos germanos descritos por Tácito, esa religión dentro y a la vez al margen del contexto religioso general, proclamadora de la mística solar de la Guerra Santa y santificada, de la lucha ascética, de la batalla como enfrentamiento del héroe griálico no con un enemigo determinado y ajeno, sino con su propia identidad guerrera y mística. Como decía san Bernardo en sus *Laudae*: «*Su guerra es la guerra de Dios y en modo alguno deben temer el pecado de matar al enemigo o el riesgo de su propia muerte*».

En 1158, cuando el Temple abandona Calatrava, las tornas han cambiado. Ya no tienen enfrente adversarios con sus mismos afanes de guerra divinal, sino almohades con espíritu de conquista, fanáticos ortodoxos de un Qorán que tenía poco que ver con el contexto sufí... «*ca non avíen guisado de lo que era mester porque contra ellos se parasen; demás que ell rey mismo non fallara ninguno de los grandes omne de Castiella que al peligro de aquel logar se atroviesse a*

1. MIGUEL ASÍN PALACIOS, *El Islam cristianizado,* Hiperión, Madrid, 1981.

Esto es cuanto queda del ábside del templo que los freires construyeron en la fortaleza de Calatrava la Vieja. Su abandono sigue siendo un misterio que la historia no ha sido capaz de explicar satisfactoriamente.

parar», se dice en la *Crónica General*. Y así tuvieron que comprenderlo el rey Sancho y fray Raimundo de Fitero que, con Diego Velázquez, «*que fuera en otro tiempo al sieglo ome libre en fecho de cavallería*», crearon un simulacro de orden militar, paralela sólo en las apariencias a la del Temple, para suplir su espíritu en circunstancias mucho más acordes con el ambiente de pura defensa y conquista territorial que exigirían las circunstancias.

A mi modo de ver, y analizando lo que fue la génesis de las órdenes militares autóctonas — al contrario de lo que significó el Temple en cuanto Orden multinacional—, su creación carecía del espíritu solar profundo que nimbó durante su existencia a los freires templarios que les sirvieron de esquema exotérico; Calatrava, Alcántara en el reino leonés y Santiago, lo mismo que la también multinacional orden de los sanjuanistas, bebieron en los moldes templarios y chuparon de la fama con que los templarios supieron envolverse gracias a su gran *manager* de Clairvaux, que les dio espaldarazo ante el mundo con unos ditirambos que casi chocaban con el espíritu cristiano evangélico, aunque el mismo cristianismo agradeciera la oportunidad que se brindaba con aquella amnistía guerrera: «*¡Cuán gloriosamente vuelven del combate! ¡Cuán bienaventuradamente perecen en él como mártires!*». La guerra había dejado de ser oficialmente pecado a determinados niveles. Los santos —Santiago matamoros, san Millán cuidacondes, san Jorge salvadoncellas— podían ya empuñar una espada y cortar cabezas moras o cátaras.

Pero en el fondo, el desconocimiento subsistía. Muy en el fondo, los templarios seguían siendo, en su propio universo histórico, los grandes ignorados, los sospechosos temidos, con cierto tufillo a simpatía islámica. Pero ¿acaso el mismo Cid, cuyas hazañas ya se cantaban por toda Castilla, no se vestía a la mora en su Valencia conquistada? ¿Acaso no habían adoptado hábitos y costumbres y comidas islámicas los mismos reyes francos de Jerusalén? Bajo esas pequeñas apariencias sin importancia, fácilmente excusadas, el Temple mantenía su misterio iniciático y, en posesión de él, penetraba en un mundo prohibido, difícilmente disculpable desde esquemas estrictos de la política cristiana medieval. Su suerte estaba en el modo de penetrar en su entorno sin levantar más que las imprescincibles sospechas y, en tanto, preparar el terreno, entre reyes y entre humildes canteros, entre herejes perseguidos y entre kabalistas consentidos, para crear un mundo nuevo, distinto, basado en lo que la Tradición arcaica había ido dejando, cojo y deteriorado, en las formas religiosas imperantes, renovando los esquemas, puliéndolos, extrayendo pacientemente de su remota sabiduría el viejo, olvidado y anatematizado Conocimiento arcano, para hacer surgir, llegado el momento preciso, el sol de un mundo en el que los valores trascendentes accediesen por derecho propio y sin posibilidad de réplica al poder absoluto y omnímodo sobre los pueblos de la tierra conocida.

9

La secreta asunción de la herejía

La historia académica no ha leído novela policíaca. Si hubiera tenido esa suerte, posiblemente se habría percatado de que el encuentro de los indicios que realmente interesan a la hora de conocer las razones que han movido la aventura de los pueblos no son siempre los que pueden encontrarse de modo directo e inmediato, sino aquellos otros que surgen a partir de lo que los testigos callaron, de las relaciones que nadie quiso reconocer, de las coartadas imposibles que demuestran cómo *algo tuvo que suceder* porque *alguien estaba allí* en el momento preciso. Luego, cuando los testigos han confesado, cuando los culpables han sido puestos a disposición del juez, cuando resplandece la inocencia de los sospechosos sin motivo pero cargados de pruebas adversas, se comprueba a menudo que todo aquel tinglado de aparentes verdades que trataban en principio una situación aceptada por todos, se viene abajo en cuanto la realidad se capta desde la óptica del otro lado del espejo, accediendo a ella por deducciones que están ahí, patentes, esperando sólo a que alguien se percate de los indicios, de las claves, de esas huellas chiquitas dejadas por puro descuido en el pomo de una puerta.

La callada de los culpables

Si yo me hubiera puesto a redactar este libro plagiando, por ejemplo, de un manuscrito desconocido que nadie sino yo hubiera tenido entre las manos, la última idea que se me habría pasado por la mente sería la de citar en mi texto las fuentes de las que me habría aprovechado. Si, por otro ejemplo, yo despreciase profundamente la personalidad o las ideas de un determinado investigador, o si el tal investigador me cayera mal por algún motivo, difícilmente le concedería el favor de citarle en mi libro, aunque alguna de sus ideas se hubiera filtrado «involuntariamente» entre mis líneas. (Y lo digo en este caso con profundo conocimiento de causa, porque ya me he encontrado pasivamente en tal situación y me han caído entre los dedos y las gafas textos claramente inspirados en ideas mías que eran sistemáticamente silenciadas.) Ítem más, cabe muy bien que, en un determinado momento, incluso aquí mismo, me tropiece con un factor importante que debería ser citado para aclarar alguna duda fundamental entre las muchas que aquí se plantean; pero puede suceder que carezca, por falta de información, de suficientes elementos de juicio para valorar el significado profundo de ese factor. Lo mejor que podré hacer, en un caso semejante y para curarme en salud, será ignorarlo y dejar la cita o la investigación para más adelante o en el fondo del cajón de los olvidos.

En cualquier caso, la omisión y el silencio se plantean, lo mismo que en la novela policíaca, como un *delito*. Sin paliativos.

Primer caso: se calla porque se teme ser descubierto en flagrante falta de usurpación indebida.

Segundo caso: se calla porque se desprecia y se pretende ignorar a quien debería ser reconocido.

Tercer caso: se calla porque se ignora la importancia real de un determinado factor.

Y aún queda un cuarto caso, que posiblemente constituya un delito de mayor gravedad: cuando se calla una determinada verdad porque su descubrimiento podría hacer que se tambalease toda la estructura lógica que uno se ha montado en torno a un hecho concreto.

Pues bien: aparte ejemplos contemporáneos, inmediatos y hasta personales, por los que me apresuro a pedir excusas porque no vienen al caso, el problema que plantea la historia de los templarios españoles se basa, fundamentalmente, en estos cuatro postulados policíacos. Y aunque nos encontremos ya en alta mar por lo que a este libro respecta, bueno será que recapitulemos brevemente sobre los diversos motivos que han silenciado tanto la singlatura templaria en la Península Ibérica como su influencia en la vida y en la cultura de nuestro entorno inmediato.

En primer lugar, les ignoraron biógrafos y autores de memorias porque, en determinados momentos clave, habrían tenido que reconocer la enorme importancia que los templarios tuvieron en una vida o en unos acontecimientos que, de ser reconocida, habría restado valor a hechos o ideas atribuidos a un protagonista.

En segundo lugar, les han ignorado los cronistas contemporáneos y hasta los herederos de sus bienes y de sus casas y de sus templos porque, de haber sido reconocidos y de no ser destruidos en su caso los documentos comprometedores y acreditativos, se habrían visto sensiblemente menoscabados en los méritos y en las propiedades que se atribuían por derecho propio e inalienable.

En tercer lugar, los han ignorado casi sistemáticamente los investigadores españoles porque carecieron en buena medida de fuentes consideradas por ellos como fiables y han preferido escamotear limpiamente su presencia antes de buscar las causas de su extraña ausencia.

En último lugar, los han ignorado arteramente los investigadores franceses (que han sido los que más tinta han derramado por los templarios), porque el hecho de escarbar en el Temple hispano podría haberles demostrado que, a pesar de su origen francés, los pobres comilitones del Templo de Salomón tenían unas miras que sobrepasaban ampliamente el ámbito galo. Y, más aún, que su importancia en la Península Ibérica (a pesar de que fuera en Francia donde nació y murió la Orden) sobrepasó ampliamente la que tuvo allí.

Frente a esos silencios culpables, necesario será que eche yo mano de razones que defícilmente podrán encontrarse en las crónicas, pero que responden, tal como he venido exponiendo hasta aquí, a una ideología y a unos comportamientos que plantean la lógica consecuencia de unos resultados que sí están ahí, dando cuenta y razón de unos hechos cuyas razones tenemos que conjeturar.

Un rey rodeado de sospechosos trovadores

Después de haber visto cómo el Temple se mantuvo en un discreto segundo plano en Castilla, ocupando granjas y conventos en lugares estratégicos y defendiendo casi con timidez fronteras en peligro ante el empuje almohade, nos encontramos, contemporáneamente, con una alta cotización de la Orden en el reino de León, durante el breve tiempo que permaneció separado de Castilla (1157-1230) y, sobre todo, durante el reinado de Fernando II (1157-1188), un insólito monarca extrañamente ignorado a la hora de hacer balance de su papel en la historia de su tiempo.[1] Fernando II fue rey de espíritu céltico. Conquis-

---

1. Véase JULIO GONZÁLEZ GONZÁLEZ, *Regesta de Fernando II*, Consejo Superior de Investigaciones Científicas. Madrid, 1943.

tador de buena parte de Extremadura por incitación lírica —fue el trovador Peire d'Alvernha quien cantó las excelencias de esa conquista como si de una guerra divinal se tratase—, fue igualmente constructor —en su tiempo se terminaron o se construyeron las catedrales de Santiago, de Tuy, de Salamanca y de Ciudad Rodrigo— y un decidido y ferviente impulsor de la poesía. Extraña mezcla que ya denuncia por sí sola los caminos de un monarca solar, aunque lo fuera en estado de relativa frustración. A esa conquista extremeña contribuyeron eficazmente los caballeros del Temple, pero el rey, en compensación, les había hecho donación de un importante territorio en el corazón mismo de su reino: precisamente la parte de la comarca berciana que tiene por centro el castillo de Ponferrada. Allí tuvieron los templarios una preciosa ocasión de ocupar un enclave de alta significación mágica, con descubrimiento milagroso de virgen negra —esculpida por san Lucas, según la tradición expandida—, con viejos yacimientos de oro romanos —las Médulas—, con desiertos tebaicos poblados en su día por ejércitos de eremitas visigodos a instancias de san Fructuoso y con la presencia de antiquísimas forjas y de un pueblo maldito y marginado: el de los maragatos.[1]

La historia oficial ha aludido siempre a Ponferrada y a los demás castillos templarios de la zona (Pieros, Cornatel, Corullón, Sarracín, Balboa) como fortalezas custodias del camino de Santiago, protectoras de peregrinos en constante peligro de agresión. Pero ante esa afirmación habría que reflexionar en torno a la época en que fueron ocupadas por el Temple: un tiempo (1178) en el que ya la amenaza musulmana estaba muy lejos; un camino que, al parecer, sólo aquí, sin razón, parecía necesitar de poderosas defensas, mientras que en otros lugares de la misma ruta, en trechos con evidentes peligros, los mismos templarios se conformaban con ofrecer a los peregrinos jacobeos un hospital, una capilla, una granja o un humilde albergue.

Vamos a recordar, brevemente y marcha atrás, los lugares templarios de esa larga ruta, lugares por cierto mucho menos numerosos de lo que parecería lógico, dados los fines oficiales de la Orden en cuanto a protectora de los peregrinos a los santos lugares. Desde las encomiendas de la Tierra de Campos —*Villalcázar de Sirga, Terradillos*— y saltando por el enorme vacío templario de Burgos y de la Rioja (se habla sin mucha seguridad de una encomienda en *Navarrete* que muy posiblemente fue sólo sanjuanista), hasta los enclaves de las tierras

---

1. Trato el lugar extensamente en *La meta secreta de los templarios,* op. cit., p. 85 y ss.

vasco-navarras, en *Torres del Río,* en *Puente de la Reina,* en *Eunate* y, ya por las rutas primitivas y secundarias, en *Benalbiscar* y en el *Goyerri,* con las ermitas de la Virgen de las Nieves y de San Juan; los hospitales desaparecidos de *Irún* y de *Tolosa,* la encomienda de *Iruña* y los monasterios de Santa Catalina en *Donosti* y de *Santiago de Zuberoa* o la iglesia templaria que queda como resto de otra hospedería en *San Sebastián de Soreazu.*

En resumen: ni un solo castillo hasta Ponferrada, y corríjanme los expertos de la Ruta si me equivoco. Ni una sola fortaleza en lugares tradicionalmente mucho más peligrosos para los peregrinos, como lo atestigua clarísimamente el mismo *Códice Calixtino.* ¿Por qué entonces Ponferrada, Corullón, Pieros, Sarracín, Cornatel, todos lejos de la frontera musulmana y todos también acumulados en una sola comarca?

Para mí, la razón de muchas de estas sinrazones hay que buscarla no tanto en el aspecto exterior del lugar, un imponente castillo con aires de feroz defensa, sino en el significado del lugar en sí mismo y en esos pequeños detalles que frecuentemente pasan desapercibidos y que pueden tener, sin embargo, una significación fundamental. Ponferrada pudo ser muy bien un lugar que los templarios utilizasen como centro de iniciación para freires de la Orden. Me ayuda en esta suposición, en primer lugar, la estructura misma del castillo que, aunque perdida y confusa en muchas de sus partes —ya hay mucho de él que fue construido posteriormente a la salida de los templarios—, ha conservado en la forma y en la distribución de sus espacios la proporción y algunos de los símbolos iniciáticos del comportamiento solar.[1] Pero, sobre todo, nos queda la clara simbología de algunos de los restos arqueológicos que han sido excavados en las catas realizadas en la fortaleza. Entre los que reproduce don José María Luengo y Martínez en su monografía de Ponferrada,[2] destacan dos que, a mi modo de ver, son altamente significativos. El primero de ellos es una tésera, medalla o contraseña de bronce, que luce una forma decididamente octogonal, con la cruz templaria en una de sus caras y una copa griálica en la otra: tres símbolos —octógono, cruz y Grial— que, dispuestos en

---

1. Jaime Cobreros Aguirre y Juan Morín Bentjac, en su libro *El camino iniciático de Santiago* (Ediciones 29, Barcelona, 1982), han estudiado el paralelismo entre la estructura de las torres de Ponferrada y las constelaciones correspondientes a los signos zodiacales.

2. JOSÉ MARÍA LUENGO Y MARTÍNEZ, *El castillo de Ponferrada y los templarios,* Nueva edición por editorial Nebrija, León, 1980. La primera edición data de 1930.

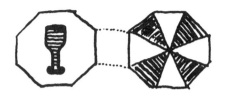

una sola pieza, son toda una muestra de la simbología esotérica de los templarios.

La otra pieza es una lápida de piedra que enmarca el relieve que representa, en un rectángulo, cuatro estrellas en los cuatro ángulos y, en el centro de ellas, las figuras de decidida intención simbólica de una luna y un sol, con la paricularidad de que ese sol está esquematizado al

modo de las estelas cántabras y célticas, como esvástica cultural, como gran signo de poder.

El oscuro mensaje de los poetas

Decía anteriormente —y la mole de Ponferrada y los aires del Bierzo me desviaron un tanto de mis propósitos iniciales— que Fernando II de León, protector decidido de los templarios, inició sus campañas extremeñas casi a los sones de los líricos *lais* del trovador Peire d'Alvernha. Dejé de hablar de los éxitos sonados que acompañaron a aquella campaña, en la que la Orden tanto tuvo que ver, pero lo hago ahora, y no precisamente para describir batallas y conquistas, sino para consignar cómo el Temple, en esa guerra, fue afincando su poderío político y económico en una tierra que, sin duda alguna, tenía

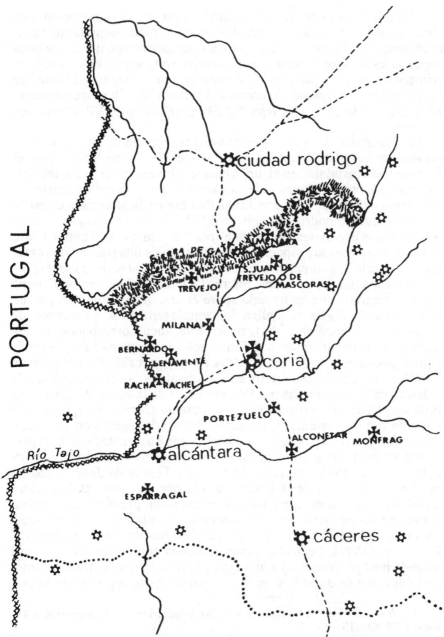

Posesiones templarias en Extremadura tras la campaña de Fernando II en 1166.

para los freires una enorme importancia, dentro de sus fines, porque les abría el camino más seguro hacia los enclaves fundamentales de su interés mágico-religioso. En esta guerra consiguieron no menos de once importantísimas posesiones, pero obtuvieron, sobre todo, estar en primera línea para optar, en las siguientes, por los lugares de Jerez de los Caballeros, Fregenal, Aracena y el salto desde allí sobre los enclaves sufíes de la costa: La Rábida, El actual Rocío y Villalba de los Alcores.

La campaña de 1166, perfectamente estudiada en su aspecto puramente histórico y estrátegico[1] nos revela, sobre todo, cómo el Temple fue a instalarse en algunos lugares clave de su especial interés, dejando que otras órdenes militares autóctonas —la recién creada de Alcántara a partir de la de san Julián de Pereiro, la afianzada como de Santiago, que obtendría su regla en 1175 y la de Monfragüe, creada por cruzados españoles en Tierra Santa y por la que el Temple sintió siempre un apego muy especial, hasta el punto de integrar la rama catalana a su milicia, aunque nunca consiguió apoderarse de la leonesa[2]— ocupasen los puntos de simple interés táctico. Si observamos el mapa adjunto veremos que he trazado sobre él una línea recta múltiple, en cuyas inmediaciones se hallan los emplazamientos templarios de Esparragal, Alconétar y Portezuelo. Esa línea corresponde, en esquema, a la presencia de una falla geológica especialmente significativa, puesto que, viniendo desde la punta suroccidental del cabo de San Vicente (donde, por cierto, estuvo instalada la sede de la Escuela Náutica de Sagres, regida por los caballeros de la orden de Cristo), se prolonga hasta las estribaciones del Sistema Central y registra, a lo largo de toda su extensión, un buen número de lugares en los que, a través del tiempo, se testimonian hechos tan sugerentes como a) presencia de místicos y de manifestaciones masivas de acontecimientos extáticos (san Pedro de Alcántara, santa Teresa de Jesús o los fenómenos colectivos de la Codosera allá por los años 30 de nuestro siglo); b) milagros de apariciones marianas con parafernalia especialísima de luces victoriosas (Garrovillas, Tentudía); y c) manifestaciones múltiples, perfectamente catalogadas en nuestros días, del fenómeno OVNI. Se trata, como podemos conjeturar, de toda una serie de hechos, repetidos a lo largo de la historia que entrando dentro de lo que hemos dado hoy en llamar paranormal, representan la pre-

---

1. GERVASIO VELO Y NIETO, «Coria y los templarios», en Boletín de R.A.H., tomo LXI, año 1912, p. 346 y ss.

2. GERVASIO VELO Y NIETO, *La Orden de caballeros de Monsfrag,* edición del autor, Madrid, 1950.

sencia de una realidad que escapa limpiamente a las definiciones racionales y debe integrarse en la evidencia de un conocimiento que, al menos hasta ahora, sólo ha sido reconocido y aceptado desde posturas heterodoxas respecto a lo que la ciencia reconoce como válido o demostrable.

Ahora bien, los hechos están ahí mismo y, como punto significativo (de una significación que difícilmente podría reconocer un docto profesor de historia al uso), su origen, la motivación misma de la campaña leonesa de 1166, se encuentra en una guerra propiciada en sus cantos por un trovador que, según dicen las crónicas —y las crónicas nunca mienten, aunque pueda parecer lo contrario— era «maestro de todos» en la corte de Fernando II. Maestro de todos, luego maestro de la caterva de trovadores y poetas que poblarían aquella corte, como es lógico. Y me apresuro a completar: una corte de trovadores no es en modo alguno una corte al uso, como no lo es, por supuesto, un monarca que, al decir de esas mismas crónicas, componía también bellos poemas. Sancho I de Portugal también era rey trovador, y bien que protegió a sus templarios, pero de él sí nos ha llegado algún serventesio de extrañas connotaciones simbólicas; en cambio, nada ha quedado de lo que trovaron los poetas gallegos antes de 1198, rey incluido.

Sin embargo, sí nos han llegado noticias. Y esas noticias son altamente esclarecedoras, porque nos muestran, nada más y nada menos, que el decir poético fue en tierras gallegas un modo de expresar, en clave lírica, un sentimiento herético. Y con ello tenemos que volver sobre aquel Prisciliano de nuestras entretelas peninsulares, que dejamos medio abandonado en las primeras páginas del capítulo anterior.

¡Pero cómo, digo yo, podríamos haber abandonado a Prisciliano, a nuestro santo patrono de todas las herejías y magias y prodigios que en nuestra España han sido!

Los pájaros de la herejía

Mucha atención, por favor, porque se da el caso de que, demasiado a menudo, una simple y escueta enumeración de datos o una desnuda cronología sugiere más certezas que una larguísima y extensa reflexión. (Por mi parte, siento siempre la tentación de convertir mis escritos en datos, porque estos datos que suelen ser tomados como hechos aislados e inconexos, puestos uno detrás de otro o en su correspondiente paralelo, llegan muchas veces a revelarnos certezas escalofriantes que

Pájaros enfrentados: ésta es la decoración del antiguo templo mistérico que hoy constituye la cripta de la iglesia gallega de Santa Eulalia de Bóveda, donde dice otra tradición que está enterrado el apóstol herético Prisciliano.

vienen a demostrar cómo no existe hecho alguno que pueda ser tomado con pinzas y aislado *in vitro,* porque su relación con los acontecimientos que se dan en torno suyo, á diez metros o a miles de leguas, es esclarecedora a la hora de juzgarlo y medirlo y calibrar la importancia que pudo tener en la historia del género humano.)

Una tradición, distinta pero paralela a la que sugiere la presencia de la tumba de Prisciliano donde la iglesia juró que estaba la del apóstol Santiago, fija el lugar de su tumba en la cripta de Santa Eulalia de Bóveda, en la provincia de Lugo, en un lugar que fue mitreo —templo de Mithra— y que todavía en nuestros días, con todas las humedades de Galicia a cuestas, nos muestra un antro mágico, ¡auténticamente mágico!, repleto de pinturas en las que predominan las figuras de pájaros —de todos los pájaros del mundo— enfrentados como imágenes especulares.

El pájaro fue tema preferido de trovadores gallegos y provenzales. El pájaro fue también representación divinal, desde el ibis egipcio a los pavos reales de los poemas orientales de Omar Khayyam. Representó el saber, el contacto con los cielos, la enseñanza de una idea superior que *descendía* por su mediación hasta los seres humanos. Un símbolo religioso que muy bien podía convertirse, sin traumas, en imagen poética, digna del mejor trovero. Recordemos: a Prisciliano le degollaron con varios compañeros, uno de ellos Eucrocia, «*mujer del poeta Delfidio*», según cuenta Severo. Sigamos recordando, pero esta vez el nombre de un poeta que formaba parte de su secta: Latroniano. Y recordemos finalmente un poco más: ahora a san Martín Dumiense, cargando contra los cantos mágicos que se escuchan en su diócesis, así como contra los himnos «*profanos y plebeyos*», lo mismo que había cargado —y por el mismo motivo— contra los «*veneratores lapidum*».

Existe, no puedo por menos de decirme, una conciencia clara, por parte de los poderes espirituales instituidos, que teme las connotaciones heréticas que pueden surgir detrás de un canto. Sobre todo, si ese canto está concebido en clave simbólica, porque esa clave será *el lenguaje de los pájaros,* el idioma simbólico del conocimiento que el iniciado solar entiende cuando *sorbe* la esencia del dragón vencido; y es el mismo lenguaje que otros llaman siríaco, empleado por los constructores del templo de Salomón y en versiones orientales de libros apócrifos que en Nicea y en otros concilios fueron anatematizados sin piedad. Un lenguaje, en fin, que entenderían los adeptos y sólo ellos, mientras que para los demás mortales pasaría por lengua simplemente poética que entendería sólo de temas profanos.

Pero sigamos con los datos desnudos y veremos cómo ese espíritu gnóstico que surge en la Península con entidad propia a través de Prisciliano, se caracteriza por la presencia de otros elementos distintivos que comienzan a darse también —y, sobre todo, sin coincidencias casuales— en lugares empapados por la herejía de nuestro buen patrono.

El primero de estos elementos, el ascetismo eremítico y el monaquismo subsiguiente. (Y fijémonos en que, siguiendo las leyendas de los eremitas, surge en gran parte de ellas otra vez la figura del pájaro: cuervo —ave de Lug— o paloma —ave druídica— que viene diariamente, milagrosamente, a traerle su pan —su alimento— al eremita, sea san Antonio Abad en la Tebaida, o san Félix, el santo escondido por las escarpaduras riojanas de los Cameros, o el mismo san Frutos, el que excavaba cuevas iniciáticas para meterse en lo más hondo de la Madre Tierra allá por las hoces segovianas del Duratón.) Apuntemos, como de paso, aunque de pasada tiene bien poco, que el Concilio Cesaraugustano, el que condenaba en el 380 a Prisciliano y a los suyos, cargaba en su canon VI las tintas sobre los peligros de la vida

El Valle del Silencio, en los montes de León. Este valle y sus contornos se llenaron de eremitas cuando ya el estado godo había abrazado la fe católica abandonando el arrianismo.

monacal. Y sigamos apuntando cómo, entre el 381 y el 384,[1] una monja probablemente ligada al priscilianismo, la doncella Egeria,[2] marchaba a Oriente y buscaba, por Turquía, por Tierra Santa, por el Sinaí y por Mesopotamia la esencia de lo sagrado.[3] Y pensemos que esa monja (que monja y no simple doncella debió ser, aunque monja de estirpe muy especial) daba cuenta cabal de su periplo a los miembros

---

1. Véase, citado por Chadwick, P. Devos, «La date du voyage d'Égerie», en *Anales Bollandistas.* 85 (1967), pp. 165-194.

2. Chadwick (op. cit. p. 21 y ss.) defiende activamente el priscilianismo de Ergeria y basa su tesis en 4 puntos que merece revisar, aunque Antonio Linaje (en *Cuadernos del Norte,* op. cit.) se muestre escéptico respecto a sus afirmaciones.

3. *El itinerario de la Virgen Egeria. Constantinopla, Asia Menor, Palestina, Sinaí, Egipto, Arabia, Siria.* Edición a cargo de Agustín Arce, B. A. C., Madrid, 1980.

de una comunidad, descubriendo manuscritos apócrifos y ensalzando la vida que se llevaba en los monasterios dúplices que proliferaban entre los cristianos gnósticos de las diversas sectas orientales. (Y vuelve ahí a cerrarse el círculo y a morderse la cola la serpiente del conocimiento, a partir de aquel Marco de Menfis que descubrió los secretos de su propia gnosis al apóstol Prisciliano, hasta ese viaje iniciático de su presunta discípula a las fuentes de aquel viejo conocimiento oriental.)

Terminemos sugiriendo aquel ejército incontable de monjes y monjas que, en pleno territorio berciano, empapado todavía de priscilianismo, llenó bajo la hégira de san Fructuoso los sagrados montes de León, entre el Teleno y el Aquiana, entregados todos sus miembros como un solo hombre a la esperanzada y masiva búsqueda de Dios y de su esencia, mientras los reyes godos clamaban y temblaban porque aquella multitud mística estaba dando al traste con su ejército, porque los hombres dejaban masivamente el oficio de las armas para dedicarse en cuerpo y alma al oficio de Dios.[1] Por cierto, recordemos que esos montes de León, ya en poder de benitos, fueron vecinos inmediatos de los templarios de Ponferrada, los que explotaban el oro de las Médulas, los que trabajaban pacientemente las viejas minas romanas en su granja de Rabanal del Camino, en plena Maragatería. Y que fue uno de aquellos templarios el que, según la leyenda de Gil y Carrasco, se largó hacia aquellas cumbres a beber en la soledad el espíritu de san Valerio y de san Genadio, los monjes constructores que levantaron en esas soledades las maravillas de Santiago de Peñalba y de San Pedro de Montes, los monjes tambien herreros —atención a los herreros, representantes de un oficio tradicionalmente maldito— que llenaron de ingeniosas ferrerías sus valles, desde Compludo a Valdueza.

¡Malditos paganos!

Hablando de oficios malditos, viene a cuento ahora el segundo de esos elementos distintivos que apuntaba hace un momento. Me refiero a los pueblos malditos y, muy en especial, a esos maragatos que pueblan aún hoy los montes de León y las llanuras suaves que median entre éstos y la ciudad sagrada de Astorga, ocupando una zona absolutamente misteriosa y todavía desconocida —por más tinta que sobre ella se haya vertido— del viejo Camino de Santiago. Y al decir *viejo* me

2. *San Fructuoso y su tiempo*. Imprenta Provincial, León, 1966. Varios autores.

Un pueblo abandonado de la Maragatería, camino de los montes de León y en la misma Ruta Jacobea.

refiero al camino que existió antes, mucho antes del Camino santificado por los ortodoxos hisopazos de Cluny.

De los maragatos se ha dicho todo lo decible y, sobre su origen, todo lo decible y más. Los más doctos investigadores de nuestro pasado,[1] autóctonos y foráneos, han dado sus particulares versiones sobre el asunto, han jugado con la denominación misma de la Maragatería y han especulado sobre el significado de los restos arqueológicos y sobre las costumbres. Se ha hablado y se sigue hablando de «mauros captos» y de «mericatos» como raíces de la denominación de origen, se ha insistido en torno al folklore de la *covada* (ya saben ustedes, la mujer es la que pare y el hombre quien recibe los cuidados durante el parto) y hasta se han centrado, con más acierto del que los mismos

---

1. Citemos, como simple guía, los nombres de García y Bellido, Schulten, José María Blázquez, Julio Caro Baroja, Manuel Gómez Moreno y, en el área leonesa, Miguel Bravo y José María Luengo.

autores y descubridores han podido sospechar, problemas fundamentales que están gritando por su explicación.[1]

Por ejemplo, y en cuanto atañe a los hallazgos, se ha apuntado la posibilidad de que los abuelos de los maragatos fueran quienes trabajaron en los yacimientos auríferos de los romanos, en aquella increíble *ruina montium* de las Médulas; que, paralelamente (y en este sentido las ferrerías visigodas de los montes de León no deberían ser tampoco separadas del contexto maragato), ejercieron la metalurgia desde tiempo inmemorial. Y permítanme que lo recuerde de nuevo: las artes de trabajar los metales y, sobre todo, el hierro, fueron actividades malditas durante muchos siglos de la antigüedad, como si el conocimiento de las técnicas metalúrgicas supusieran el ejercicio de poderes diabólicos.

En ese mismo terreno de los hallazgos, se ha apuntado la posibilidad —riquísimamente documentada, como puede comprobarse en los museos de Astorga y León— de que la zona tuviera una especialísima importancia como centro religioso y litúrgico en la antigüedad precristiana, lo que equivaldría —creo yo— a la fundada sospecha de la existencia de un gran centro iniciático del que han quedado, en clave popular, costumbres y ritos de oscura significación, como ese de los *zamarracos* del Año Nuevo que desempolvó Sánchez Dragó.[2] Y hasta leyendas que conservan la pureza de un simbolismo tradicional que en modo alguno pudo ser pura y simple invención idolátrica de pueblo primitivo sin profundas connotaciones místericas, como es aquella de la fundación, en tierra maragata y berciana, de la ciudad de Bergidum por vaqueiros asturianos que siguieron a una vaca blanca hasta que se posó a descansar en el lugar exacto en que la ciudad debería ser construida.

Curioso, sin duda, que dos de los pueblos malditos tradicionales de España se pongan en contacto por medio de una leyenda. Más curioso, si cabe, que en los ámbitos territoriales de ambos surja la existencia de las antiguas ferrerías (lo mismo que surgen y proliferan en tierras de agotes). Y más aún que, partiendo de tradiciones aisladas aplicadas sin discriminación aparente a unos y a otros pueblos de esta marginación peninsular, existan muchas coincidencias que inclinan a sospechar que todos ellos, aun afincados en enclaves totalmente distintos y sin evidentes lazos que los liguen entre sí, pueden proceder de

1. Un buen resumen de todos estos temas en LUIS ALONSO LUENGO, *Los maragatos. Su origen, su estirpe, sus modos,* Nebrija, León, 1980.

2. *Gárgoris y Habidis, una historia mágica de España,* Hiperión, Madrid, 1978.

Una cabaña cónica construida por los vaqueiros de Alzada. Como los maragatos vecinos, los vaqueiros debieron dedicarse en tiempos perdidos al oficio de la forja, del que quedan restos por todo su territorio.

una misma rama en ese árbol frondosísimo que crece, sin orden aparente, a partir de las raíces de la Gran Tradición arcana.[1]

Me refiero, por ejemplo, al origen presuntamente oriental de agotes y maragatos. De los primeros se cuenta —por parte del pueblo— que son descendientes de los constructores que puso el fenicio Hiram al servicio de Salomón para levantar su templo. De los segundos encontró en su día el investigador Julio Caro lápidas y figuras votivas en la Maragatería, concretamente en Santa Colomba de Somoza, que acusan un carácter decididamente semítico en un asentamiento no documentado por aquellas latitudes.

Me sigo refiriendo, por más ejemplo, al hecho de que todos los pueblos tradicionalmente malditos de nuestra geografía se encuentran en las rutas que conducían al Finis Terrae o en sus proximidades inmediatas. Agotes y maragatos en el Camino Francés, vaqueiros y

---

1. Trato el tema en «Los Pueblos Malditos», en *Mundo desconocido*, núm. 28, octubre de 1978, p. 41 y ss.

pasiegos en los caminos del Norte, jurdanos y brañeros en la Vía de la Plata, baralletes y soliños en la Galicia finisterrana. Que todos ellos tengan, en mayor o menor medida, la pasión por la trashumancia, pero sin abandonar nunca definitivamente —como es el caso de los gitanos— su lugar de asentamiento tribal. (Aunque habría que excluir excepcionalmente de esta característica general a los jurdanos, que constituyen el ejemplo más claro —y eventualmente más trágico en su momento— de comunidad esencialmente aislada y desconocida y hasta ignorada por su misma naturaleza.)

Y termino constatando cómo, en casi todo este contexto de marginación secular, hay una presencia templaria constante. No volvamos, si no queremos, sobre los templarios de Ponferrada, vigilando la Maragatería. Ahí están, ya en Galicia, los templarios de la isla de San Simón, en la ría de Vigo, vigilando —digo yo si vigilando— a los cercanos soliños de Coiro y Cangas del Morrazo. Ahí están los de Moldes y Boborás, en Orense —recordemos la iglesia de San Julián de los Astureses y la de San Mamed— frente a la comarca de los afiladores del *barallete*. Ahí están los templarios de Almenara y San Juan de Trevejo —conquistas de la campaña de 1166, con Fernando II— vigilando las Hurdes que tienen a dos pasos. Y ahí, en las posesiones navarras y vascas, desde Irún a Torres del Río, en plena tierra de agotes, hospitales, templos poligonales, ermitas y conventos de unos freires buscadores de algo que también nosotros vamos a rastrear, de su mano.

Paralelismos

Es muy posible que la mayor parte de los investigadores hayan pecado de un sentido localista que, demasiado a menudo, les ha impedido ver cómo los sucesos, lo mismo que las creencias y las culturas, no suelen ser presentados como fenómenos inconexos, sino que forman parte de un todo que se manifiesta por la eclosión de este suceso concreto o de aquella aventura aparentemente aislada. A veces pienso, incluso, que debería hacerse con la historia de las creencias religiosas universales lo mismo que el físico o el biólogo realizan en su laboratorio: aplicar los mismos reactivos sobre distintos elementos hasta ver en qué medida esos productos, presuntamente aislados o solitarios, forman realmente parte de toda una cadena de causas y efectos de la que pueden extraerse leyes universales.

Una sorpresa, casi diríamos ingenua, que me llevé hace ya bastantes años y que consigné en alguna página que ya no recuerdo, fue el descubrimiento de una larga serie de topónimos que iban surgiendo, casi idénticos, en Cataluña y en el Noroeste Peninsular, fundamentalmente en Galicia. Un Rabós en Gerona y otro en la Coruña; un río Ullá en el Ampurdán y un Ulla en Galicia; una Agullana peligrosamente paralela al monte Aquiana; dos Estradas en las dos puntas peninsulares; una Armentera y una Armenteira... Naturalmente, se trataba en ambos casos de topónimos celtas y resultaban, en cierta manera, coherentes con la historia establecida.

Luego vinieron otros paralelismos, ya no tan estrictamente concordantes con el celtismo, aunque sí con una tradición anterior que tiene tanto que ver con los pueblos como con las creencias y los saberes que, de modo más o menos general, han influido sobre el comportamiento de la humanidad. Surgió la cosa, por ejemplo, en la constatación de que la poesía trovadoresca peninsular floreciera precisamente en Galicia y en Cataluña; en la proliferación de la cultura dolménica en ambos países; en la tradición brujeril, especialmente enraizada —y con las mismas características— en las dos tierras; en la de los cruceros; en la arribada más o menos mítica de apóstoles cristianos (san Pablo a Tarragona, Santiago a Galicia); en la de una tradición folklórica, muy a menudo paralela —en manifestaciones de la artesanía cerámica, en las danzas populares, incluso en instrumentos musicales y en atuendos—; en la aparición, casi contemporánea, de géneros literarios afines; y hasta en una mitología que contenía demasiados rasgos comunes para que pudieran atribuirse a la coincidencia casual.

Lo sé, lo sé: todo tiene explicación, no he pretendido en modo alguno descubrir ninguna sopa de ajos especiales. Me he limitado a destacar detalles obvios que muchos podrían haber constatado anteriormente y que, seguramente, lo habrán hecho. Sin embargo, esa funesta manía de aislar los acontecimientos y de meterlos en compartimentos estancos bajo excusa de especialización localista ha dado como consecuencia que determinados factores de ese paralelismo secular hayan permanecido ocultos, impidiendo una comunicación que habría podido entreabrir las puertas de muchas incógnitas no resueltas. Una de ellas, la extraña comprobación —que tuve oportunidad de exponer en *La meta secreta de los templarios*— de la presencia de un centro cultual importantísimo de la Orden en San Bartolomé de Ucero (Soria), en un enclave geográfico que muy bien podemos calificar de *mágico* y que plantea la incógnita de su emplazamiento, situado de modo tal que su distancia a *los dos puntos extremos del Oriente y del Occidente hispánicos* (el cabo de Creus en Cataluña y el de Finisterre en Galicia) es exactamente la misma, tal como si les hubiera sido necesario a los freires el establecimiento de unas coordenadas misteriosas que marcasen de alguna manera trascendente el centro que habría de condicionar sus demás emplazamientos peninsulares.

Otra, que probablemente nos permitirá ahora adentrarnos en las peripecias del Temple leonés y precisamente durante la época de su apogeo, la de un importante brote de catarismo occitano en las inmediaciones de sus casas encomiendas. Una vez más, los fenómenos de uno y otro extremo de la Península se identifican y se hacen uno en distinta carne, como demostración tácita y muda de una tradición que, precisamente por ser común, absorbe las esencias gnósticas de la misma manera, a uno y otro lado del territorio elegido.

Los herejes de la Tau

La fuente que puede proporcionarnos hoy mismo noticia de ese núcleo herético de cátaros leoneses sigue siendo, como en tantos otros casos de nuestra historia religiosa, el inefable don Marcelino Menéndez y Pelayo, que escribió en su día la más documentada crónica de las desviaciones heterodoxas hispanas, con una erudición y un cuidado tales que casi pueden perdonársele con gusto las opiniones personales, carentes siempre de objetividad por su pertinaz compromiso de católico a ultranza. En la primera parte de su magna obra[1] nos da cuenta (después de haber insistido en la escasa incidencia de la herejía cátara en la Península, lo que seguramente habría que poner, al menos parcialmente, en tela de juicio, porque una cosa es la presencia de un fenómeno y otra muy distinta la repercusión que puede haber tenido en los documentos *oficiales* que suelen manejar como fuente primordial los historiadores) «*la secta de los albigenses duró poco e influyó menos en España*».

Don Marcelino, basándose en el Tudense, nos da un sinfín de datos que en su obra quedan sólo como tales, pero que, probablemente, convendría analizar, siquiera fuese brevemente. Así, cuando narra los apólogos —algunos— de los que se servían los cátaros leoneses para «confundir y hacer dudar» a sus acólitos, reproduce uno bien singular: «*Dos caminantes encontraron una cruz; el uno la adoró, el otro la apedreó y pisoteó, porque en ella habían clavado los judíos a Cristo; acertaron los dos*». Esta singular manera de enfrentarse con el misterio cristiano de la cruz sacrificial aceptada como tal —y no en su sen-

---

1. MARCELINO MENÉNDEZ Y PELAYO, *Historia de los Heterodoxos españoles*, B. A. C., Madrid, 1965.

tido de símbolo de vida y de trascendencia— por la iglesia ortodoxa, se parece mucho —me atrevería a decir que demasiado— a uno de los principales cargos que cayeron sobre los templarios durante su largo proceso. Por tomar sólo un ejemplo, reproduzco del proceso templario el interrogatorio que se le hizo a Hugues de Pairaud, visitador de Francia, el 9 de noviembre de 1307, «*Dice también bajo juramento que, después de haber hecho numerosas promesas de observar los estatutos y los secretos de la Orden, se le colocó el manto de la orden en torno al cuello y el dicho Jean, que fue luego preceptor de la Muce, le condujo detrás de un altar y le mostró una cruz sobre la que estaba la imagen de Jesús crucificado y le ordenó renegar de aquel cuya imagen estaba allí representada y escupir sobre la cruz; y él, aunque a pesar suyo, renegó de Jesucristo de palabra y no de corazón, según dijo*».

Menéndez y Pelayo sigue citando a Lucas de Tuy cuando asegura que algunos de aquellos herejes afirmaban que «*Verdad es lo que se contiene en el Antiguo y Nuevo Testamento, si se entiende en sentido místico, pero no si se toma a la letra*». Ahí mismo está contenida la síntesis del pensamiento gnóstico al desnudo, la esencia de ese lenguaje siríaco o de los pájaros, sobre el que hemos venido insistiendo como núcleo de toda la ideología heterodoxa emanada del cristianismo y basada en los cultos misféricos que lo precedieron y que conformaron la creencia sincrética de las sectas cristianas orientales, exactamente la misma que anidaba en la mente de nuestro Prisciliano, cuyas ideas se desarrollaron después de su martirio, sobre todo, en estas mismas zonas del reino leonés y que, aunque luego se larvaran, seguían latiendo en la sombra y esperando únicamente la oportunidad de resurgir bajo el aspecto concreto de cualquier nueva ideología paralela. Que la nueva viniera entonces del Languedoc, al frente de aquel llamado Arnaldo que «*fue herido de muerte sobrenatural cuando estaba ocupado en falsificar el libro de los* Sinónimos *de San Isidro*» importa menos que su encarnación mística y su identificación, a los ojos del pueblo, con su ya entonces (1216) remoto apóstol Prisciliano. El tal Arnaldo comenzó a prodigar milagros desde su tumba, junto a una fuente y sus feligreses llenaban la tierra leonesa de evangélicas noticias, que proclamaban los milagros sin cuento que junto a aquel sepulcro se estaban produciendo casi a diario. Los enfermos sanaban bebiendo las aguas de aquel manantial y, según el padre Mariana —siempre citado por don Marcelino—, «*tenían algunos sobornados de secreto con dinero para que se fingieran ciegos, cojos, endemoniados y trabajados de diversas enfermedades*», para simular curaciones que nunca ocurrieron.

La aventura herética llegó a mayores cuando, tras una intensa campaña de predicación por parte de dominicos y de franciscanos y de un cierto diácono anónimo llegado de Roma con afanes dignos del futuro san Vicente Ferrer, que comenzó a amenazar con mortales sequías a quienes nada hicieran por acabar con las mácula del pecado, se acordó derribar la capilla que habían dedicado a Arnaldo para terminar, a la vez, con la herejía y con la seca que amenazaba desde diez meses antes los campos. Pero entonces sucedió el milagro (milagro herético y satánico, naturalmente). Lo cuenta el mismo Mariana: «*Acaeció con grande maravilla de todos que, al tiempo que derribaban la iglesia, entre la madera se oyó un sonido como de trompeta para muestra de que el demonio desamparaba aquel lugar. El día siguiente se quemó una gran parte de la ciudad, a causa de que el fuego, por el gran viento que hacía, no se pudo atajar que no se extendiese mucho. Alteróse el pueblo, acudieron a buscar al diácono para matarle; decían que, en lugar del agua, fue causa de aquel fuego tan grande. Acudían los herejes que se burlaban de los clérigos y decían que el diácono merecía la muerte y que no se cumpliría lo que prometió*». Pero a los ocho días, sigue diciendo Mariana, Dios se apiadó de sus fieles y les mandó agua abundante, que sirvió para que los herejes fueran definitivamente expulsados de la ciudad.

Aparte anécdotas más o menos creibles y más o menos manipuladas, hay un punto en el que sí conviene volver a detenerse. Es aquel según el cual, dice Lucas de Tuy, aquellos herejes veneraban «la cruz de tres clavos y tres brazos, a la manera de Oriente». Es decir, la Tau. El mismo símbolo que veneraban los templarios y que en tiempos posteriores a su disolución, otros continuadores de su obra grabaron profundamente en las piedras de Ponferrada.

¿No resulta extraño al menos que esa veneración por la Tau fuera explícitamente condenada por el Tudense en un momento en el que la Orden se encontraba firmemente establecida en la comarca leonesa y envuelta en manifestaciones heréticas de aquellos albigenses seguidores de su maestro Arnaldo? ¿Y no resulta doblemente extraño que, teniendo el Temple territorios tan importantes en el reino de León, no hayan surgido en esta aventura de alguna manera, para bien o para mal, en vez de ser absoluta y misteriosamente ignorados?

Los que permanecen en la sombra

El marqués d'Albon, de quien dimos cuenta y razón por su minuciosidad en ir reuniendo los documentos sobre las donaciones templarias, consigna que sólo hasta 1150 los freires habían reunido no menos de trescientas en la zona de Provenza y el Languedoc, que se concentrarían en las treinta casas establecidas por la Orden en aquel territorio. Pensemos, pues, en el enorme interés que debieron tener los templarios por aquel lugar, sobre todo si comparamos, en el mismo tiempo y siempre de la mano del marqués, que habían reunido doscientas en Flandes, Borgoña y Normandía (de donde procedían los primeros templarios y donde se encontraba el núcleo originario de la reforma cisterciense) y cien más entre Inglaterra, Italia y la Península Ibérica.

Hay que plantearse que una acumulación tal de territorio controlado no puede darse por el azar de la casualidad, ni tampoco sólo en razón de una particular simpatía de los donantes de una zona concreta hacia el Temple, sobre todo pensando que no era la cuna de la Orden. Necesariamente, la sospecha tiene que centrarse en torno a un especialísimo interés por un territorio —que, como vamos a ver, no se ciñe únicamente al Midi francés— que encierra un factor importante para la peculiar ideología de los templarios. La sospecha tiene antecedente, si no en el tiempo sí en el espacio. Ya estudié anteriormente el especial empeño que tuvieron por asegurarse en la Corona de Aragón, incluso mucho antes de su conquista a los musulmanes, determinados enclaves del Maestrazgo que hoy podemos confirmar, sin márgenes para la duda, que constituyeron zonas de alto valor cultural dentro del sentimiento religioso precristiano; territorios como Culla y su entorno, que fueron objeto de litigios, protestas y transacciones que demuestran el interés particularísimo que los templarios pusieron en su posesión.

Todo ello nos lleva a una consideración previa respecto a los puntos que voy a intentar ordenar a continuación: los templarios tenían conciencia, a la hora de su implantación en Occidente, de que la posesión de determinados enclaves geográficos y el control sobre concretas zonas afectadas por específicos movimientos ideológicos podía ayudar al resultado último que la Orden se había propuesto: la creación a medio o largo plazo de un nuevo orden mundial socio-espiritual de signo mesiánico y solar, basado en la gnosis extraída de los cultos y de las formas religiosas que precedieron a la eclosión del cristianismo en Oriente y en Occidente.

Visto así, todo parece sonar a docta afirmación académica, tengo que reconocerlo. Pero se me ocurre pensar que sólo así también puede reducirse a esquemas medianamente válidos lo que, de otro modo, requeriría estrujarse las meninges en largas digresiones para hacerse coherente. Puesta la cosa en clave inmediata, o sea, en términos de tú a tú, se reduce a un problema de táctica militar, o casi: se alcanza el objetivo final cuando se controlan los puntos desde los que ese objetivo puede ser dominado. Perogrullo lo dijo seguramente mucho antes que yo y no queda más que ponerlo en solfa, es decir, en el lenguaje de los pájaros, que los templarios dominaron tan a la perfección que incluso su regla, con todo cuanto encierra de fin último hacia un dominio definitivo del destino del hombre, puede leerse desde coordenadas de simplismo ortodoxo y sacar la consecuencia de que aquellos pobres comilitones, como los llamaba Campomanes, llevaban en la faltriquera un cartucho de repuesto para alcanzar el fin para el que la Orden había sido creada y otro al aire para mostrar en cada momento su inquebrantable adhesión a los principios espirituales oficialmente establecidos.

En el Temple, contra lo que quieran pensar los que sólo ven lo que se manifiesta ante sus narices, no vale tanto lo aparente como lo que se mantiene discretamente entre los silencios ciegos de la sombra. El Temple no es una Orden cumplidora de preceptos ortodoxos, sino una institución muy especialmente creada para unos fines de amplísima repercusión. No respondió a principios simples de poder, ni a estrictos cánones de cumplimiento evangélico, sino que, desde su creación misma, jugó con cuantas barajas se le pusieron a mano, desde el sacrificio heroico por la imposible conservación de la Tierra Prometida hasta el condicionamiento discreto y la manipulación de señores y reyes y papas con vistas a la consecución de las metas propuestas, pasando por un estricto control de las economías nacionales e individuales allí donde monarcas y señores feudales se lo permitieron, que puso en sus manos la práctica totalidad de los recursos o, al menos, la supervisión activa de las finanzas que permitirían llegar hasta las metas políticas impuestas. Detrás de todo ello había otra barrera de control, mucho más sutil pero, por eso mismo, también infinitamente más eficaz: el control, la vigilancia y, en lo posible, la manipulación de determinados recursos espirituales, el discreto fomento de unas ideologías basadas en la vieja Tradición, que podía presentarse bajo infinidad de aspectos, todos ellos, sin embargo, involucrados en un comportamiento considerado como herético por los sectores dominantes y ortodoxos de esa iglesia a cuyo servicio estaban oficialmente adscritos los freires templarios. Y precisamente una de las manifestaciones más puras y más potentes de ese comportamiento herético fue, sin lugar a dudas, el catarismo.

Génesis de una herejía

Si atendemos a la escueta historia, el origen del catarismo se ciñe a una cronología que comienza, aproximadamente, en torno al año 1000.

En el 1002 —el mismo año de la muerte de Almanzor, cuando comienza la disgregación del Califato de Córdoba— se registraron las primeras hogueras quemadoras de cátaros en Tolosa y en Orleans. La herejía se afianza a lo largo del siglo XI, gracias a una constante corriente ideológica que, venida desde Dalmacia, se propaga por el norte de Italia (donde surge la secta de los *patarini,* idéntica en esencia a la de los cátaros) y por el sur de Alemania (los *Ketzer,* del mismo corte). En el siglo XII la heterodoxia se ha implantado definitivamente en el Midi y, después de una prédica totalmente fallida —y no sabemos si demasiado convincente— de Bernardo de Clairvaux, se convoca un concilio cátaro, abierto y casi formalizado a bombo y platillo en San Félix de Caraman, en el que un obispo búlgaro, Nikita, fija con los *perfectos* tolosanos las bases de la organización de la secta y los principios del culto. Nueve años después, la disputa de Lombers enfrenta en un diálogo imposible a católicos y albigenses, que se acusan mutuamente de herejía. Es la guerra ideológica abierta, aunque aún no se registren muertes. El conde Raimundo V de Tolosa, en el capítulo general del Císter, proclamará «*la espantosa propagación de la herejía*». Y en 1180 dará comienzo una batida general de prédicas por parte del cardenal Enrique de Albano, tan inútil como todos los intentos anteriores. El catarismo se ha convertido en algo más que una herejía. Es un sentimiento mesiánico que abarca lo religioso, pero también lo social y hasta el sentido de un nacionalismo llevado a sus últimas consecuencias de protesta y de afianzamiento de la identidad. Con la llegada de Inocencio III al papado (1198) —y recordémoslo, Inocencio es el tutor designado para el futuro emperador Federico II— se establece en el norte de los Pirineos un antecedente inmediato de los tribunales inquisitoriales, por medio de los legados pontificios que ostentan todo el poder eclesiástico para disponer de la vida y de la muerte. El asesinato de uno de ellos en 1208, Pedro de Castelnau, desencadena la predicación de una cruzada que, a lo largo de más de cuarenta años, asolará el Languedoc y la Provenza, costará la vida a decenas de millares de personas y provocará el exilio, el temor constante, el suicidio y la ruina en practicamente toda la tierra occitana. En esa tesitura histórica, el español Domingo de Guzmán y su recién fundada orden de predicadores se lanzarán a una inútil campaña de conversiones que le hará exclamar: «*Donde no vale la bendición, valdrá el bastón*». En 1215 se aprobarán, por parte del IV concilio de Letrán, los Tribunales de la Inquisición.

Dejemos aquí, en este punto fatídico, la historia oficial. Y comprobemos por qué, como ya es costumbre, esa historia está plagada de preguntas sin respuesta. Y la principal que podría plantearse sería el

Una estela cátara en el Languedoc. Obsérvese en el centro del círculo la cruz en forma de Tau que fue condenada por Lucas de Tuy. La cruz de abajo fue grabada con posterioridad, como acto de contrición.

porqué de afincarse precisamente allí y con tal fuerza un movimiento tan concreto y tan característico, con una implantación tan sólida entre sus fieles como si de un culto milenario redivivo se tratara y no —como asegura la historia— de unas prédicas lanzadas por obispos maniqueos procedentes de Oriente de quienes, con toda probalidad, se desconocía hasta el idioma en que se expresaban. Razones aparte —que las hay— persiste siempre la duda. ¿No podría tratarse de un comportamiento heterodoxo secularmente larvado que, en un momento concreto, encontró la grieta por donde emerger de nuevo a la vida?

Remontemos la máquina del tiempo

Si echamos a andar para atrás unos siglos —pensemos que no son tantos seiscientos años en el contexto del creer y del sentir de la humanidad— nos encontraremos por estos mismos enclaves el primer asentamiento formal del arrianismo godo, después de una larga marcha de casi cuarenta años desde las tierras en las que conocieron su conversión. Una marcha que tuvo algo de conquista, ciertamente, pero que huele desde muy lejos a impaciente búsqueda de los orígenes. Hacia los años 410 o 412 han establecido un proyecto de reino sin nombre en los límites pirenaicos. Narbona, Tolosa y, por algún tiempo, Burdeos, se convierten en campamento estable y fijo de aquellos *bárbaros* (bárbaro es lo mismo que extranjero para un romano, no lo olvidemos), que traen un modo de vida y, sobre todo, una creencia extrañamente liberal y tolerante que, cosa curiosa, enlaza con otras creencias que ya estaban allí desde mucho antes de que el cristianismo ortodoxo cubriera la superficie del Imperio romano como una insaciable mancha de aceite.

Pensemos un poco: entre el 380 (concilio de Zaragoza) y el 385 (ejecución de Tréveris), nuestro apóstol Prisciliano ha ensanchado los límites geográficos de su arcana herejía por todo el norte de la Península. Después de su muerte y, sobre todo, después de su traslado en olor a santidad y martirio desde Tréveris a Galicia (¿Compostela?), atravesando todo el territorio por el que luego se extenderían los santos caminos peregrinos al Finisterre, su prédica, en boca de discípulos fieles, se hace más eficaz y se evangeliza. Y no han pasado ni diez años cuando suevos paganos y vándalos asdingos se han aposentado en la tierra del mártir.

Se jura repentinamente por parte de los historiadores que la llegada de los pueblos bárbaros al noroeste peninsular es un enigma. «*De la expansión de los bárbaros por la Península apenas sabemos nada con exactitud. Casi todo son suposiciones gratuitas*», dice Antonio Ubieto.[1] Sin embargo, sí sabemos del paganismo de unos y del arrianismo de los otros. En ambos casos, se daba un enraizamiento con las creencias tradicionales, las mismas que Prisciliano y los suyos habían resucitado al socaire de un cristianismo proclamado por ellos como auténtico, aunque la iglesia establecida lo hubiera anatematizado sin piedad.

El pueblo visigodo, empapado igualmente de arrianismo, tarda pocos años en penetrar en la Península: en el 415 estará en Barcelona, en el 419 en Toledo. Pero pasará tiempo antes de que empujado por los francos recién convertidos al catolicismo —curiosa inclinación de Roma, empujando a unos paganos apenas salidos de la idolatría sobre unos cristianos que no comulgan con su ortodoxia—, abandone el go-

---

1. *Introducción a la Historia de España*, Teide, Barcelona, 1967. El profesor Ubieto es el autor de las partes correspondientes a la Antigüedad y la Edad Media.

Migración visigoda en los albores del siglo v.

bierno de aquella región del Midi que fue su primer asentamiento. Aun así, si el Languedoc es abandonado en tanto que posesión, muchos godos arrianos se quedarán allí, sometidos a los nuevos conquistadores e impregnándoles de su cultura refinada y, llegado el momento de la conversión masiva al catolicismo por parte de los que pasaron a España y fundaron el reino godo peninsular (III Concilio de Toledo, 589), la conversión no alcanzará a los transpirenaicos.

Los godos de Aquitania habían hecho de Tolosa su capital. Tolosa era una ciudad con su origen profundamente enraizado en la leyenda dorada. Decían que la había levantado el mítico rey Tholus, que aparece dirigiendo a los arquitectos en una de las miniaturas grabadas sobre madera de la *Gesta Tolosanorum* de Nicolás Bertrand. Un plano levantado por Tavernier en 1631 y que se conserva en el museo Paul Dupuy nos la muestra como una ciudad extrañamente concebida siguiendo la estructura del trébol, con las torres octogonales de San Fermín (el Saint-Sernin de los occitanos) como centro de esa extraña forma sin aparente parentesco con ningún símbolo fundamental de la tradición sagrada. Pero atención, porque se trata sólo de una apariencia: ese trébol sagrado volveremos a detectarlo si nos fijamos en ciertos crucifijos bogomilos aparecidos en Dalmacia, que se caracterizan por la sustitución de la cruz por tres lóbulos en forma de trébol, sobre los cuales el crucificado encaja su cabeza y sus brazos, pro-

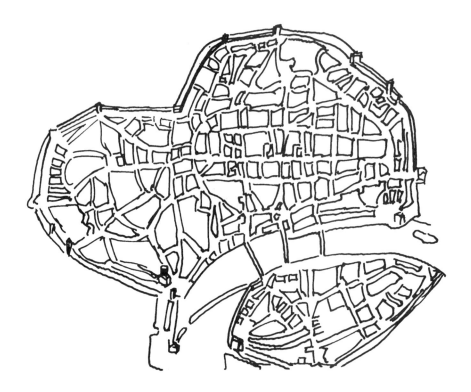

Plano esquemático de Tolosa en 1631. La ciudad está concebida sobre el esquema de un trébol.

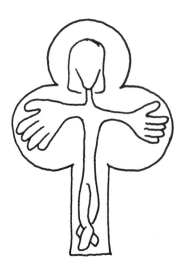

Esquema de las cruces bogomilas: un Cristo de manos enormes crucificado sobre un trébol.

vistos generalmente de manos enormes. (Anotemos, como quien no quiere la cosa, unas curiosas coincidencias que pueden darnos luz sobre las inmediatas ramificaciones simbólicas de estos movimientos heterodoxos. Una: alguna de estas cruces-trébol sustituyen la figura del crucificado por una rosa de seis pétalos. ¿No andará suelta por estos pagos la ideología madre de los primitivos rosacruces? Otra: las enormes manos del Paráclito dualista —ese creador que no es Dios y que se contrapone a su inalcanzable esencia— vuelven a aparecer, igualmente exageradas y hasta, a veces, solitarias y como salidas de la Nada, en la pintura románica de Cataluña y de León. Y me pregunto yo, ¿hasta qué punto no penetraría ese dualismo, de modo consciente o inconsciente, en el buen hacer de los artistas sagrados del románico? Cirici Pellicer y Jordi Ventura[1] apuntan ya esa posibilidad, incluso en otros detalles, como es la unión contrastada del oro y los colores tenebrosos en los retablos catalanes como interpretación plástica del dualismo religioso. Por su parte, L. Julien[2] ha estudiado esos mismos signos en monumentos visigodos españoles y, sobre todo, en la iconología del templo burgalés de Quintanilla de las Viñas.)

Nos encontramos, pues, ya en época visigoda —y tenemos que partir de ella, necesariamente, aunque podríamos remontarnos hasta las raíces arcanas en las bebió nuestro Prisciliano y que los arrianos hicieron propias en su vagar colectivo hacia Occidente—, con un caldo de cultivo que va a permanecer semidormido durante años, propiciando una eclosión heterodoxa potentísima que, contra lo que a primera vista puede parecer y contra lo que normalmente se acepta y hasta se proclama, no afectará únicamente a las raíces mismas del cristianismo, sino que provocará también otro movimiento místico fundamental en la historia del comportamiento mágico: la Qabbalah.

Las profundas raíces del árbol sefirótico

Cuando los visigodos arrianos se expandieron por la Península, hasta conseguir —por única vez en la historia— su total unidad territorial, España contaba, entre sus habitantes, con un importante contingente de judíos, que vivían discriminados y proscritos desde que la

---

1. A. Cirici Pellicer, *Pintura catalana,* Barcelona, 1959; y Jordi Ventura Subirachs, *El Catarismo en Cataluña,* Barcelona, 1960.
2. Mlle. L. Julien: «Les centres manichéens du Graal en Occitanie et en Espagne», en *Cahiers d'Études Cathares,* 5.º año, núm. 19, Toulouse, 1954.

iglesia dictara sus anatemas en el concilio de Elvira (314). Aquella iglesia, fiel seguidora de los principios emanados de Roma, no fue molestada ni por el clero arriano ni por el poder civil visigodo, pero los judíos conocieron un corto período de paz y de tolerancia.

(Es curioso que tengan que suceder estas cosas a lo largo de la historia, pero habrá que pensar que forman parte consustancial de la naturaleza humana y aceptarlas, aunque a veces, sin poderlo evitar, se nos revuelvan las mantecas ante ese secular atentado contra las libertades que parece ser una constante inalterada de la historia. Luego, lógicamente, quien vence dicta a su modo el acontecer de los hechos y tergiversa las verdades a imagen y semejanza de la suya, pero basta a menudo quitarse las antiparras de cualquier ideología dominante para comprobar que, indefectiblemente, cualquier régimen que se atreve a establecer los principios de libertad para todas las creencias —políticas o religiosas, que tanto da, porque demasiado a menudo la política se convierte en religión y la religión en política— quedará aplastado, a corto o largo plazo, por aquellos a quienes también ha osado conceder la libertad de conspirar contra él.)

El clero hispanorromano, tolerado durante el período arriano de los visigodos españoles, no deja de minar los cimientos de la herejía gobernante. Frente a un estado que imparte una justicia igualitaria basándose en principios de la tradición remota —la mujer, el judío, el católico, el plebeyo y el noble pueden ejercer sus derechos y nadie puede considerarse realmente marginado—, la iglesia intriga. Los obispos, *«firmes en los mayores trabajos a la guarda y defensa de su grey»* (san Agustín *dixit*), convocan concilios, dictan homilías, establecen reglas monásticas y se introducen en la misma corte convirtiendo a príncipes que pueden alzarse contra la monarquía establecida.[1] Y cuando, en el III concilio de Toledo (589), se consigue la conversión del rey Recaredo, que intenta así terminar con la hostilidad de los hispanorromanos católicos, sucede un período, que dura hasta la aniquilación definitiva de la monarquía goda (711), en el que los constantes concilios y el poder en alza de la iglesia ortodoxa dicta normas que afectan a todos los aspectos de la vida nacional, desde el trato a los esclavos o el modo correcto de portar la estola hasta una sistemática e irreconciliable persecución de los judíos, con decretos discriminatorios y edictos de expulsión (612) que provocarán una emigración masiva hacia tierras más tolerantes. Y las más cercanas eran,

---

1. Ursicino Domínguez del Val, *Leandro de Sevilla y la lucha contra el arrianismo*, Editora Nacional, Madrid, 1981. Biblioteca de visionarios, heterodoxos y marginados, dirigida por Javier Ruiz.

precisamente, aquellas del Languedoc, en las que la tolerancia arriana había conseguido prevalecer, de hecho aunque no de derecho, sobre la dominación neocatólica de los reyes francos.

Es en este ambiente propicio, que habrá alcanzado en el siglo XII unas altísimas cotas de civilización, donde surgirá, contemporáneamente a la eclosión del catarismo, la mística judía: la Qabbaláh.[1] Y pensemos, por un momento, que no es accidental esta floración paralela de comportamientos religiosos ideológicamente distintos, pero idénticos en lo que ambos tienen de expresión trascendente del conocimiento. En cierta manera, se vive en ese momento un firme (aunque efímero) ambiente de insólita libertad y de (también precaria) paz. Una cultura asentada sobre los más antiguos principios tradicionales propicia excepcionalmente la comunicación con saberes venidos de lejos —de la Dalmacia bogomila o de las experiencias cristianas orientales llegadas de Tierra Santa— y su contraste con una tradición no totalmente perdida que aún puede ser despertada y que, de hecho, está recibiendo constantes inyecciones de conocimiento por el paso de los peregrinos que van o vienen de Compostela. El Languedoc se convierte así en una especie de tranquilo sedimento de saberes enlazados con el gran saber tradicional, que se traducen en un auténtico laboratorio de mística a todos los niveles. Un nivel lo constituirá la experiencia cátara, que reunirá, como antes lo hicieran Prisciliano y los godos arrianos, las experiencias transformadoras del maniqueismo oriental con la tradición semidormida de los remotos saberes de una religión sincrética precristiana. Otro, la presencia templaria, discreta e ignorada, pero fundamental, en esas treinta encomiendas que, llegado el momento de la cruzada desencadenada en 1208 por la intransigencia de Inocencio III, acogerá benévolamente a los perseguidos que busquen asilo en ellas frente a las hogueras inquisitoriales prendidas por los hijos de santo Domingo de Guzmán. Otro más, la eclosión del ambiente trovadoresco, en el que la expresión lírica sabrá simbolizar perfectamente toda una idea trascendente contada en clave amorosa y, a menudo, erótica, de identificación del ser humano con su propia esencia. Y un último, no por último menos fundamental, la aparición de esa mística judia de la Qabbaláh, personificada en la figura casi mítica y sin duda al menos parcialmente simbólica también, de Ishaq el Ciego, que podrá nacer hacia 1150 gracias a la precaria y nada dominante situación de la iglesia en el Languedoc cátaro y que, llegado el

---

1. GERSHOM G. SCHOLEM, *Les Origines de la Kabbale,* Aubier-Montaigne, París, 1966. Col. Pardès.

momento de la gran persecución cruzada, pasará —como el catarismo y como el sentimiento lírico-religioso de los trovadores occitanos— a las tierras más propicias de allende los Pirineos, donde la Orden del Temple habrá establecido (e insisto, no creo que por casualidad) una sólida cabeza de puente que propiciará la pervivencia de esos saberes con los que su mística solar estará plenamente identificada.

Reyes y condes templarios

Al igual que hemos comprobado en Castilla y León y en Portugal, los reinos pirenaicos peninsulares detectan tempranamente la presencia templaria. Y habrá que añadir que con unas características especialísimas y con una importancia que muy bien podríamos calificar de insólita en el contexto de la aventura europea de la Orden. Es precisamente esa importancia la que me llevó en su día a suponer, mucho antes de contar con puntos de apoyo en que basarme, que el Temple pudo crearse en Francia y madurar en Palestina, pero que fue precisamente en la Península Ibérica donde fijó sus metas y desde donde podría haber alcanzado los fines sinárquicos que su comportamiento mesiánico y su misticismo solar se habían fijado.

La historia escueta y documental del Temple en la Corona de Aragón ha sido mucho más y mejor estudiada que su singladura castellana, si bien es cierto que, con toda probabilidad —y a falta de una documentación suficiente para poder pensar lo contrario— aquellos territorios fueron, por su misma naturaleza cultural, más permeables a lo que los templarios significaban.[1] Sólo así puede imaginarse la razón por la que Alfonso I el Batallador, que reunía en su persona las coronas de Aragón y de Navarra, tuviera la idea de crear, allá por 1122, antes de que el Temple obtuviera su regla y cuando aún sus primeros miembros permanecían enclaustrados en sus lares salomónicos de Jerusalén, una cofradía guerrera llamada de Belchite que, sin llegar a constituir una orden militar propiamente dicha, obtuvo privilegios e indulgencias propios de aquel sentimiento si es no es mesiánico de cruzada que caracterizó las conquistas del rey aragonés. Antonio Ubieto, que es quien estudió en su día más profundamente los avatares de esta cofra-

---

1. Aparte todas las publicaciones pasadas y los estudios particulares, la mejor síntesis sobre la historia del Temple en la Corona de Aragón sigue estando inédita en España. A. J. FOREY, *The Templars in the Corona de Aragón,* Oxford University Press, 1973.

día[1] no registra confirmación de sus eventuales votos monásticos y reafirma el convencimiento de que se trataba de una institución esencialmente laica de cruzados que, con la entrada del Temple en el reino, pasó a convertirse en una especie de servicio auxiliar de los freires. En cualquier caso, sí parece cierto, dentro de la relativa certeza que puede aportar una sustancial carencia de datos, que Alfonso I tuvo un especial apego a la idea de una orden militar que debería encarnar el sentimiento de conquista de los Santos Lugares que él había emprendido, aunque iniciándola desde los territorios islámicos que confinaban con sus propios reinos. Ese sentimiento se vio seguramente colmado cuando, en torno a 1130 —dos años después de Troyes— los templarios aparecen por tierras aragonesas y catalanas, barriendo limpiamente con los favores reales y condales.

Armengol VI, conde de Urgel, dona al Temple en 1132 el castillo de Barbará, que había heredado de su familia, a quien lo entregaron los condes de Barcelona allá por 1067. Por su parte, ese mismo condado de Barcelona, regido por Ramón Berenguer III, registra en 1130 la presencia de dos freires: Hugo de Rigalt y Pere Bernal, a quienes el conde hizo casi inmediatamente donación de la fortaleza de Grañena de Cervera, al tiempo que vestía el hábito de la Orden, ofreciéndose como caballero a los recién creados «freires de Santa María del Templo de Salomón». Un año después, y antes de su muerte, Ramón Berenguer otorgaba nuevo testamento y, en él, instituía dos importantes legados: el primero, su caballo Danç y su armadura «*a la caballería* (del Templo) *de Jerusalén*»; el otro, su caballo negro y la masía de Villamayor, «*al Hospital de Jerusalén*». Pero he dicho *importantes* legados y cabe que algún lector piense que no lo son tanto dos caballos, una masía y una armadura. Tendríamos que meternos, sin embargo, en el cuerpo y en el ánimo del caballero medieval, para quien la montura y la coraza eran más, mucho más que un vehículo y una defensa, porque constituían su patrimonio social y, por encima de todo, la prueba palpable de su nobleza, de su condición.

El mismo año en que el conde de Barcelona testaba a favor de los templarios lo hacía igualmente Alfonso I de Aragón. Pero su legado era mucho más importante y, sobre todo, infinitamente más conflictivo: «*...para después de mi muerte dexo por heredero y sucessor mio al Sepulcro del Señor, que está en Jerusalén, y a los que velan en su custodia y sirven allí a Dios, y al Hospital de los pobres de Jeru-*

---

1. A. UBIETO, «La creación de la cofradía de Belchite», en *Estudios de la Edad Media de la Corona de Aragón*, V, 1952.

salén, y al Templo de Salomón, con los Caballeros que allí velan para la defensa de la Christiandad. A estos tres dexo mi Reyno, y el señorío que tengo en toda la tierra de mi Reyno, y el Principado, y jurisdicción que me toca sobre todos los hombres de mi tierra, assí Clérigos, como Legos, Obispos, Abades, Canónigos, Monges, Grandes, Cavalleros, Labradores, Mercaderes, hombres, mugeres, pequeños y grandes, ricos y pobres, Judíos y Sarracenos, con las mismas leyes y costumbres que mi Padre y mi Hermano los hemos tenido agora y los debemos tener y regir. Añado también a la Cavallería del Templo el Cavallo de mi persona, con todas mis Armas. Y si Dios me diere a Tortosa toda enteramente sea del Hospital de Jerusalén...».

Alfonso I de Aragón fue un rey extraño, nimbado de un aura *casi* mesiánica. Había heredado en 1104 un reino que, desde casi cuarenta años atrás, estaba puesto a disposición de Dios y del papado por Sancho Ramírez y sus tierras estaban habituadas a la presencia de cruzados extranjeros que, por aquel destino sagrado, venían a combatir al Islam con los mismos ánimos —y, sobre todo, con los mismos favores espirituales— que si hubieran atravesado los mares hacia Tierra Santa. Tierra Santa se consideraba también, en cierta manera, a aquel Aragón y a aquella Cataluña desgajada definitivamente de la vieja Marca Hispánica que creara Carlomagno. Tierra Santa y griálica, pues allí, en las estribaciones pirenaicas, se mantenía viva y fresca, palpitante, la tradición del Vaso Sagrado de San Juan de la Peña. No en vano corrieron en su día rumores persistentes sobre la presencia templaria por aquellos pagos antes de que la Orden hubiera sido reconocida en Troyes. Mariana, en su *Historia Latina,* afirmaba que en 1124 los templarios ocupaban ya Monreal (que, en realidad, estaba ocupada por otra cofradía militar parecida a la de Belchite). Ese mismo año, Ordericus Vitalis denunciaba una incursión de ciertos *fratres de palmis* por tierras valencianas de Benicadell, y algunos se adelantaban a proclamar que se trataba de templarios. Hay también un documento concerniente a donaciones de incierta autenticidad fechado en 1125 en Ejea y firmado por Ramón Berenguer III de Barcelona. Y aún otro, atribuido a años inmediatamente anteriores a 1128 e incluido en el *Cartulari de Sant Cugat del Vallés,* en el que se da cuenta del legado de una mula a los freires templarios. No son únicos. Y, aunque habrá que reconocer las razones de las dudas de los historiadores que los han estudiado a la hora de aceptar su validez, no deja de preocupar la relativa insistencia que surge por todas partes, intentando confirmar una presencia que, oficialmente al menos, tendría que ser imposible.

En cualquier caso, reconozcámoslo, sólo una increíble premonición podría haber provocado la decisión testamentaria de Alfonso el Batallador. Pero hay que reconocer que este rey no era un soberano al uso, sino que tuvo atisbos indudables de esa mística solar que convierte a quien la experimenta en un torrente arrollador de cuanto pueda oponerse a la consecución de unos fines que considera fundamentalmente trascendentes. Sólo así se explica (y no por afanes políticos) su reiterado interés por ser reconocido como Emperador; su ubicuidad en los asuntos de toda España, interviniendo en Castilla y León por su matrimonio con Urraca, la hija de Alfonso VI; o lanzándose con cuatro mil jinetes por toda la tierra de Al Andalus, hasta la vega cordobesa, con la intención de liberar a los mozárabes que reclamaban su ayuda mesiánica; o tomando posesión del mar en Vélez-Málaga, como un Rey del Mundo, aunque se tratara de un mundo ceñido a la piel de toro peninsular; o el enfrentamiento, también místico en cierto modo, con aquellos almorávides monjes y guerreros a un tiempo, a los que, como en una cósmica partida de ajedrez, arrebataría en 1118 Zaragoza (Al-Bayda, la Blanca), que ellos le habían tomado ocho años antes.

Extraño monarca que dio fueros a diestro y siniestro, en tierras propias y ajenas, que asumió como pocos la idea imperial y que, llegado el instante de decidir sobre el futuro de sus reinos, intuyó que nadie sino unas instituciones tan solares como su mismo concepto del poder y del gobierno podían sucederle.

¿Trasvase fundacional?

No se trata, naturalmente, de intentar aquí una crónica cabal y completa de los hechos escuetos del Temple en la Corona de Aragón, sino de comprobar cómo, en lo posible, este conjunto de nacionalidades fue importante para los templarios y hasta qué punto también los templarios influyeron decisivamente en su historia mágica, en su aventura iniciática o, si queremos expresarlo con más propiedad, en la parcela de aventura oculta que habría sido imposible sin la presencia de los freires de la Orden. Y hasta tal punto creo que es así que no han faltado teorías y hasta presuntas pruebas que apoyarían —con perdón de nuestros vecinos franceses— la paternidad catalana de la fundación de la Orden. Por mi parte, me apresuro a declararme incapaz de afirmar o de asumir lo que voy a contar. Pero creo que es mi deber hacerlo aquí y ahora y con la mayor objetividad posible, como si yo mismo lo creyera a pies juntillas. Y esto por una razón evidente: porque, en cualquier caso, viene a demostrar cómo, frente a un chauvinismo a ultranza proclamado por la historia francesa y el espíritu galo, existe en mí la indudable convicción —y ésta sí la declaro y asumo— de que, independientemente de su origen, el Temple expresó sus fines y asumió su papel con mucha mayor evidencia en la Península Ibérica que en su reconocida y nunca puesta en duda tierra originaria.

La noticia y las pruebas me llegan a través de un pequeño libro editado hace ya más de un cuarto de siglo. Desconozco, y lo siento verdaderamente, la personalidad de su autor, de quien nunca había pasado ante mis ojos ni el nombre. Sin embargo, como el libro será —supongo— ya imposible de encontrar (nadie hasta ahora ha sabido darme siquiera razón del destino sufrido por la editorial), voy a contar de nuevo la historia con la que se abre y hasta voy a citar alguna de sus notas y de los documentos que el autor asegura haber manejado. No quiero, lo mismo que Duguesclin, quitar ni poner rey.[1] Pues, señor, empiezo.

Y empiezo por contar cómo el fundador y primer maestre de la Orden del Temple, Hugues de Panys, ni se llamaba de Payns ni era borgoñón, sino Hugo de Pinós y era natural de Bagá, en la actual provincia de Barcelona. Lo atestigua un manuscrito del siglo XVIII que se encuentra en la Biblioteca Nacional de Madrid (sign. 7.377, p. 81-91v.) que lleva por título «*Declaración de la inscripción griega de la cruz de la iglesia de San Esteban de Bagá, cabeza de las Baronías de Pinós, guión de la Armada, que tomó Tierra Santa, año de 1110. Don Hugo de Bagá, primer maestre del Temple*». El manuscrito fue redactado por un erudito catalán anónimo y está dirigido al conde de Guimerá y en él se confirman algunos extremos que conviene destacar:

a) Para asistir a la Primera Cruzada, predicada por Urbano II y convocada en el concilio de Clermont, se reunió en Cataluña «un batallón» en el que figuraban, entre otros, los condes de Rosellón y de la Cerdaña y don Guillén de Ganete, quien llevaba «en su cortejo» a los hijos del Almirante de Cataluña y de doña Berenguela de Montcada, los hermanos Galcerán y Hugo de Pinós.

b) Para mayor conocimiento familiar, se cuenta que ambos hermanos eran nietos de doña Alda, hija a su vez de Oliva Cabreta, conde de Besalú, retirado en el año

---

1. El libro se titula *La Orden de los templarios,* fue escrito por José María Bereciartúa-Olarra, lo editó en 1957 Ediciones Aldecoa, sitas en la calle Diego de Siloé núm. 28, en Burgos. El libro lleva el *Nihil Obstat* y el *Imprimatur* de censor y arzobispo respectivamente, está editado en octava y consta de 174 páginas. Las notas que voy a reproducir, sacadas del libro en cuestión, las acompañaré de un asterisco que irá inmediatamente detrás del número correspondiente.

990 a la abadía de Montecassino. Este extremo parece confirmado en el mismo manuscrito anterior, pero en la página 208, que constituye un comunicado de Esteban de Corbera al mismo conde de Guimerá.

c) Llegados a Tierra Santa, colaboraron en la conquista de la ciudad de Jerusalén, en la que entraron por la portalada de San Esteban, llamada así porque allí fue muerto el protomártir cristiano.

d) Algunos caballeros de aquella expedición acordaron reunirse para constituir una cofradía que se pusiera al servicio de los peregrinos. Un pedazo de la Vera Cruz, entregada a los cruzados por el papa Urbano y custodiado en un relicario en forma de cruz patriarcal (recordemos, como de paso, la cruz de Caravaca y cuanto hemos dicho y diremos aún sobre ella), les fue entregado en custodia. Con esa forma de cruz patriarcal cosieron su enseña los recién constituidos templarios al manto blanco que habían adoptado.

e) El primer maestre nombrado fue Hugo de Pinós, que dejó su apellido para adoptar el de su lugar de origen, Bagá, por lo cual fue conocido desde entonces por Hugo *de Baganus* o *Paganus*.

f) El gran maestre entregó a su hermano Galcerán, cuando éste regresó a Cataluña para hacerse cargo del patrimonio familiar, la cruz que custodiaban los templarios. Y lo hizo con el permiso expreso del patriarca de Jerusalén. Dicha cruz fue depositada en Bagá, en la iglesia de San Esteban que el tal Galcerán mandó construir para albergarla y, desde entonces, ha obrado muy diversos milagros.

Hasta aquí la aventura del presunto maestre. Y, desde aquí, la de esa Vera Cruz templaria —¡y van tres, con la de Caravaca y la de Segovia!— que se conserva en la iglesia de San Esteban de Bagá. Se trata de una obra, al parecer del siglo XII, labrada en plata sobredorada y con una inscripción griega en la que se lee:

> CRUZ DE JESUCRISTO, EN LA CUAL, DESNUDO, DESNUDAS LA MALDAD; ¡OH, ETERNO SALVADOR OMNIPOTENTE! ¡VERBO DE DIOS! INFORMAD LA ETERNA INMORTALIDAD A LOS MORTALES. EN ESTA COPA DE ORO Y PLATA DEPOSITAN (TU CRUZ) LOS QUE HACEN CAMINO AL LUGAR DE TU SALVACIÓN.[1*]

[1*] Comunicado del reverendo don Ramón Vilella, regente de la parroquia de Bagá, confirmando datos de don Juan Pardinilla, concordes con el manuscrito que estudiamos: 18 de junio de 1956.
— FITA, F., «*Sobre la Vera-Cruz de Bagá*», en la Hormiga de Oro, núm. 6, Barcelona, 1885.
— PASCUAL, J., Informe conservado en la parroquia de Bagá, del 10 de abril de 1787.
— Decreto de visita canónica a la parroquia de Bagá, 1625; inventario de reliquias: «tres veracruces, una de ellas muy antigua, que dicen que es la que se llevó por estandarte en la Conquista de Jerusalén».

Cuando el río suena...

Líbreme Lucifer de quitarle a nadie —y menos a este bendito país— el honor de haber sido la cuna del fundador y primer maestre de los templarios, como asegura don José María. No seré yo quien vaya ahora a revisar con los vecinos franceses los documentos que atestiguan la existencia de Hugues de Payns, aquellas dos actas que firmó para el conde de Troyes, una el 21 de octubre de 1100 con el nombre de Hugues de Paenz y otra con el de Hugo de Paencis. Ni iré al lugar de su presunto nacimiento —Payns— para decirles que aquel adalid suyo, que al parecer participó en la primera cruzada y conoció personalmente a Godofredo de Bouillon era un fantasma. Dejemos las cosas como están, sigamos haciendo más caso de documentos del siglo XII que de referencias del XVIII, pero... pongamos atención, porque hay algunos detalles que —no sé si sabiéndolo o no el señor Bereciartúa-Olarra y los párracos que le asesoraron— no debemos apartar sin concederles la atención que merecen.

El primero —que el autor del libro que estoy comentando da como prueba complementaria de la personalidad catalana del fundador del temple— gira en torno a las donaciones repetidas que la familia Pinós hizo a la Orden. Al parecer, según consta en los archivos del Gran Priorato, pergamino 2.026, en 1154 donaron a los templarios, junto a la iglesia de San Vicente de Lérida, una casa para que pudieran estar mientras acondicionaban el castillo de Gardeny, que les había dado Ramón Berenguer IV. Posteriormente, con fecha 29 se setiembre de 1170, la familia Pinós vuelve a donar a los templarios los montes que hay entre Bagá, Saldes, Tuxent y Sant Llorenç de Morunys, que habían formado parte del antiguo condado de Cerdanya. Estas donaciones constan en los mismos archivos, armario 3, pergamino 123. Nueve años después, Arnau de Pinós lega al Temple su corcel y sus armas, lo mismo que hiciera el conde Ramón Berenguer III como miembro de la Orden. El documento que lo atestigua se encuentra en el Archivo de la Corona de Aragón, sección de Alfonso I (II de Aragón), pergamino número 90. Cien años después, en 1279, otro Galcerán de Pinós y Berenguela, su mujer, confirman cuantos bienes, heredades,

— SERRA Y VILARÓ, J., *Les Baronies de Pinós i Mataplana*. Ed. Balmes, Barcelona, t. III.
— RIQUER, M., «*La leyenda de Galcerán de Pinós y el rescate de las cien doncellas*». Discurso de recepción en la Academia de Buenas Letras de Barcelona, 26 de marzo de 1944.

diezmos y gracias concedieron sus antepasados a la Orden templaria y añaden a esas donaciones una masía en Bagá. La cita es de Miret, en su obra *Cases del Temple*.

El segundo detalle, sobre el que llamaba hace un momento la atención, como de pasada, es la presencia —y por tercera vez en España y siempre en circunstancias en torno a las cuales ronda el Temple— de esa Vera Cruz metida en un relicario con la forma de crucifijo patriarcal y con unas tradiciones que la hacen proceder siempre, directa (en los casos de las veracruces de Segovia y de Bagá) o indirectamente (en el caso de la cruz de Caravaca) de Tierra Santa. Y creo que va siendo ya hora de que adelantemos una hipótesis que podría servir en ese mundo del símbolo que representa por lo bajinis muy a menudo lo que oficialmente no puede representar. Me explico: la cruz es un símbolo solar muy anterior al cristianismo; el cristianismo ortodoxo, al transformarlo en signo del martirio de Jesucristo, le arrebata su auténtico sentido, al menos a los ojos de los fieles, para convertirlo en representación dolorosa de ese sacrificio; pero cuando lo retoman, ya en tiempos cristianos, determinados grupos heterodoxos e intentan devolverle su significado anterior, lo emplean en principio bajo una forma mucho más semejante a la primitiva cruz solar, o céltica, o esvástica, o griega con brazos de igual longitud (como es el caso de las cruces adoptadas por los templarios desde que se la concedió Eugenio III en 1147,

o como es el de la llamada Cruz del Secreto que se encuentra en el pilar visigodo de Narbona y que, transformada ligeramente, se convertiría en la cruz cátara del Languedoc).

O bien —y este es el caso que ahora nos afecta—, se adopta una variante en la que lo representado *no puede ser en modo alguno la imagen propia del suplicio del Gólgota* aunque, en el mundo de la ortodoxia, ante la evidencia de una forma que tiene que ser admitida, se busquen justificaciones que den una razón a esas variantes. Así sucede con la leyenda que contábamos sobre santa Elena y los cinco fragmentos de la cruz que, necesitando ser engarzados, se pusieron en un relicario que adoptó esa forma.

Cruz llamada del Secreto, en un pilar visigodo conservado en el Museo de Narbona.

Sin embargo, esa cruz llamada patriarcal tiene un sentido. Y creo que, para encontrarlo, nos bastaría descomponerla y encontrarnos con que la parte de arriba representa una cruz griega y la de abajo una Tau.

El tercer detalle viene dado por el manuscrito que se utilizó como prueba de la presunta catalanidad del fundador del Temple. Este ma-

Cruz del Languedoc.

nuscrito, dirigido fundamentalmente a demostrar las razones de la presencia del relicario de la Vera Cruz en Bagá, cuenta en su segunda

parte nada menos que el primer milagro realizado por su intercesión. Y creo que merece la pena reproducirlo tal como allí se cuenta:

> Milagro fue de esta Cruz divina el que Dios obró el año 1147[1] en don Galcerán por intercesión de san Esteban, en cuya iglesia

---

1. Recordemos que es el año en que los templarios reciben su divisa de manos de Eugenio III, discípulo de san Bernardo y segundo papa que aparece en las profecías de san Malaquías.

estaba el tesoro. Sucedió don Galcerán a su padre en los estados de su casa y oficio de almirante, también en seguir con fidelidad a sus reyes. Hízolo en el saco de Almería,[1] donde quedó preso y cautivo de los moros, en lugar del príncipe don Berenguer, Conde de Barcelona.[2] Trató su padre del rescate, y pidiéndole el moro a sabiendas de ser un precio imposible, cien piezas de paño de oro por él, más cien caballos blancos, cien vacas bragadas, cien mil doblas de oro y *cien doncellas,* teniendo ya el padre los brocados, caballos, vacas y doblas habidas de sus rentas y haciendas de que se desposeyó; como le faltasen todavía las cien doncellas, representó su falta a sus vasallos, los cuales, mostrando el amor que a su señor tenían, se las ofrecieron y dieron de sus hijas, dando dos las familias que tenían varias y sorteando otra entre dos familias que sólo tenían una hija. Llegaron a Salou, puerto nombrado junto a Tarragona, para embarcar el rescate, y la noche antes, encomendándose el caballero en sus prisiones al divino Protomártir San Esteban para que recabase con Dios le liberase de aquellas prisiones, le apareció el santo diciéndole cómo le era obligado, y salvadas las puertas, abiertas, y sus pies sin hierros, en el traje que tenía de cautivo se halló al día siguiente junto a Salou, donde, oyendo los gritos y voces de los padres que tiernamente se despedían de sus hijas, y pidiendo la causa de tales lamentos, supo que era el rescate del almirante Pinós por su hijo. Se manifestó. Dióse a conocer y contó la maravilla...

A trancas con las Cien Doncellas

He aquí uno de los últimos coletazos de aquel bendito Tributo de las Cien Doncellas que tanto furor levantó en la Península referido a los primeros siglos de la Reconquista y, sobre todo —y no echemos en saco roto esta circunstancia— en torno a la leyenda dorada de Santiago Matamoros. Recordemos que la mítica batalla de Clavijo, la primera vez en la que se hizo aparecer al Apóstol cortando cabezas sarracenas, dicen que tuvo lugar precisamente para acabar con el tributo en cuestión. Muy cerca de aquellos pagos, en el pueblo riojano

---

1. En esta expedición recibieron los genoveses la copa griálica que veneran como auténtica.
2. Se refiere a Ramón Berenguer IV.

de Sorzano, aún se celebra todos los años la Fiesta de las Doncellas en recuerdo de aquel acontecimiento.[1] Pero no es el único lugar. En Talavera de la Reina (Toledo) y en San Pedro Manrique (Soria) se celebran también dos festejos en el mismo sentido: el de las «mondas» en el primero y el de las «móndidas» en el segundo.[2] Y otro, con las mismas características que en Sorzano y en San Pedro Manrique, en Tomar, en el vecino Portugal. En las cuatro localidades ibéricas, la fiesta tiene características muy semejantes. En tres de ellos, unas muchachas con exagerados cestos —cestaños— de ofrendas en la cabeza, protagonizan los actos litúrgicos del día, representando oficialmente a las doncellas del tributo. En Talavera, las ofrendas —consistentes en cera sobre todo— las presentan los pueblos cercanos a la Virgen del Prado. El contenido de los cestos se compone, principalmente, de productos de la tierra: frutos y panes. *Monda* y sus variantes es voz que significa tributo. Y entre tributos anda el juego y de las Cien Doncellas se hablará. Pero Julio Caro Baroja ya nos descubrió en su día que de doncellas solicitadas por la morisma, nada. Que allí, lo que se rememora de verdad son fiestas paganas primaverales, *fiestas de ofrendas solares* diría yo, en las que las muchachas oferentes «*son también descendientes de las doncellas que llevaban "cistae" o que hacían un sacrificio rústico*». Y si añadimos la opinión del investigador soriano Blas Taracena, citada también por Caro Baroja, según el cual el contenido de los cestaños (de San Pedro Manrique) pudo ser un premio a los *vencedores* de una carrera de caballos que había después, tendremos la exaltación pura y simple del héroe solar en todo su apogeo y, más aún que eso, la introducción o el despertar en el espíritu del pueblo de la tradición solar perdida. El condicionamiento inconsciente del pueblo hacia ese reconocimiento del espíritu de la tradición solar.

Pero, ¿quién introdujo ese espíritu? Para mí, no hay duda de que la Orden de los templarios tuvo que ver en ello, aunque naturalmente no podamos atestiguarlo, porque no existe ningún documento que lo pruebe, o aunque *sí haya* documentos que parezcan probar lo contrario (como en el caso portugués de Tomar, donde hay testimonio de que la fiesta *dos Tabuleiros* se instituyó más de cien años después de la

---

1. JOSÉ MIGUEL RUBIO P.-IBARRA, *Fiesta de las Doncellas,* Editorial Ochoa, Logroño, 1975.
2. JULIO CARO BAROJA, *Mitos y ritos equívocos,* Ediciones Istmo, Madrid, 1974. Sobre todo los capítulos «Las mondas de Talavera» (p. 31 y ss.), «Mundus cereris» (p. 53 y ss) y «Las móndidas de San Pedro Manrique» (p. 59 y ss.).

Situación de Bagá, señorío de los Pinós, con relación a las comarcas de incidencia cátara.

supresión del Temple, si bien en pleno apogeo de la Orden de Cristo, que fue su heredera universal). Los freires tuvieron una granja en San Pedro Manrique, ya comentábamos el hecho a propósito del Paso del Fuego. En cuanto a Talavera de la Reina, hay noticia de que hubo en la ciudad un convento de templarios, que fue derruido después de la supresión de la Orden. De entre sus ruinas se extrajo una imagen de Nuestra Señora que el rey don Enrique III regaló a su servidor Álvaro Núñez de Cuenca. La imagen, con el tiempo, pasó a la iglesia madrileña de Santa Bárbara y allí fue venerada con el nombre de Santa María del Temple.

Volviendo a Bagá, no encontraremos ya (si es que existió alguna vez) rastro alguno que exalte un tributo que aquí debió darse como recuerdo redivivo de *una sola aventura mítica:* la de Galcerán de Pinós. Y, sin embargo, ese hecho, tomado en su estricta realidad, va también referido a una aventura solar: precisamente la primera unión de reyes peninsulares para enfrentar una conquista en la que intervienen igualmente, en fiel pacto de vasallaje místico, caudillos moros de origen hispánico, como aquel rey Lobo de Murcia —ibn Mardanish, o Martínez—, ahítos por el concepto de vida espiritual y bélico a la vez que se inspiraba en el mesianismo almorávide frente a la nueva *razzia* almohade. En esta efímera campaña de Almería, estructurada piramidalmente en torno al «emperador ideal» que había sustituido a Alfonso el Batallador, Alfonso VII Raimúndez, el borgoñón castellano, entró Ramón Berenguer IV, como conde de Barcelona y príncipe de Aragón, arrastrando detrás de él a todos los demás condes y señores catalanes y occitanos, que veían en él —lo mismo que veían los templarios— al fundador de un poderoso reino que aglutinaría los afanes de cumplimiento de la Tradición comunes a todos.

El conde-príncipe templario

La relación de Ramón Berenguer IV con el Temple comenzó en el momento mismo en que, por retiro definitivo de su suegro Ramiro II al monasterio del que había salido para hacerse cargo del reino de Aragón, tomaba a sus espaldas, en calidad de príncipe, las tierras que Alfonso I legara al Temple, al Hospital y al Santo Sepulcro. Se sabe que, deseoso de terminar con el problema de estado causado por el testamento del Batallador, se puso en contacto con las tres órdenes militares en litigio, para ofrecerles compensaciones por el incumplimiento del deseo del soberano que las había hecho herederas de sus reinos. Por lo que respecta al Temple, escribe en 1137 al Gran Maestre Robert de Craon, proponiéndole el asentamiento de la Orden en sus reinos y pidiendo que mande a diez templarios entre los de mayor prestigio para acordar esos establecimientos. Poco tiempo después se presentan en Gerona seis caballeros y, entre ellos, se encuentran al menos dos de altísima categoría: Everard de Barres, que en ese momento era maestre de la Galia y que en 1147 accedería al cargo de Gran Maestre, y Geoffroy de Saint-Omer, uno de los nueve fundadores. Los otros cuatro son Hugh de Bezania, Pere de Arzac, Berenguer de Cegnirole y Arnal de Forcia. La reunión de Gerona se plantea en principio como un tira y afloja entre los intereses del Temple —que no ha renunciado a la herencia del Batallador— y los de la incipiente Corona de Aragón.

El ofrecimiento de Ramón Berenguer se basaba, en principio, en los siguientes puntos: a) tierra suficiente para abastecer a los diez caballeros que se enviasen y todo cuanto ellos llegasen a crear; b) la ciudad de Daroca; c) los castillos de Osso y Belchite (en el último de los cuales tenía su sede la cofradía que inmediatamente se uniría al

Temple); d) el señorío sobre los moros y los judíos de Zaragoza; e) una cuarta parte de la ciudad de Cuarte (Huesca); f) el décimo de cuanto se conquistase en tierra de moros.

Por su parte, los templarios pedían: a) los castillos de Monzón, Mongay, Barbará, Chalamera, Belchite y Remolins; b) los derechos de la Corona sobre Corbins; c) un décimo de las rentas reales y mil sueldos más anuales; d) exención total de impuestos, y e) la quinta parte de las tierras que se conquistasen.

La concordia que se firmó finalmente se delimita como un arreglo absolutamente amistoso por ambas partes: en primer lugar, y en unión con los caballeros de Santo Sepulcro, los templarios se reservaban sus derechos sobre el cumplimiento del testamento del Batallador si Ramón Berenguer IV moría sin sucesión. Pero independientemente de las cláusulas condicional, recibían los castillos de Monzón, Montgaudí, Chalamera, Remolins y Corbins, recibirían la quinta parte (el quintón) de cuantas conquistas se hicieran en tierra musulmana en las que el Temple tomase parte y, finalmente, comprometían al conde a no firmar paz ni tregua con el Islam sin el consenso del Temple.

He creído conveniente detenerme en estos detalles, que en apariencia son meramente documentales, porque en esas estipulaciones de Gerona, bajo aires de un pacto político, se esconde el germen de la política trascendente que los templarios llevarían a cabo durante su permanencia en los dominios de la Corona de Aragón y que ya en otras ocasiones he señalado: la consecución del dominio sobre aquellos lugares concretos que tenían una importancia más allá de razones económicas o estratégicas. Desde el primer momento de su asentamiento, los templarios ejercieron un papel de auténticos vigilantes de los enclaves tocados por el recuerdo —o hasta por la presencia— de la Tradición arcana. A eso responde su asentamiento en lugares como Monzón (recordemos que es aún el paso obligado hacia el valle alto del Cinca y su gran tradición precristiana, traducida en la presencia de cultos convertidos por la iglesia en prácticas brujeriles), en Novillas (junto al Moncayo, que fue uno de los montes sagrados clave de los antiguos cultos peninsulares) y, posteriormente, en la zona del Maestrazgo, en el Montnegre, en el Ampurdán y la Selva y en las proximidades de los santuarios ibéricos turolenses. Al mismo tiempo, la obligada consulta a la hora de decidir la guerra o la paz hacía que los templarios tuvieran en sus manos —aunque indirectamente siempre, nunca de modo oficial— los planes de expansión y, en resumidas cuentas, la razón fundamental de los fines políticos de la Corona.

Pero los templarios sabían también responder a las prerrogativas recibidas. Y, del mismo modo que no aparecen en los documentos como conductores de la política, aunque haya que reconocer su definitiva influencia sobre ella, también saben nimbarse a sí mismos con una corona de trascendencia y aureolar de santidades a quien en cada instante les conviene. En el primer caso, es curioso constatar cómo, entre los documentos conservados, surgen algunos en los que determinados caballeros, como Pere de Piguera, prometen un tiempo de servicio al Temple si se cumple, como en los milagros, un hecho deseado: curación, regreso de ser querido, salida de un apuro, etcétera.[1]

En el segundo, resulta clara el aura de santidad que rodeó, sobre todo en sus últimos años, al conde príncipe Ramón Berenguer, que a finales de su vida, lo mismo que hiciera su padre, tomó el hábito del Temple de manos del caballero Hugh Fidalc. Sea o no por causa directa de esta toma, lo cierto es que a Ramón Berenguer IV se le comenzó muy pronto a llamar Santo y hasta se le atribuyeron milagros, esos milagros que parecen preparar la extraña aureola de divinidad que ha de caracterizar indefectiblemente a los elegidos griálicos, a los pequeños y grandes gobernantes mesiánicos, a los parsifales de la vida real, incluso, a veces, muchos años después de su muerte.

La espera de los inmortales

Ha sido parte fundamental del mesianismo la negativa tácita y formal, por parte de los seguidores más fieles, a reconocer la muerte del santo o del héroe, la confiada espera del día en que regresará el ser añorado, como en un gran amanecer solar que habrá de traer la grandeza y la gloria de modo definitivo y permanente. Esa y no otra es, en buena parte, la génesis del mito cristiano de la Resurrección, como ese y no otro era el sentido del eterno regreso glorioso y triunfal del Ave Fénix entre los egipcios. Pero el sentido no se detiene en las grandes manifestaciones religiosas. En los hechos de la historia han entrado también, a menudo y a lo largo de los siglos, estos toques de mítica trascendencia solar. Y se han dado siempre en paralelo con la historia también, como si las ideas mesiánicas necesitasen de la realización o del cumplimiento de las promesas del mito para alcanzar su sentido más pleno: la inmortalidad del caudillo griálico, idéntica y paralela a la

---

1. «*In dei omnopotentis nomine, ego Petrus de Piguera* mortali vulnere sauciatus *promitto domino deo et fratribus* Templi salomonis militie Iherosimilitani *ut si deus me a morte substraxerit serviam deo in domo illorum fratrum ubi voluerint unum annum...*» El documento, de mediados del siglo XII, se halla en el AHN, cód. 691, folios 137 v.-138, doc. 357 (repr. Forey).

inmortalidad del Astro Rey al que obedece y representa. Una inmortalidad que habrá de manifestarse precisamente con el amanecer grandioso después de la larga y triste noche.

Recordemos la leyenda del rey Arturo, que nunca habría de morir y sería siempre esperado por sus caballeros de la Tabla Redonda. Recordemos a Anfortas, el custodio del Grial, a quien todos menos sus fieles *Templeisen* creerán muerto. Recordemos al Cid castellano, a quien el realismo de los poetas épicos hizo ganar la última batalla ya muerto, atado a su caballo Babieca, como resultado de un regreso tan esperado como imposible. Pero ya en el terreno de la historia, no olvidemos que Alejandro fue también esperado y que su pueblo se negaba a aceptar su temprana muerte, como fueran esperados Federico Barbarroja y el rey don Sebastián de Portugal. Y como fue negada (y no hace tantos lustros de eso) la muerte de Adolfo Hitler por muchos que veían en su paranoico mesianismo solar la amanecida de su nueva era de gloriosa y triunfante sinarquía universal.

Curiosamente, tampoco la Corona de Aragón se vio libre de ese mito. Y su aparición tuvo lugar durante el reinado del primer conde-rey, Alfonso II, el hijo de Ramón Berenguer IV, y tuvo como mítico protagonista al esperado emperador, al tío abuelo del monarca, al soberano que había legado sus reinos a las Órdenes militares, a Alfonso el Batallador.

La cosa sucedió en 1174, en circunstancias realmente adversas para un monarca joven al que se le venía encima la amenaza de disgregación de sus territorios bajo terribles presiones guerreras (los almohades triunfantes), políticas (la fuerza de la nobleza feudal) y hasta religiosas (la expansión del catarismo y la amenaza de la represión por parte de la iglesia). En estas circunstancias, la fuerza del monarca mermaba y el Temple no podía contemplar indiferente determinados acontecimientos, como era el de la aceptación de otra orden militar (la de Monfragüe o Montgaudí), como sustento imposible de una reconquista detenida. Los templarios eran acreedores del monarca, que en 1167 les había firmado una declaración de deuda por doscientos morabetines; en varias ocasiones les había empeñado castillos y casas fuertes y, aunque la Orden sabía desenvolverse convenientemente y nunca llegó a acusar el deterioro que existía en torno suyo, era evidente que no era ese precisamente el ambiente en el que aspiraba desenvolverse y que necesitaba despertar un ideal que, momentáneamente al menos, parecía dormido.

Fueran o no los templarios los instigadores, lo cierto es que, en ese año de 1174, dice Zurita en sus *Anales*, corrió entre el pueblo el rumor de que regresaba el rey Alfonso el Batallador, que nunca había muerto y que llegaba de Tierra Santa a devolverle a su pueblo la gloria aletargada. Un herrero de Teruel declaraba formalmente ser el rey añorado y muchos, según Zurita, se dejaron arrastrar por aquella aventura imposible. El presunto monarca redivivo devolvía memoria de glorias olvidadas, de acontecimientos exactos y hasta de personajes concretos cuyos parientes se apresuraron a declararse por su causa y amenazaban con romper un estado de cosas ya de por sí bastante deteriorado.

El mismo rey tuvo que intervenir directamente y en 1175, en presencia de la nobleza más representativa, que debía actuar como notario del acontecimiento, marchaba a la abadía de Montearagón, para abrir el sepulcro del presunto redivivo. Luego emprendería la persecución del intruso, que tuvo que huir más allá de los Pirineos.[1]

Naturalmente, no es el hecho en sí mismo o la pura anécdota lo que aquí nos importa, sino la génesis de un mito universal de mesianismo griálico transportado a un reino concreto en una situación en la que la monarquía (aquella monarquía de la que todo se esperaba) parecía no responder convenientemente a la esperanza sinárquica puesta en ella y en un momento en el que el Temple catalán, sin duda alguna, contaba como sector o como facción preponderante dentro de la estructura total de la Orden. No olvidemos algo que creo muy importante y que normalmente se deja a un lado: mientras sucedían estos hechos era maestre de Cataluña y Aragón Arnau de Torroja, que muy pocos años después pasaría a ser Gran Maestre de la Orden en Jerusalén.[2]

Los hijos del Sol

En esas circunstancias, el Temple, consciente de que el mesianismo solar necesita absolutamente del respaldo masivo para ser eficaz, fue hacia el pueblo hacia quien encauzó el mito de la resurrección del rey añorado. Un pueblo que, aunque en menor medida que en el

---

1. JORDI VENTURA, *Alfons el Cast, el primer comte-rei*, Aedos, Barcelona, 1961. Biblioteca Biográfica Aedos, núm. 28.

2. Véase F. D'A. FERRER-VIVES, «Un gran mestre catalá del Temple: Arnau de Torroja», en revista *Diplomatari*, septiembre de 1980. No es el único maestre del Temple que Francia se ha adjudicado sin razón. También catalán fue Gilbert d'Errall (1196-1201); Pere de Montagut (1219-1233) también había sido maestre de Aragón y Cataluña anteriormente, entre 1207 y 1212, e intervino al frente de los templarios catalanoaragoneses en la batalla de las Navas de Tolosa. Fue el gran adversario de Federico II de Hohenstauffen y se le cita en la Regla de la Orden (art. 552) como protagonista de un episodio ejemplar.

Languedoc vecino, estaba impregnado del mismo espíritu que propició el catarismo. En cambio, la nobleza (y muy especialmente la nobleza del reino de Aragón) se adscribió gustosa a un poder mucho más cercano a sus intereses económicos, territoriales y políticos, que la iglesia defendía solapadamente, para defender de paso sus numerosas propiedades y sus cuantiosos diezmos, bajo la excusa de una ortodoxia a ultranza.

Yo entiendo muy bien —y me adelanto a una posible crítica ante mis aparentes digresiones— que muchos estudiosos del fenómeno estotérico universal hayan hecho abierta profesión de apoliticismo. Pero aunque lo entienda, me gustaría poder borrarles de la mente la idea de que el ser humano puede moverse por los caminos del conocimiento —y del espíritu, naturalmente— prescindiendo por completo de preocupaciones e intereses que, aparentemente al menos, nada tienen que ver con la trascendencia. Del mismo modo, me gustaría también hacer entender a los historiadores que ven la aventura histórica como un fundamental movimiento económico y social, que el ser humano se mueve mucho más a menudo de lo que revelan los legajos de los archivos por impulsos trascendentes y por envites espirituales colectivos, masivos e incluso planetarios.

Sin desviarnos del curso de esta parcela concreta de nuestra historia, pero tratando de clarificar dentro de lo posible la génesis de los acontecimientos, vamos a tomar en cuenta un hecho que descubrió en su día el profesor Ubieto,[1] mientras estudiaba este acontecimiento de la presunta resurrección esperada de Alfonso el Batallador: los nobles aragoneses que se inclinaron por la proclamación de la autenticidad del falso rey eran los mismos que la leyenda de La Campana de Huesca presentaría —anacrónicamente— como víctimas propiciatorias sacrificadas por Ramiro II el Monje para mantener la autoridad en su reino. Y este hecho, que podría plantearse como simple anécdota sin fundamento histórico, revela en cambio un sentimiento que ha de convertirse en mito o en leyenda para adquirir su auténtico sentido. El ideal defendido solapadamente por el Temple y por la sinarquía solar que representaba se iba traduciendo en choques míticos que entraban mucho más directamente en el sentir popular y preparaban la asunción de ese ideal absoluto que intentarían cumplir. El soberano arrollador que tenía que llegar sería, lo mismo que un Alejandro Magno o un Jerjes, un ser mítico a priori que el mismo pueblo ensalzaría y que, con el poder de su mesianismo, podría arremeter contra todas las fuerzas

---

1. ANTONIO UBIETO ARTETA, «*La aparición del falso Alfonso I el Batallador*», en *Argensola*, IX, 1958, p. 29-38.

rivales, políticas o religiosas, que se atrevieran a oponerse a su marcha triunfal y definitiva.

Por eso, por la absoluta necesidad del respaldo masivo, los caudillos mesiánicos han ejercido su influencia, sobre todo, en el pueblo, y han utilizado cualquier medio para transmitir y hacer aceptar ese mesianismo que necesita de la respuesta total y absoluta para resultar eficaz. En este sentido, los trovadores catalano-occitanos cumplieron muy a menudo el papel de una máquina propagandista de las ideas cátaras, del mismo modo que fueron los cantores de los soberanos que las defendían y los detractores de quienes las atacaban, formando así un potente aparato auténticamente publicitario sobre el cual se fraguaba y se expandía la idea mística solar representada por la Tradición, puesta al día y vivida intensamente por los cátaros del Midi y secretamente apoyada por el Temple. Así pudieron surgir las canciones de Bertrand de Born, tan malevolente con un rey como Alfonso II que osaba enfrentarse (1184) al buen conde Ramón V de Tolosa, en cuya tierra florecían ya gloriosamente las ideas cátaras sin que la todopoderosa iglesia pudiera (aún) hacer nada por evitarlas ni contenerlas.

Si contemplamos desde esta perspectiva la actuación discreta de los templarios —poseedores de enormes cantidades de tierras en ese Midi en efervescencia solar— sobre estos acontecimientos, si vemos cómo surge a la vida pública de los documentos sólo en los instantes justos y en las circunstancias exactas y sólo también en la medida en que sus acciones pueden resultar eficaces sin que aparezca el protagonismo de quienes las han llevado a cabo, creo que entenderemos mucho mejor los acontecimientos y, sobre todo, las razones de esa fundamental sinrazón histórica del silencio con que se ha mantenido la acción templaria en los reinos que, de un modo u otro, tomaron como meta de esas intenciones sinárquicas que nunca lograron ver realizadas. Tomemos los ejemplos por donde queramos, pero fijémonos en cómo, aún en nuestros días, el pueblo recuerda a los templarios a casi setecientos años de distancia, en cómo se ha conservado su memoria más allá de la sustancial carencia de documentos que acrediten unas ideas y unas actuaciones que, en gran medida, tenemos que deducir a partir de huellas que, en apariencia y sólo en apariencia, tienen poca o ninguna importancia y que se reducen en muchos casos, a coincidencias que hay que descubrir y resaltar negándonos a la aceptación de su supuesta condición de meros hechos aislados sin relación entre sí y que, por eso mismo, por su propia nimiedad o por su carencia de pruebas sólidas que los avalen o que sirvan para completar el gran rompecabezas de su verdadera misión, son pasados por alto, ignorados y, finalmente, relegados al olvido.

El único santo templario de un santoral imposible

A Puigcerdá se la conoce hoy como un nudo de comunicaciones entre Francia y Cataluña, pero su importancia turística —de turismo de pistas nevadas y de hoteles de lujo— ha hecho olvidar que fue un lugar de enlace importantísimo entre Occitania y Cataluña hace ya muchos siglos; por supuesto, desde mucho antes de que el conde-rey Alfonso el Casto comprase aquellas tierras al monasterio benito de Cuixá en torno a 1177. Puigcerdá servía de estación de paso para los peregrinos jacobeos, pero también fue aprovechado como camino hacia la libertad y la vida por muchos cátaros del Midi acosados por los tribunales de la Inquisición. Cuando se iniciaron los procesos de Pamiers entre 1318 y 1325, mucho después de que la cruzada cátara hubiera dado por terminada su misión de evangélico saqueo, el obispo Jacques Fournier, futuro papa Benedicto XII, se dedicó a espigar con todo cuidado los restos de catarismo que habían quedado colgados de los pueblos pirenaicos y levantó la caza tardía de herejes que aún quedaban camuflados por el condado de Foix. Buena parte de ellos cayeron en sus manos, pero hubo aún muchos que, aprovechando la relativa libertad que reinaba en la Corona de Aragón, pasaron por Andorra y Puigcerdá y, siguiendo aproximadamente el curso del Segre, se fueron instalando, en discreto camuflaje, entre la población autóctona con la que les unía tanto la lengua como los ideales espirituales, llegando incluso hasta el Maestrazgo valenciano y, curiosamente, a tierras que habían pertenecido a la Orden del Temple hasta su entonces aún reciente disolución. Los papeles de la Inquisición de Pamiers[1] registran la presencia de algunas familias cátaras en San Mateo, en Morella (donde se refugió el obispo cátaro Belibasto), Tortosa, Montblanc, Lérida... Casi todas ellas, según los testimonios que nos han llegado, cruzaron los Pirineos por Puigcerdá.

Pues bien, Puigcerdá conserva restos de aquel paso. Allí está aún el convento de Santo Domingo, que fue sede inquisitorial de padres predicadores desde el siglo XIII y, en estado de deterioro casi total de lo que fue su primitiva estructura (sólo queda una puerta y la torre, por

---

1. Los manuscritos de los procesos de Pamiers fueron publicados, entre 1955 y 1966 en Toulouse, por Privat Editeur. Un resumen de estos procesos fue recopilado por Jean Duvernoy (*Inquisition a Pamiers*, editado en el mismo 1966 por el mismo editor). Y de esos papeles se entresacó recientemente un interesante estudio sobre las costumbres y el modo de vida de aquellos cátaros escondidos que es todo un ejemplo de investigación antropológica (*Montaillou, aldea occitana de 1294 a 1324*, de Emmanuel Le Roy Ladurie. Ed. española Taurus, Madrid, 1981).

cierto *octogonal* de su antiguo campanario), la iglesia de Santa María. Pero lo que es realmente importante es que en aquella iglesia se veneró, hasta la guerra civil española, a un santo realmente curioso del que se guardaba el cuerpo (incorrupto, como es de rigor) en una urna y al que numerosos devotos se encomendaban como seguro mediador de prodigios milagrosos. De él se contaban tantos milagros como exvotos y cromos pintados se agolpaban en torno a la tumba, pero los que corrieron más ampliamente entre el pueblo fueron el de la curación de un leproso a quien las llagas se le volvieron doblas, el de la resurrección de un hombre al que mataron en una reyerta y el de la curiosa transformación de un perro en cordero para que pudieran alimentarse unos peregrinos hambrientos.

El santo en cuestión se llamaba san Durando, o san Durán, y era monje de la Orden del Temple. Lo atestigua así el único historiador que le ha mencionado hasta la fecha, A. V. Domènech, que le cita en su *Historia General de los santos y varones ilustres en santidad del Principado de Cataluña,* editada en Barcelona por la imprenta de Garrich, en el año de 1630. Es, pues, el primero y único santo templario de que se tiene noticia, aparte el presunto olor a santidad en que murieron los caballeros que perecieron en la desastrosa batalla de Hattin y que, como este, nunca parece que fueron reconocidos por los padres bolandistas.

A mí me parece tremendamente significativa e importante la presencia de este san Durando en Puigcerdá y, sobre todo, el fervor popular del que debió gozar, a la hora de hacer una valoración, ya como resumen de esta singladura herética —secretamente herética— del Temple en la Península Ibérica. Pues mucho se ha escrito y más supuesto sobre los templarios en Oriente y en Occidente, pero sólo en este caso concreto se detecta a uno de ellos en su calidad de santo, por más pretermitida que hubiera sido en su día su veneración. Y el hecho mismo de que no figure en otros santorales y la circunstancia del lugar donde se le rindió culto, me hace pensar en que nuestro san Durando templario no debió ser, a pesar de todo, santo demasiado ortodoxo puesto al cuidado de un presunto hospicio de peregrinos jacobeos, sino freire que, como otros muchos templarios pero posiblemente más activo que ellos, se cuidó de la protección y ocultamiento y de la cura y hasta de las fugas de otros peregrinos que, bajo el aspecto de penitentes camino de Santiago, pasaban el macizo pirenaico en busca de la salvación, sí, pero no de una salvación eterna más o menos prometida por la propaganda compostelana, sino la propia, la salvación de la propia vida en peligro por causa de las santas matanzas que tenían lugar en el Midi. Y no lo digo en este caso como mera sospecha, sino con el aval de documentos que acreditan, y sin lugar a dudas, que los templarios acogieron en sus casas de Foix, de Tolosa y de Provenza a cátaros perseguidos y que aprovecharon el derecho de asilo de sus capillas para proteger a muchos que luego, según la oportunidad o la circunstancia, pasaban la frontera en unos casos o incluso llegaban a profesar como monjes del Temple o, como también sucedía, se camuflaban entre las cofradías de canteros y, llegado el momento, revelaban la secreta heterodoxia de sus convicciones en las obras que llegaban a realizar para la misma iglesia que condenaba sus principios.

Pero, al fin y al cabo, para eso han existido los símbolos desde el albor de los tiempos: para contar, a través de ellos y de su significado, saberes, creencias, sentimientos y hasta experiencias que sólo pueden y deben contarse bajo formas que la palabra escrita o hablada nunca podría expresar convenientemente. Para proclamar, en fin, unas enseñanzas que los poderes establecidos anatematizan, precisamente porque son, de hecho, una amenaza (¿nos atreveremos a decir otra vez que se trata de *una amenaza solar*?) para aquellos que los detentan y que en modo alguno pueden consentir voluntariamente en desprenderse de ellos.

10

Cómo se fabrica un rey del mundo

Eso que suele llamarse «la sangre azul»

Conviene tenerlo muy en cuenta: nunca el héroe predestinado a altos fines rectores de los destinos del mundo puede aparecer ante los seres humanos de su entorno como un ciudadano cualquiera; ni siquiera con los atributos corrientes y molientes de una realeza de carácter simplemente político o guerrero. Repasemos cuidadosamente la historia: podremos comprobar cómo los grandes jefes, los grandes rectores, los grandes caudillos que han significado o han pretendido significar *algo* en el contexto histórico general de su pueblo o incluso de la humanidad, se han envuelto (o han sido envueltos por otros) de señales míticas, de prodigios, de agüeros, de milagros, de todos esos elementos que, de una manera u otra, han *trascendido* la condición meramente humana del individuo para encuadrarle en la categoría, declarada o tácita, del dios o del semidiós.

Todo el mundo ha tomado ya conciencia, desde tiempo inmemorial, de calificar a los monarcas y a la llamada nobleza con el apelativo de gente «de sangre azul». Nadie ignora ya que, hasta no hace tanto tiempo —tres siglos escasos, o cuatro— soberanos como el Rey Sol, Luis XIV, destinaban algunas horas de un día a la semana para ejercer su poder taumatúrgico, imponiendo sus manos perfumadas sobre enfermos —cuidadosamente lavados y previamente desinfectados— a los que presuntamente tenían el poder de curar.

Es apenas un ejemplo entre mil. En la Península Ibérica sabemos mucho de eso. Tenemos el recuerdo, reflejado en las crónicas y revivido por los más tradicionales historiadores, de jefes *natos* y pretermitidos, como Guifré el Pilós (Wifredo el Velloso), fundador de la dinastía de condes-reyes catalanes; el de Fernán González, primer conde de Castilla, a quien educó un mago y consagró un misterioso ermitaño, después de haber tenido por antepasados a gigantes reconocidos por la memoria popular; el de Bernardo del Carpio, que venció milagrosamente a las huestes francas de Carlomagno en los valles pirenaicos; el del Cid: ese Cid que ya nadie parece recordar como *Shiddhi* islámico o proislámico al servicio del mejor pagador o de la mejor oferta territorial; el de tantos otros caudillos pretendidamente solares que, con brazos de santa Teresa en ristre, con lanzas de Longinos en la faltriquera o con la propiedad —comprada— de Palmares prodigiosos, pretendieron alegar su derecho a ejercer la suprema autoridad espiritual y temporal sobre los pobres pecadores mortales que debían conformarse —¡y qué remedio les quedaba!— con ser súbditos de ínfima categoría en un mundo socavado por la mística solar del autoritarismo divinizado.

La sangre es símbolo y señal patente de Vida, de latido cordial. El sacerdote bebe el vino hecho sangre del redentor cuando realiza el rito eucarístico. Pero si esa sangre, en vez de roja, es azul —como podría ser verde, naturalmente, pero es que el azul es atributo cromático celestial y eso es importante tenerlo en cuenta— todo ello significa, idealmente al menos, que su portador, jefe o caudillo nato, pertenece a *otra* naturaleza que, precisamente por el color y por otras señales siempre evidentes, habrá de distinguirse y diferenciarse de la naturaleza de sus súbditos, precisamente para que ellos la capten y tomen conciencia clara de su inevitable subordinación a la realidad trascendente que representa.

Parece que la orden del Temple, después de su iniciación gnóstica en Tierra Santa, tenía una conciencia clara y diáfana de este cúmulo de circunstancias que podían ser capaces de convertir a un determinado personaje de carne mortal, como usted y como yo, en líder señero para un fin concreto. Creo que no tiene por qué tomarse como proclamación de acto de fe si digo que creo que la Orden templaria *programó* (exactamente igual que los técnicos japoneses de la Toshiba o de Sanyo pueden hacer hoy mismo) un futuro sinárquico ideal para el género humano o, al menos, para los pueblos de Occidente. Que calcularon los márgenes de error, bien o mal, y que dispusieron el camino propicio para que un determinado mortal, previa selección social o biológica o hasta mítica, estuviera en condiciones de tomar las riendas del destino de una Europa que estaba previsto que se convirtiera en rectora del futuro planetario, *sine die,* para toda la humanidad doliente.

El elegido

El hijo de Pedro II de Aragón, el que habría de ser Jaime I, reunía las condiciones o, al menos, acumulaba en su persona todos estos elementos insólitos, de aire discretamente sobrenatural o mágico, que podían convertirle en el soberano solar previsto, en el realizador de la aventura sinárquica que daría un sentido al ideal templario. No sabemos si la *invención* de Jaime I fue una estrategia de la Orden o si, por el contrario, concurrieron toda una serie de elementos que los templarios supieron utilizar. Pero esa es una característica constante de su singladura. Sucede en los hechos históricos en los que estuvieron implicados, sucede en las construcciones, sucede en las aventuras culturales que tuvieron lugar durante su existencia. Nunca *figura* ni *aparece* el Temple como causante o promotor de aquello que sucede, pero siempre está su sombra en las inmediaciones. Nunca se encuentra un documento que atestigüe sin lugar a dudas la intervención templaria, pero siempre hay un dato al desgaire o una noticia sin importancia aparente o un detalle que fácilmente pasa inadvertido que puede dar la pauta de su presencia y levantar sospechas sobre su intervención.

Jaime I comenzaba reuniendo en su persona la sangre de Oriente y de Occidente. Por parte de su madre, María de Montpellier, era bisnieto del emperador de Bizancio, Manuel Commeno, que había mandado a su hija Eudoxia para contraer matrimonio con Alfonso II de Aragón. Pero llegada a Montpeller, la princesa supo que su presunto marido ya se había casado con Sancha de Castilla, hija de Alfonso VII. Los viajes eran en la Edad Media tan lentos que cualquier acontecimiento podía alterar el curso de las intenciones. La princesa bizantina se encontró en Montpeller «compuesta y sin novio» y el señor del territorio, vasallo de la Corona de Aragón, el conde Guillermo IV, aprovechó la ocasión para obtener su mano, a pesar de que, según el concepto de la época, su sangre no podía compararse con la de los emperadores bizantinos. Pero de ese matrimonio nació la condesa María, que contraería matrimonio en 1204 con Pedro II, en la casa de los Templarios de Montpeller, y engendraría a Jaime I en circunstancias por demás insólitas.

Jaime I, que escribió o, al menos, puso su nombre a la historia de su propio reinado en el *Libre dels Feyts*, oculta cuidadosamente las insólitas circunstancias de su nacimiento, pero otro formidable cronista posterior, Ramón Muntaner, se encarga de contárnoslas con todo lujo de detalles. Al parecer, el matrimonio de Pedro II y la condesa María era, ya desde su inicio, un total fracaso. En 1207, la reina ya había iniciado gestiones ante su protector, el papa Inocencio III, para la obtención del divorcio y el rey Pedro dejaba tranquilamente que el proceso siguiera adelante, porque, al parecer, tenía intenciones de casarse de nuevo con María de Monferrato, hija de Conrado y heredera del reino de Jerusalén —y otra vez surge la sombra de Oriente en la vida de los monarcas de la Corona de Aragón—. En cualquier caso, la nobleza del reino parecía tener prisa por contar con un heredero y dicen que sucedía lo mismo con el buen pueblo de Montpeller.

Durante el año 1207, Pedro pasó una larga temporada en la ciudad, aunque ignorando totalmente a su esposa. Y fue entonces cuando, según cantaron los poetas occitanos y Muntaner y Desclot dieron por cierto, se tramó una conjura en la que intervinieron los cónsules y los prohombre de Montpeller, pero en la que colaboró de hecho todo el pueblo. Encomendándose a Nuestra Señora de Vallvert, ayunando durante una semana entera, cantando misas sin número y entonando los siete misterios gozosos, engañaron al soberano haciéndole creer que le conducían a los aposentos de una damisela casquivana y le introdujeron a oscuras en los de su propia esposa. Y mientras el rey Pedro yacía con su mujer sin saberlo, en la antecámara se reunieron veinticuatro hombres buenos y doce damas y doce doncellas, con notarios, abades y el oficial del obispo. «*E igualmente aquella noche estuvieron abiertas todas las iglesias de Montpeller, y todo el pueblo estaba en ellas rogando a Dios...*»[1]

Al amanecer los conjurados entraron en la estancia, con todo el sahumerio de luces y cirios y preces que habían tenido durante la noche y descubrieron al rey la identidad de su acompañante para que no hubiera dudas futuras. Y el rey Pedro «*montó a caballo y salió de Montpeller*». Pero el milagro estaba hecho y nueve meses después nacía en la misma ciudad, ignorado totalmente de su padre, el que habría de ser el soberano señero de la Corona de Aragón en el siglo XIII y en toda la Edad Media.

Toques de providencia

Jaime I llegó al mundo el día 8 de febrero de 1208, «*siendo víspera de la festividad de la Purificación de Nuestra Señora*». Y el mismo rey, o quien escribiera en su nombre[2] comienza a envolver su propio

---

1. MUNTANER, *Crónica,* cap. 5. Tomo sus textos de la traducción realizada por J. Vidal Jové para Alianza Editorial, Madrid, 1970.

2. Las citas del *Libre dels Feyts* las tomo de la versión castellana *Crónica Histórica* realizada por Enrique Palau para Iberia, Barcelona, 1958.

nacimiento en auras milagrosas, cuando cuenta cómo, «*inmediatamente de haber nacido, nuestra madre quiso que fuéramos llevado a la iglesia de Santa María, donde se nos trasladó en brazos. Como sea que allá estaban cantando maitines sucedió que al traspasar Nos los umbrales del templo acertaron a entonar los clérigos el* Te Deum laudamus, *sin que ellos se hubieran dado cuenta de nuestra llegada. Luego fuimos llevado a San Fermín, y aconteció también que al penetrar en la iglesia los que nos tenían en brazos, se estaba cantando* Benedictus Dominus Deus Israel».

Los detalles providenciales se acumulan. «*Al regresar en casa, colmaron de alegría a nuestra madre tan buenos pronósticos. Ella mandó acto seguido fabricar doce cirios de igual peso y tamaño, y prometió a Dios Nuestro Señor que nos pondría el nombre del cirio que durase mayor tiempo. El través de tres dedos aproximadamente duró más el de san Jaime que los otros. Por esto y por la gracia de Dios nos llamamos Jaime*».

Parece totalmente cierto, sin embargo, que el rey Pedro II ignoró tácitamente el nombre de su hijo y aún su misma existencia y que ni siquiera acudió a conocerle hasta dos años después de su nacimiento, precisamente cuando se presentó en Montpeller acompañado del cruzado Simón de Montfort, azote de los cátaros del Midi, para que éste se hiciera cargo del futuro rey mediante un pacto que se confirmaría dos años después y, según el cual, se reconocía el señorío de Montfort sobre Béziers y Carcasona y se aceptaba el compromiso matrimonial entre aquel hijo que apenas conocía y la hija del cruzado, Amicia. En aquel pacto el rey Pedro accedía a que Simón de Montfort retuviera consigo al infante en la fortaleza de Carcasona y a que el caudillo elegido de los papas gobernase en el señorío de Montpeller hasta que el futuro rey tuviera dieciocho años, fecha en la que tendría lugar la proyectada boda. De este modo, Pedro II, mediante una acción política con un hijo del que ignoraba incluso el nombre —le llamó Pedro las pocas veces que, al parecer, llegó a citarlo—, trataba de evitar la violencia de una guerra que, dos años después de aquel pacto, iba a costarle la vida en la batalla de Muret.

Nobleza obligaba, sin embargo, y en su crónica, Jaime I alabó a su padre sin reservas: «...*fue el monarca más generoso, más cortés y más afable que hubiese habido en España...*». Pero guardó el toque de prodigio para su madre, a la que santificó limpiamente cargando su pluma hasta en su capacidad de hacer milagros: «*Fue tanto lo que Dios demostró amarla y tanta la gracia que le otorgó, que en Roma y en todo el mundo ha merecido ser llamada la Reina Santa. Muchos son los enfermos que sanan al beber, en vino o en agua, readuras de la piedra de su sepulcro. Su cuerpo reposa en Roma, en la basílica de San Pedro, junto a santa Petronila, hija de san Pedro. ¡Considerad, pues, los que leyereis este manuscrito, si no es cosa de milagro!».*[1]

Ya comentaba anteriormente los privilegios milagreros de la *sangre azul,* no es necesario que volvamos sobre ellos. Pero sí, tal vez, sobre el hecho de su insistencia por parte de un monarca que aparece, desde los primeros años de su vida, como predestinado a unos fines que, como iremos viendo, estaban encuadrados en un contexto sobrenatural, al contrario de la circunstancia vital de la mayor parte de los soberanos que le fueron contemporáneos. Jaime I, en su propia Crónica, acepta sin reservas la predestinación providencial a todos los niveles, y poco después del párrafo citado consigna como obra divina su propio linaje: «*Después de prometer nuestro abuelo, el rey don Alfonso, tomar por mujer a la hija del emperador* (de Constantinopla) *y de haberse casado luego con doña Sancha, quisiese el Señor que se cumpliese la promesa en la persona de nuestro padre, contrayendo matrimonio con la nieta de aquel mismo emperador y de la cual Nos descendemos. Obra de Dios es que lo estipulado antes se llevase a efecto al tomar nuestro padre por esposa la nieta imperial».*

No perdamos de vista esta circunstancia de sueño imperial, que será una constante en la vida de Jaime I, lo mismo que lo serán, sin que los historiadores hayan querido reconocerlo, la influencia cátara, la admiración por los kabalistas de sus aljamas, el conocimiento profundo de la mística islámica y un arraigadísimo sentimiento mágico, que aflorará en numerosos instantes de su vida, como clave nunca proclamada, pero patente, de un sentimiento sinárquico sin duda alguna fomentado y dirigido discretamente por aquellos freires del Temple que nunca abandonaron su vera.

El entorno cátaro

Desde el momento mismo de su nacimiento, el fenómeno cátaro, en plena ebullición sangrienta, formó parte de la vida del pequeño Jaime. Y no sólo por su familia materna, sino por la activa intervención que su mismo padre tuvo en toda aquella contienda.

---

1. La reina María se había trasladado a Roma después del pacto de su esposo con Simón de Montfort y murió en la ciudad papal en 1213, el mismo año en que su esposo caía en la batalla de Muret, luchando con las tropas del que retenía a su hijo desde cuatro años antes.

Parece demostrado —siempre, por supuesto, dentro de los límites que ofrece la interpretación pretendidamente objetiva de la historia— que Pedro II nunca se sintió ideológicamente ligado a las doctrinas albigenses. Si intervino militarmente en el Midi lo hizo por sus lazos familiares con el conde de Tolosa, que estaba casado con Leonor, hermana del soberano aragonés. Pedro II, mientras pudo, intercedió cerca de los jefes cruzados para que no peleasen contra el condado de su cuñado. Pero lo cierto era que, como en todo el Languedoc, en Tolosa se protegía a los cátaros, que proliferaban a lo largo y ancho de todo el territorio. Pero aquella protección no se debía sólo a una identificación con la herejía, sino que entraban en juego intereses nacionalistas frente a una cruzada que amenazaba directamente la identidad de aquellas tierras, una amenaza que era el resultado de una rivalidad étnica secular entre el norte germánico —del que procedían casi todos los cruzados y el mismo Simón de Montfort— y aquel sur afectado por un tipo de civilización infinitamente más refinado, propio de una cultura más asentada, más firme en sus contextos tradicionales.

Pedro II, después de su activa intervención en la batalla de las Navas de Tolosa y cargado ya con su sobrenombre de El Católico como pública profesión de fe, llegó al Midi para defender Tolosa del asedio cruzado en 1213. El sitio se prolongaba desde dos años antes y el sitiador era precisamente el mismo caudillo que, desde dos años antes también, tenía bajo su protección al hijo del rey. Los poemas de la Cruzada aseguran que Pedro II estaba al mando de cien mil hombres cuando se enfrentó en Muret a las huestes de Montfort en una batalla que le costó la vida. Jaime I rememora aquel hecho con una nueva loa a su padre: «*Aquí murió... porque esa ha sido la norma de nuestro linaje en todos los tiempos y en las batallas en las que nos han envuelto: vencer o morir*».

¿Una intervención sólo familiar y territorial? Cabe suponerlo en el caso de Pedro II, en cuya boca pone el trovador Guillén de Tudela palabras significativas:

E car es mos cunhatz c'a ma soror espozea
e ieu si a so filh l'autra sor maridea
irai los ajudar d'esta gent malaurea
qu'el vol deseretar...

Pero la historia ha abusado en demasía de estos motivos en los que lo territorial, como lo meramente familiar, cuentan por sí mismos, sin tomar en consideración las tendencias de los seres humanos hacia sus afinidades superiores. Y, si resulta cierto que hubo —como hay todavía— una evidente identidad cultural y étnica a uno y otro lado del Pirineo Oriental, no cabe duda de que esa identidad comporta modos literarios, idioma y costumbres, pero igualmente un paralelismo en el modo de entender la trascendencia. Quiero decir con ello que no podía ser en modo alguno casual o meramente circunstancial que el sentimiento religioso que propició el catarismo en el Midi tuviera raíces indudables al otro lado de los montes.

Y creo que uno al menos de esos aspectos interrelacionales es claro. El catarismo se expresó líricamente por medio de los trovadores y se conservó larvado, desde mucho antes y hasta mucho después de la cruzada y de los procesos inquisitoriales que terminaron con su manifestación abierta y pública, a través de unas formas poéticas —y hasta presuntamente sociales— encuadradas en lo que hoy se ha aceptado denominar como amor cortés o *trovar clus:* en todas las derivaciones, en fin, de la primitiva lírica occitana.

El antecedente más remoto de estos trovadores del Midi podríamos encontrarlo en los bardos celtas, los llamados *ollamhs* entre los irlandeses de la primera Edad Media. Aquellos poetas narradores utilizaban ya un lenguaje críptico en el que las referencias simbólicas se convertían en metáforas y donde muchas palabras tenían el doble y hasta el múltiple sentido que sólo ellos y los que estaban en el secreto iniciático podían comprender. Pero la influencia de la cultura islámica que florecía al sur de los territorios catalanes ejerció una acción definitiva sobre los trovadores. Ya en siglo XII se imitaban los *zéjeles* musulmanes en las canciones trovadorescas y hay noticias de que Abélard de Bath, que estudió en París las formas musicales, fue el probable traductor del tratado matemático de Al-Khwarizini llamado *Li-Ysagorarum Alchorism,* con lo que se daba paso en occidente a las formas musicales y métricas arábigas. Y, con ellas, naturalmente, al espíritu religioso que animaba a las escuelas místicas sufíes.

Los poetas islámicos practicantes del misticismo sufí empleaban en sus poemas precisamente ese doble sentido, a la vez amoroso y religioso, que caracterizó fundamentalmente a los trovadores. El máximo poeta de los místicos islámicos, Ibn'Arabí de Murcia —1165-1240— podría haber sido tomado, por su temática y por sus modos poéticos, por uno de esos trovadores provenzales que cantaron al estilo del amor cortés toda una preocupación trascendente filosófica y religiosa.

*Mi amada es Trina
y, al mismo tiempo, Una.*

*Muchas cosas hay que parecen tres,
pero son únicas.
Ella no tiene nombre,
pero no hay que ponerle límites a quien
toda limitación resultaría absurda.*

Robert Graves[1] define perfectamente esta intención trascendente, tomada por los trovadores de los poetas sufíes, y explica cómo «*el conocimiento se alcanza por el amor, tomando a éste en el sentido poético de la perfecta devoción a una musa...*». Una musa en clave divina, tendríamos que añadir, la misma que inspirara a Salomón el Cantar de los Cantares. No en vano el mismo Ibn'Arabí declaraba como metafóricos sus poemas y citaba el Cantar de Salomón como ejemplo directo de sus propias intenciones.

El espíritu religioso musulmán se mezcló en los trovadores provenzales con la iniciación religiosa de los cátaros. Incluso su mismo nombre tiene implicaciones islámicas, porque la raíz fonética TRB significa «tocador de laúd». Pero no olvidemos que, en el lenguaje metafórico de los sufíes, esta misma raíz tiene varias posibilidades de interpretación. Y así, la raíz RBB, que significa «viola» o «laúd»... o «rabel» y que Omar Khayyam emplea en este sentido, deriva de otra raíz más simple RB, de la que nacen palabras tan reveladoras como RaBBat —señora, ídolo femenino—, RaBB —Señor, Amo, Dios— y RaBat, cuyo significado como convento, retiro fortificado o monasterio iniciático entronca con los *ashas* y con los templarios, que indefectiblemente, en su singladura peninsular, procuraron apoderarse de todos los lugares con este antecedente que fueron encontrando en su colaboración a la reconquista peninsular.

Hay que pensar, pues, que la identidad espiritual occitana y catalana —y hasta ocasionalmente aragonesa— no fue un mero hecho político ni territorial, sino que formaba parte de un sentimiento que, por más que no aflorase, por más que se mantuviera impoluto de excrecencias heréticas sospechosas, formó parte integrante del espíritu del pueblo y de los monarcas de la Corona de Aragón.

El atanor de Monzón

María de Montpeller otorgaba testamento en Roma, poco antes de su muerte en 1213, y en él especificaba: «*Volu ut Templum recipiat*

---

1. En el prólogo al libro de Idries Shah, *Los Sufíes*, Luis de Caralt, Barcelona, 1975.

filius meum et custodiat donec et illum reddat». Pero el niño estaba aún en poder de Simón de Montfort y el cruzado custodio no parecía muy dispuesto a cumplir la voluntad de la reina. Fue entonces cuando las cortes adjuntas de Cataluña y Aragón, reunidas en Lérida, acordaron reclamar al que ya consideraban como su rey, aunque desde la muerte de Pedro II en Muret se disputaban la regencia don Sancho —hijo de Ramón Berenguer IV y tío abuelo de Jaime I, por tanto—, sospechoso de simpatías por las doctrinas cátaras, y don Fernando, abad de Montearagón. Montfort siguió mostrándose reticente a las exigencias de las cortes y éstas decidieron mandar ante el papa Inocencio III a un legado, el obispo Ispán de Santa María de Albarracín, que consiguió que el pontífice obligase al conde cruzado mediante una bula entregada personalmente en Carcasona por un enviado directo suyo, Pedro de Benevento —o de Benavente—, que fue quien presionó para la entrega del pequeño monarca. «*Los franceses nos llevaron, pues, hasta Narbona, y allí salieron a recibirnos multitud de nobles y ciudadanos de Cataluña, lo que ocurría cuando Nos teníamos seis años y cuatro meses de edad. Una vez en Cataluña, nuestros vasallos acordaron, previa deliberación, desde luego confiar nuestra educación al cuidado de En Guillermo de Montredón, natural de Osona*[1] *y maestre de los templarios de Cataluña y Aragón*».

Tras una rápida convocatoria de cortes nuevamente en Lérida, donde todos los compromisarios, catalanes y aragoneses, juraron fidelidad al pequeño monarca —todos menos, al parecer, sus dos tíos, aspirantes a la corona— «*el maestre del Temple se nos llevó con él a Monzón, donde estuvimos dos años y medio seguidos, bajo la custodia de un lugarteniente*». Y el mismo rey añade en su *Crónica* unas líneas más adelante: «*...al llegar a Monzón, no bastaban siquiera nuestras rentas para mantenernos un día. ¡Tan agobiado y empobrecido se hallaba nuestro patrimonio!*»

Monzón conserva aún, en nuestros días, el castillo que levantó la orden del Temple cuando Ramón Berenguer IV —templario también, recordémoslo— se lo entregó en 1143, como parte de la compensación que correspondía a los freires del Templo de Salomón por el incumplimiento de los deseos testamentarios de Alfonso I el Batallador. El lugar, sin valor estratégico en el enfrentamiento con el Islam y sin interés en cuanto a los fines primeros del Temple, puesto que no era paso obligado ni corriente de peregrinos, tenía, en cambio, una tremenda importancia en lo concerniente a las relaciones sociopolíticas entre los dos pueblos que componían en aquel instante la Corona de Aragón. El

---

1. La actual Vic.

río Cinca, que bordeaba la ciudad a los pies de la fortaleza, era, en cierta manera, uno de los límites clave que marcaban la línea divisoria entre catalanes y aragoneses. Teniendo en cuenta que, tradicionalmente, hubo siempre —y, sobre todo, en la baja Edad Media— una cierta rivalidad entre ambos y un constante tira-y-afloja entre esta línea fronteriza convencional y la que marcaba, un poco más al este, el río Segre, la presencia templaria en Monzón —Montsó para los catalanes— y, en este caso concreto, la estadía del rey Jaime niño con los templarios de la fortaleza, era una especie de acuerdo tácito de unidad en un territorio con evidentes trazas de litigio étnico y social. Monzón cabalgaba entre el reino y el condado y sus templarios, por lo que nos cuentan las crónicas, eran a partes iguales catalanes y aragoneses. En aquella mezcla había, y creo que sin lugar a dudas, una intención evidente de programar el ánimo del pequeño monarca hacia la conciencia de una unidad territorial y eventualmente ideológica de dos pueblos distintos, que formaban parte de una misma corona. Un principio que, viniendo de los templarios —pues fueron ellos quienes, al parecer, habían elegido el lugar preciso en el que debían ejercer su custodia sobre el pequeño monarca—, delata ya ese sentido sinárquico y solar que rigió la actitud nunca abiertamente proclamada de la Orden, en busca siempre de motivos que pudieran conducir a una unidad superior, primero de los reinos cristianos y, en un futuro inconcreto, del mundo mediterráneo y de todas sus corrientes religiosas, hacia una unidad superior y trascendente.

Pero había algo más, que no conviene desechar, al menos en nuestro propósito, aunque haya sido, como de costumbre, inveteradamente ignorado, confundido y despreciado por los historiadores: el hecho de ser el enclave de Monzón puerta indudable hacia una comarca evidentemente mágica, dominada por la llamada sierra de san Saturnino —atención a un Saturno en el corazón mismo del condado de Ribagorza— y por el pico sagrado del Turbón, conocido aún por los habitantes de la comarca como el Frontón de las Brujas, en recuerdo de remotas prácticas religiosas que tendrían lugar en sus inmediaciones. En esa zona, y desde siglos antes, se habían instalado en calidad de *vigilantes* del lugar mágico los monjes de San Benito, fundando los monasterios de Obarra y de Alaón en torno al monte sagrado de viejas religiones perdidas. Un balneario de aguas milagrosas —el de Vilas de Turbó— potenciaba el carácter secularmente sagrado de la comarca, poblada por un cúmulo de leyendas y tradiciones altoaragonesas que fácilmente nos darían la razón última —cultual y evidentemente histórica en muchos casos— de su importancia decisiva como enclave sagrado de tiempos arcaicos.

Y, al lado mismo, el matraz de Sigena

Por su parte, el monasterio de Sigena, muy cercano a Monzón e integrado en su área de influencia, aunque perteneciente a los hospitalarios al menos desde 1183, cuenta en su haber con una tradición legendaria que lo convierte, al igual que otros puntos muy determinados de la geografía peninsular, en indicio evidente de remotos cultos, en lugar arcano de sacralidad. Veamos por qué.

Cuenta la tradición que el hecho sucedió en noviembre de 1182, durante el reinado de Alfonso II llamado el Casto lo mismo que su homónimo asturiano. Dicen que la imagen de la Virgen apareció en una zona pantanosa a orillas del río Alcanadre y que fue vista, antes que por ningún ser humano, por el toro de un rebaño que conducía un pastor. La gente piadosa trasladó la imagen, sucesivamente, a las parroquias de Urgellet, de Sena y de Sigena, pero siempre la Virgen desaparecía en la noche para regresar al punto exacto donde el toro que la había «visto» por primera vez seguía, cada mañana, guardándola. Fue entonces cuando el rey Alfonso II ordenó que fuera edificado un monasterio en el islote del pantano que rodeaba el lugar de la aparición. Y su esposa, la reina Sancha de Castilla, promovió la reforma hospitalaria para que aquel lugar fuera ocupado por la rama femenina de la Orden. Cuando se comenzaba a construir el monasterio, la reina dispuso *«que se llevasen el toro a sus vacas; lo que no fue menester, porque él se reunió con ellas de buen grado, sin regresar jamás a la imagen».* Las obras del monasterio duraron apenas cuatro años. Su consagración tuvo lugar en 1188 y profesaron en él, en calidad de monjas sanjuanistas, un buen número de damas de la más rancia nobleza de Aragón. El infante, el futuro Pedro II el de Muret, veló allí sus armas y fue armado caballero por su propio padre a los diez años. Y a aquel mismo lugar se acogió, en calidad de profesa, la reina doña Sancha a la muerte del rey su esposo.

Aislando los elementos que componen la leyenda de Sigena y dándoles la dimensión que les corresponde, podríamos avanzar, sin más, una razón *cultual* de remotas paganías, conservada —y transformada— por el cristianismo sincrético que la recogió y la hizo suya. Historias de imágenes —generalmente de la Virgen María— que son llevadas de un lado a otro y vuelven cabezonamente al lugar donde tuvo lugar su aparición son únicamente el plano simbólico de lugares, donde en épocas remotas, hubo culto directo a la Gran Madre. Culto que la Iglesia sacralizó, pero que conservó *la preponderancia del lugar sobre la de la imagen* que lo personificaba. La presencia del toro animal indiscutiblemente sagrado durante un largo período de la historia religiosa del Hombre en todas las culturas— contribuye a fijar, al menos, una antigüedad precristiana y prerromana, que se ve lógicamente reforzada por la presencia, también tradicional, del *pastor* que tiene bajo su custodia el cuidado de los animales sagrados simbólicos, sacerdote totémico que ha pasado, sin más transformaciones, a la tradición popular de gran parte de los mitos cristianizados. Un pastor suele ser, demasiado a menudo para no entrar en sospechas, el que *encuentra,* el que *descubre,* en circunstancias prodigiosas, las imágenes decididamente sospechosas de las vírgenes negras, cuya antigüedad queda siempre tradicionalmente fijada «*ántes del tiempo de los moros*» por el pueblo, cuando no como obra de un san Lucas/Lug, sabio de muchos saberes y, entre ellos, del arte del retrato. (Aunque, como todo el mundo sabe, la mayor parte de esas imágenes de vírgenes negras fueron talladas entre los siglos XI y XII y precisamente para enclaves en los que se había dado culto precristiano a la Gran Madre y luego ocupados y regidos generalmente por monjes de la orden de San Benito, lugares sacralizados explícitamente por ellos y convertidos en santuarios marianos de proyección secular a lo largo del tiempo.)

En este sentido, no estará de más aclarar cómo, en el entorno inmediato de aquel Monzón templario que acogió a Jaime I, la presencia de vírgenes negras y de tradiciones arcaicas resulta especialmente rica. Y no sólo eso, sino que igualmente se hace evidente la pervivencia de cultos que, aunque cristianizados, conservaban en la edad media elementos simbólicos tradicionales suficientes para entretejer —a ojos conocedores de los misterios iniciáticos— toda una trama de claves y de huellas que permitirían sin lugar a dudas la identificación de esas tradiciones —como la de Sigena— con reminiscencias indudables de remotos cultos solares larvados que aún palpitaban por debajo de la cristianización dominante.

Y es que, para encontrar el *motivo esencial* del esoterismo de Monzón, de su importancia más allá de la política meramente territorial de la época, he comenzado por ese símil alquímico de Sigena como matraz de precipitación mistérica del recuerdo de la Gran Madre, pero ¿es acaso el único? Si tomamos los caminos de Monzón hacia su norte, nos tropezamos con lo que queda del cenobio benito de Obarra, a la vera del Frontón de las Brujas. Y en su portal primitivo veremos, tal como han descubierto las recientes restauraciones,[1] los símbolos laberínticos que grabaron allí en la piedra monjes visigodos de segura raigambre solar arriana. No, admirado marqués de Lozoya,

1. Véase MANUEL IGLESIAS COSTA, *Obarra,* en Monografías del Instituto de Estudios Pirenaicos, C.S.I.C., Jaca, 1975.

que no se trata de unos artistas «*que se hubieran propuesto entretenerse combinando líneas sin sentido alguno*»,[1] pues que en la primitiva y frecuentemente heterodoxa fe cristiana, señor marqués, había un sentido concreto y diáfano de las claves simbólicas que conducían más allá del mero rito dogmático lanzado como artículo de inamovible fe sobre los neocreyentes.

La Gran Madre desconocida

Los historiadores han repetido, con relativa frecuencia, que Jaime el Conquistador fue sembrando de culto mariano las etapas y los lugares claves de su reinado, desde la Virgen de la Merced hasta la conversión de la mezquita mayor de Murcia en templo dedicado a Nuestra Señora. Y es cierto que la huella devocional del rey se puede ir encontrando a lo largo de su periplo conquistador en Mallorca (la Virgen de Lluch), en Barcelona (la de la Merced, por la que se creó toda una orden de redención de cautivos), en la Balma, en l'Abella, en el Puig (con toda su parafernalia isíaca de misteriosos toques de sistro captados por frailes mendicantes)...

Sin embargo, pocos de esos cronistas, salvo tal vez los obligados locales, que han venido siendo los mantenedores a menudo inconscientes de la auténtica tradición, han sabido recordar que muy cerca de Monzón, en tierras que, como aquellas, pertenecieron al Temple desde su asentamiento junto al Cinca, hay otro santuario de gran veneración popular dedicado a la Virgen: el de la Alegría, levantado en el mismo lugar donde antes se alzaba otra fortaleza subsidiaria de Monzón, Lascelles, y aún antes —antes de perderse en las brumas del tiempo— otros santuarios precristianos, de los que se han hallado numerosos restos y de algunos de los cuales cabe apreciar todavía las muescas en la roca cercana que algunos investigadores han calificado, alegremente, de farmacia ibérica.[2]

El relato de la aparición de Nuestra Señora se rodea con la presencia acostumbrada de pastores, ovejas y luces milagrosas, en una época

---

1. Marqués de Lozoya, *Historia del Arte Hispánico,* Salvat, Barcelona, 1949, tomo I.

2. Francisco Castillón Cortada, *El santuario de la Virgen de la Alegría,* Zaragoza, 1974. Publicaciones del Exmo. Aymto. de la ciudad de Monzón, Vid. igualmente, Antonio Ubieto, *Ligarzas 3, estudios sobre el Cid,* 1973, p. 126, para la leyenda contada a continuación.

incierta que, en cualquier caso, es seguramente posterior a la reconquista definitiva de Monzón al Islam. Y si es cierto que los historiadores no se han preocupado demasiado de ella, no lo es menos que la tradición comenzó a enlazar desde época temprana a esta imagen con la figura de aquel rey que pasó parte de su niñez con los templarios. Los «gozos» a la Virgen de la Alegría tienen a menudo como protagonista a Jaime I y hay incluso una leyenda en torno a su estancia en Monzón que, a mi modo de ver, es altamente significativa por lo que entraña de clave en el tema que aquí intento clarificar.

La leyenda cuenta cómo, yendo un día por los alrededores de la Alegría con sus mentores templarios, el rey chico se encontró con un ermitaño que le auguró la gloria más alta si tomaba la espada que llevaba al cinto el maestre Montredó —y que había pertenecido al Cid Campeador— y la templaba en un remanso del río para después ofrecerla a Nuestra Señora.

Parece históricamente cierto que la *Tizona* del Cid se guardó en el castillo de Monzón durante algún tiempo, porque allá la había depositado una hija del mítico caudillo castellano, que había casado en 1098 con Ramiro Sánchez —hijo de Sancho el de Peñalén—, de cuyo matrimonio nacería García Ramírez, que fue señor de Monzón entre 1125 y 1134 y luego rey de Navarra. La espada pasó al siguiente señor del castillo, Pedro Tizón, y de éste a su hijo, llamado como él y freire profeso del Temple. De ellos recibió el nombre de Tizona con que sería conocida.

Pero creo que aquí, al margen de un posible juego con la realidad histórica, la leyenda centra definitivamente un significativo aspecto simbólico: el del elemento victorioso y triunfante, hacedor de caudillos solares, que viene de la mano del mago augur —ermitaño aquí, herrero en las historias de Sigurd y de Fernán González, poderoso hechicero Merlín en la saga artúrica— para anunciar la gloria al héroe predestinado. Significativamente, lo podremos ir detectando una vez y otra en la historia de Jaime el Conquistador, que pertenece a una época en la que, generalmente, ha desaparecido ya, por rechazo, el elemento sobrenatural que en tiempos anteriores era atributo constante y necesario de la historia. En este caso concreto, puede ponerse lógicamente en entredicho la realidad del relato, pero es absolutamente cierto que muchos años después, cuando el rey se encuentra cercando Burriana, en tiempos de la conquista de Valencia, escribe a los templarios de Monzón solicitándoles aquella espada *«que havía nom Tisó i que era molt bona e venturosa e aquels que la portaven»*. La espada existe aún. Y, después de haber pasado por la Armería Real de la Casa de Aragón, se encuentra hoy en el Museo del Ejército de Madrid.

Entre espadas anda el juego

En el archivo de la Corona de Aragón, pergamino número 108 de Jaime I, consta la entrega de otra espada al rey chico de Monzón: la que perteneció a su padre, Pedro el Católico, la que llevaba en el momento de su muerte, cuando luchaba por los cátaros contra los cruzados de Simón de Montfort en la batalla de Muret. La entrega la hacía la priora de las monjas hospitalarias de Sigena, monasterio al que habían sido trasladados los restos del rey, después de permanecer durante cuatro años en la capilla de la casa de los caballeros de la Orden del Hospital en Tolosa. Una carta supuestamente escrita por el mismo Jaime I (que tendría ocho años en 1216) al papa Honorio II, habría sido contestada mediante una bula fechada el 11 de febrero de 1217 autorizando ese traslado, que tuvo lugar —a cargo de freires hospitalarios— cuatro meses después.

Los avatares de la historia habían recrudecido, en ese mismo instante, la guerra religiosa que estaba teniendo lugar en el Midi. La cruzada contra los cátaros continuaba con rasgos inusitados de crueldad, y don Sancho, el regente del reino —de cuyas simpatías hablaba hace unas páginas—, ayudaba a Raimundo de Tolosa, secundado por señores aragoneses y catalanes de la alcurnia de Guillén de Montcada, vizconde de Béarn, y Nuño Sanç, conde del Roselló. Gracias a estas ayudas, Simón de Montfort era vencido frente a Salvetat y Tolosa abría sus puertas a los libertadores catalano-aragoneses el 13 de setiembre de 1217, cuatro años justos después de la rota de Muret que había costado la vida del rey don Pedro. Por estas fechas, el papa Honorio clamaba contra la acción guerrera cispirenaica como si de «*ofensa a Dios mismo*» se tratara. Y hasta escribía al conde don Sancho y al mismo rey chiquillo de nueve años, amenazando a la Corona de Aragón con una cruzada en toda regla.

Vemos la situación histórica en su estado químicamente puro. Ni quito ni pongo rey, ni siquiera ayudo ahora a señor alguno, pues ni señor tengo. Pero añadamos un par de circunstancia complementarias. Primera: esa entrega ya citada, por parte de la priora de Sigena, de la espada y la enseña del rey Pedro a su hijo (en 1218). Segunda: la intención del rey Jaime —nueve años, pobre de quien los olvide— de ser enterrado, al igual que su padre, en Sigena, y expresada a su paso por Lérida en 1225.

Con todos estos datos advertimos, fundamentalmente, que los contecimientos históricos no son debidos nunca a circunstancias casuales, ni a motivos meramente políticos, económicos o territoriales. En los acontecimientos interviene siempre, en mayor o menor grado pero siempre como motivo motor, un elemento que muy bien podríamos llamar mágico, que puede ser debido a las particulares ideologías religiosas de sus protagonistas o a los detalles que hayan concurrido en cada instante cultural como mecha provocadora de las circunstancias particulares y, de rechazo, de los acontecimientos.

Consignemos aquí, en primer lugar, cómo los caballeros de la Orden del Hospital caminaron siempre a remolque de los templarios, como si tratasen de *vigilar* sus enclaves o como si buscasen, con más escasos conocimientos que ellos, los mismos fines. He podido comprobar, como cada cual podría haberlo hecho, si hubiera tenido intención de ello, hasta qué punto, allí donde se tiene noticia o testimonio de un asentamiento templario, hay cerca y contemporáneo otro de la Orden del Hospital. Con una ínfima diferencia de veinte o de cuarenta años, una casa de hospitalarios se adosa, o se *pega*, o se *adhiere* a un territorio poseído por los caballeros del Temple. Podría aducirse, como motivo, una rivalidad política que, efectivamente, se dio entre las dos órdenes y que, con el tiempo —sobre todo a raíz de la extinción de los templarios—, permitió a los caballeros del Hospital apoderarse de una buena parte de los bienes materiales de sus adversarios con el permiso y el consenso de reyes y papas.

Así sucedió, por ejemplo, con el mismo enclave de Monzón que ahora nos ocupa. Sin embargo, la comprobación de una serie paralela de circunstancias mágicas en Monzón y en Sigena pueden llevarnos al convencimiento de que, por encima de convivencias políticas, militares, económicas y sociales, tanto los templarios como los hospitalarios mantuvieron, a lo largo de los dos siglos de existencia de los primeros, una especie de lucha secreta por la consecución de idénticos fines. Lucha que, en cierto modo, tuvo también como protagonistas a las órdenes militares específicamente creadas sobre el modelo templario en la Península Ibérica. Y fines que, normalmente, consiguieron los templarios con absoluta prioridad, aunque luego su herencia pasase a las otras órdenes y se llegase incluso a ignorar, de modo sistemático, su origen.

El silencio, el mutismo y el secreto

Creo firmemente que una de las razones —posiblemente la principal— por las que el pensamiento esotérico ha sido eludido en los estudios históricos y hasta en los tratados al uso de histoira de los movimientos religiosos, ha consistido en su esencial incomunicabilidad. Quiero decir con ello que el esoterismo mantuvo su misterio a lo largo del tiempo, respetando la discreción de su enseñanza y de su conocimiento y cumpliendo al pie de la letra —en general— con aquella antiquísima regla tradicional, seguida por druidas y brahmanes, por santones sufíes y por los grandes iniciados de las religiones universales, que nunca escribieron sus enseñanzas, sino que se limitaron conscientemente a exponerlas de viva voz ante la humanidad o ante un reducido número de adeptos o de discípulos. No es extraño, desde esta perspectiva, que demasiado a menudo se carezca de noticias fidedignas y explícitas de los que sucedía en los conventos y en las casas de los templarios. Y menos extraño aún —aunque pueda tomarse como excusa para aventurar hipótesis improbables— que cuando determinados hombres, como el rey Jaime I en nuestro caso, mantienen la misma discreción, el mismo silencio, la misma omisión voluntaria de noticias que los mismos miembros de la orden, se tome la omisión por carencia y el silencio por inexistencia de un pensamiento que no por más eludido estaba menos presente.

En el *Libre dels Feyts*, Jaime I cuenta muy someramente, demasiado someramente incluso, su vida con los freires del Temple en Monzón, donde pasó dos años fundamentales de su existencia. Nada confirma en la Crónica la supuesta idea de secuestro por parte de los templarios, como aventuraron algunos historiadores, pero tampoco nada que permita suponer claramente la clase de enseñanza que allí recibió. Sólo alguna frase suelta en las pocas páginas dedicadas a aquella época denotan la impaciencia de un rey que, aun siendo un niño, ansiaba ya protagonizar su propio destino. «¡*Muchas eran las ganas que ambos teníamos de salir!*», dice, refiriéndose a él y a su pirmo el conde de Provenza, que le acompañaba en la fortaleza templaria.

Con los años,[1] el rey Conquistador parecía recordar conscientemente pocos acontecimientos de su estancia en el castillo: apenas su asistencia a las ceremonias del culto diario, el aprendizaje de las artes guerreras propio de un príncipe y el recuerdo entrevisto de sus propios dominios, la mayor parte de las veces atisbados sólo desde las almenas de aquel reducto a caballo entre el reino y el condado.

Contemplando hoy los restos de aquel enclave de Monzón, cabe imaginar incluso el sentimiento de claustrofobia que pudo apoderarse de un niño de ocho años constreñido a que su existencia discurriera

---

[1]. Según los investigadores que se han ocupado de ella en profundidad, la crónica autobiográfica de Jaime I debió ser escrita en dos etapas: la primera se redactaría en Játiva, en torno a 1244, la segunda en Barcelona, hacia 1274, cuatro años antes de su muerte.

dentro de unos pocos metros cuadrados de terreno fortificado, rodeado de muros de piedra y ante un panorama de campos y de cercanos picos pirenaicos entrevisto desde almenas como barrotes de jaula. A los pies, una aldea preferentemente poblada por campesinos, moriscos y judíos y, en torno, la decidida —y aún hoy posible de adivinar— sobriedad templaria, la falta esencial y voluntaria de ornamentos y de filigranas arquitectónicas en que ocupar la mirada y, sobre todo, la ausencia consciente de esos juegos, inútiles pero fundamentales, en los que un niño necesita fijar su atención y su interés.

Sin embargo, no es menos cierto que, tal como iremos viendo inmediatamente, la salida de Monzón marca también la súbita y casi incompensible manifestación de una madurez insospechable en un niño que apenas tiene nueve años. De pronto, sin una visible solución de continuidad, esa salida a la vida pública cuando «*el maestre del Temple resolvió con los demás dejarnos en libertad*», se efectúa con unas intenciones claras y definidas: terminar lo más rápidamente posible con las banderías feudales en las que el reino estaba hundido; unificar la Corona de Aragón bajo una autoridad única, evidente y fuera de todo entredicho; establecer, en fin, la hegemonía del soberano auténticamente *predestinado* ante todos sus súbditos, aunándolos sin el menor margen de dudas en unas empresas decididas en las que se identificaría el mensaje mesiánico, la predestinación proclamada y la conciencia impuesta de que cuanto se hubiera de hacer se haría por designio divino y se realizaría gracias a un jefe indudablemente tocado por la gracia celestial y por la Providencia que marca a quienes elige como líderes solares destinados a convertirse en los grandes conductores de la Humanidad.

11

Cómo se manifiesta un rey del mundo

Unas de cal, otras de arena

A la hora de emitir juicios sobre aquellos seres humanos que han actuado o han intentado actuar en el curso de la historia como grandes transformadores de las estructuras planetarias —a niveles políticos, guerreros y religiosos— no puede haber, porque jamás la hubo, objetividad. El hombre es así: puede ser capaz de analizar desapasionadamente los problemas menores, juzgar sin filias ni fobias extremas a los pequeños sinvergüenzas o a los dulces beatillos milagreros sin proyección multitudinaria, a los sabios oscuros o a los insignificantes gobernantes que realizan su labor a caballo (como casi todo lo humano) entre lo que llamamos bueno y lo que cada cual considera como malo. Pero cuando surge el líder integral, el mesías aglutinador de masas, el conquistador de mundos o el profeta tonante de abracadabrantes destinos, se astillan los esquemas, revientan las coordenadas y afloran, sin más, los instintos. Y ya no cabe, porque es totalmente inútil, la reflexión ecuánime. Los grandes principios de lo bueno a ultranza y de los infernalmente malos mandan, deforman e imprimen, desde uno y otro extremo, la opinión que prevalecerá por encima del tiempo. ¡Y pobre de quien quiera analizarla y encontrar el camino medio!

Sin haber llegado a alcanzar proyección universal, sin ser hoy mismo reconocido siquiera a niveles europeos como un Napoleón, un Alejandro, un Ciro, un Hitler o un Gengis Khan, sino más bien ignorado y desconocido más allá del territorio hispánico o de la erudición de los hispanistas, el Conquistador no ha sido aún juzgado objetivamente ni por los investigadores ni por el recuerdo popular. Proclamado «*el bon rei En Jaume*» por los catalanes desde la perspectiva más favorable, el monarca surge muy a menudo como un semidiós olímpico o wallhálico, azote de sarracenos, justo, sabio y santo en grados casi superlativos, hacedor y vehículo de milagros y firme aspirante a un proceso de canonización,[1] ni más ni menos que sus contemporáneos coronados Fernando III de Castilla y Luís IX de Francia, que probablemente tuvieron más suerte por haber despertado menos apasionamientos controvertidos y menos dudas razonables en el seno de aquella iglesia todopoderosa de la Edad Media, anatematizadora de reyes y dispensadora prolífica de santidades.

Desde el ángulo más negro, otros han contemplado a Jaime el Conquistador como un rey burdo y casi analfabeto, adúltero impenitente, polígamo y merecedor de apercibimientos y excomuniones, cristiano dudoso que favorecía con su presencia peligrosas exaltaciones kabalísticas e islámicas, mal pagador de promesas, opresor de pueblos y enemigo rabioso de sus propios hijos.

Pienso que, en este sentido, la personalidad profunda y escondida del rey Jaime resulta tan ignorada —y precisamente por el radical desacuerdo entre defensores y detractores— como la de otro contemporáneo suyo, el emperador Federico II de Hohenstaufen, que presenta en muchos aspectos un evidente paralelismo con el monarca catalán y que, curiosamente, también pasó una parte de su infancia bajo la custodia de los templarios de Sicilia, protegidos del recién elegido papa Inocencio III, que fue, a su vez, tutor oficial de aquel niño que luego, como emperador, se enfrentaría violentamente al orden establecido por el poder eclesiástico y proclamaría con sus actos la clara intención griálica de alcanzar las cimas más altas del poder universal, volcándose, para conseguirlo, hacia actitudes decididamente esotéricas, de claro signo mágico en numerosas ocasiones. Ahí está el testimonio casi parafernálico de su obra arquitectónica, la fortaleza misteriosa de Castel del Monte; o de su corte siciliana, poblada de maestros sufíes; o su admiración inquebrantable por heterodoxos como el monje Miguel Scoto y por místicos como san Francisco de Asís; o el pensamiento que tan a menudo se le ha atribuido, y seguramente no sin razón, según el cual habría proclamado en más de una ocasión la radical impostura de los tres grandes creadores de la religiosidad mediterránea: Moisés, Jesús y Mahoma; o, en fin, la defi-

---

1. Todavía en 1633, Gaspar Galcerán, conde de Guimerá, publicaba un «*Proyecto para la canonización de don Jaime el Conquistador*», según cita don Teodoro Llorente Olivares en su traducción revisada del libro de CHARLES DE TOURTOULON, *Don Jaime el Conquistador, rey de Aragón, conde de Barcelona, señor de Montpellier, según las crónicas y documentos inéditos*, Valencia, 1874.

El papa Inocencio III, protector de la infancia de reyes solares como Federico II de Hohenstaufen y Jaime I el Conquistador. Promotor también de la Cruzada contra los cátaros.

nición que hizo de él Alberto de Baham, familiar pontificio: «*Nuevo Lucifer, que ha intentado escalar el cielo*».[1]

Hay personalidades en la historia universal —y algunas he citado,

---

1. Sobre Federico II, véase MARCEL BRION, *Fréderic II de Hohenstaufen*, nuevamente editado por la Librairie Jules Tallandier, París, 1978. Véase igualmente JULIUS EVOLA, *El misterio del Grial* (1975) y JEAN-MICHEL ANGEBERT, *Los Místicos del Sol* (1971), ambos editado en Barcelona por Plaza & Janés.

como de pasada, al principio de este capítulo— que, lo mismo que sucede en los grandes mitos, no pueden ser juzgadas por unos hechos aparentemente objetivos que siempre nos resultarán cojos y contradictorios. Son personalidades que, exactamente lo mismo que los dioses y los héroes olímpicos, no se miden por las mismas coordenadas que podrían valer para el resto de la humanidad, sino con arreglo a unos cánones —¿nos atrevemos a llamarlos nietzcheanos?— en los que los conceptos morales que nos han imbuido en esta sacrosanta civilización cristiana están totalmente desfasados. Son seres conscientemente por encima del bien y del mal, buscadores y acaparadores de poder, convencidos —lo proclamen o no— de su esencial mesianismo, de su radical superioridad sobre los pobres mortales que les rodean. Seres que osarán cualquier aventura que se oponga a las normas establecidas, mientras responda a los principios sobrehumanos que han creado para sí mismos. Por eso no cabrá nunca con ellos el juicio ecuánime: porque, por una u otra vía, siempre se encontrarán fuera de las cuadrículas morales que sirven para enjuiciar a los demás mortales. Por que, en tanto que convencidos de su misión, provocarán su propio mito, para bien o para mal. Y porque, en cualquier caso, serán igualmente tremendos y colosalistas en la victoria y en la derrota y habrán entrado en los dominios del mito cuando ni siquiera hayan salido de las fronteras de este mundo.

El hijo del dragón

Cuenta una de las muchas leyendas que rodean la personalidad incalificable de Federico II, que nació como consecuencia de una «visita» que le hizo a su madre, Constanza de Sicilia, un terrible dragón que asolaba sus tierras. También de Alejandro Magno se contaba que le engendró Olimpia después de haberse dejado seducir por una serpiente. (Recordemos el significado simbólico de la serpiente, representación solar y signo de sabiduría secreta. Pero recordemos también, porque nunca los símbolos son unívocos ni van solos, el «milagro» del nacimiento de Jaime I que contábamos en el capítulo anterior, porque también allí se encuentra, en clave realista, el mismo mito que ha rodeado a tantos héroes *no nacidos de varón,* a tantos mesías y profetas de la tradición solar. Estamos ante una variante del mito de Horus, engendrado por un padre muerto y depedazado, ante el origen mismo de cualquiera de los salvadores de las religiones mistéricas y de sus consecuencias: ante Dyonisos, Attis, Orfeo o Cristo mismo, naciendo de mujer milagrosamente fecundada por la divinidad solar o por la providencia, que adoptó la forma que mejor cuadraba a los altos designios que tenía reservados al dios o al héroe. Y es que el ser predestinado desde las alturas debe ser portador, como sea, de los *signos* que habrán de identificarlo de por vida, para que todo el mundo iniciático tenga conciencia de quién se trata y de cuáles habrán de ser sus funciones. Pero esos signos habrán de ser evidenciados y resaltados. Y sólo podrán hacer tal cosa aquellos que conozcan el secreto de unos significados que, surgidos en momentos clave a lo largo del tiempo, sirven como toque de atención *sine qua non* para centrar, definir y reconocer al ser predestinado.)

En este sentido, dado el paralelismo y la contemporaneidad del emperador alemán y del rey catalano-aragonés, y dada la comunidad de rasgos que caracterizan a uno y a otro, cabe muy bien avanzar la sospecha de que, detrás de sus dos vidas, estuvo el designio sinárquico de la orden del Temple, de quien tuvieron que ser *invención* concreta, compartida, al menos en primera instancia, por el papa Inocencio III, que está presente, como una sombra de protectora autoridad espiritual, en los albores de las respectivas singladuras. Pero, puesto que nuestro interés va a centrarse en la del conde-rey español, bueno será seguramente que, antes, lancemos una mirada general sobre la personalidad y sobre la circunstancia del emperador alemán, aquel de quien, en la hora de su muerte —y en reveladora carta poemática del futuro rey Manfredo a Conrado—, se decía con extraña conciencia: «*El Sol del mundo, que lucía sobre los pueblos, se ha puesto; / el Sol del derecho, el asilo de paz*».

Marcel Brion, en su biografía del emperador Federico II, dice de él algo que, con toda garantía, puede tomarse como característica vital de los grandes adeptos solares: «*se proyectaba demasiado lejos en el futuro, en tanto se mantenía demasiado arraigado en el pasado*». En definitiva, se trata de ese rasgo fundamental, común a todo proceso iniciático, que presuntamente permite configurar el futuro mediante un conocimiento profundo de los secretos transmitidos por la Tradición arcana. Esta raíz tradicional es la que, ya lo hemos visto, configuró también la personalidad de la Orden del Temple, la que les sirvió a los templarios, luego de captada, asimilada y digerida en Oriente, para proyectar sobre ella un ideal sinárquico de configuración mundial para un futuro que, para bien o para mal (y tendríamos que insistir una vez más en esa radical eliminación trascendente de los dualismos que pondría siempre esos ideales por encima de ambos conceptos contrapuestos), no lograron llevar a cabo.

Federico II manifestó, durante toda su vida, un tremendo interés

Federico II de Hohenstaufen, en una representación contemporánea, con el atributo solar en la mano izquierda.

San Francisco de Asís, un santo que aprendió del misticismo islámico más de lo que pueden reconocerle sus exegetas. El emperador Federico se entendía mejor con él que con los papas que le excomulgaban.

por la alquimia, la astrología y, en general, por todo el lado esotérico de la espiritualidad humana. Fue ese interés y ese conocimiento buscado lo que hizo mantener cerca de él a Miguel Scoto y lo que le acercó curiosamente en su palacio de Foggia a san Francisco de Asís, que tanto bebió para crear su ideario místico en la tradición sufí.[1] Fueron ese interés y esa conciencia en la que todo lo oculto se integra lo que le llevó tambien, sin lugar a dudas, a una inveterada protección a las exploraciones submarinas, que le hizo crear un auténtico equipo de buceadores en Sicilia, destinados a sacar del fondo del estrecho de Messina y para solaz suyo, cuantos restos y tesoros hundidos pudieran encontrar procedentes de las civilizaciones ya perdidas. ¿Tal vez con la esperanza de un hallazgo atlante? Nunca podremos confirmarlo documentalmente, porque las intenciones sólo dejan su huella cuando se han realizado. Pero resulta significativo que, en otra de las tradiciones míticas que giran en torno al emperador, figure de modo ex-

---

1. Traté este tema en mi artículo «Los derviches danzantes», publicado en *Mundo desconocido,* núm. 25, julio de 1978, pp. 37-46.

plícito la figura del Preste Juan, de quien se dice que envió una embajada ante Federico II con un regalo mágico que consistía en tres piedras prodigiosas montadas en un anillo. Y añade la leyenda que la primera de aquellas piedras tenía la virtud de hacer invisible a su portador, la segunda, volverle invulnerable a toda clase de armas y de agresiones, la tercera, permitirle *vivir bajo el agua*. Y el cronista Oswald der Schreiber añade que aún hubo otro regalo no menos precioso: una túnica de piel de salamandra, que permitía a su portador atravesar el fuego sin quemarse. (Curiosa pirobacia, que enlaza, a través de la leyenda, con ese paso del fuego que realizan prodigiosamente cada año los mozos sorianos de San Pedro Manrique, una localidad que ya mencioné y que fue, según todos los testimonios recogidos, posesión de los templarios castellanos.)

El pacto secreto en el lugar sagrado

Repitámoslo una vez más, aun a riesgo de machaconería: resulta siempre difícil y peligroso afirmar determinados hechos que nunca podrían constar en los tratados de historia por su carácter oculto o secreto. Sin embargo, contra lo que la investigación académica a ultranza suele decidir —la ignorancia o el encogimiento de hombros despectivo y, muy a menudo, la declaración tácita de gratuidad ante supuestos que carecen y carecerán siempre de pruebas documentales— yo tengo el convencimiento de que, trasponiendo las aseveraciones del viejo Evémero, todas las leyendas tienen, en distintos grados, un apoyo en la realidad; y no importa tanto que esa realidad se evidencie con testimonios materiales o se mantenga eternamente oculta, si nos permite, con un margen válido de verosimilitud, enlazar eslabones que, de otro modo, permanecerían sueltos y sin razón de existencia.

No hay prueba documental alguna, pero el hecho lo citan cronistas medievales[1] y, sobre todo, cae de lleno en la personalidad reconocida del emperador: en 1228 y en San Juan de Acre, un año antes de su autocoronación como rey de Jerusalén —que era como ser rey supremo en la ciudad sagrada de las tres religiones—, tuvo lugar un pacto consensual en el que *ocho* órdenes religiosas y guerreras de los tres

---

1. A. GAUTHIER-WALTER, *La chevalerie et les aspects secrets de l'Histoire*, La Table Ronde, París, 1966.

cultos[1] rubricaron el acuerdo de convertir al cruzado excomulgado en *imperator mundi,* lo que significaba, al menos en las coordenadas de la ideología templaria (compartida teóricamente por las demás órdenes de origen cristiano) la consecución del ideal sinárquico solar por el que había sido concebida la milicia del Templo de Salomón.

La fecha en la que tendría lugar esta *pactio secreta* es importante por varios motivos. El primero de ellos, porque ocupa el centro de un corto período de tiempo —1220-1230— en el que estarán sucediendo en Europa entera acontecimientos realmente significativos que nos muestran, por un lado, una evidente intención unificadora de la política de los estados (sobre todo, en aquellos discretamente controlados por la orden del Temple); de otro, un decidido impulso cultural a todos los niveles; más allá aún, la confirmación de voluntades místicas de reconocida aunque problemática ortodoxia frente al habitual y firme asentamiento político del poder eclesiástico oficial; y, todavía más lejos, la implantación sistemática de monarcas santos *a gogó.* Veamos este curioso cuadro cronológico:

1220	Federico II obtiene la corona imperial. Construcción de la catedral de Amiens. Invasión mongola de Persia.
1221	Fracaso de la quinta Cruzada. Construcción de la catedral de Burgos. Fundación de la Universidad de Padua. Jaime I acude a Ágreda a recoger a su esposa, Leonor, hija de Fernando III, acompañado del maestre templario Guillén de Azylach.
1223	Confirmación de la orden franciscana ante el papa Honorio III.
1224	Fundación de la Universidad de Nápoles, primera de carácter estatal, por Federico II.

1. Estarían presentes templarios, teutónicos, hospitalarios, orden de San Lázaro, los *ashashins,* los *rabbits* hispánicos, los *fatahs* turcos y, al parecer, una orden no especificada hebrea.

1225	Establecimiento de comerciantes alemanes en Venecia, el *Sindaco del Tedeschi*.
1226	Exaltación de Luis IX al trono de Francia. Excomunión de Federico II por Gregorio IX.
1227	Muerte de Gengis Khan. Construcción de la catedral de Toledo. Conquista de Cáceres por Alfonso IX de León.
1228	PACTIO SECRETA. Comienzo de la sexta Cruzada. Conquista de Mallorca.
1229	Federico II rey de Jerusalén. Construcción de la catedral de Toulouse.
1230	Unión definitiva de León y Castilla bajo Fernando III. Fundación del estado teutónico por la orden del mismo nombre. Paz y levantamiento de excomunión entre Federico II y Gregorio IX.

A la *pactio secreta* sucede un acontecimiento significativo: la súbita y violenta enemistad, nunca suficientemente aclarada por lo confusa —y, digámoslo, seguramente de raíces secretas— entre Federico II y sus hasta entonces fidelísimos promotores los freires del Temple. Hay quien afirma que la causa radicó en el pacto firmado por el emperador con el sultán egipcio Malek al-Qamil, que excluía acuerdos con los sultanes de Damasco, amigos de los templarios. Aún hay quien, negando este hecho, afirma como motivo que en ese tratado —en el que actuó como testigo el maestre de los teutónicos, Hermann de Salza— se favorecía a la cristiandad porque se obtenía el libre acceso de los fieles a los Santos Lugares, pero se destruía tácitamente la razón misma de ser del Temple, porque se le arrebataba para el Islam egipcio las mezquitas y los lugares del Templo de Salomón que constituyeron desde su inicio su casa matriz. Y tampoco falta quien, completando estas dos causas, añade la idea —también evidentemente solar— de Federico II, de unir en una sola gran orden de caballería a todas las demás existentes, idea que, lógicamente, no había de agradar al Temple, sobre todo si no ostentaba la hegemonía directa sobre todas las demás (cosa harto problemática) en esta fusión.

Recordemos ahora de nuevo, con los datos expuestos, que 1229 es la fecha de esa aciaga coronación del emperador como rey de Jerusalén. Que ese es precisamente el momento en que la leyenda sitúa la aparición de los ángeles que arrebataron violenta y milagrosamente la cruz patriarcal de Santa Elena colgada del pecho de patriarca de Jerusalén que oficiaba en la ceremonia y que, tres años después, si seguimos con la otra leyenda milagrosa y paralela, esa cruz, transformada en Cruz de Caravaca, aparecería por la ventana del Milagro acreditando un prodigio santificador en un castillo —musulmán— que pocos años después pasaría a manos de los templarios castellanos. Unos templarios de los que el mismo emperador había renegado cuando, haciendo caso omiso de su propia heterodoxia, les juzgaba así en la carta que ya citaba anteriormente y que escribía a Ricardo de Cornwall, hermano del rey de Inglaterra, en 1244: «*Al punto que tal se nos apareció de modo evidente cuando, por medio de algunos religiosos que venían de las regiones ultramarinas a encontrarnos, supimos que los templarios recibían en la clausura de sus propias casas a los sultanes y a sus enviados con precipitados honores, cumpliendo sus supersticiones, invocando a Mahoma y librándose a prácticas dignas de gente del siglo. Nada ha podido librarles de cometer perjurio...*»

La forma de un mandala

En 1233, en medio de la euforia imperial, enfrentado nuevamente al papado, orgullosamente identificado con su destino solar, Federico II encargaba a Philippe Chivard, un maestro francés formado en las grandes catedrales, la construcción de un extraño monumento en las colinas de Apulia: la fortaleza de Castel del Monte.

Claro que una cosa es llamar fortaleza a aquella edificación y otra muy distinta tratar de entenderla como tal cuando se la estudia con cierto detenimiento. Castel del Monte es un bloque octogonal, con una torre de ocho lados en cada una de sus aristas. La puerta está enfrentada hacia el día solar por excelencia, el solsticio de verano. Dentro, el octógono se conserva fielmente en la estructura del patio central, que guarda en su centro un estanque también de ocho lados.

La edificación tiene dos plantas perfectamente idénticas, compuesta cada una por ocho salas concéntricas, en forma de trapecio y abier-

La estructura insólita y en modo alguno arbitraria de Castel del Monte, mandado construir por Federico II, denuncia los fines mágicos e iniciáticos a que fue destinada la fortaleza.

tas al patio central, con lo que el ángulo recto está totalmente ausente de toda la edificación. No hay cocinas, no hay dormitorios, no hay caballerizas, ni almacenes, ni servicios, ni almenas, ni torre del homenaje, ni capilla, ni plaza de armas propiamente dicha. Sólo los blasones de la casa de Suabia y, en el centro, sobre la entrada, un relieve de mármol que representa una cabeza totalmente rodeada de rayos.

Como es natural, resulta imposible plantearse Castel del Monte ni como fortaleza defensiva ni como presunto retiro de recreo. Aquel lugar está planificado con arreglo a una intencionalidad muy concreta y nada al uso, puesto que se trata, evidentemente, de una estructura irrepetible y sin posibles parangones... a menos que recurramos al simbolismo que encierran las capillas poligonales que encontramos en otros puntos de Europa, o en la estructura de la mezquita de Al-Aqsa. Sólo así, identificando la aparente fortaleza con una edificación solar —y basta mirar el relieve marmóreo para confirmarlo plenamente— adquiere un sentido. Y si ese sentido es cierto, si reconocemos, como no creo que quede otro remedio, que nos encontramos ante un modelo de templo solar, tanto la controvertida personalidad de Federico II como la función concreta del castillo se nos clarifica. Y comenzamos a captar el porqué de lo que cuentan las crónicas imperiales, según las cuales los huéspedes de aquel lugar no eran recibidos en el interior de la fortaleza, sino que se les instalaban tiendas de seda en la explanada exterior, cuando tenían allí lugar ceremonias de armar caballeros en medio de fiestas extrañas en las que músicos con instrumentos exóticos amenizaban la fiesta con melodías desconocidas.

Castel del Monte sería la prueba definitiva, aunque prescindiéramos de cualquier otra, de la personalidad proteica y del destino místico solar de Federico II de Hohenstaufen. Un destino fabricado, seguramente, por los templarios, que transmitieron su iniciación al futuro emperador aunque luego renegasen de la elección de un discípulo que les salió respondón. No cabe duda, sin embargo, de que los freires del Temple siguieron contando en el ánimo del monarca heliocrático y de que, a pesar de sus diferencias y de su mutua hostilidad, Federico no pudo eliminarlos ni de su pensamiento ni de su vida. A la hora de dictar testamento, poco antes de su muerte (1250) —muerte extrañamente presentida y casi programada— les legó bienes considerables y les devolvió cuanto pudo de lo que les había arrebatado. Lo cual no impidió que Dante se vengase de su memoria, haciéndole penar eternamente en el sepulcro inmenso de los herejes del sexto Círculo de su Infierno.

12

El protegido de la Gran Madre

Secretos sin confesión

Hay ocasiones en que la historia, o el conjunto total y absoluto de los historiadores, oculta, ignora y desprecia la importancia real y decisiva de un determinado personaje o un grupo concreto de presión —directa o indirecta— condiciona los acontecimientos y, sobre todo, el comportamiento de aquellos que figuran en los tratados como figuras desencadenantes de los hechos que van configurando el devenir histórico. Lo he dicho anteriormente, lo repito ahora y es más que probable que esta idea surja todavía a lo largo de estas páginas, porque creo que debo insistir en la visión radicalmente falsa que se nos propone a la hora de calibrar *sólo* racionalmente la gran aventura temporal del hombre. Si la historiografía al uso se basa únicamente en las pruebas que nos aportan los documentos y los restos arqueológicos del más diverso tipo, sin tratar de formar un juicio sobre lo que se muestra, supliendo lo que se elude y presintiendo lo que se oculta, flaco servicio prestarán esos estudios al esclarecimiento de las realidades. Porque —siento que debo insistir y siento que nunca insistiré bastante en ello— *jamás se escribe algo que no sea en defensa de unos intereses personales o colectivos concretos,* aunque se trate de un recibo o de una escritura notarial. Se me ocurre pensar, por ejemplo, si el cardenal Richelieu se habría atrevido jamás a confesar en una carta o en cualquier otro documento todo cuanto decidió a lo largo de su singladura política bajo la inspiración directa de su secretario el padre José. O, pongo por (otro) caso, dudo mucho que en ningún legajo aparezcan algún día los motivos auténticos e incontrovertibles por los que Sancho el Mayor de Navarra y los monjes de la orden de Cluny decidieron unificar por un solo y estricto camino las rutas que seguían los peregrinos hacia Santiago.

Por esos cauces de la interpretación histórica y, sobre todo, de las realidades inmediatas con las que contamos para poder juzgar esa misma historia y calar en sus motivos auténticos (lo que significa dar en el clavo respecto a las condiciones que han tenido que concurrir para que los acontecimientos de nuestra época puedan ser entendidos desde la perspectiva de todo un cúmulo de causas que abocaron en ellos), siempre habremos de admitir el hecho de que: a) el ser humano rechaza sistemáticamente sus responsabilidades cuando le toca el turno de narrar cualquier aspecto de su propia circunstancia vital; b) *nadie* es capaz, aun cargado con sus mejores intenciones, de reconocer la parte proporcional de culpa que le tocaría asumir en un contexto en el que esa culpa fuera moneda de curso legal; c) *nadie* tampoco puede admitir el grado de manipulación, política o religiosa, por el que discurren sus intereses particulares —y hasta eventualmente colectivos— y tiende, a menudo y hasta inconscientemente —y pienso firmemente en el ya demasiado citado *inconsciente colectivo* de Jung— a magnificar y hasta a trascender sus problemas y sus actos, considerándolos como propios e ignorando el grado de condicionamiento que pueden retener en el contexto del flujo colectivo que los motiva.

Conspiración de silencio

Si, continuando en estas coordenadas de secreta manipulación temporal, repasamos los documentos más inmediatos de la biografía de Jaime el Conquistador y todo —o prácticamente todo— cuanto se ha venido diciendo sobre él en comunicaciones, artículos, ponencias, simposios y crónicas o, a lo largo de los siglos, en citas y estudios históricos, anales y discursos, nos encontramos ante un hecho sorprendente: un rey que debió prácticamente su existencia a la orden del Temple, un rey que recurrió a los templarios en cada instante crucial de su reinado, un rey que siguió paso a paso y durante toda su vida el ideario de los freires que le educaron en los años cruciales de su infancia, un rey que se comportó tal cual —o casi— como los pobres comilitones del Templo de Salomón esperaban... ese rey cita a los templarios apenas de pasada en su propia crónica, ignora deliberadamente su influencia sobre su propio espíritu, hace a menudo caso omiso de sus peticiones (selladas y rubricadas con firmes promesas por sus antepasados) y pasa los años de su existencia sirviendo su ideario, soñando sus proyectos, intentando realizar sus sueños y hasta expresándose con sus signos y con sus claves, sin que nunca ningún historiador haya osado proclamar abiertamente la filiación templaria de sus aspiraciones y hasta de sus más íntimas esperanzas.

¿Olvido o demostración tácita del egoísmo humano? La historia no llega a tanto. Se trata de hechos que sólo jugando fuerte a las cartas perdidas pueden descubrir sus bazas. Entiendo perfectamente que la investigación oficial siga negando o ignorando realidades como estas, porque se trata de causas decididamente inútiles para espíritus cartesianos y porque hay motivos e intenciones que no pueden figurar en las crónicas ni se plasmarán en los legajos que se empolvan por los archivos. Habría que traducir a menudo esos legajos al lenguaje en el que nunca fueron escritos —el lenguaje ideal y universal del símbolo y de la intención tácita— para descubrir su verdadero sentido. Y eso, hoy por hoy, parece destinado a quienes estudiamos la historia desde perspectivas que, para los investigadores académicos, rozan los límites de lo imposible o se internan desvergonzadamente en ellos.

Sin embargo, los hechos están ahí y sólo se trata de no dejarlos pudrirse en el olvido sin buscar su razón; intentar saber por qué algo se calla cuando debería haber sido pronunciado a voces; no conformarse con la razón inmediata explicada, sino inquirir en la sinrazón profunda que se calló. Y en la vida de Jaime I y en la historia que protagonizó ya desde su infancia hay demasiadas claves irracionales y demasiadas razones no razonadas para dejar escapar la ocasión de adecuar esas circunstancias aparentemente míticas a los hechos que se produjeron contemporáneamente. Porque hay algo que creo que conviene tener en cuenta y que nunca se ha considerado con la debida importancia: el reinado del Conquistador es el único, en su época, que contiene —a niveles tan legendarios como queramos, pero inmersos en la conciencia del pueblo— toda una serie de elementos maravillosos o sobrenaturales que resultarían ya insólitos en el contexto sociopolítico de los demás reinos europeos o de la propia Península. Quiero decir que circunstancias que son ya objeto de mero recuerdo piadoso o de imaginación poético-mística en Castilla, en Navarra o en el mismo Portugal, *se viven* en la Corona de Aragón como suceso milagroso aceptado y hasta asumido del rey abajo, se inserte o no en los recuerdos del monarca. En el resto de los reinos peninsulares se ha prescindido ya del elemento prodigioso a niveles oficiales o como hecho cotidiano; en los dominios de Jaime I, por el contrario, el prodigio y el milagro pueden reconocerse y uno se tropieza con ellos como con el pan de cada día. Y es que, al menos, hay una razón para ello: la predestinación misma que se ha fabricado en torno al soberano, un soberano que ha sido *programado* para unos fines universales que, se cumplan o no, deben corresponderse a toda costa con hechos, con situaciones, con pruebas y con claves sobrenaturales que mantengan su mesianismo a todos los niveles.

Una nueva Virgen en la vida del rey

Como siempre, podría resultar difícil asegurar si fue esa otra de las influencias templarias que actuaron sobre su vida, pero es un hecho cierto que ya he consignado —y que está, por lo demás, corroborado en numerosos pasajes de su *Libre dels Feyts*— que Jaime I fue, a lo largo de todo su reinado, un gran devoto de Nuestra Señora y un ferviente convencido de estar protegido por el Cielo en sus actos más trascendentes y peligrosos. Si este convencimiento le llegó a través del cúmulo de acontecimientos mágicos que se crearon en torno a su mismo nacimiento o si fue una más de las muchas influencias no declaradas ejercidas sobre él por los monjes templarios, es algo que difícilmente podríamos llegar a especificar. Pero no cabe duda de que en distintos instantes de su vida y en momentos difíciles por los que tuvo que atravesar demasiado a menudo, parece haber sentido abiertamente la protección divina sobre su persona, a la vista del resultado de los acontecimientos que iba viviendo.

Así, por ejemplo, en 1230 se hundieron dos galeras en las playas de Tarragona cuando el rey había ya desembarcado. Por aquel simple hecho, no dudó en rebautizar aquel paraje con el nombre de Playa del Milagro.[1] Poco más adelante, su mismo biógrafo recuerda un pasaje de la *Crónica* en el que Berenguer Capotxa le tranquilizaba durante un viaje a Mallorca, diciéndole: «*Senyor, tant vos ama Deu que en galotxes* —zapatillas— *podríets passar la mar*». Este sentimiento de protección divinal, unido al tradicional sentido del origen mágico de las dinastías reales, hace que los milagros, las visiones y los prodigios de todo tipo, augurios incluidos, sean tenidos por más lógicos cuando el mismo monarca es protagonista de ellos, o al menos partícipe de su increíble realidad.

La Orden de la Merced, fundada en 1218 por san Pedro Nolasco y protegida por la intercesión incondicional del dominico san Ramón de Penyafort, que la introdujo definitivamente en el reino de Aragón, buscó también la visión milagrosa en la leyenda de su creación. Se cuenta que en aquel año, cuando el rey Jaime tenía poco más de diez recién cumplidos, Ramón de Penyafort se encontraba en Barcelona, posiblemente en calidad de canónigo de su catedral por sugerencia del obispo Berenguer de Pelòu. Fue entonces cuando, según la tradición, en una misma noche se apareció Nuestra Señora al dominico catalán, al rey niño y al futuro fundador Pedro Nolasco, pidiendo conjuntamen-

---

1. FERRÁN SOLDEVILA, *Jaume I el Conqueridor*, Aedos, Barcelona, 1969.

te a los tres que colaborasen en la creación de una orden exclusivamente dedicada a la redención de cautivos.

La orden de Nuestra Señora de la Merced se introdujo en los territorios catalano-aragoneses el 10 de agosto de aquel mismo año, con asistencia del mismo rey. Y con aquella implantación se introdujo también su hábito —blanco— y su divisa —una cruz templaria de plata sobre campo rojo encima de las barras rojas de Guifré el Pilós—. Luego, siguiendo a los guerreros de las conquistas reales y una vez liberados los cautivos mercedarios que se habían entregado como rehenes a los musulmanes para liberar a otros cristianos, la nueva orden se fue implantando en las nuevas tierras de la Corona, en Mallorca, en Valencia y en territorios murcianos.

Por mi parte —y estando de por medio un dominico como san Ramón de Penyafort, «*hermano intelectual de santo Tomás de Aquino*»[1]— no me cabe duda, como podría caberme en otros casos, de la intención primaria de la recién creada orden, destinada al pie de la letra a esa rendención de cautivos que proclaman sus actas fundacionales. Pero tampoco quiero dejar que se olvide que, en infinidad de ocasiones, imágenes de Nuestra Señora de muchos santuarios peninsulares han tenido la misma fama de redentoras de cautivos; y por ahí, por Aránzazu y por Toledo y por Jaén, pueden verse las gruesas cadenas de hierro que supuestamente se partieron por intercesión de su respectiva imagen venerada. Y habría que añadir, en estos casos, que, convenientemente estudiados muchos de ellos —y no quiero decir con eso lo mismo que *ortodoxamente* estudiados— ha surgido la evidencia de un símbolo del presunto *prisionero* que, en tales casos, parecía serlo mucho menos de unos hipotéticos turcos o musulmanes africanos que de unos mucho más ciertos condicionamientos puramente terrenales, de los que se sientieron cautivos hasta que el conocimiento del mensaje trascendente personificado en Nuestra Señora/Gran Madre vino a liberarlos.

Curiosamente —y no quiero sacar más consecuencias que las más inmediatas y evidentes— Nuestra Señora fue, como ya tuvimos ocasión de ver, especialísima devoción templaria, y no precisamente como objeto divinal piadoso y edulcorado, sino como gran signo sincrético del conocimiento universal, como lo fuera en la Gnosis y en las heterodoxias cristianas de Oriente. Curiosa —¿y casual tal vez?— la adopción por parte de los mercedarios como cruz de su orden la

---

1. FERNANDO VALLS TABERNER, *San Ramón de Penyafort,* Labor, Barcelona, 1979. Nueva Colección Labor.

griega angulada de los templarios y de los benitos y no la latina sacrificial de los *domini canes* inventores del Santo Oficio. Significativo también que el *blanco* fuera, con el *rojo* de las barras catalanas, el color del hábito y la enseña de los mercedarios, como rojo y blanco fue el de los templarios y el de los ashas fatimíes. Que siempre los colores han constituido divisa primaria de postura vital y clara es la diferencia entre la combinación rojo-sobre-blanco y la de negro-sobre-blanco que se convirtió en emblema de teutónicos e inquisidores dominicos.

Las islas mágicas

Vamos a adentrarnos ya en la singladura conquistadora del rey Jaime. Y vamos a ver cómo, al margen de una estrategia guerrera y política que nunca habría que despreciar, pero que poco o nada tiene que ver con las intenciones trascendentes que aquí intentaremos resaltar de modo preferente, no parece casual, sino cúmulo de señales precisas y concretas, el hecho de que el conde-rey decidiera, con sólo veinte años a las espaldas, emprender la conquista de las islas Baleares como primera aventura bélica más allá de las fronteras de sus reinos.

Primera sorpresa: las Baleares figuraban ya en la lista de las provincias templarias que se estableció inmediatamente después de la oficialización de la Orden en el concilio de Troyes (1128), cuando aún faltaban más de cien años para ser conquistadas.

Segunda sorpresa: en su *Libre dels Feyts*, Jaime I no llega —o no parece llegar, al menos— a la idea concreta de esta conquista tras una meditación política, económica o religiosa, sino por súbita inspiración. Se encontraba en Tarragona el rey y fue invitado a una comida por «*un mercader muy experimentado en cosas del mar*», Pere Martell. El tal mercader habló al rey de las islas —poco sin duda, si hacemos caso a la Crónica— y, casi inmediatamente, los nobles que han asistido con él al banquete le asedian para que emprenda la aventura de la conquista: «*La voluntad de Dios no puede torcerse*», le insisten, a pesar de que nada haya dejado entrever que la divinidad tuviera nada que ver en aquello. ¿O tal vez sí había allí una llamada subliminal que impulsaría al rey a esa empresa?

Cuando los tratadistas y estudiosos de las formas religiosas antiguas han intentado encontrar la realidad histórica y geográfica de ciertos enclaves citados por los autores de la Antigüedad, los resultados han sido muy a menudo tan diversos como absurdos. Sin embargo, una de las interpretaciones que parecen más merecedoras de crédito es aquella que identifica, en la Odisea de Homero, la tierra de

Scheria con la isla de Ibiza. Si recordamos el poema homérico, nos vendrá a la memoria que Ulises, ya casi al final de su largo periplo, viajó veinte días desde *Ogygia* acosado por las tempestades y llegó totalmente extenuado a las playas de *Scheria*. Aquel era el país de los feacios —*phaiakés*— y Ulises, al despertar en la playa, se vio rodeado de muchachas que huyeron al comprobar que había vuelto en sí. Sólo quedó a su lado *Nausicáa,* hija de *Akinóos*, que era el rey de aquel territorio. Al margen de la subsiguiente aventura amorosa del héroe griego con la princesa, hay un rasgo en el poema que merece la pena de ser destacado. Me refiero a la condición no guerrera de los feacios, que les convierte en un pueblo singular de seres pacíficos a ultranza, muy distintos de los fieros honderos baleares que nos han sido dados a conocer a través de la historia romana.

Pero lo curioso de este hecho es que las excavaciones efectuadas hasta ahora en la isla de Ibiza por los equipos de arqueólogos no han dado trazas de que la isla fuera habitada hasta que se detecta la presencia, ya tardía, de los fenicios de Tiro primero y de Cartago después. Y esto al contrario precisamente de lo que sucede en Menorca, donde no se han hallado restos púnicos y sí, sin embargo, abundantes muestras de culturas megalíticas muy anteriores, representadas por las *taulas*, las *navetas* y los *talayots* que pueden encontrarse también en Mallorca. Estos monumentos, paralelos en el tiempo a los que pueden encontrarse en otras islas mediterráneas —aunque nunca idénticos, sino provistos de personalidad propia— llevan a la idea de que Mallorca y Menorca contuvieron, para los pueblos de la protohistoria mediterránea, lugares mágicos que les conferían categoría de santuarios.

Ya en época romana —y prescindiendo de la abundancia de diosas mistéricas fenicias, Tanits y Astartés, halladas en las excavaciones de Ibiza y presentes en su museo púnico— Antonio Tovar y José María Blázquez advierten la presencia de cultos isíacos, tanto en *Pollentia* (Pollensa) como en Beniparraxet, en Menorca. Los cultos isíacos se dieron siempre en lugares especialmente santificados por tradiciones mágicas anteriores, configuradas por acontecimientos presuntamente prodigiosos, por la presencia más o menos legendaria de seres considerados como extraordinarios y fueron sostenidos por fraternidades que, a lo largo de ciertas épocas de la historia, se han manifestado con un especialísimo carácter libertario, con la presencia de caudillos míticos —recordemos a los viriatos en la Lusitania— y un profundo sentimiento popular de independencia, traducido bajo la forma de guerrillas implicadas a menudo en acontecimientos sobrenaturales en la mente del pueblo.

Curiosamente, de todo ello tienen las islas Baleares a lo largo de su devenir histórico. El elemento libertario podríamos hallarlo tanto en la presencia de los honderos que detuvieron temporalmente la conquista romana como, ya en época de la conquista catalana, en la personalidad de Fatih Ellah, del que hablaremos luego más extensamente.

Extraños en la conquista

Apenas se planteó la campaña de Mallorca —primer objetivo bélico propuesto—, se reunieron cortes del reino en Barcelona, que dieron comienzo con un discurso del monarca que comenzaba proclamando: «*Como sabéis, nuestro nacimiento fue milagro de Dios*» y que estaba lleno de connotaciones salvíficas y de peticiones de ayudas morales y económicas. Las ayudas se materializaron en abundancia de medios y el 6 de setiembre de 1229 partían conjuntamente de Salou, Tarragona y Cambrils «*ciento cincuenta leños mayores, sin contar las embarcaciones pequeñas*». El rey zarpó de los últimos, en la galera de Montpeller, su ciudad natal, lo que nos obliga a recordar —y esto, naturalmente, no está consignado en el *Libre*— que una respetable cantidad de occitanos, muchos de ellos comprometidos seriamente con el catarismo, se habían unido a la expedición, con el consentimiento del rey y, como veremos ahora mismo, con la más que probable ayuda de los templarios.

Como ha puesto en claro Alomar Esteve,[1] hay una presencia occitana en las Baleares desde el momento mismo de la conquista. En ese barco montpellerino en el que viajaba el rey navegarían seguramente Gausbert y Guilhem de Servian, procedentes de una familia occitana en la que se dieron numerosos *perfectos* procesados por la Inquisición. Igualmente, llegados con las tropas conquistadoras o instalados en los años inmediatos a la cristianización balear, se van encontrando apellidos de franco entronque cátaro, como serían los Mosset, los Corsaví, los Jordá, los Ferriol o los Termes.

Un Berenguer Durfort, de linaje albigense de perfectos y trovadores, intervino en la conquista y figuraba como *batlle* general de Mallorca en 1239.

Un Berenguer Martí, que formaba parte de la mesnada del conde

---

1. GABRIEL ALOMAR ESTEVE, *Cátaros y Occitanos en el reino de Mallorca*, Luis Ripoll editor, Palma de Mallorca, 1978. Se trata de la más completa relación de familias occitanas instaladas en las Baleares.

de Béarne y que era pariente cercano del obispo cátaro Bernat Martí (quemado por la Inquisición en 1240), figura en el libro del *Repartiment* como beneficiario de tierras en la comarca de Sóller.

Sin revelar su origen, el mismo rey cita a un Dalmau de Barberá como componente de la vanguardia cristiana y Desclot, en su *Crónica*[1] da cuenta de otros Jaspert y Pere Arnau de Barberá, que luego regresarían al Languedoc para tomar parte por la causa albigense en la segunda etapa de la Cruzada. Jaspert, concretamente, parece que tuvo la confianza absoluta del monarca en cuestiones tácticas, pues hay un pasaje del *Libre* en el que proclama: «Pus en Jaspert hi va, ire i jo».

Los Caramany, que fue familia cátara del Laurac (uno de cuyos miembros, Jordá de Caramany, recibió el *consolamentum*, y una de sus mujeres, Cirauda de Caramany, fue inmolada en el Camp dels Cremats de Montségur), aparecen igualmente junto a Jaime II, el hijo del Conquistador, como cercanos colaboradores del efímero reino independiente de Mallorca.

Creo, sin embargo, que nos interesa aquí, sobre todo, comprobar cómo, entre estas familias occitanas, hay una relación significativa de aquellas especialmente sospechosas o convictas de catarismo con los templarios. En primer lugar, por el hecho, bastante claro si se estudia concienzudamente la relación de Alomar, de que si ciertamente los occitanos se repartieron por toda la isla a la hora de asentarse, precisamente los cátaros —o sus parientes inmediatos— fueron a buscar su destino en las dos zonas que se encontraban, después de la conquista, bajo la directa influencia de la orden del Temple: Pollensa y la comarca de Randa, sobre las que volveremos más adelante.

Pero, principalmente, por la circunstancia de que algunas de estas familias aparecen definitivamente ligadas a esa relación con los templarios, de modo tal que se corrobora, con otra clave significativa, la oculta relación que los templarios debieron tener con la herejía cátara.

El apellido Escafré se documenta en Artá desde el siglo XIII (sigo siempre a Alomar). Bernat d'Escafré era procurador de los templarios de Béziers en 1180.

Pere Fenollet VI, hijo de familia occitana asentada en Mallorca, fue nombrado por Sancho de Mallorca primer vizconde de Illa en 1314. Era descendiente directo de Pere de Fenollet (1209-1243), al que el Santo Oficio persiguió por cátaro en 1229 y encontró refugio en la encomienda templaria de Masdeu junto con Ponç de Vernet —¡que

---

1. Desclot, *Crónica*, II, 92.

participó en la conquista de Mallorca!— y otros herejes del Rosellón. «*Casi veinte años después,* ratifica Alomar, *los inquisidores forzaron la encomienda-castillo para desenterrar sus huesos y quemarlos públicamente*». También la familia Vernet, en la persona de Raymond, aparece beneficiada con dieciocho caballerías y media en el *Repartiment* del rey Conquistador.

Un Riusech tomó probablemente parte en la conquista de las islas y tres miembros de la misma familia prestan juramento a Alfonso III de Aragón en 1285. Pues bien, un pariente suyo, Amiel de Rieusech, fue desposeído de sus bienes por Simón de Montfort en 1209, pero parece ser que ingresó en el Temple.

Pere Serra, natural de Montpeller, contribuyó a la conquista de Mallorca y figura en el *Repartiment.* Un pariente suyo, Ramón Serra, fue el primer comendador del Temple en Mallorca.

Pero, con toda probabilidad, la máxima proyección del catarismo a niveles populares la constituye la historia casi granguiñolesca, cruel, bárbara y tierna a la vez, de *sant Cabrit* y *sant Bassa*, héroes míticos (o casi) de un espíritu independentista que caló hondo en grandes sectores del pueblo mallorquín. Muchas iglesias y parroquias de la isla, de la catedral abajo, dedicaron en su día capilla especial a estos santos viriatos y libertarios (y cenetistas *avant la lettre)* que, variando apenas la escena de su campo de acción, mostraron un espíritu independentista paralelo al que, en buena parte, había abocado en la sangrienta represión de Occitania. Y fue inútil que obispos tridentinos como el castellano Juan Díaz de la Guerra (1773) intentasen hacer valer la opción bolandista, porque los payeses de Mallorca habían elegido *ya* sus propios intermediarios celestiales, adaptados a su idiosincrasia, y no parecían dispuestos a dejar que les fueran arrebatados por clérigos que poco o nada tenían que ver con su alma colectiva.

Guillén Bassa y Guillén Cabrit tomaron el partido «autonómico» de Jaume II (I de Mallorca), cuando su hermano Pedro —hijo de Jaime el Conquistador— envió en 1285 a su heredero Alfonso a apoderarse de las islas que su abuelo había desgajado, en su testamento, de la Corona de Aragón, cediéndolas a su segundón. Bassa y Cabrit no eran soldados, sino languedocianos más que probablemente influidos por las doctrinas mesiánicas defendidas por el catarismo de su tierra originaria y, de modo personal e intransferible, juristas y leguleyos herederos de familias occitanas que participaron activamente en la conquista. Al producirse la invasión unitaria, los partidarios de la independencia se refugiaron, en primera instancia, *en la fortaleza del Temple* de Ciutat —hoy Palma de Mallorca— y, cuando la defensa pareció imposible, se hicieron fuertes en el castillo de Alaró, a la entrada del valle de Orient. Allí resistieron cuanto les fue posible y el hambre les permitió; allí chulearon literalmente al infante sitiador y, al caer la fortaleza, sufrieron el martirio de ser asados vivos, ensartados en ramas de árbol, como el mero (*amfós*) que tenía el mismo nombre que el infante conquistador.

Pensemos brevemente en la implicación decididamente *solar* del acontecimiento: dos *santos* de procedencia occitana, tal vez cátara, con la idea libertaria en la médula y, al menos en uno de los casos, con connotaciones judías (pues que hubo Cabrits judíos en el Rosellón); un movimiento confusamente libertario, propiciado por el Temple y una santificación popular que antepone su propia fe ante seres presuntamente mesiánicos que son inmolados cruelmente en aras de la gran idea independentista de la isla. ¿Basta para sospechar ramificaciones sinárquicas?

Prodigios y advocaciones georgianas

Pero nos hemos dejado al buen rey Conquistador sobre su nave montpellerina y hemos avanzado los acontecimientos. Acontecimientos que, en buena parte, podrían ser muy bien insertos en ese sentido mágico que rodeó la circunstancia de la conquista balear, al margen de la lógica importancia estratégica y política que nadie podría negarle. Pero es que se da el caso de que, tanto en el *Libre* como en las restantes crónicas —y, sobre todo, en la de Bernat Desclot— surge de modo alarmante el prodigio como condicionante de esta aventura guerrera, cosa que no sucede —o sucede en grado muy menor, al menos— cuando se han relatado otras gestas contemporáneas.

Sin pretensión de agotar los casos mencionados como prodigiosos en las crónicas que tratan esta gesta, recordemos los que podrían aparecer como especialmente significativos.

El *Libre* cuenta que, apenas a veinte millas de la costa, se levantó un fuerte viento del suroeste, que hizo a los cómitres de las galeras aconsejar el regreso al monarca. Jaime I se acoge a la divina providencia («*si en nombre de Él marchamos, es justo que en Él hayamos depositado nuestra confianza para que nos guíe*»). Cuando el viento cesa, ya de amanecida, la costa mallorquina está a la vista.

Desclot narra otro acontecimiento de ese corto viaje: la aparición, casi como de la Nada, de un moro que sube a la galera del rey y que le confiesa cómo su propia madre le anunció mágicamente ese arribo, con el consiguiente agüero de éxito y de victoriosa conquista. El moro

301

Alí tiene en el relato un aire absolutamente fantasmagórico, de auténtica aparición vaticinadora curiosamente corroborada por un miembro del Islam.

Ya frente a los muros de la capital, los prodigios se suceden y el monarca los toma como suceso confirmador de la protección divina. En una ocasión, los sitiadores cristianos arremeten contra la ciudad con las catapultas. Los musulmanes, para evitar el bombardeo, colocan prisioneros cristianos con los brazos en cruz sobre las almenas, pero los disparos continúan y ni uno solo de los prisioneros llega a ser herido.

Un moro prestigioso de la isla, Ben Abeet, acude a proporcionar víveres a los sitiadores cuando éstos se encuentran en circunstancias penosas para su avituallamiento. El rey, en su *Crónica*, no duda en calificar a este moro de «ángel de Dios», «*y al escribir ángel quiero decir el sarraceno. Pero con lo que él nos trajo, fue tal el bien que nos hizo que por ángel le tomamos entonces y así le llamamos ahora*». Tengamos en cuenta que el siglo XIII no es una época en la que una calificación de esta índole pueda ser considerada simplemente como un cumplido cariñoso.

Pero el mayor prodigio, tomado por el rey con una naturalidad digna de mesías predestinado —como buen monarca solar que supo ser— se dio durante el asalto final a la ciudad. Oigamos al mismo autor del *Libre*: «*Según nos contaron después los propios sarracenos, el primero a quien vieron que les atacaba a caballo fue un caballero vestido de blanco y que llevaba también blancas todas sus armas; por donde estamos en la firme creencia que aquél debió ser san Jorge, el cual, según nos cuentan las historias, ha aparecido repetidas veces en otras muchas batallas entre cristianos y sarracenos*».

Intuyo que conviene detenernos un instante en este punto, siquiera para entrever algunas razones poco aclaradas respecto a este santo guerrero por excelencia, que es patrono de Cataluña desde que así fue acordado en las cortes de Monzón de 1436 y que, curiosamente, preside con su fiesta —hoy al menos— las manifestaciones culturales más representativas del país, probable reminiscencia de aquellas *Geórgicas* que cantara Virgilio como fiestas eminentemente primaverales.[1] El carácter agrario de los homenajes populares a san Jorge se

---

1. Reconozcámoslo, sin embargo: el motivo primario de las implicaciones culturales de esta fecha (23 de abril), al menos en España, se deben a coincidir con el aniversario de la muerte de Cervantes, lo que ni quita ni pone rey, porque han sido siempre los catalanes quienes, con una tradición fuertemente arraigada aunque reciente (del siglo XIX) asumieron más en serio la idea de «*una flor, un llibre*».

extiende por toda Cataluña, desde el refranero («Sant Jordi mata l'aranya») a la bendición de las moreras y la «*missa dels cucs*» de la Plana de Vic. Y es precisamente en esa aparente dicotomía entre las tradiciones alegres del campo y la imagen guerrera del santo donde reside, creo, la clave de su enigma. Porque su presencia y, sobre todo, su recuerdo, va enlazado a tradiciones decididamente anteriores al cristianismo. En esa misma Plana de Vic hay un dolmen —uno de tantos como se han hallado en la comarca— que mereció un poema de Jacinto Verdaguer y que, llamado de Puigseslloses, dice la tradición que fue erigido por una *pastoreta* de la comarca, como muestra de su devoción por el santo, que tiene dedicada una capilla en las inmediaciones.

San Jorge es proclamado, en toda la iconografía que se le dedica —lo mismo que en la leyenda que centra su vida—, como un matador del dragón, lo mismo que el Sigurd hiperbóreo o el Apolo vencedor de la Python de Delfos; como Hércules y otros vencedores de esta estirpe, su gesta es eminentemente simbólica, porque la muerte del dragón implica la adquisición de su poder por quien lo ha vencido. Así, Sigurd entiende súbitamente *el lenguaje de los pájaros* al llevarse a los labios una gota de su sangre. Pero, en cualquier caso, esa victoria llega siempre después de una lucha y esa lucha es celeste y luminosa, propiciada por una divinidad solar que protege al héroe santo. Tal vez por eso, Santiago de la Vorágine cuenta cómo empezó inmediatamente a ejercer sus celestiales favores con los cruzados que habían llegado a las proximidades de su tierra originaria. Por su parte, Ricardo Corazón de León le nombraría patrono de los cruzados bajo su mando al llegar a Tierra Santa.

El relato que los píos hagiógrafos cristianos hicieron de los suplicios sufridos por san Jorge a la hora de su martirio son altamente significativos de un auténtico proceso iniciático, paralelo al que tenían que superar los neófitos que pretendían entrar a formar parte de determinadas cofradías mistéricas de ritos secretos, con el consiguiente tránsito por el estado de muerte para alcanzar la resurrección a la vida del adepto iniciado. De su martirio se cuenta que intentaron clavarle una lanza que se dobló al contacto con su cuerpo; que resistió incólume los azotes y el enterramiento en un pozo de cal viva; que no reaccionó ante el veneno y que enfrió con su propia piel una sandalia de hierro al rojo que le calzaron sus verdugos; que rompió una rueda dentada de hierro que amenazaba destrozarle y que apagó el fuego de un horno en el que le metieron. (Recordemos, a propósito de estos martirios de fuego, el regalo que dicen le fue hecho a Federico II por el Preste Juan y que comentábamos en el capítulo anterior: un túnica de piel de salamandra que libraba del fuego al que la llevase puesta sobre su cuerpo. Y es que el héroe solar ha de ser, fundamentalmente, vencedor del fuego divino —o infernal, depende de los puntos de vista—, porque él mismo es sol y luz victoriosa que está destinado a alumbrar y a calentar a los seres humanos, según la mística mesiánica que ha asumido como parte de su destino.) Añadamos como prueba de la intención evidentemente mesiánica de quienes exaltaron al supuesto mártir, que su pasión, tal como se relata en la *Vida* del santo,[1] duró nada menos que siete años y que tuvo como testigos a setenta reyes y que resucito tres veces. Casi no resulta extraño que en el siglo V se celebrase un concilio bajo el pontificado del papa Gelasio, en el cual se declaró al parecer que esta Pasión fue escrita «*de mano de hereje*».

San Jorge es, además, santo especialmente prolífico en reliquias y en genealogías. Los reyes merovingios se proclamaban descendientes suyos y, desde muy temprano —aproximadamente el siglo VI— ya se hablaba de que sus restos reposaban en las Galias. En ese período medieval en que los fragmentos santos —como en su día los de Osiris— se convierten en objeto primario de veneración y hasta de culto, aparecen reliquias de san Jorge por todas partes y reyes y grandes abadías, catedrales y monasterios, se disputan el derecho a conservarlas, como si tales huesos justificasen por sí mismos la existencia de un personaje que tiene mucho más de simbólico que de real. En 1355 Pedro IV reclamaba a la ciudad de Lyddia, en Neopatria, la supuesta cabeza del santo del dragón. En 1356, la capilla real de Barcelona poseía un hueso «del hombro del brazo». En 1373, Valencia recibía otro relicario con «*un os dels dits de la má*», y Leonor de Chipre mandaba a su primo Pedro IV en 1377 otro pedazo de brazo del santo. Si esto atañe sólo a la Corona de Aragón, donde el patronazgo de san Jorge llegó después del más antiguo de san Martín de Tours (santo igualmente solar y guerrero en muchos aspectos), pensemos por un momento en todos los restos que estuvieron repartidos por Europa y la cuenca mediterránea.

Templarios en Mallorca

La veneración por san Jorge prendió en la isla recién conquistada, como prendieron los territorios adjudicados a los conquistadores y

---

1. Sacada de los manuscritos 889 de la Biblioteca de Catalunya y 2. F. 1 de la Biblioteca de Palacio y publicada por primera vez por Ramón de Alós-Moner: *Sant Jordi, patró de Catalunya,* Barcelona, 1926.

consignados en el *Llibre del Repartiment*. En este reparto, lo mismo que sucedió en tantos otros territorios que ayudaron a reconquistar, los templarios fueron a escoger en la isla precisamente aquellos enclaves que habían sido en tiempos muy anteriores lugares de muy especial veneración. Y en la capital, fueron a edificar una casa y una iglesia en la zona del barrio judío que sería inmediatamente llamada la «*partita Templi*».

La capital mallorquina, la Ciutat de Mallorques y actual Palma, poseía una importantísima judería ya en época musulmana, que pasó sin cambios a poder de los cristianos. Los judíos, según contaban ciertas tradiciones que venían de muy atrás y que fueron respetuosamente conservadas por eruditos del Renacimiento como Joan Benimelis (1593), estaban ya asentados en la isla desde que Tubal, el nieto del patriarca Noé, pasó por allí y le gustó la tierra y dejó una colonia de hebreos con unas reatas de ganado.[1] Pero si eso son leyendas, sí tenemos documentación y restos arqueológicos de su estancia durante toda la dominación islámica. Los baños llamados árabes que se encuentran aún hoy en la calle de Serra, en pleno Call, fueron en realidad baños judíos que datan del siglo XI.

Con la conquista de la isla, los hebreos apenas si tuvieron que hacer otra cosa que concentrarse un poco más por la expansión que realizaron, a su costa, los frailes dominicos, pero esa concentración se hizo apiñando buena parte de sus casas en torno al convento de los templarios. Por lo demás, y mientras la orden subsistió, los judíos siguieron haciendo su vida de siempre y ejerciendo los oficios que tradicionalmente habían ejercido. Y, entre ellos, uno, el de cartógrafo, que podríamos calificar de insólito y que, a no dudarlo, tuvo que despertar el interés de aquellos freires que, desde Portugal, desde La Coruña y desde la Rochelle, estaban intentando ya una secreta aventura marinera por el Océano Tenebroso que, con el tiempo, estallaría —ya desaparecida la Orden y reencarnada en la portuguesa de Cristo y en su escuela náutica de Sagres— con la expansión transoceánica portuguesa. Había, pues, toda una tradición hebrea que los templarios vinieron a beber también a su fuente mallorquina, como antes, y en otros aspectos, la habían bebido en Jerusalén y como la bebieron desde su casa de Toledo, también instalada en pleno corazón de la judería y en el meollo de la ciudad mágica por excelencia. En este caso, la cartografía que estaban desarrollando los *buxolers* del Call mallorquín

---

1. Baltasar Porcel, *Los chuetas mallorquines, siete siglos de racismo*, Barral Editores, Barcelona, 1971.

Aunque transformado por sus herederos sanjuanistas, aún puede verse el templo que poseían los freires junto a las murallas mallorquinas.

—y ya vimos el ejemplo de Cresques en un capítulo anterior— tomaba sus raíces en una tradición esotérica en la que el Temple estaba también inmerso. Y aquellos conocimientos venían a corroborar y a completar muchos de los saberes que, a través de armenios, coptos y nestorianos —y a través incluso de los *ashas* fatimíes— habían tenido ocasión de recopilar en Oriente para la formación de su gran idea sincrética, la que ahora, en España, en Inglaterra y hasta en la misma Francia, estaban intentando poner en práctica, con todo el secreto que su discreción obligaba.

La casa del Temple en la capital mallorquina se instaló, junto a las murallas, aprovechando la estructura de una fortaleza musulmana que llamaban la Gomera,[1] flanqueada por doce torres cuadradas y con dos portones, uno que daba al campo y otro que comunicaba directamente con la ciudad. Los freires la habitaron desde 1232 y se tienen noticias

---

1. Curiosamente, *gomer* —rojo— fue el nombre con el que se designó a los fenicios y a la raza roja de los atlantes. Los condes sorianos de Gómara son, en su origen, los condes rojos. Y la isla de la Gomera es la isla de los hombres rojos.

Este retablo, pintado por el llamado maestro de la conquista de Mallorca a fines del siglo XIII, representa pasajes de la vida de san Bernardo de Clairvaux y estuvo en la capilla de los templarios de la ciudad.

fidedignas del nombre de algunos de los primeros que tomaron posesión de la casa al frente de su comendador Ramón Serra: Perellós de Pachs y Bernat Champans. En esta casa, que antes de su ocupación por el Temple sirvió para almacenar el botín de la conquista, se guardaron los archivos de los reyes de Mallorca, y el mismo Jaime I les confió la custodia del *Llibre del Repartiment*, en el que se consignaban todas las distribuciones de tierras y casas hechas a los que colaboraron en la campaña y terminaba diciendo: «*assò és trellat faelment fet de los cabreus scrits en paper, e comanats por lo senyor Rey d'Aragó en la casa del Temple de Mallorques...*»

En 1311, la fortaleza fue abandonada por los templarios a causa de su disolución y tres años después la ocuparon los caballeros del Hospital, al mando de su bailío de Mallorca fray Arnau Soler.[1]

1. También se conocen los nombres de los últimos templarios que la habitaron, todos mallorquines: fr. Arneu Duyl de Molins, fr. Martí Pérez d'Osca, fr. Marc Capaller, fr. Guifré de Montanyans, fr. Pere Martorell, fr. Pere Armengol, fr. Bertrán de Poblet y fr. G. Soler.

Curioso destino: treinta años escasos después de este relevo, la fortaleza comenzó a servir como cárcel y allí estuvo preso, entre otros personajes, el infante don Sanç de Mallorca durante la guerra civil que terminó con la independencia —relativa— de la isla.

De la primitiva posesión templaria de Ciutat cabe todavía contemplar y hasta estudiar el oratorio, que nos muestra una disposición de su estructura sobria en extremo, digna del espíritu cisterciense de san Bernardo, con una iglesia esbelta, penumbrosa, de ábside con cinco significativos óculos y dos portones —el de entrada al recinto y otro interior en el templo— que muestran de modo patente el ancestral mundo de los símbolos que presidió la vida templaria: esquemas griálicos en los arcos levemente apuntados y ajedrezados que proclaman en silencio de piedra el dualismo —blanco/negro— de aquella concepción del universo que los templarios tomaron de Oriente, entre las sectas cristianas herederas de los ritos mistéricos que engendraron la Gnosis.

Al acecho del lugar sagrado

En aquel repartimiento que sucedió a la conquista de Mallorca, los templarios tenían muy claras sus aspiraciones territoriales y, sin duda alguna, esas aspiraciones estaban encaminadas a la adquisición de aquellos lugares ancestralmente ligados al culto de antiguas divinidades perdidas o deliberadamente olvidadas. Por eso mismo, no extraña corroborar que las posesiones isleñas del Temple se centrasen en dos zonas mágicamente privilegiadas: la primera, Montuiri, con su entorno de santuarios protohistóricos, rodeando sobre todo a la montaña sagrada de Randa; la segunda, el valle de Escorca, limitado por la comarca de Pollensa al norte y por el santuario de Nuestra Señora de Lluch al sur.

Montuiri y Randa forman, todavía en nuestros días, un extraño conglomerado de residuos cultuales. Por allí aflora el talayot laberíntico de Capicorp Vell, viejísimo santuario ignorado de los arqueólogos, empeñados —y sus razones tendrán, supongo— en identificarlo con un imposible poblado que niegan a grito pelado sus mismas piedras y su estricta planta, concebida como losange iniciático para adeptos místicos de un monte-santuario que habría que vigilar en perpetua adoración lejana. Por allí, por Randa, anduvo entre éxtasis nuestro Ramon Llull —y aún habremos de volver sobre él y sobre su relación con el Temple—, buscando enseñanza y hallando imposibles pastores moriscos celestiales que le enseñaban, en unas horas, lo que

Una cruz de piedra que, en su pedestal, luce un escudo con un martillo. ¿Se trata del martillo solar de Thor, o de una señal compañeril?

los mejores maestros habrían tardado años en hacerle entender. Son sus propias palabras. Por allí también se levantaron, con el tiempo, tres santuarios que doctos investigadores de lo oculto —que también los hay— identificaron con el templo de Nostradamus. Todo un mundo, en fin, en el que lo mágico y lo insólito fue entretejiendo extrañas definiciones sagradas, llamando a la presencia de eremitas que iban llenando los santuarios y su entorno, en un búsqueda de la realidad trascendente que se filtraba a través de sus mismas tradiciones ancestrales.

De la huella templaria quedan aquí pocos restos. Si dijera que ninguno, no creo que me equivocase, pero es muy probable que fuera suya —o, al menos, obra directa de su inspiración— la cruz gótica de crucero adosada a los muros de la calle del Pou de Rei, en Sant Joan, con un increíble escudo que tiene como armas el martillo de Thor y la extraña forma de la cruz misma, de brazos iguales con curiosas púas a la mitad y un crucificado insignificante, casi borrado por los siglos, que no parece sufrir, sino volar. Tal vez sea también templario, al menos en su origen, el culto a la *Mare de Deu Trobada* (encontrada), en las cercanías de este mismo pueblo, cuya aparición se atribuye a pastorcillos, como es habitual, pero con la diferencia, según la leyenda, de que esta vez el del hallazgo era moro y no cristiano.

Más importante y extenso fue, sin embargo, el dominio templario sobre la comarca que se extiende entre Pollensa y Escorca. Aquí, la huella fue mucho más duradera y significativa y el recuerdo pervivió hasta hoy mismo. Y pienso que por motivos poderosos, que vienen desde los tiempos (ya anteriormente consignados) en que aquel territorio estuvo consagrado por los cultos isíacos. Claro que hoy muy pocos serían capaces de poner la mano en el fuego y hablar de continuidades, pero me parece demasiado significativo que fuera precisamente en aquél núcleo cultual de la antigüedad donde tuviera que surgir la veneración —contemporánea a la presencia templaria— por la imagen de Nuestra Señora de Lluch, que se convertiría casi inmediatamente en patrona de la isla y su santuario en centro local de peregrinación.

Hay quien asegura que la Virgen de Lluch va vestida con el hábito del Temple. Yo, lo confieso, no he sido capaz de reconocerlo, pero sí me atrevo a apuntar otros rasgos que dan fe de esa paternidad escondida y que proclaman en un susurro toda la secreta ideología de los templarios. En primer rasgo, su propio nombre de Lluch, procedente para mí incontrovertible de una raíz Lug que denota la dedicación remota del lugar al Dios Desconocido precéltico o atlante y que tan a menudo, en la historia del sentimiento religioso de la humanidad, surge como aviso remoto de una presencia arcaica o de un enclave especialmente divinizado. (Pensemos que en el otro enclave templario mallorquín que acabamos de dejar está —¿coincidencia?— el pueblo de Lluchmajor.)

Un segundo rasgo lo constituye la imagen misma, virgen negra de mediados del siglo XIII, aunque su leyenda, como es costumbre inveterada —y no falta de razón, porque una cosa es la imagen y otra el culto que se rinde a la divinidad que *realmente* representa, aunque a menudo se confunden los términos—, la hace proceder de tiempos «anteriores a los moros», en que fue «escondida» por sus fieles para luego «reaparecer» en medio de una fiesta de luces prodigiosas que vieron a la vez un monje y un pastor.

Cuando se visita el santuario choca aún tropezarse con su escudo, que aparece por muchos rincones y representa el compás de un arquitecto, con la rótula vuelta hacia arriba. Si no se conoce la historia, el

El altar de la Virgen de Lluch en su santuario: una gran madre templaria para la isla.

visitante piensa inmediatamente en implicaciones masónicas. Pero cuando la llega a conocer... se ha de confirmar en ellas, porque ese escudo formó parte de una cofradía extraña, llamada de los *Obreros* del Santuario, que se hicieron cargo de la administración del lugar y de la mejora de sus instalaciones casi inmediatamente después de la disolución de la Orden del Temple, y que hasta llegaron a comprar casas y alquerías del entorno para engrandecer los terrenos propiedad de la Virgen y dotarlos de fuentes y espacios en los que los peregrinos pudieran solazarse.[1]

Tenemos que reconocer la evidencia: no cabe la casualidad en esa inmediata sucesión templarios/Obreros en la custodia del santuario más importante del archipiélago. Tácitamente, sin que ningún documento haya de venir a corroborarlo, la herencia resulta perfecta. Y más perfecta y especulativa si tomamos en cuenta el hecho de que los tales

---

1. P. GASPAR MUNAR OLIVER, *Breve historia del santuario y colegio de Ntra. Señora de Lluch*, Imprenta Homar, S. A., Palma de Mallorca, 1976.

Obreros —de quienes se conocen nombres y apellidos y familia y quehaceres— no eran *realmente* canteros, a pesar del escudo de la cofradía, sino «ricos y piadosos mercaderes» como En Ramón Salellas o En Ramón Terrades, o terratenientes o propietarios, o artesanos. Lo que no quita importancia a su labor, antes bien le añade una proyección que muy bien podría tacharse de insólita en ese siglo XIV en que tuvo lugar. Porque canteros auténticos los hubo en Mallorca, y buenos, y estuvieron encuadrados en cofradías como la que luce su escudo —compás, cartabón y martillo— en el exterior de la capilla de la iglesia de Santa Eulalia, en Palma, donde tuvieron sus enterramientos y celebraron sus funciones religiosas. Pero lo insólito y significativo estriba precisamente en esa otra fraternidad de obreros que no lo eran pero se hacían llamar así.

Pollensa y su entorno es, sin embargo, el enclave mallorquín más rico en recuerdos templarios.[1] Desde el mismo estandarte de la ciudad (con predominio de negros, como en el gonfalón de la Orden) y la orla simbólica de su escudo, hasta ese Puig del Temple convertido hoy en calvario, pero que fue patíbulo de la comunidad —y no de los freires, como se ha afirmado jugando a leyendas imposibles—, la memoria templaria parece estar presente por todas partes. Pero hay dos lugares especialmente significativos, que dan cuenta de la intencionalidad trascendente de los templarios que los poseyeron. Uno es el Fort dels Templers, que pudo ser su casa principal en la comarca y que se levantó sobre el basamento megalítico de un *talaiot*. El otro, la capilla trogloditica de Sant Martí y Sant Jordi, donde puede apreciarse el pozo druídico —lustral— de las aguas sagradas y donde el investigador J. A. Encinas he encontrado importantes trazas de *graffitti* que me ha comunicado de modo privado y que tiene intención de publicar en breve.

Los significados mallorquines

A la hora del reparto de tierras y de poder en la isla, los templarios habían conseguido del rey no precisamente los lugares más ricos, sino los más significativos, aquellos lugares clave de la espiritualidad tradicional de Mallorca. Otros que intervinieron en la conquista obtuvieron más y mejor, al menos en lo que a riqueza económica correspondía. Otros —como la orden de los Hospitalarios— llegaron

---

1. J. A. ENCINAS S., *Pollença, semblança d'un poble,* Palma de Mallorca, 1981 (Ed. del autor).

La «Cova de Son Sant Martí», dedicada al culto de san Martín y san Jorge, formó parte de las posesiones templarias de la isla de Mallorca y conserva toda una serie de huellas simbólicas propias de la muy especial forma de sentir la religión. (Foto J. A. Encinas.)

tarde y tuvieron que mendigar prebendas que no se habían ganado en la lucha. Los templarios, en concreto, venían detrás en número y extensión de tierras —jovadas y alquerías— del conde Nuño Sanç, de Gastón de Montcada, del obispado de Barcelona y del conde de Ampúries.[1] Pero los templarios controlaban el puerto de Pollensa, ya lugar estratégico clave en época romana, y tenían en sus manos otro control más importante aún: el de la vida religiosa, el de las viejas creencias arcanas, convenientemente transformadas en veneraciones piadosas.

Sin embargo, al margen de ideales de conquista a la morisma, la posesión de las islas Baleares tenía una especial importancia dentro del contexto de intenciones sinárquicas que los templarios desarrollaron en el rey conquistador. Mallorca era un centro con importantes elementos de sacralidad para judíos y musulmanes. Los primeros

1. A. J. Forey, *The Templars in the Corona de Aragón,* U. P., Oxford, 1973.

tenían en el *Call* de Ciutat una importante escuela de Qabbalah; los segundos poseían *ribbats* por toda la isla. Y aun uno de ellos, aunque desaparecido, conserva su nombre en La Rápita, al sur de Lluchmajor y de Porreras (donde, por cierto, aún guardan una llamada Cruz Procesional que perteneció al Temple). La isla, por su importancia trascendente, que venía de lejos en la historia, se convertía en centro espiritual a poseer, en santuario sincrético en el que lo mejor —lo más oculto y divinal— de las tres creencias podía tener lugar. Por esa causa era fundamental la posesión de las islas y por ella —aparte cuestiones tácticas o comerciales que no hay que desdeñar— resistieron los sarracenos a la conquista con más brío del que desplegaron en otros lugares, como lo demuestra la resistencia que opuso con sus guerrillas el caudillo Fatih Ellah hasta mucho después de que la conquista fuera un hecho consumado y precisamente con una incidencia muy especial en «*aquellos montes*» de Banyalbufar a Pollensa, que «*defendían contra los cristianos, a los cuales causaban mucho daño y extendían sus correrías hasta más allá...*». El más allá en cuestión era, curiosamente, la cueva sagrada de Artá, donde los guerrilleros tenían uno de sus principales centros de acción: otro lugar sagrado que el rey en persona, sin necesidad de explicaciones peligrosas, supo respetar caballerosamente, concediendo a los que allí se refugiaban una rendición honorable en la fecha y hora —la tercia del Domingo de Ramos— que ellos mismos decidieron.

Hay determinados gestos sin razón aparente y otros tomados por los historiadores como lógicos y sin trascendencia que merecen, sin embargo, una razonable reflexión. A lo largo de la crónica real se detecta, siempre dentro de cierta apariencia de pura objetividad narrativa, un profundo conocimiento que el rey Conquistador tiene, sin duda alguna, de aspectos muy específicos de la conducta trascendente islámica. A mi entender, ese conocimiento tuvo que ser adquirido, como otros que nunca se le ocurre especificar, pero que están patentes en su comportamiento, durante su preparación —llamémosla iniciática, al menos para entendernos— en el Monzón de los templarios.

Años después, durante el asedio a Valencia, surge otro de estos rasgos que no conviene olvidar y que definen, con lugar a muy pocas dudas, una personalidad con preocupación trascendente y, más aún, un destino real encaminado al entendimiento y a la comprensión entre las creencias dominantes, sin duda destinado a un futuro de unidad sinárquica que sólo la ideología templaria, desde la sombra, y el silencio de las crónicas podría concebir.

Siempre contó la tradición valenciana una leyenda extraña y aparentemente absurda para justificar la presencia de un murciélago en el emblema que Jaime I dispuso para la enseña de la ciudad conquistada. Creo recordar haber oído, de niño, esta leyenda, y no sé si la transcribo bien ahora al contar que el rey lo adoptó, según ella, porque uno de esos volátiles se posó sobre la Senyera cuando el rey entraba en la ciudad o cuando estaba a punto de atacarla, por lo que tomó el signo como de buen agüero.

Sin embargo, como nos descubre Robert Graves,[1] el rey tenía sin duda un conocimiento de ciertos símbolos tomados por los caballeros del Temple a las sectas musulmanas de los sufíes ismailitas. Graves planteó al filósofo sufí Idries Shah la posibilidad de que este murciélago tuviera un significado más profundo —y consiguientemente, más oculto a los ojos del pueblo— que el que le adjudicaba la leyenda. Y he aquí la explicación que dio Shah a su pregunta:

Murciélago, en árabe, es KHuFFaSH, una palabra derivada de la raíz KH.F.SH, que significa *derrocar, avasallar*. Los murciélagos suelen habitar edificaciones ruinosas. Esta significación podría darnos una primera respuesta a la elección del rey Conquistador: el murciélago sería, en cierto modo, el jeroglífico de su propia condición de Vencedor.

Pero aún hay otro significado más profundo por el que los sufíes identifican al murciélago. La raíz KH.F.SH es también *visión débil, pupila-que-sólo-ve-de-noche*. El ciego —y ésta pasa a ser una cualidad simbólica que existe en todas las culturas desde los tiempos más remotos— es un equivalente al adepto, al iluminado, porque el adepto es el que ha prescindido de la visión de los demás hombres, de la contemplación del mundo exterior, de la atención *hacia todo lo que tiene lugar de día,* es decir, de la preocupación por la lucha meramente humana, para vigilar, en cambio, aquellas cosas que tienen lugar *cuando los demás están dormidos*. Atendiendo al sincretismo trascendente de las formas tradicionales, ahí tenemos el caso de tantos iniciados del mundo antiguo cuyos caracteres físicos se han transmitido a través del mito o de la historia legendaria y de los que se advierte su condición de ciegos: Homero y Thyresias en el mundo griego, Sansón en el mundo hebreo, todos eran ciegos. Edipo adquiere su conocimiento al cegarse. San Pablo alcanza la iluminación cristiana cuando el rayo le vuelve momentáneamente ciego. Y santa Lucía, que en muchos santuarios —hispánicos, al menos— ocupa el lugar reservado antes del cristianismo a la divinidad Lusina, es patrona beatífica de los ciegos.

1. Véase IDRIES SHAH, *Los Sufíes*. Prólogo de Robert Graves. Luis de Caralt, Editor, Barcelona, 1975.

Un monarca para todos

Recordemos que Jaime I, lo ismo que sucedía con su yerno Alfonso X el Sabio de Castilla, nunca sintió enemistad visceral contra judíos y musulmanes. Las circunstancias políticas y, seguramente, su misión trascendente, le llevaron a una serie de conquistas territoriales, pero resulta evidente su simpatía, su *llevarse bien*, podríamos decir, con moros y hebreos. No tendríamos más que recordar las intervenciones mediadoras que tuvieron en su política algunos eminentes judíos de su reino, como Azac, y sus buenas relaciones humanas con musulmanes a lo largo de todo su reinado. Pensemos en aquel Ben Afeet del que hablábamos anteriormente, el *ángel de la conquista de Mallorca,* o sobre la caballerosidad musulmana demostrada sobradamente en la toma de Peñíscola, cuando el rey acudió sólo con siete caballeros de escolta a hacerse cargo personalmente de la rendición de la plaza y los musulmanes le mandaron provisiones para su cena, al haber llegado de atardecida, cansado y prácticamente inerme ante la fortaleza. Y Jaime I respondió siempre con la misma caballerosidad y el mismo profundo respeto hacia los miembros de las otras religiones.

En este aspecto, creo que merece la pena relatar un hecho profundamente significativo e insólito que tuvo lugar en Barcelona en 1263 y se repitió en 1265, con protagonistas tan señeros como el mismo rey Jaime, el gran kabalista Moisés ben Nahmán (Nahmánides), de Gerona, el dominico converso Pau Chrestiá y el mismo san Ramón de Penyafort.

Por entonces, definida ya la orden dominicana como empedernida perseguidora de no creyentes —vinieran de donde vinieran— y aplacada la guerra cátara en baños de sangre y de fuego, empezaron a emprenderla los frailes mendicantes con los judíos que, hasta entonces, habían sido tolerados y vivían en relativa paz en los reinos cristianos (y no olvidemos el indudable papel que, con su protección, tuvieron los templarios en esa paz). Fray Pau Chrestiá, buen conocedor de los libros judíos gracias a sus antecedentes, propuso la celebración de una disputa pública con el rabino Nahmánides, cerebro señero del Call de Gerona, en la que se discutirían las más grandes cuestiones que diferenciaban a judíos de cristianos, fundamentalmente la esencia divina y la venida del Mesías. El rey mismo, profundamente interesado en el desarrollo de la controversia, dio al rabino todas las garantías de seguridad y libertad de expresión y asistió personalmente a las sesiones, que tuvieron lugar los días 20, 27, 30 y 31 de julio de 1263 y que hubieron de interrumpirse por temor a los desórdenes que casi se produjeron, lo que no impidió al mismo rey alabar sin recato la intervención del sabio kabalista, intervenir personalmente en la polémica y regalar a Nahmánides trescientos sueldos. Sucesivos decretos reales permitieron a los judíos librarse de la obligación que se les había impuesto de escuchar los sermones que pronunciaban los dominicos en sus propias sinagogas y prohibieron que los judíos de Xátiva vieran apedreadas sus casas, como era costumbre, el día de Viernes Santo. Y el mismo obispo de Gerona instaba al rabino a que redactase para él los puntos de vista que había expuesto en la disputa y que, por supuesto, aparecían tergiversados en los resúmenes publicados por los frailes de Santo Domingo.

En 1265, la controversia interrumpida dos años antes se reanudaba en el mismísimo palacio real de Barcelona, en forma de simulacro de proceso del que Nahmánides, como acusado, salió mejor que bien librado según parece, pero los dominicos se dirigieron a Clemente IV en demanda de sus reivindicaciones y, casi inmediatamente, el papa publicaba su bula *Turbato corde* y la enviaba como carta al rey Jaime exigiendo el castigo inmediato del rabino por haberse expresado —claro que no eran estas precisamente sus palabras— según su conciencia y sus creencias. El rey tuvo que acceder a las órdenes papales y Nahmánides se exilió a Tierra Santa, donde murió.[1]

«Ciertamente Jaime I estaba lejos de sentir las inclinaciones librepensadoras que los hombres de su generación atribuían, por ejemplo, al emperador Federico II. Toda su vida cooperó con los papas de su tiempo, persiguió a los herejes de su reino y combatió contra el Islam como uno de los auténticos cruzados de la fe; incluso años después de la disputa que analizamos proyectó una cruzada a Tierra Santa, que no llevó a cabo por razones ajenas a su voluntad». Estas palabras del historiador judío Baer, escritas precisamente a propósito de la controversia de Barcelona, son una muestra, por lo demás bastante común, de cómo la investigación académica, cuando aborda determinados problemas en los que interviene el comportamiento mágico, suele quedarse nadando en las apariencias y prescinde del análisis profundo de los hechos y de los personajes que los protagonizaron. Ya eso de llamar «librepensador» a Federico II significa, en cierto modo, encasillarlo en unas actitudes que su mesianismo nunca habría podido adoptar. Pero limitar estrictamente a Jaime I en los moldes del

---

1. Para tener ampliación sobre esta polémica y contemplar distintos puntos de vista sobre la misma, véase J. AMADOR DE LOS RÍOS, *Historia social, política y religiosa de los judíos de España y Portugal,* Aguilar, Madrid, 1960, p. 231 y ss.; y YITZHAK BAER, *Historia de los judíos en la España cristiana*, Altalena Editores, S.A., Madrid, 1981, p. 122 y ss.

monarca medieval al uso, azote de herejes, ortodoxo reconquistador y fiel servidor del papado, es quedarse a medio camino en el juicio de una personalidad —o de una actitud vital— que había sido programada para fines bastante más ambiciosos, en todos los sentidos, de los que materialmente logró llevar a cabo, por encima de condicionamientos religiosos que imperaban en su mundo como una losa y que actuaban directamente sobre todos sus miembros, de reyes abajo. Pues lo mismo que los canteros del gótico, como los humildes arquitectos de la época románica, tenían que adaptar sus intenciones trascendentes a unos símbolos y a unas formas que, en apariencia al menos, cumplían fielmente con los cánones impuestos desde la todopoderosa autoridad eclesiástica que regía todos los aspectos —dije *todos*— de la vida de sus fieles, también los gobernantes, aunque abrigasen ideas más allá de la función autorizada por la omnipotente sede papal, tenían necesidad de proclamar oficialmente su obediencia, entrar en el juego de la sumisión —por más aparente que fuera en el fondo— y procurar la realización de su ideal por caminos en los que cada acto y cada palabra *parecieran*, al menos, ortodoxos y leales, so pena de encontrarse antes de tiempo con el anatema que prodría convertirles en presa de todos cuantos, enarbolando el signo de la cruz, quisieran esquilmarlos y destruirlos, con la excusa de estar cumpliendo fielmente con los preceptos emanados de los representantes legítimos e insustituibles de Dios en la tierra.

Al César lo que es del César

Incluso esa otra acusación tácita de haber preparado la conquista de los Santos Lugares, que Baer —aunque no es el único— arroja sobre Jaime I, pretendiendo demostrar así su dependencia de Roma, tendría que ser analizada y contrastada en sus motivos, porque en modo alguno es lo mismo acudir a la Cruzada con fines absolutamente ortodoxos y haciendo patente la obediencia a la autoridad espiritual instituida, que hacer ese intento *contra* la voluntad papal, como fue en su momento el caso del rey Conquistador.

La voluntad sinárquica de conquista —que es muy distinta, aunque en apariencia pueda coincidir con intenciones de simple conquista territorial— es, en Jaime I, patente y claramente diferenciadora respecto a los motivos que impulsaron a los demás reinos peninsulares. Pensemos en Castilla y Portugal, puesto que Navarra vio cerrada muy tempranamente su expansión: ambos reinos, a medida que se apoderaban de territorios de Al Andalus, ampliaban las fronteras de sus estados, y todo cuanto se conquistaba era, a partir de su ocupación, parte del reino de Castilla o de Portugal. ¿Qué sucedía, en cambio, con Jaime I? Comenzó siendo, como sus predecesores, el poseedor de varios títulos: rey de Aragón, conde de Barcelona, señor de Montpeller... y, a medida que emprendía sus campañas, ampliaba sus títulos a rey de Mallorca y de Valencia. Recordemos, al mismo efecto, que ese hecho de que se conservasen las peculiaridades de cada uno de los territorios integrantes de la Corona de Aragón ha sido la causa inmediata de múltiples dolores de cabeza para muchos estudiantes, que tardan aún en asimilar hechos como el que un mismo rey Pedro sea, por ejemplo, II en Cataluña y III en Aragón. Se aducen razones políticas, variedad de costumbres, tradiciones diversas y, eventualmente intereses encontrados que aún colean en nuestros días. Y nunca se nos ocurre pensar en que esos mismos problemas existían en Castilla pero que, aunque el monarca entrante tuviera que jurar los fueros vascos bajo el árbol de Gernika o se expresase líricamente en gallego, todos los territorios bajo su mando, por diversa y hasta opuesta que fueran su fisonomía y sus tradiciones, formaban parte incontestable de un solo reino que, como tal, nadie ponía en entredicho, al menos en aquellos momentos.

Había, pues, una concepción del estado muy diversa en el contexto de los reinos peninsulares. Y creo que la influencia del Temple durante los siglos XII y XIII, que ya hemos visto qué cotas alcanzó en la Corona de Aragón, no fue en absoluto ajena a esta idea de la comunidad de estados frente a la de la unidad territorial. (Pensemos también que los mismos templarios ejercían esta forma de autogobierno en Castilla y Portugal, que eran una sola provincia templaria aunque los destinos políticos de los dos estados hubieran discurrido por caminos diferentes. Se encuentran constantemente maestres comunes de Portugal y Castilla, mientras que en la Corona de Aragón hay un solo maestre para todos los reinos que la componen. E incluso, llegado el momento del prendimiento de los templarios y de su posterior disolución, un solo proceso en Salamanca se encargará de juzgar a los freires de ambos estados, como miembros que eran de una misma provincia.)

Jaime I, definitivo artífice de la expansión catalano-aragonesa, no concibe la conquista de Mallorca o de Valencia como una ampliación de sus estados, sino como una acumulación de nacionalidades diversas unidas por *su exclusivo mesianismo sinárquico*. Y podríamos muy bien aportar una prueba seguramente irrebatible de su personalismo comprobando cómo, en su mismo testamento, se despreocupa de la (aparente) unidad conseguida bajo su hégira, dividiendo tranquilamente los reinos entre sus hijos, es decir, disgregando una aglomeración que sólo tenía razón de ser bajo *su* persona. Este era un principio perfectamente coherente con la idea sinárquica de los templarios que, convenientemente universalizada, podría resumirse en el principio de un Rey del Mundo que controlaría a todos los pueblos, velaría por su idiosincrasia bajo su exclusiva autoridad espiritual y política y dejaría a su muerte dicha autoridad en manos de un colectivo que sería el encargado de mantener los principios rectores de esa unión. La maniobra había fallado en su día con Alfonso I el Batallador, a pesar de un testamento escrito, y volvería a fallar con la personalidad de Jaime I, que consideró su obra unitaria como efímera e imposible de mantener, quizá por conocimiento de la personalidad de sus hijos o por la conciencia de una sociedad que volvería a oponerse, como ya se opuso con el Batallador, a dejarse gobernar por la Orden.

Una madre para cada hijo

Hablábamos en páginas anteriores de la devoción —curiosa devoción— del Conquistador por Nuestra Señora, devoción compartida entonces de modo muy particular por el Temple, por el Císter y, desde luego, mucho menos por las órdenes mendicantes surgidas para el mantenimiento de la ley y el orden de la más estricta ortodoxia. Veíamos también cómo esas devociones reales fueron plasmándose, directa o indirectamente, colocando un estratégico patronazgo mariano en cada uno de los estados ganados a la idea sinárquica.

Llegado a las puertas de Valencia y detenido el ejército a pocas leguas de la muralla, pareció llegado el momento de crear también el mito de la Gran Madre que protegería al nuevo estado desde el lugar mágico idóneo.

El Puig de Santa María —o Puig de la Seba, de la Cebolla, que es como lo llamaban antes de sacralizar el lugar— constituye, excepcionalmente en la conquista de Valencia, el enclave con características mágicas sobre el que se hacen confluir los más diversos elementos prodigiosos. Cabría pensar, sin embargo, si tales elementos no serían provocados tal vez por conveniencias estratégicas del emplazamiento, conveniencias sobre las que el rey insistió constantemente, enfrentándose incluso con sus inmediatos consejeros, el infante don Fernando, su tío, y don Blasco de Alagón, que le sugerían la necesidad de abandonar una posición tan difícil de defender, por encontrarse solitaria y muy cerca de la ciudad ocupada por los moros. Los defensores del Puig habrían abandonado seguramente el lugar, a no ser porque el mismo rey, avisado de esas intenciones por el dominico fray Pere de Lleida, permaneció en él firme, vigilante y bajo promesa de no cruzar el Ebro hacia el norte hasta que la ciudad hubiera sido tomada.

Sin embargo, las circunstancias que rodearon posteriormente la fundación del Puig como monasterio mercedario y como sede de la imagen destinada a convertirse en patrona del nuevo reino contienen, en sí mismas, suficientes elementos mágicos como para sospechar que hubo también una intervención esotérica en la confección de la leyenda hagiográfica. Porque dice esa leyenda que el hallazgo de la Virgen lo efectuó san Pedro Nolasco —el fundador de la orden de la Merced, no lo olvidemos—, a quien se le aparecieron *siete estrellas* en el cielo, señalándole el lugar preciso donde se encontraba *una campana*, debajo de la cual estaba escondida la imagen.

Atención primero al lugar, del que el mismo Tirso de Molina[1] habría de decir textualmente: «*... los más de nuestra España señalan aquella elevación alegre, desde los fenicios, griegos, cartagineses y romanos por sitio y templo consagrado a la Deidad de la Hermosura, con la inscripción* Phanum Aphrodisium, *santuario (digamos) de la diosa Venus... En nuestro Puche, pues, su simulacro, célebre por sus vaticinios, daba a los navegantes, que aportaban a su costa, oráculos al paso que escabrosos venerados*».

Atención igualmente a la campana, que desapareció poco tiempo después para fundir con ella otras dos, pero que, según el mismo Tirso de Molina, que sigue al padre Boil, llevaba en torno una inscripción latina cuya traducción permitía leer: «*Santa María, ruega por nosotros. Tu imagen sea nuestro amparo, la cual fue esculpida en la piedra de tu sepulcro por los Ángeles; y por ellos mismos traída a este collado; y autorizada con la venida y visita de los Apóstoles. Tus siervos te reverenciamos. Ahuyenta los rayos y los truenos con el sonido de la campana que hemos labrado en la era de seiscientos y sesenta*».

Ya he señalado cómo este elemento *campana* tiene una relación directa, aunque con muchos siglos de por medio, con el culto mistérico a la diosa Isis, a la cual se representaba con un *sistro* en la mano. El sistro era una especie de cencerro mágico que, dentro del culto a la diosa, significaba la importancia mágica de la música en el camino de

---

1. Fray Gabriel Téllez, Tirso de Molina, mercedario, concluyó en 1639 una monumental *Historia general de la Orden de Nuestra Señora de las Mercedes redención de cautivos...* de la que diecisiete folios están dedicados a la «Fundación del Monasterio del Puche de Valencia» y fueron publicados en 1968 por el Ayuntamiento de Valencia, introducidos y transcritos por el padre Juan Devesa, mercedario.

la sabiduría. Posteriormente, el sincretismo de determinadas órdenes religiosas cristianas hizo que varias imágenes de la Virgen tuvieran ese mismo atributo. Otra, aparte esta del Puig, fue Nuestra Señora de Aránzazu. Y es curiosa la particularidad común en ambas imágenes, que están excepcionalmente cinceladas en piedra, cuando lo corriente, aun en casos paralelos de implicaciones cultuales con ritos mistéricos, era el de las vírgenes talladas en madera.

Dice la leyenda, y lo corrobora la inscripción que al parecer tuvo la campana, que aquella imagen fue cincelada por los mismos ángeles, que tomaron la piedra del sepulcro de Nuestra Señora. Bien: el material en que fue tallada la virgen del Puig es granito oriental. María, según la tradición, murió en Éfeso. Y en Éfeso se encontraba también el más célebre de los santuarios dedicados a Diana, precisamente el que fue declarado como una de las siete maravillas del mundo. Diana se identificaba, en los cultos mistéricos, con Isis. Y a Isis se la representaba a menudo —como puede verse en los frescos egipcios de Kargán— como madre con el niño Harpócrates sentado en su regazo, exactamente la misma actitud con la que se ha representado a María a lo largo de la iconografía de la primera Edad Media.

La tradición afirma —y lo consigna fray Gabriel Téllez en su opúsculo— que, cuando el cielo amenaza tempestades, vuelven a surgir en el cielo del Puig las siete estrellas de la aparición, concentrándose en el campanario del monasterio al tiempo que comienza a sonar, sola, una de las dos campanas que se fundieron a partir de la que guardaba a Nuestra Señora bajo tierra. Curioso paralelismo o curiosa continuidad con la fábula pagana que el mismo Tirso narra al principio de su relato. Curioso paralelismo también con lo que, según contábamos en el primer capítulo de este libro, consigna el cronista Cuenca referente al campanario de Caravaca, donde —repito ahora—, mientras conjuraba una tempestad el viernes 18 del setiembre de 1705, aparecieron dos luces sobre el tejado que cubre el conjuratorio del santuario murciano, a la altura «como de dos palmos por encima de las tejas». Y estas luces las vieron muchos habitantes de Caravaca y permanecieron visibles por espacio de tres cuartos de hora. Luego, durante veinte días, se percibió una fragancia que *«no era percibida por quienes no estaban en gracia de Dios»*.

La gran aventura de Ultramar

Leyendo atentamente el *Libre dels Feyts* —y prescindiendo de que fuera escrito directamente o sólo directamente inspirado por el rey—

surge en diversos momentos, como sucedió en la realidad, el deseo y hasta la casi realidad de la marcha a Tierra Santa en una cruzada. Otras veces, en cambio, cuando otras fuentes de información —documentos encontrados y cotejados, por ejemplo— dan cuenta de acontecimientos relacionados con las cruzadas a Oriente, la Crónica parece callar, ignorarlos limpiamente, como si aquello no hubiera ido con las intenciones del soberano.

Algo, sin embargo, ha de ser cierto. Algo que apunta Engracia Alsina[1] cuando escribe: «*No podemos olvidar la infancia y juventud del Conquistador, educado por los Templarios: conocería perfectamente la historia de las Cruzadas sucesivas que llevaron a tantos reyes, magnates y caballeros a luchar por la conquista de Jerusalén*». Más aún, creo firmemente que no sería eso solo, sino que el rey sería directísimamente condicionado por los templarios —seguramente por aquel Guillén de Montredó que estaba junto a él como mentor— a la idea de la importancia fundamental de aquel enclave centro del mundo.

Sin embargo, hechos concretos son silenciados por el soberano. En 1224 llegaba a la Península Juan de Brena, rey de Jerusalén, como peregrino oficial a Santiago de Compostela, pero muy probablemente con una petición de ayuda a los soberanos de los reinos peninsulares. Se sabe que pasó por Toledo, donde se entrevistó con Fernando III el Santo y es más que probable que se entrevistase también con Jaime I, que tenía entones dieciseis años y estaba envuelto en plena lucha contra los señores feudales de sus territorios. La crónica del rey silencia totalmente este hecho.

Con fecha 25 de enero de 1245, terminada la conquista de Valencia, aunque no su pacificación, el papa Inocencio IV expide al rey un breve en el que le pide que acuda a la defensa de los Santos Lugares.

Pocos años antes, los turcos han tomado definitivamente Jerusalén y el maestre templario Armand de Périgord ha muerto luchando ante Gaza. Los templarios castellanos han recibido el castillo de Caravaca y en Occitania ha caído la fortaleza cátara de Montségur. Es, pues, desde muchos puntos de vista, un momento crucial. Pues bien; Jaime I ignora en su crónica estos hechos, marcha aparentemente «a su aire» y sólo se sabe que —como de pasada, como si aquello no fuera realmente con él— aparejó naves, intentó la partida, y tras «*disset dies i disset nits*» resistiendo vientos de la Provenza, tuvo que desistir del intento.

1. ENGRACIA ALSINA PRAT, «Jaime el Conquistador y sus relaciones con los Santos Lugares», en *Jaime I y su época,* X congreso de Historia de la Corona de Aragón. Comunicaciones. Institución Fernando el Católico, Zaragoza, 1980.

En 1267, cuando el rey tenía ya cincuenta y nueve años y pocos meses antes de la definitiva conquista de Murcia, se presentó en la corte un embajador del khan de Tartaria, de nombre Abaga, pidiendole ayuda para la reconquista de Tierra Santa, ya casi toda en poder de los turcos selyúcidas. El rey consigna el hecho nuevamente de modo superficial: «*...nos había llegado una embajada de los tártaros, con una carta muy amable y fraternal de su rey...*» Nada más. Sin embargo, se tiene noticia de una visita del embajador catalán Jaume Alarig para confirmar esa petición, así como una vuelta de los mensajeros del khan en 1269, acompañados de un enviado del emperador de Bizancio Miguel Paleólogo, para confirmarle la ayuda que piensan prestar a aquella empresa: los tártaros, hombres; los bizantinos, máquinas de guerra.

Para el rey ha llegado el momento. Y, por el entusiasmo que pone en él, con sesenta y un años sobre sus espaldas, parece revelarse con toda claridad que se trata de un proyecto largamente abrigado, lentamente digerido, conscientemente asumido. No se arredra ante la poca ayuda que le ofrece su yerno Alfonso X, ni por el poco entusiasmo que demuestran quienes seguramente le insuflaron la idea mucho antes, los mismos templarios. Ni siquiera le detiene —y esto creo que es importante— la negativa papal a la hora de declarar cruzada su expedición por un motivo baladí que Clemente IV magnifica en una carta en la que le dice que «*el Crucificado no acepta el servicio de aquel que le crucifica nuevamente manteniendo un vínculo incestuoso*». El gravísimo pecado por el que el papa desautoriza la sacralidad de la expedición son los amores de Jaime I con Berenguela Alonso, con la que el rey pretendió incluso contraer matrimonio.

Con la indiferencia rondando en torno suyo, el viejo rey lo intenta sin embargo con todas sus fuerzas, reúne «*entre caballeros y hombres a caballo mil trescientos o más*». Con una escuadra a todas luces escasa y con el ánimo más decidido que lo que las circunstancias harían creer, el rey insiste, se hace a la mar y las tormentas le obligan nuevamente a regresar, aunque un par de leños; no se sabe siquiera cómo, llegan a San Juan de Acre y se quedan allí, medio ayudando a los pocos francos que aún quedan, medio haciendo por su cuenta una guerra inútil y sin sentido que el rey ya no veía, pero que los templarios, seguramente, habían presentido.

Analizando la actitud del rey Jaime en estos instantes, da la impresión de tener prisa, de temer llegar tarde a un ideal que se ha pasado la vida soñando y que está a punto de perder. En ese mismo año de 1269 tiene lugar un concilio en Lyon, convocado por el papa. El conde-rey acude, lucha por la idea, intenta imponerla de nuevo, implicar —y se adivina que con la intención de que sea bajo su mando— a los creyentes europeos para lanzarse a la aventura de la conquista definitiva de Tierra Santa. Cuando son invitados a expresar su opinión, los templarios se excusan, dudan del éxito; los nobles se echan atrás, acobardados, no creen poder reunir fuerza suficiente para lograr recuperar lo que ya todos sienten como perdido. Jaime I pone en labios de En Artal de Balarí lo que, casi a buen seguro, fue el sentir de todos menos el suyo: «*...los enemigos han poseído aquella tierra por mucho tiempo y no será ahora nada fácil el recuperarla. No hagamos como el perrillo que le ladra al mastín, sin que éste ni siquiera le haga caso; porque aunque pase a Ultramar un rey u otro cualquier personaje, no le será tan fácil como creen algunos ganar la tierra. Por todo esto, doy por buena la opinión del maestre del Temple*», que fue quien habló antes con evidente pesimismo ante la aventura.

Tierra Santa fue para el Conquistador el gran sueño irrealizable con el que soñó durante toda su vida sus sueños sinárquicos. A su vejez, cuando entrevió por fin la posibilidad de realizarlo, tuvo que ceder ante lo imposible. Allá en Tierra Santa quedaba, sin embargo, algo suyo: el cuerpo de su hija Sancha, que fue enterrada en Acre después de haber pasado su vida como una desconocida, sirviendo humildemente a los peregrinos desde 1255. Lo cuenta el infante don Juan Manuel en su *Libro de las Armas*. No el rey. El rey calla. El rey ignora deliberadamente cuanto puede suponer un fracaso, un desengaño. Él sabe bien que una crónica real, *Libre dels Feyts*, no puede ser una crónica de fracasos, sino de gloria y de milagros, como los templarios le enseñaron que tenía que ser su vida.

El secreto y profundo saber

Dicen algunos historiadores —lo comentábamos muchas páginas atrás— que los templarios enseñaron al futuro Conquistador pocas letras, que Jaime I nunca pudo haber sido capaz de escribir su crónica y algunos hasta dudan que la dictase.

Existe un texto, sin embargo, que podría proclamar lo contrario: el *Libre de la Saviessa*.[1] El rey Jaime parece atribuírselo a sí mismo en

---

1. Del *Libre de la Saviessa* se conservan dos manuscritos: el del códice 2-2 de la Biblioteca Nacional y el m.I29 de la del Escorial, donde está unido a la *Cronica* de Desclot. Se publicó por primera vez en 1908 por Gabriel Llabrés i Quintana, con motivo del VII centenario del nacimiento de Jaime I, y posteriormente, en 1946, por el C.S.I.C., a cargo del profesor Castro y Calvo, que hizo el estudio preliminar.

las primeras líneas del prólogo: «*E jo, rey en Jacme d Aragó, esforcé m de fer e d apendre per a mí aquestes coses, que son presioses, que Salomó vol per a si*», y se compone de una serie de máximas y pensamientos, puestos en boca de filósofos griegos y sabios persas —unos perfectamente localizables y otros absolutamente desconocidos o inventados—, que van señalando cauces para ser seguidos por el hombre de bien que aspira a la sabiduría.

Los críticos más escépticos siguen proclamando la imposibilidad radical de que este *Libro de Sabiduría* pudiera ser obra del monarca catalano-aragonés. Sin embargo, ya a fines del siglo pasado (en 1876), el barón de Tourtoulon, en un extenso artículo publicado en la *Revue des Langues Romanes,* apuntaba algo que hoy puede venir en nuestra ayuda, si aceptamos la capital importancia que, a mi modo de ver, tuvieron los caballeros del Temple en la formación de la conciencia del rey. Afirma Tourtoulon que uno de los filósofos que aparecen citados en el texto, JOANICI (§ 167, sobre el que volveremos), sería realmente Ioannici de Isach, u Honain ben Isahq, árabe nestoriano del siglo IX, que escribió una obra, *Apophtegmata Philosophorum,* de la que puede seguirse el espíritu en el pequeño tratado atribuido al rey Jaime. Honain formaba parte de una familia de la que destacaron importantes traductores de la filosofía clásica al árabe y, curiosamente, de sus fondos comenzaron a nutrirse las bibliotecas de las Casas de la Sabiduría (*Dār al-Hiqma),* a las que tuvieron acceso los templarios de Palestina y la primera de las cuales fue fundada por el califa Al-Ma'mun en Bagdad, en el año 829.

Las enseñanzas del *Libre de Saviesa* forman parte, pues, de textos que eran conocidos por los dignatarios más representativos de la Orden[1] y forman, en su conjunto, un auténtico *esquema de comportamiento* en el que, muy a menudo, se defiende una actitud inequívocamente solar, dándosele a quien lo lea —y siempre da la impresión de que aquello no va dirigido a cualquiera, sino precisamente a alguien predestinado a ejercer la autoridad a todos los niveles— las pautas necesarias para que luche en pos del conocimiento que habrá de proporcionarle el poder.

Sería difícil, ya que probablemente exigiría un estudio completo y comparativo de fuentes que, de momento, cae fuera de mis intencio-

---

1. Ya avanzó esta idea Llabrés en la primera edición del *Libre* (1908) apuntando que al menos los ocho primeros capítulos debieron formar parte de un compendio de máximas griegas recogidas en el Bajo Imperio y traídas por los templarios después de las cruzadas.

nes, establecer en el texto los detalles que podrían conducirnos sin lugar a dudas a esas enseñanzas gnósticas que, aunque a retazos, están contenidas en el tratado. Pero bastaría seguramente con la transcripción de algunas de estas máximas para afirmarse en la seguridad de que en la génesis del libro tuvo mucho que ver la mística solar templaria, tal como fue transmitida a un rey de ocho años escasos puesto bajo su custodia.

>137.— *Los sentidos son de Dios, la enseñanza es cosa que cada cual ha de ganar por sí mismo.*
>86.— Dijo el segundo (filósofo): *si el saber de Dios conociera el destino de los hombres, ¿no se habría cumplido así su propio destino?*
>87.— *Dijo el tercero: conviene que comencemos a saber dónde estamos, antes de que intentemos subir a conocer dónde están los demás.*

El § 167, puesto en boca del presunto traductor Joanici (Honain), nos cuenta cómo anduvo de templo en templo buscando los libros de los sabios y cómo en uno un docto ermitaño le permitió rebuscar hasta haber encontrado la respuesta a una pregunta que Alejandro hizo a su maestro Aristóteles (y, a propósito de esto, conviene hacer notar que, a lo largo del libro, tanto Aristóteles como Platón no son presentados como filósofos, sino en tanto que *maestros de reyes:* Aristóteles de Alejandro, Platón de un presunto Nitaforius, hijo de Rafusca «*rey dels grechs*»). La supuesta respuesta del filósofo al rey solar creo que merece ser transcrita, aunque tenga que traducirla un poco libremente:

>168.— Y decía así: A vos, hijo honroso y reconocido *Rey de justicia:* leí vuestra carta en la que manifestabais los pesares de vuestro pensamiento por no poder veros, ni ir con vos ni daros mi consejo. Y me rogabais que hiciera un libro que os guiase con sus consejos como podría guiaros yo mismo. Pero sabeis que sólo dejé de acompañaros porque me encuentro viejo y enfermo. Lo que ahora me pedís *es tan grande que no puede caber en los cuerpos vivos,* mucho menos en el pergamino, que es cosa mortal; pero por la deuda que he con vos, he de cumplir vuestra voluntad. Y conviene que *no deseéis que yo descubra de estos secretos que contaré en el libro,* pues tanto digo en él que sólo confío en Dios y en vuestro entendimiento para que lo comprendais convenientemente; pensad en mis palabras y en todo cuanto sabeis de mí mismo y comprenderéis inmediatamente cuanto quiero decir. *Pues no muestro tan*

> *claros mis secretos* (por temor a) *que caiga mi libro ni pueda caer en manos de hombres de mala fe y desmedidos que sepan de estos asuntos lo que no deben* ni quiera Dios que entendieran, pues sería gran traición *descubrir secretos que Dios no muestra.*

La letra cursiva es mía. Aristóteles sigue conjurando al rey al secreto y le anuncia que en el libro se contienen ocho tratados, del que el primero trata de los reyes y el segundo «*del estado que debe mostrar el rey*». Leyéndolos no se esclarecen los muchos misterios que guarda aún en nuestros días el largo reinado de Jaime el Conquistador pero, partiendo de la segura intervención del monarca en este tratado eminentemente solar, algo parece entreverse que refuerza la idea que hemos venido desarrollando —siempre de modo incompleto, pues la historias oculta del Conquistador necesitaría de un libro entero— sobre el mesianismo que los freires templarios inyectaron en el conde-rey. Pienso que Jaime I fue otro soberano condicionado a ese soñado Imperio Universal del Temple. Y que si no se alcanzó el objetivo fue, en buena parte, porque el presunto emperador del Mundo gobernaba sobre un pueblo en el que cada ciudadano se consideraba tan valioso como él y todos juntos más valiosos que él.

Tercera parte
El ocaso cíclico

«La rabia y el dolor se han asentado en mi corazón hasta tal extremo que apenas puedo mantenerme vivo. Porque nos profanan la Cruz que tomamos en honor de Aquel que fue puesto en la Cruz. Y ni la cruz ni la ley valen ya nada para nosotros, ni son capaces de protegernos contra los impíos que Dios maldiga. Pero parece incluso que Dios mismo quiera mantenerlos para nuestra perdición...»

OLIVIER EL TEMPLARIO
Ira et Dolor (1265)

«...Es evidente que el acercamiento a un lugar conlleva la progresiva afinidad con el lugar mismo al que se aproxima el espíritu. Es decir, que aquellos que se encuentran en estados similares no pueden sino vivir en una proximidad física, unos junto a otros...»

SWEDENBORG
Del Cielo y del Infierno

«Vemos que los príncipes y los altos varones de este mundo, considerando que para nuestro buen gobierno fueron elegidos sobre nosotros cuando los hemos menester y acudimos a ellos, hallamos cerradas las puertas de sus palacios; y si pretendemos entrar, solamente hallamos las amenazas de sus porteros. ¡Bendito seáis, Señor, pues Vos no sois así!»

RAMON LLULL
Libre de la Contemplació

13

El largo y abrupto camino hacia la noche

Nunca ha logrado el ser humano calcular el fin de un ciclo histórico hasta que la realidad de ese mismo fin le ha hecho ver los signos que ya lo anunciaban desde mucho antes; del mismo modo, nadie —o tal vez muy pocos— han sabido augurar su propio desenlace vital, hasta que los acontecimientos le han convencido de que algo muy sutil e inaprehensible estaba socavando, desde mucho antes, la vida que ahora se le escapa. Pienso yo, a veces, que esa señal debe de ser inaprehensible por nuestra propia incapacidad de discernir la mentira sustancial del tiempo, porque el *fin* de cada cosa —hombre, cultura o creencia— está ya *presente* desde su mismo *origen* y porque el instante mismo del nacer lleva impreso el segundo exacto del morir y porque el orto de cada ideología arrastra consigo la circunstancia precisa y cabal de su ocaso desde el instante mismo en que los valores nacidos con ella llegan a marchitarse por la presión de otras fuerzas que habrán de contribuir inexorablemente a su destrucción definitiva.

Razón de razones para un fracaso

Cuando de los templarios se trata —y tal vez por sus mismas implicaciones tremendistas y hasta granguiñolescas—, parece como si, para la mayor parte de sus historiadores, los siete años escasos que median entre su prendimiento el 13 de octubre de 1307 y la ejecución de su último maestre el 18 de marzo de 1314 fueran, al menos, tan importantes, y aún más a veces, que los casi doscientos de historia viva de la Orden. Todos parecen olvidar, o tal vez ignoran deliberadamente, que ese prendimiento y el proceso que lo siguió y la hoguera final que consumió la realidad inmediata de los templarios, no fueron más que la consecuencia de aquella historia, el desenlace de una situación que tenía que terminar necesariamente en aquel pandemonio de torturas y confesiones arrancadas a fuerza de potro, so pena de que la historia de Europa hubiera dado un giro imposible para el que no estaba preparada. Más aún, para el que nunca probablemente habría estado preparada.

El Temple respondió a una visión del mundo —una *Weltanschauung*— que era ajena a su tiempo, porque proyectó o intentó proyectar sobre la historia unos ideales colectivos que, por la misma naturaleza del ser humano, sólo cabe desarrollar a niveles personales.

Me explicaré: el ideal trascendente es una aspiración esencialmente humana. Afecta, quiera o no reconocerlo cada hijo de vecino, a todos nosotros, lo mismo que afectó a nuestros antepasados y lo mismo que afectará a nuestros descendientes. Sin embargo, el ser humano es un ente esencialmente libre. Y hasta tal punto tiene conciencia de su libertad —o de la necesidad de esa libertad— que ni siquiera aceptaría perderla a cambio de la salvación eterna. Este sentimiento íntimo del libre albedrío, al margen de lo que pretendan proclamar la mayor parte de las formas religiosas imperantes de todos los tiempos y al margen de lo que pretendan explicar muchas filosofías, nos afecta a todos los niveles y, proclamado o soterraño, ha sido uno de los grandes móviles conductores del proceso histórico universal. El hombre ha luchado siempre, en primera instancia, por su libertad. Y ha pensado y actuado en pro de su trascendencia —o de su «salvación», si queremos utilizar términos más acordes con la ortodoxia— sólo en tanto que esa salvación haya sido *cosa propia* y no impuesta desde un determinado centro o grupo de poder, por más acorde que estuviera con el ideal salvífico de cada individuo y hasta de la concreta comunidad que representa a una totalidad de individuos.

En este sentido, hay que pensar —siempre en el campo de lo estrictamente histórico— que todas las utopías políticas y religiosas que en el mundo han sido se han visto abocadas al fracaso desde el instante mismo en que han tenido la oportunidad de ejercer el poder. Pues aunque ese poder estuviera destinado a impulsar *realmente* a la humanidad entera hacia su propia salvación, basta con el hecho de *ejercerlo* e *imponerlo* para que el ser humano, como individuo colectivo y total, lo haya rechazado en la medida en que sus fuerzas se lo hayan permitido.

Es por eso por lo que las revoluciones de la historia —y tengo que pensar en todas las revoluciones, las sonadas como las que pasaron tan a menudo deliberadamente desapercibidas— se han visto indefectiblemente abocadas al fracaso de sus propios ideales utópicos en cuanto se han convertido en poder constituido después de su victoria. El pueblo, ¡cualquier pueblo!, que ha sentido la necesidad de una transformación radical de las estructuras ideológicas —políticas, religiosas y hasta culturales— y que ha podido colaborar masiva y gustosamente y con todo su entusiasmo en esa transformación, se convierte en su peor enemigo a partir del instante en que el triunfo del ideal por el que ha luchando le supone la imposición por decreto y el acatamiento obligatorio de las mismas verdades que ha defendido. Y esta es una paradoja que, querámoslo o no, forma parte consustancial de la naturaleza humana y que, si nos queremos tomar la molestia de repasar la historia del mundo, veremos que ha provocado que los acontecimientos se vayan sucediendo en ciclos que repiten idealmente, en el tiempo, ese *símbolo del laberinto espiral* que ha constituido una de las claves básicas del conocimiento esotérico. La historia se ha decantado siempre —y de ahí su enseñanza, por lo que tiene de retorno cíclico expansivo— hacia la búsqueda del Hombre en pos de una libertad nunca alcanzada y de unos ideales indefectiblemente truncados por el acceso al poder de quienes han pretendido ejercerlos, proclamándose portadores de aquello que sólo la libertad individual —si fuera plenamente posible— podría alcanzar.

Si la orden del Temple es hoy contemplada por muchos como una lejana esperanza truncada es precisamente porque el ideal que persiguió nunca llegó a cumplirse. Ha quedado, pues, como una frustración añorada, como una más entre las utopías trascendentes que nos han dado, a partes iguales, la historia y la imaginación quiliásmica de los pensadores videntes. Por fortuna para los templarios —al menos por fortuna para la buena memoria que han dejado—, se convirtieron en mártires antes de llegar a ser los rectores efectivos de un mundo que hicieron todo cuanto les fue posible por implantar. Y dejaron tras ellos todo lo bueno e idealizado que, de haberse llegado a convertir en realidad, habría abocado probablemente en la mayor y más grave dictadura solar sufrida por el género humano.

Esto, naturalmente, no pasa de ser un pensamiento tan utópico e imposible de corroborar como cualquier otro. Nadie puede predecir un pasado que no tuvo lugar. Sin embargo, creo que hay toda una serie de indicios que ayudan en esa imposible reconstrucción de la historia que pudo ser. Y creo también, rizando el rizo de lo absolutamente improbable, que la Orden misma tuvo conciencia de su imposible destino y que esa conciencia pudo llevarla a su desaparición.

Crónica de una caída

Dante inició su *Commedia* con la cita explícita que da a su obra un definitivo contenido universal: «En medio del camino de nuestra vida». Nuestra, la de todo lo humano. La del hombre y la de los acontecimientos y hasta la vida de los ideales que el ser humano crea; el fin del ciclo ascendente, la cúspide desde la que ya todo se precipita en una caída imparable que nada ni nadie puede contener, en la que sólo cabe ya el intento de sembrar el mensaje de lo que no se pudo realizar y que tal vez otros, en otro ciclo o en la siguiente vuelta, puedan llevar a cabo.

El «*mezzo del camin*» de la Orden del Temple, calculado con cierta amplitud por sus inicios y su desenlace (1118 o 1128, según tomemos su origen efectivo o su reconocimiento oficial; 1307 o 1314, según calculemos la fecha de su prendimiento o la de la ejecución de Jacques de Molay), cabe situarlo entre 1216 —muerte de Inocencio III, confirmación oficial de la orden de los dominicos— y 1230/1232 —creación del Estado Teutónico, resistencia cátara en Montségur, pérdida de la sede originaria de la Orden en Jerusalén—. En esos años comienzan a suceder hechos que marcan, por un lado, la evidente imposibilidad de realizar el ideal sinárquico de los templarios y, por otro, los que parecen significar la siembra, por parte del Temple, de unos principios que darían origen a toda una larga serie de corrientes ocultistas de la más variada apariencia que, si no pudieron frenar su caída, dejaron abierta de par en par la vía del ideal sinárquico a nivel de grupos del más diverso origen, que fueron surgiendo periódicamente, proclamándose sucesores de la Orden en la que se había inspirado la semilla de su pensamiento y de sus ideales.

Ese medio camino o cúspide de la acción templaria se produce en el instante justo en que los freires están a punto de iniciar la etapa que debería haberles conducido directamente a la consecución de los fines propuestos. Y creo no equivocarme si apunto a Federico II de Hohenstaufen como la figura encargada de torcer definitivamente esos fines.

La crónica escueta de aquellos años nos da suficientes indicios para que podamos sacar las consecuencias necesarias, anunciadoras del declive templario. Y son indicios que se dividen, a su vez, en dos corrientes definidas y bien diferenciadas, a pesar de su estrecha conexión.

La primera se revela por medio de toda una serie de enemigos que comienzan a salirles a los templarios de debajo de las piedras. Y esto sucede, significativamente, tanto en el campo de la ortodoxia como en el de la estricta heterodoxia. Si en éste surge, como elemento decididamente hostil y determinador de acontecimientos, la figura del emperador Federico II, que era paradójicamente obra del Temple, en el otro aparece, como núcleo desencadenante de enfrentamientos y de maledicencias, la orden de Predicadores, fundada por santo Domingo de Guzmán y creadora efectiva de los tribunales inquisitoriales. Y es más que curiosa, en muchos aspectos, esa hostilidad que parecen crear los templarios en torno suyo, porque si realizamos un repaso objetivo de la historia, nos tropezamos con que ninguno de estos enemigos comenzó siéndolo realmente, sino que, muy al contrario, el principio de su relación fue amistoso. Sucede siempre que se origina un proceso de rechazo, que nunca la historia ha dejado sufientemente claro qué parte pudo provocarlo; pero surge como consecuencia de la relación amistosa anterior. Se sabe, por ejemplo, que los dominicos, en sus primeros tiempos, tenían la norma impuesta por la superioridad de la orden de aconsejar a los moribundos a los que asistían la conveniencia de hacer legados a la orden del Temple. Sin embargo, poco tiempo antes de instaurarse los tribunales del Santo Oficio, ya habían creado una orden paralela, la de los *fratres gaudenti,* que si no prosperó como tal, sí estaba claramente concebida para enfrentar a los templarios un grupo de monjes guerreros o de caballeros regulares que plantease la más estricta ortodoxia dogmática ante las posibles desviaciones en que hubieran caído los freires del Templo de Salomón.

Llegado el momento, los mismos papas, bajo cuyas exclusivas y únicas órdenes se encontraban oficialmente los templarios, comienzan a preocuparse por su modo de actuar y por el auténtico sentido que han dado a sus estatutos. En 1238, Gregorio IX les escribe una carta reprochándoles abiertamente el poco cuidado que tienen con los peregrinos y hasta les llega a amenazar con confiar a otra orden esa guarda que ellos parecen haber descuidado. (Curioso: Gregorio IX es el mismo papa que excomulga a Federico II, aquel emperador que, mientras injuriaba a los templarios llamándoles herejes, celebraba la pascua del Ramadán acogiendo en su mesa a los embajadores del sultán egipcio y a los enviados del Viejo de la Montaña, que poco antes habían sido los encargados de eliminar a su adversario el duque Luis de Baviera.)

La segunda corriente viene marcada por la misma acción templaria, que a partir de entonces y aun conservando una relativa discreción, se destapa en una actividad política que, hasta entonces, había mantenido oculta y secreta. Los templarios —ya lo hemos visto en capítulos anteriores— toman a su cargo reyes niños a los que intentan formar a imagen y semejanza de su propio ideal. Los templarios no dudan ya en enfrentarse al posible auge de otras órdenes, creadas a su imagen, si no a su semejanza real; y lo hacen tan abiertamente que, en sus pleitos y revueltas, obligan a la intervención de altas jerarquías eclesiásticas y hasta de los papas, bajo cuya directa obediencia se hallan: en 1219 —y se trata sólo de un ejemplo— Honorio III tiene que intervenir ante los obispos de Zamora y Astorga para dirimir las diferencias entre templarios y santiaguistas en el reino de León. Desde 1229, las rencillas con los hospitalarios se hacen frecuentes y hasta sangrientas en ocasiones, tanto en Tierra Santa como en Europa, y ello a pesar de que, por su misma regla, el Temple tiene estrictamente prohibido luchar contra cristianos. Es, en todo caso, un cambio de actitud evidente, claramente opuesto a la forma que mantuvieron hasta entonces, que había consistido en esencia en la asimilación a la orden de aquellos movimientos o grupos que pudieran presentar una semejanza con sus fines o incluso con las apariencias representadas ante el mundo.

El ejemplo retroactivo

Buena será, como muestra, la referencia a una asimilación discreta, tal como los templarios la llevaron a cabo años antes (aunque no tantos) de ese clímax desde el que todo su destino comenzó a precipitarse irreversiblemente hasta la caída definitiva. Me refiero a la orden militar y jerosilimitana de Montegaudio (o de Montgaudí o de Monfragüe, que por todos esos nombres fue conocida), que nació de caballeros gallegos y leoneses en Tierra Santa, en una fecha imprecisa del reinado de Balduino III y que, renacida en los reinos peninsulares, fue rápidamente anulada por incorporación al Temple de la mayor parte de sus miembros. Pero me gustaría contar esta aventura con un mínimo de detalles, porque, a más que ejemplo de la acción templaria, plantea indudablemente misterios que, como tantas veces, la historia oficial ha pasado limpiamente por alto y que no por no estar aclarados conviene ocultar.

Al ser reconquistada Jerusalén, los cruzados construyeron dos ciudades gemelas y del mismo nombre —Montegaudio— que dominaban la visión de la Ciudad Santa y que, en cierto modo, constituían el paralelo al Monte del Gozo de Compostela, porque desde ellas podían ver los peregrinos por primera vez su meta sagrada. Tomando como sede y nombre uno de estos caseríos, un conde gallego, don Rodrigo Álvarez de Sarria, cuñado del rey leonés Fernando II y asistente con otros caballeros del reino a la segunda cruzada, fundó una orden militar que logró sostenerse en Palestina, aunque supongo que precariamente, hasta 1166, en que la dispersión de sus cofrades la hizo desaparecer en la práctica. El fundador regresó a la patria; en 1167 se detecta su presencia en León por documentos que avaló con su firma y se supone que asistiría a la campaña extremeña de su cuñado el rey don Fernando II, de la que tuvimos ocasión de hablar anteriormente.

Es el caso que, cuando en 1170 se institucionalizó la orden de Santiago, don Rodrigo ingresó en ella con el título de Comendador Mayor, pero muy poco después, encontrándose en la Península el legado papal Cardenal Jacinto, sentía el gusanillo del viejo proyecto abandonado y solicitaba permiso del prelado para reconstruir la orden dispersa. El permiso fue concedido, la mayor parte de los viejos cofrades volvieron a reunirse y, en poco más de un año, se habían constituido ya en una orden que, aunque sin demasiada alharaca, estaba muy pronto firmemente aposentada en Extremadura y en el reino de Aragón, donde consiguió del rey Alfonso II cuantiosas donaciones.

En las proximidades de Cáceres establecieron su sede magistral, el castillo Monfragüe, lindante con terrenos del Temple y guardador de la preciosa reliquia que venía a constituir el talismán simbólico de su cometido: la imagen de Nuestra Señora de Monsfrag, traída según la tradición de Tierra Santa por el fundador don Rodrigo y todavía hoy patrona de los campos de la comarca, a la que se encomiendan los campesinos en demanda de agua y de buenas cosechas. Pero la fortaleza poseía algo más, algo que sólo llegó a descubrirse de modo oficial hace muy pocos años: la presencia, en la falda del monte que le sirve de base, de uno de los santuarios prehistóricos más importantes de la región, con pinturas rupestres de un alto valor simbólico y religioso. (A mi modo de ver las cosas, estos indicios son exponentes claros de una intencionalidad más o menos evidente que anidaban en el espíritu de los freires de Montegaudio. Tal vez en ello no se tratase sino de una tradición arrastrada, oscuramente influida por los mismos principios que constituyeron la inspiración inmediata y trascendente del solarismo templario, pero el hecho está ahí una vez más, dando cuenta de una continuidad tradicional inquietante y oscuramente significativa: el culto soterraño, envuelto en las brumas de la noche del tiempo, y su resurrección solar a través de una reencarnación ortodoxa de la Gran Madre cuidadora del campo, esposa divina del sol y protectora de quienes penetran los misterios de su iniciación.)

La expansión aragonesa de los caballeros de Montgaudí fue extrañamente rápida. En seis años escasos, desde 1174 hasta la aprobación de los estatutos de la orden por bula papal de Alejandro III en 1180, habían obtenido no sólo una sede central y rectora para el reino, en Alfambra, sino toda una serie de fortalezas fronterizas situadas, en su mayor parte, en el Maestrazgo aragonés lindante con la actual provincia de Castellón: Malvecino, Perales de Suso, Villapardo, Villarrubio, Escorihuela, Altabas, Alcatrel, Miravete, Torre de Monsanto y, sobre todo, los castillos de Villel, Castellote y Cantavieja.

Atraídos por los fines de la nueva orden —y atraídos, añadiría yo, por algo que, lógicamente, no pudo trascender fuera de las estrictas fronteras peninsulares por vías naturales—, llegan a la Corona de Aragón para incorporarse a ella caballeros procedentes de toda Europa, pero fundamentalmente de Italia. Los *gaudenses*[1] se convierten en una auténtica entidad religiosa y militar y, cosa que no conviene olvidar, esto sucede precisamente en Aragón con mucha mayor entidad que en sus originarias tierras leonesas. Allí muere su primer maestre y fundador, don Rodrigo[2] y allí mismo es sucedido en el maestrazgo por su lugarteniente, don Rodrigo González.

La historia que sigue es escueta en las crónicas, pero contundente en lo que atañe a sus resultados. Al parecer, los caballeros italianos que entraron a formar parte de la orden comenzaron a inclinarse ante el creciente auge del Temple de la Corona de Aragón. Su número y su influencia pudo vencer los deseos de independencia que mantenían los fundadores leoneses y en 1196, en un acto de ruptura total y de completo acuerdo, al parecer, con los deseos de Inocencio III (curiosa la aparición constante de este pontífice en las cosas del Temple), fray Fralmo de Luca firma la incorporación en masa de la orden de Montgaudí a la milicia templaria, con la consiguiente entrega a ésta de todas sus posesiones en el reino de Aragón. Los caballeros castellano-leoneses de Monsfrag, disconformes con esta decisión, regresaron a sus tierras extremeñas y aún lograron mantenerse durante veintiocho años con independencia, aunque probablemente con evidente penuria y aislados del contexto bélico y religioso por el auge reciente de las grandes órdenes autóctonas y del mismo Temple, que se repartían las tierras conquistadas al Islam, generando enormes latifundios y, sobre todo —fundamentalmente por parte de los templarios— escogiendo cuidadosamente los antiguos centros de la tradición sagrada como cuidadores universales de la tierra santa. En 1221, los últimos freires

---

1. Apuntemos, para evitar confusiones, que los *gaudenses* son los caballeros de Montgaudí, a no confundir con los *gaudenti* que promovió y fundó la orden dominicana.

2. Según Zurita, fue enterrado en Alfambra. Un documento del A.H.N., sin embargo, apunta que su tumba se encuentra en Alharilla, en Cáceres (cfr. GERVASIO VELO Y NIETO, *La Orden de Caballeros de Monsfrag*, edición del autor, Madrid, 1950).

de Monsfrag deciden incorporarse a la orden de Calatrava, terminando así con la breve singladura del único movimiento netamente hispano y radicalmente afín a la ideología templaria, de la que se diferenciaba fundamentalmente por su arraigado sentimiento nacionalista, frente al universalismo de los freires del Templo.

Sin embargo, hay un hecho al menos, sin aparente importancia, que me limitaré ahora a consignar pero que aporta, probablemente, factores inéditos a otro de los extraños misterios que rodean al Temple. Cuando en 1308 llega a la Corona de Aragón la orden papal de prender y juzgar a los templarios, en la mayor parte de la Península no se produce resistencia alguna por parte de los caballeros. Sólo seis castillos templarios se niegan rotundamente a obedecer las disposiciones de Clemente V y organizan la defensa. Dos de ellos constituyen los centros neurálgicos de la Orden en la Corona de Aragón: Monzón y Miravet; uno más es subsidiario del primero de ellos: Chalamera; los otros tres habían sido las fortalezas puntuales de la desaparecida orden de Montgaudí: Villel, Castellote y Cantavieja. Y sólo cabe preguntarse sin esperanza inmediata de respuesta: ¿qué encerraban aquellos enclaves para significar tanto para el Temple?

El precipicio imparable

Cuando se produce la pérdida definitiva de sus posesiones en Jerusalén, los templarios han tomado ya bajo su custodia, en Chipre como en Occidente —y sobre todo en la Península Ibérica, mucho más que en su Francia originaria—, toda una serie de núcleos clave de la Tradición. Lugares muy a menudo carentes de interés estratégico, si no tomamos en cuenta algunas fortalezas fronterizas que los soberanos les dejaron en custodia; encomiendas frecuentemente alejadas o a trasmano de las rutas de interés comercial; granjas y conventos sin aparente valor económico pero, casi sin excepción, lugares dominadores de arcaicos espacios sagrados, enclaves de viejo poder apenas recordado, pero que mantenían, al menos , el recuerdo o la presencia subliminal de los centros sagrados o iniciáticos que constituyeron, mucho tiempo antes de que el cristianismo y su dogma eclesial dominase en Occidente, centros neurálgicos de la espiritualidad trascendente.

Comienza a producirse entonces algo que me atrevería a llamar un trasvase progresivo de intenciones templarias. A medida que se asienta y se reafirma su soterraña influencia en reinos como Portugal y Aragón-Cataluña, los desastres se suceden en Oriente y las críticas minan definitivamente su prestigio europeo. Bastaría estudiar la simple cronología de los acontecimientos (véase Apéndice I) para comprobar el imparable deterioro de la que estuvo apunto de convertirse en orden rectora de la política y hasta de la espiritualidad de la Europa Cruzada. Los hechos *sonados* y vergonzantes se airean, con razón o sin ella, por deseos de objetividad o por pura venganza aún solapada hacia quienes, en menos de un siglo de existencia, se habían elevado al máximo grado del poder económico occidental. Del mismo modo que se censuran los pactos que tratan de establecer con los musulmanes chiítas de Damasco, se magnifican derrotas como la de Mansurah (1248), que por cierto podría haberse evitado si los templarios hubieran sido escuchados; y se proclaman a los cuatro vientos sus reiteradas negativas a pagar de su pecunio el rescate de san Luis prisionero de los egipcios. Incluso se señala a los maestres que parecen haber caído en pecado por cobardía o en defensa de su vida. Papas como Urbano IV se permiten interferir en los asuntos de la Orden, en un intento de dominarla y hacerla definitivamente suya. En 1255, el fin de la orden fatimita de los ashashins es como un aviso de lo que puede suceder cuando la fuerza viva de las naciones logra abortar un movimiento que pudo hacérsele irremediablemente hostil o molesto. Un templario trovador, Olivier, canta el giro cruel de las tornas de la Orden en un poema latino desgarrador, en el que arremete dolido contra tirios y troyanos, contra los poderes que les aplastan y hasta contra la misma entidad de cristianos que siempre se proclamaron: «*Convertirán en mezquita el monasterio de Santa María; y puesto que su Hijo se complace en el robo, cuando debería sentir dolor por él, también nosotros nos complaceremos, querámoslo o no... Loco será quien quiera luchar contra los turcos, pues que Cristo mismo nada les responde. Ya han vencido —y vencerán, mal que nos pese— a francos y armenios, tártaros y persas. Saben bien que cada día que pase podrán abatirnos mejor, pues que Dios duerme, Él que antes velaba, y Mahoma resplandece de poder y hace resplandecer a costa suya al sultán de Egipto... El Papa llenará de dones y perdones a franceses y provenzales que le ayuden contra los alemanes... y nuestros legados, os lo digo en verdad, venden por dinero a Dios y sus perdones...*»[1]

Curiosamente, cuanto estaba sucediendo tenía en el fondo poco que ver con el Temple en sí mismo y mucho menos con sus fines sinárquicos o con su concepción mística de la religión solar. Los templarios, pese a su intento soterraño de remodelación radical de las estruc-

---

1. Cit. en ALBERT OLIVIER, *Les Templiers,* Éditions du Seuil, col. Le Temps qui court, París, 1958.

turas políticas y religiosas de su tiempo, estaban cayendo en el juego de esa historia que ellos no lograrían nunca hacer cambiar. Creados para unos fines muy concretos que escapaban ampliamente a los esquemas rectores del estricto comportamiento medieval, entraron a pesar suyo en el engranaje de las rencillas político-religiosas inmediatas, en la rueda de güelfos y gibelinos, capuletos y montescos de una singladura histórica de la que habían intentado, sin lograrlo, mantenerse ajenos.

El mismo secreto en el que mantuvieron sus intenciones comenzó a perderles irremediablemente. Cuando aún se mantenían en poder de los cruzados un puñado insignificante de plazas fuertes en Tierra Santa, Gregorio X primero y Nicolás IV apenas veinte años después, comenzaban a expresar el deseo pontificio de que las grandes órdenes militares de Oriente se unieran en una sola que fuera capaz de contener el avance irresistible de los turcos y de mantener el poderío de la cristiandad en los territorios sagrados. La intención parecía clara: la iglesia necesitaba a toda costa recuperar una autoridad que ya empezaban a negarle abiertamente los poderes seculares, a pesar de la evidente catolicidad europea. Había ya, incluso, una iglesia dentro de la iglesia —el Santo Oficio— que se permitía juzgar y condenar por cuenta propia y que se servía para la ejecución de sus fines de aquel poder secular que, en buena parte, caía ya fuera de la jurisdicción espiritual del papado.

Un extraño actor a escena

Cuando la iglesia romana plantea por primera vez la unión de las órdenes religiosas en una sola, capaz por sí misma de encabezar la cruzada que devolvería definitivamente las Tierras Sagradas a la cristiandad —concilio de Lyon, 1275—, se dan de modo simultáneo una serie de acontecimientos que conducen irremisiblemente a pensar que el Temple en persona estaba detrás de esa idea, intentando la asimilación de esa fuerza irresistible de *kchatriyas* bajo su hégira. Pensemos que es la época en la que Jaime I el Conquistador, con la inspiración templaria a cuestas, hace su primer intento —fallido— de cruzada ultramarina que, de haberse llegado a realizar con éxito, le habría convertido en el rey designado por la salvación sinárquica concebida por el Temple. Pensemos igualmente que, por aquellos momentos y al tiempo que se gestaba la cruzada de Oriente, se firmaban pactos de comercio y no agresión entre los reinos peninsulares con Fez y con Marruecos. Recordemos que es también por entonces cuando Marco Polo emprende su gran viaje a China, en búsqueda aparente de nuevas vías de mercados, pero realmente al encuentro de un mundo nuevo, intuido y sugerido por la Tradición y esperado a la vez por muchos que sentían el anuncio impalpable de la remota vigilancia aghártica. Pero pensemos también que a ese concilio lyonés asistía, con toda la fuerza que la Orden del Temple tenía en la Corona de Aragón, su maestre provincial Pere de Castelnou. Y tengamos en cuenta, en fin y sobre todo, que estos eran precisamente los instantes justos y cabales en los que Ramon Llull se lanzaba a la creación entusiasta de esa escuela eminentemente sincrética de Miramar, en Mallorca, y la época que precedía inmediatamente a su *Libre d'amic e amat,* donde incluso, en palabras de uno de sus exégetas más inequívocamente cristianos,[1] escribió «*en versículos salmódicos, plasmados en imagen y en diálogo a la manera de los sufíes*».

La inclusión de Ramon Llull entre el cúmulo de acontecimientos culturales y religiosos de este instante crucial de la historia no obedece ni a capricho ni a un deseo más de protagonismo ibérico en la aventura templaria. Llull fue un personaje único e irrepetible, a quien nada humano ni divino fue ajeno. Aún hoy, su figura recibe constantemente los tirones de todas aquellas ideologías que pretenden adjudicarse su pensamiento, precisamente porque su universalismo consigue que todos encuentren fácilmente en él la corroboración de sus convicciones y porque su conocimiento es tan amplio como para que los más diversos credos puedan encontrarse reflejados y hasta confirmados en sus textos. Llull fue, seguramente, un auténtico *hombre de conocimiento* de su época, el maestro que sirvió con la misma eficacia a ortodoxos y heterodoxos, porque su saber y su intuición estaban muy por encima de las diferencias que dividían a las más encontradas ideologías. Y es precisamente por ese hecho por el que, en este instante, puede constituir una de las claves decisivas en nuestro intento de despejar el misterio del ocaso y la caída de la Orden del Temple.

No sabemos documentalmente en qué momento de su vida entró el maestro Ramón en contacto con los templarios. De hecho, no surgen en su obra, al menos *como tales,* hasta 1292, en el momento de dirigirle al papa Nicolás IV su carta «*Quommodo Terra Sancta recuperari potest*».[2] Sin embargo, desde el principio de su búsqueda espiritual, cabe pensar que el Temple no anduvo lejos de él. Su retiro ascético tuvo lugar en el monte Randa, en 1264, cuando tenía 29 años. Randa lin-

---

1. P. M. BATLLORI, S.J., *Ramon Llull en el món del seu temps,* Dalmau, Barcelona, 1960. Col·lecció Episòdis de la Història.

2. Ed. de Rambaud-Buhot, B. M. Raimundi Lulli, *Opera Latina,* fascículo III, Mallorca, 1954.

daba con las posesiones templarias que tenían por centro la encomienda de Montuiri. Y habría que pensar, sin temor a pecar de atrevimiento, que aquella montaña secularmente sagrada no fue tampoco ajena a la búsqueda de los centros mágicos que caracterizó a la expansión templaria. No sabemos si hubo o no algún encuentro de los templarios con Llull en aquellas soledades, pero no cabe duda de que pudo haberlo y de que aquel enclave místico fue decisivo en la evolución espiritual e intelectual del maestro mallorquín, del mismo modo que tampoco se puede poner en duda su constante obsesión por la caballería defensora de *su* propio concepto de la cristiandad.

Un particular sentimiento místico

Llull tuvo, a lo largo de toda su vida, el sello inconfundible del buscador iniciado del conocimiento solar. La suya no es únicamente la obra —ni el suyo el modo de actuar— de un místico cristiano en el sentido habitual que hemos dado al término, es decir, como podríamos aplicárselo a un Juan de la Cruz o a un fray Luis de Granada. Llull necesitaba del saber y utilizaba la experiencia mística para confirmar y fomentar ese conocimiento. Por eso, frente a los escritos de los demás místicos, los suyos saltan inquietos del poema al tratado hermético, de la novela simbólica al proverbio, del escrito matemático al breviario caballeresco, del consejo a los grandes del mundo conocido al desgarro autobiográfico, de la fábula infantil al himno mariano. Escribe en catalán, en latín, en árabe, conoce el hebreo y, probablemente, las lenguas habituales que se manejan en la Europa de su tiempo. Sueña y proyecta, estalla hacia futuros gloriosos, bebe del franciscanismo, de la Qabalah, del templarismo, de la filosofía sufí. Sólo un espíritu tocado por la gnosis más amplia podría presentarnos tantas facetas del conocimiento y ser maestro en todas ellas.

Dentro de este contexto de sabiduría integral, activa y expansiva a la vez, la búsqueda griálica del conocimiento y el ideal unitivo de los movimientos religiosos forman parte importantísima de su comportamiento. La idea universal del solarismo aghártico como fin que debe alcanzarse a toda costa forma parte de su vida entera, en lo visceral y en lo intelectual. Es, con toda seguridad, el primero que, en el *Libre de l'orde de Cavalleria*, teoriza y fija las normas del ideal caballeresco integral del *kchatriya*, del mismo modo que traza en el *Blanquerna* las bases *brahmánicas* del hombre que, por su comportamiento y por su conocimiento, estará destinado a ejercer sobre sus semejantes la máxima autoridad espiritual.

Es precisamente ese breve tratado sobre la Orden de Caballería el que podrá descubrirnos sus sentimientos hacia el Temple, al menos hacia lo que el Temple significaba como realización tangible —fallida o no, esta será otra cuestión— del ideario solar destinado irremisiblemente a regir el mundo.[1] Sin citar nunca a los templarios, incluso sin especificar en ningún momento la necesaria y tácita *colegialidad* del caballero en una orden religiosa determinada, con reglas y estatutos aprobados y obedecidos, flota sobre el tratado luliano, en cualquier momento, la presencia de una norma nunca escrita, pero no por ello menos vinculante. Deberes, obligaciones y derechos, condiciones y anatemas, forman parte de un ideario que, muy a menudo, se expresa por *lo que no debe ser,* como si Llull se hubiera fijado la meta clarísima de distinguir y hacer distinguir sin reservas al caballero real del que sólo trataba de imitarlo en sus apariencias externas. Y eso me parece importante, al menos para entender en qué sentido habría de inclinarse nuestro sabio llegada la hora de tomar una posición frente a la realidad tangible de aquella Orden a cuyo trágico desenlace tuvo que asistir.

Su opinión, en este sentido, es fundamental, en tanto que, conociéndoles como debía conocerles, sabría también de primera mano hasta qué punto la Orden había cumplido con los fines para los que había sido creada. Para Llull, el caballero tenía que ser, sobre todo, «*Home de paratge*», es decir, hombre de linaje, que él define como «*continuada honor anciana*» y que también nosotros podríamos traducir por lo que en la Castilla de su tiempo se llamaba ya hidalguía, que sólo podría transmitirse por línea paterna. Pero el caballero tenía que ser —y aquí el misticismo solar brilla con toda su fuerza— un brazo armado al servicio de Dios y de su representación terrena, un brazo armado vengador y combatiente: «*Así como el hacha ha sido hecha para abatir árboles, así el caballero tiene el oficio de destruir a los malvados; y por lo mismo, los caballeros deben perseguir a los traidores, ladrones y salteadores*».

Ese caballero solar, émulo de santos jorges y santiagos guerreros y matamoros, pero con una peligrosa evidencia mesiánica, palpable y difícilmente adecuada al precepto evangélico, surge en la obra de Llull en muy diversas ocasiones, en abierta y hostil oposición a ese que en otros fragmentos surge como ideal misionero (que, desengañémonos,

---

1. Los paralelismos entre el consejo luliano y el Temple han sido parcialmente estudiados por A. Olivier en «*El Libre del Orde de Cavalleria de Ramon Llull y el De laude novae militiae de San Bernardo*», en Estudios Lulianos, II, 1958, pp. 175-186.

no es tal, sino intento, igualmente solar, de unificación religiosa por medio del *encuentro* y de la *disputa;* porque Llull no aceptó nunca predicar como el misionero al uso que nosotros hemos conocido, sino discutir y conocer y enseñar ¡y aprender! a la vez, exactamente en el mismo camino de búsqueda insaciable de conocimiento que caracterizó, según estuvimos viendo ya muy atrás en este libro, la meta solar de los templarios en la Tierra Santa primero y en Occidente hispánico después). Y así es como, en el *Libre de Contemplació,* comienza lanzando por delante la fuerza imparable de los *kchtriyas* aghárticos —«*Los caballeros fueron ordenados para que impusiesen la paz en el mundo*»—, para caer, inmediata e irremisiblemente, en la evidencia del fracaso de sus fines: «*...mas vemos que los hombres que más guerras y en más trabajos ponen a los pueblos, son los caballeros; porque hay caballeros, Señor, que matan a los hombres, despueblan ciudades y castillos, talan árboles y plantas, quitan maridos a las mujeres y roban en los caminos. Por eso, Señor, ¿quién hay en el mundo que haga mayor daño que el que hacen los caballeros?*» (distinción III, § 15). No cabe duda: no se trata de un retrato de la Orden, porque los templarios aún no habían llegado a caer —al menos como norma de conducta— en estos extremos que Llull denuncia. Si embargo, sí estaba avisando sobre un peligro en el que podía caerse y en el que, de hecho, el Temple estaría implicado. Por un lado, y precisamente por aquellas fechas, los templarios se encontraban a menudo en lucha abierta con los hospitalarios en Tierra Santa; por otra, y rompiendo abiertamente con sus fines funcionales, intervenían con saqueos y tomas arbitrarias de partido en las rencillas de los nobles catalanes en las riberas del Ebro, tomando posición, con razón o sin ella, por unos cristianos enfrentados a otros cristianos en disputas meramente territoriales.[1]

Desastre final y fulgurante

En 1291 se precipitaban unos acontecimientos históricos que arrastraban ya su previsto desenlace desde casi veinte años antes, cuando las posesiones cruzadas en Tierra Santa habían quedado reducidas a unas pocas plazas fuertes del litoral: Tiro, Acre, Trípoli y

---

1. Sobre la intervención de los templarios en los litigios violentos de los nobles catalanes de las riberas del Ebro, véase FRANCESC CARRERAS I CANDI, *Entences y templers en les montanyes de Prades,* en Boletín de la R. Ac. de B. L. de Barcelona, año IV, núm. 13, enero-marzo, 1904.

Beirut, con sus castillos de Athlit y Tortosa, que era posesión templaria. Los templarios seguían manteniendo tratos secretos con los fatimíes de Persia, lo que les permitiría que su maestre, Guillaume de Beaujeu, pusiera sobre aviso a los señores de Acre del inmediato asedio islámico de la plaza. El prestigio templario, sin embargo, se encontraba ya deteriorado y pocos habían hecho caso de sus advertencias cuando el 5 de abril de 1291 comenzó un sitio pertinaz que habría de durar poco menos de mes y medio.

En ese tiempo, y por última vez después de tan profundas y graves diferencias, templarios y hospitalarios —pues que los teutónicos se habían llamado andana en eso de la Tierra Santa y buscaban su medro por tierras de Prusia y Polonia— combatieron hombro con hombro por un imposible. El maestre Beaujeu y el mariscal de Hospital, Mathieu de Clermont, murieron defendiendo sus casas hasta el último día del asedio y los pocos templarios supervivientes, ayudados por la guarnición de Sidón, lograron refugiarse en Chipre, después de un asalto final a la Torre Maldita, entre cuyos escombros perecieron ya ni se sabe cuántos freires. Tierra Santa se había perdido definitivamente.

Los restos del Temple, su nuevo maestre Thibaut Gaudin y su enorme reserva económica pasaron a Chipre. Sólo un templario, catalán por cierto, Hugues d'Ampúries, con una exigua guarnición de freires suicidas, se quedó guardando durante doce años interminables la isla de Ruad, frente a Tortosa, hasta que los turcos la tomaron pasando a cuchillo a todos sus defensores.

Delenda est Ordinem Templi

En 1292, un año después del desastre de Acre, Llull habla del Temple, por primera vez —creo— dentro de su larga carrera como infatigable escritor. Y lo hace en una carta en la que aconseja al papa Nicolás IV «*de qué manera podrá recuperar Tierra Santa*»: este es precisamente el título por el que se conoce la misiva del beato al pontífice. En ella, aparte otras recomendaciones, pide «*al Señor Papa y a los cardenales, que fundan en una sola las órdenes del Hospital, del Temple, de los Alemanes* (teutónicos), *de los hermanos de Uclés* (Santiago) *y de Calatrava, y que esta* (nueva) *orden sea llamada del Espíritu Santo* ».

No dejemos de lado la personalidad de Nicolás IV, primer papa franciscano y gran conocedor de Oriente, donde estuvo en varias ocasiones. Llull lo sabía bien y sabía, sin duda, cuál era la postura de los hijos del *Poverello* de Asís que, como su fundador, habían libado en la

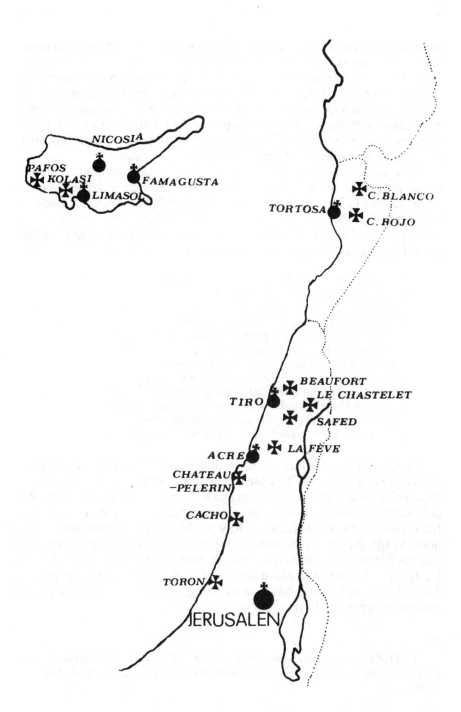

mística sufí y en las prácticas de los derviches. No se trataba en modo alguno de una sugerencia gratuita ni improvisada del sabio mallorquín. Y mucho menos aún lo era el nombre apuntado para la nueva orden que habría de surgir de la fusión de todas las demás, porque los tiempos para los que estaría destinada serían precisamente los que el cristianismo esotérico llamó siempre la Era del Espíritu Santo, los tiempos que serían el colofón y el reinado universal de aquellos otros que estaba presidiendo la figura del Hijo, el Cristo.

La propuesta luliana no prosperó, pero estaba grabada ya en la mente colectiva de los poderes eclesiásticos al menos desde el concilio de Lyon (1274), en tiempos de Gregorio X. El mismo Ramon no había sido probablemente lo bastante explícito en ella, pero su intención era clara ya entonces y lo sería aún más cuando tres años después de la carta al papa, escribiera en el *Desconhort:*

> *Ermitaño: aún podría hacerse otra ordenanza*
> *que serviría altamente a la expedición*
> *y destruiría errores de la gente:*
> *que el Papa hiciera que llegasen a unirse*
> *todos los cismáticos, por medio de argumentos*
> *de cuyas razones hicimos un tratado;*
> *y ganados los cismáticos, que son tantísimos,*
> *no habría quien pudiera contestar de mal modo*
> *a la Iglesia, ni con armas ni con argumentos;*
> *y que del Temple y del Hospital se hiciera una unidad*
> *y que su Gran Maestre fuera rey del Santo Sepulcro,*
> *pues para honrar a Dios no se encontraría nada mejor.*[1]

La intención se aclara, se hace diáfana. Probablemente sería una propuesta que el mismo Temple suscribiría, siempre que fuera su ideología solar la que prevaleciera en esa fusión, porque ese título de Rey del Santo Sepulcro —«*rey del Sant Muniment*», dice Llull textualmente— era, en realidad, el Rey del Mundo, que años atrás había querido adjudicarse el mismísimo Federico II y que fue el título por el que porfiaron aún más atrás otros seguidores de la mística solar, los Lusignan; el mismo título también al que habría aspirado nuestro Jaime I si se hubieran podido realizar los ideales de Cruzada que los mismos templarios le insuflaron.

---

1. Traduzco casi literalmente del fragmento LVI, vv. 661-672 del *Desconhort* (el Desconsuelo, 1295), ed. Obres Completes de Ramon Llull, XIX, Mallorca, 1936.

Pero la historia está llena de lagunas, porque cuantos la viven callan siempre hechos y sentires que, de conocerse, harían diáfanos muchos instantes que así permanecen en el misterio. La idea de Ramon Llull, repetida varias veces desde entonces con variantes sin importancia, debió tener necesariamente colofón en 1302, cuando el futuro beato, viajero incansable del conocimiento, apareció por la isla de Chipre con el ánimo dispuesto a obtener facilidades, por parte de Enrique II Lusignan, para discutir en Nicosia con los nestorianos y los monofisitas que la poblaban y para pasar luego al continente para encontrarse con aquellos tártaros que ya asomaban más allá de los dominios del Islam como representantes vivos del sueño ancestral del Preste Juan. El monarca chipriota consideró más diplomático negarle el permiso solicitado y Ramon «*quedó abatido de una no leve enfermedad corporal*» que muy bien pudo deberse a un intento de envenenamiento por parte de «*un clérigo y un fámulo*» que le servían. Así, enfermo y negado, pero sin perder nunca la esperanza de un encuentro con los míticos tártaros, llegó a Famagusta, donde residía el maestre del Temple, Jacques de Molay. Llull vuelve a ser misteriosamente parco en su relato: «*Llegado a Famagusta, fue recibido con alegría por el Maestre del Temple, que se hallaba en la ciudad de Limasol, y permaneció en su casa hasta recuperar la salud de antes*».[1]

Parco, misterioso y reticente. Porque pasarían apenas dos años y volvería a pedir al pontífice de turno —ya Clemente V— la fusión de todas las órdenes militares en una sola, pero esta vez «*con la intención de honrar a Nuestro Señor Jesucristo y por la salvación de la gente*».[2] Y añade: «*Y, si algunos a ello se resistieran, que no sean reconocidos como fieles ni devotos*». Llull sabía que algunos se estaban resistiendo.

El último coletazo

Aquel mismo año de 1305, Clemente V había dirigido a templarios y hospitalarios una memoria sobre la oportunidad de fusión de am-

---

1. De *Vida Coetània,* el relato autobiográfico que dejó dictado a los cartujos de Vauvert, § 35, escrito en 1311 y publicado en traducción castellana por la Dirección General de Relaciones Culturales, Madrid, 1960.
2. Citado en S. GARCÍA PALOU, pbro., *Ramon Llull y la abolición de los templarios,* en «Miscelánea», en memoria del P. Enrique Flórez. Hispania Sacra, vol. XXVI, C.S.I.C., 1973.

bas órdenes. No se ha conservado el escrito del papa a los templarios, pero sí la respuesta que le remitió el maestre Jacques de Molay.[1] En ella, el último Gran Maestre recuerda intentos anteriores, desde el concilio de Lyon; y —cosa significativa— cita la opinión de los monarcas peninsulares, *«que no habrían consentido en modo alguno en aquella solución, a causa de las tres órdenes militares religiosas que están establecidas en su patria»*. Por lo que atañe a la oportunidad de aquel preciso momento, el viejo Maestre daba toda una retahíla de razones en las que se adivinaba, casi siempre, la simple conveniencia circunstancial, sin tocar fondos ideológicos.

La primera razón era que no sería honorable unir en ese instante dos órdenes tan antiguas que, habiendo hecho por separado el bien, podrían ahora, con la propuesta unión, relajar sus ancestrales intenciones.

La segunda, *«super omnia»*, porque entrañaría peligro para las almas, puesto que se forzaría a aceptar las nuevas reglas a quienes voluntariamente habían escogido las antiguas de una u otra orden.

La tercera, porque surgirían divisiones entre los forzadamente unidos, que proclamarían fácilmente la superioridad de los unos sobre los otros, induciendo a rencillas, *«et per talem concertacionem possunt multa pericula provenire, quia Templarii et Hospitalarii habent arma»*.

La cuarta, porque los templarios tendrían mucho que ceder y los hospitalarios mucho que sufrir.

La quinta, porque la unión restaría limosnas y donaciones.

La sexta, porque la nueva orden nunca podría hacer tanto como cada una de las actuales por separado.

La séptima, porque obligaría a abandonar una de las casas en aquellos lugares donde ambas estuvieran actualmente establecidas.

La octava, porque existiría el peligro de que cargos y obligaciones se duplicasen, so pena de degradar a quienes anteriormente los ostentaban.

Por último, las razones novena a decimoquinta insisten machaconamente en que la supresión de la rivalidad entre las dos órdenes supondría ventajas enormes para los sarracenos y desventajas en la defensa o en la futura reconquista de Tierra Santa, porque desaparecerían importantes estímulos de competencia que ahora las obligaba a superarse para una mutua emulación.[2]

1. Bibliotèque Nationale, París. Manuscrito latino 10919.
2. Véase *Le dossier de l'affaire des Templiers,* editado y traducido por Georges Lizerand, Les Belles Lettres, París, 1964.

Invito a cualquier historiador a que juzgue este documento y a que confiese, con sinceridad, si no se trata de una obra maestra del arte de la ocultación, como tantos otros que se han aceptado a lo largo de la historia al pie de la letra y que han presentado la realidad bajo el prisma de su conveniencia. El Temple sabía muy bien lo que en otros tiempos significó una fusión: hemos visto el ejemplo hace pocas páginas de lo sucedido con la orden de Montgaudí. Ahora, sin embargo, el maestre sabía que se jugaba su propia supervivencia. El Temple no podía en modo alguno ignorar que la Iglesia, los dominicos y una parte de la realeza europea, deseaban y necesitaban despojarle de su misión a todos los niveles. Las actas del concilio IV de Letrán (1179), por ejemplo, estaban llenas de cargos que los obispos habían formulado contra ellos. Allí se había puesto en entredicho su derecho a administrar los sacramentos a los excomulgados y hasta admitirlos en la Orden. Se comentaba que un Maestre, Thomas de Bérard, había impuesto la profanación de la cruz a los neófitos. Unos templarios expulsados de la Orden estaban ya en aquellos instantes proporcionando datos a los magistrados a los que el rey de Francia había encargado que acumulasem las pruebas que les fueran necesarias para procesarles.

Pero los templarios era aún poderosos, tan ricos económicamente que en el contexto de la sociedad europea de su tiempo, todavía se creían invencibles. Aún soñaban con la recuperación de las Tierras Santas y gastaban parte de sus enormes riquezas en la adquisición de aquellos lugares de poder a los que aspiraban desde el momento mismo de su constitución. En 1302 adquirían en el Maestrazgo el dominio de Culla, posiblemente con la aportación de dinero procedente de Chipre[1] y pagando por él cantidades que para cualquier economía que no fuera la suya habría significado una ruina. En 1297 habían hecho al rey de Francia un préstamo de dos mil quinientas libras, al año siguiente le volvían a prestar dinero y en 1300 le entregaban quinientos mil francos más. Pero, a cambio, tenían bajo su custodia el tesoro de la corona francesa y eran los depositarios de la corona y de las joyas de la Casa Real de Aragón.

---

1. Traté ampliamente de este episodio en mi libro ya citado *La meta secreta de los templarios,* desde el compromiso de entrega por parte de Pedro II hasta la compra «in extremis» en 1302.

El impensable trasvase griálico

En este sentido, parece evidente que, tanto en lo que atañe a la potencia económica como en lo referente a la influencia política, los templarios efectuaron —al menos a los ojos de quienes observaban y juzgaban sus actitudes con conocimiento de su intención esotérica— un trasvase de intenciones. Me explicaré: hasta el momento de la pérdida definitiva de Jerusalén, la fuerza económica del Temple —digamos, con más propiedad, los beneficios obtenidos de las posesiones, donaciones y negocios efectuados en Occidente— pasaban a engrosar las arcas de Oriente, porque era allí, fundamentalmente, donde se encontraba instalado el núcleo originario de su idea político-trascendente de la sinarquía: Jerusalén como Centro del Mundo y como recipiente griálico de poder, desde donde habría de expandirse la nueva y antiquísima concepción del gobierno universal solar. Con la pérdida de la Ciudad Santa y, poco a poco, de las plazas desde las que habría sido posible recuperarla, los recursos comienzan a ser empleados en la adquisición y en la conservación o en el incremento de un poder paralelo en Occidente, es decir, en la entraña misma de la tierra que tendría que *haber recibido la salvación sinárquica,* aceptándola en su momento como hecho consumado e irremisiblemente trascendente.

El intento de regenerar esa misma idea desde dentro era infinitamente más peligroso, porque se trataba de una revolución interna contra el sistema y no de una conquista —nunca guerrera, sino política y espiritual a la vez— llegada nada menos que del Centro del Mundo universalmente reconocido.

Pienso que este hecho fue captado en su auténtica dimensión por Ramon Llull, en cuya actitud podemos presentir más allá de las estrictas palabras con que se expresa, por un lado la indudable admiración por el hecho templario, pero, por otro —al menos a partir de un determinado instante que viene marcado por la entrevista con el maestre Jacques de Molay en Chipre—, la necesidad de que el Temple sea abolido, porque no va a cumplir su misión *como* tendría que cumplirla ni *desde donde* tendría que cumplirla.

En 1305, en su *Liber de Fine,* insiste aún en la fusión de las órdenes militares de Oriente, pero rechaza ya la fórmula de que su maestre general sea Rey de Jerusalén (o del Santo Sepulcro); y en el *Liber de acquisitione Terrae Sanctae,* que oficialmente tendría que haber sido el tratado que explicase su antigua petición a Nicolás IV, insiste en la ventaja *electiva* del cargo de los maestres, frente a los inconvenientes de una monarquía que, por definición, tendría que ser *hereditaria* (lo que viene a reforzar también en Llull una idea que está presente siempre en la utopía sinárquica). El Temple, sin embargo, no es nombrado ya en este tratado como integrante de esta deseada fusión, sino que se pide, lisa y llanamente, que sea abolido y que sus bienes vayan a reforzar las necesidades económicas que necesitará la reconquista de los Santos Lugares.[1]

Esta opinión, expresada por un hombre de indudable conocimiento esotérico, que tuvo sin duda alguna contacto con los templarios y pudo conocerles a fondo, es altamente significativa. En primer lugar, porque sigue insistiendo en la necesidad de una supraorden militar de *kchatriyas* capaces de llevar a cabo la gran reforma de la sinarquía tradicional. En segundo lugar, porque, aún siendo amigo reconocido de Felipe IV el Hermoso (en 1308, en pleno proceso templario, le presentó personalmente su *Ars Dei*), no reconoce ni admite en ningún momento la veracidad de las acusaciones que han caído sobre ellos, sino únicamente la necesidad de que la orden sea suspendida. Y para que esta condición se lleve a cabo, insiste repetidamente en la convocatoria del concilio, que habrá de ratificar esa abolición, en su tratado rimado *Del Consili* (1309);

> *Senyor Papa quint Clement,*
> *qui estats senyor de tanta gent:*
> *fayts qu'l Consili sia breument.*

Ramon Llull se sabe, en todo momento, protagonista e imprescindible consejero de las decisiones políticas y espirituales que puedan tomarse en el mundo en el que vive. Y es así como, una vez convocado el concilio que tanto pedía (Vienne, 1311), hace llegar a sus componentes un memorial, *Hae sunt ordinationes*, en el que propone, directa y hasta impositivamente: «*si ordo templariorum destrueretur, quod bona eorum darentur ordini militum predictorum, ut habeat majorem partem contra Sarracenos; non quod bona templariorum dentur principibus nec clericis, cum satis sint divites*». No cabe duda de que estas condiciones no constituirían materia de satisfacción para un rey como Felipe el Hermoso, a quien, sin embargo, Llull saludaba como «*molt gloriòs, ric i ple de caritat molt sincera*» en su *Liber de natali pueri parvuli Christi Iesu*.

---

1. «Posito quod ordo Templariorum destruatur, quod bona eorum tradantur magistro generali, militi religioso supradicto, ut thesaurus ecclesiae multiplicetur contra homines infideles, et hoc dignum et iustum est, quoniam ipsa bona incepta fuerunt et in actum deducta ad adquiriendum Terram Sanctam»..., citado en S. GARCÍA PALOU, op. cit.

Testigo de excepción

He querido, de modo explícito, dar a conocer las opiniones de Ramon Llull, sus deseos y sus esperanzas, porque, en cierto modo, representa la postura de un hombre excepcional, con la clara visión y una activa práctica del cristianismo esotérico, ante el acontecimiento que más tinta ha hecho verter entre los que constituyeron la vivencia espiritual y política de la Edad Media europea. Demasiado a menudo nos hemos dejado llevar por visiones prefabricadas y por opiniones que se habían originado a partir de posturas claramente inscritas en el contexto de los más variados dogmatismos: desde el de la misma iglesia, apoyada por la reforma ortodoxa a ultranza de los dominicos, hasta la de tantas sectas y movimientos más o menos ocultistas y secretos que proclamaban —y muchos siguen proclamando— su continuidad ininterrumpida con la idea templaria.

Me preocupan las tomas previas de posición, me aterran los dogmatismos y me escalofrían quienes proclaman *su* verdad como Verdad y *su* pequeño y generalmente triste dogma como certeza incuestionable sobre la que habrá que reestructurar necesariamente los conceptos que otros dogmas no menos devoradores y manipulantes quisieron imponernos a lo largo del tiempo.

Siento tener que desilusionar a algunos, a estas alturas de un volumen que, probablemente, está sobrepasando con creces las normas de una lectura cómoda y acogedora, pero confieso y proclamo que, al menos para mí, como ser humano preocupado por el hombre y por lo que hombre sabe y por lo que cree y hasta por lo que espera, no valen mil dogmas lo que una sola pregunta formulada con el deseo sincero y libre de *conocer*. Cada incógnita que plantea la vida o que la historia no ha sabido resolvernos satisfactoriamente (y digo satisfactoriamente para quien quiera saber por encima de cualquier respuesta circunstancial y preconcebida que se le pudiera dar) es, contra lo que muchos pretenden, un paso adelante en el encuentro con nuestra propia identidad.

Entiendo que cada escuela —¿y cuántas hay?— y cada grupúsculo y cada iglesia y cada secta se esfuerzan por dar respuestas. Siempre serán *sus* respuestas, con esa limitación que llevan consigo los pronombres colectivos. Pero el ser humano —usted mismo o yo mismo— busca esa otra verdad que, en tanto que propia e intransferible, le confiere la dimensión de lo eterno y de lo universal y le convierte en testigo de excepción de la Realidad buscada que nadie sino él mismo podrá asumir y aceptar.

Ese testigo de excepción es, en nuestro caso, Ramon Llull: místico, poeta, alquimista e iniciado del hermetismo; misionero, buscador, revolucionario apasionado y mártir por devoción; profeta, maestro de la palabra, consejero de papas y de reyes e iniciado universal de ese saber que, antes o después, todos acaban por aceptar, porque nos trae la luz sobre nuestra propia personalidad trascendente.

Releo el párrafo anterior y rescato la palabra mártir. Y recuerdo que en sus orígenes, mártir y testigo significaban lo mismo, o sea: que el mártir, el que sufría martirio —o el que gozaba martirio, porque a menudo desaparecía la fina frontera entre el goce y el sufrimiento—, era en realidad un testigo de la presencia gloriosa de la divinidad entre los seres humanos. Y a este respecto sólo me queda encajar las piezas de ese *puzzle* cósmico de las verdades medio intuidas y medio palpadas, que nos van contando cómo la Historia dijo digo donde digo Diego; y como muchos acontecimientos, aventuras, hechos de armas y de almas, búsquedas y tormentos, son lo que son aunque aparenten a veces ser lo que otros dicen que hayan sido, de tal modo que el pueblo —y pueblo somos tú y yo, lector— muerda confiado el anzuelo de esas verdades canijas y prefabricadas que quieren endilgarnos desde las alturas inalcanzables —así han dispuesto que lo sean— de la gloria (diz que con mayúscula) y de todos esos conceptos vacuos y altisonantes que conforman la estructura de las grandes (diz que grandes) verdades de la humanidad.

Los mártires

Cuando se visita la fortaleza de Jerez de los Caballeros, puede verse una torre llamada de la Matanza, en la que cuentan que fueron asesinados los templarios que defendían el castillo contra la orden de arresto decretada por Clemente V y acatada por Fernando IV de Castilla.

En el castillo de Miravet hay una explanada que todo el mundo conoce como la Plaça de la Sang, porque se dice que en ella degollaron a los caballeros del Temple que se negaron a entregarse prisioneros al *veguer* de Tortosa que sitiaba la fortaleza. Otra leyenda local, bellísima y significativa, cuenta que, en la noche de cada 28 de diciembre (la fecha conmemorativa del año 1308, en que Miravet se entregó a las tropas de Jaime II de Aragón), aparece por las almenas el espectro del maestre del Temple, cubierto por el manto blanco con la cruz colorada de la Orden, llamando con voz de ultratumba a sus freires para que le acompañen a reconquistar los Santos Lugares.

Una leyenda más, tomada al pie de la letra por numerosos historiadores, cuenta de la lapidación de Ramon Llull en Bugía en mayo de 1315, de su recogida moribundo por una nave genovesa y de su arribo frente a las costas mallorquinas, donde el beato pudo contemplar su tierra antes de exhalar el último suspiro.

Sin embargo, parece totalmente cierto que los templarios de Castilla no opusieron la menor resistencia a las órdenes de arresto y se sabe documentalmente que el proceso que se les levantó en Salamanca los declaró a todos libres de la culpa de la que se les acusaba. Como se sabe también que, aunque algunos templarios de Aragón y de Cataluña se encastillaron (ya hablábamos en otra parte de las seis fortalezas de la resistencia: Monzón, Chalamera, Miravet, Castellote, Villel y Cantavieja), ninguna matanza llegó a producirse; y que, después de ser declarados inocentes de herejía por el concilio de Tarragona, la mayor parte de ellos regresó a sus conventos hasta que el papa Clemente promulgó la bula de disolución, *Vox in excelso.* Y que, aun después de la dicha bula, quedaron muchos templarios viviendo, aunque exclaustrados, en los mismos lugares o en las cercanías de las casas que fueron suyas, como fue el caso de Pere de Sant Just y de Giufré de Montornés, que se retiraron a Gandesa, o el de Pere de Maderm, que terminó sus días en Horta, rodeado de la admiración y la devoción de una gente que casi llegó a convertirle en santo.

Por lo que atañe al beato Llull, se sabe igualmente que su *Liber de maiori fine et intellectus amoris et honoris* se terminó de escribir en Túnez en diciembre de 1315, algo más de ocho meses después de la fecha de su presunto martirio.

Y uno se pregunta: ¿por qué ese empeño, tan a menudo gratuito pero no por ello menos obsesivo, por fabricar mártires? Cabría conformarse haciendo alusión a la imaginación febril del pueblo, a las derivaciones legendarias o a las extrapolaciones míticas. Cabría todo, pero no creo que fuera razón suficiente.

Si nos tomamos la molestia de repasar la historia de los grandes movimientos mesiánicos y hasta, en ocasiones, el origen de las pequeñas convulsiones de corte místico solar, veremos cómo se instituye indefectiblemente, y venga o no a cuento lógico, el culto a los mártires de la causa. Malamente podría haberse concebido en su día el triunfo del nazismo alemán sin un Horst Wessel o un pequeño mártir Quex. Ni, a nivel de nuestras zapatillas penibéticas de ayer mismo, difícilmente se entendería la pervivencia del ideal falangista sin un Ramiro Ledesma o un Víctor Pradera o hasta un José Antonio fusilado como mártir en la cárcel de Alicante, o una proliferación tan atosigante de «cruces de los caídos» en cada rincón de la geografía hispánica. Difícilmente se habría podido producir la eclosión del cristianismo sin la caterva de mártires con que la tradición eclesiástica llenó los circos y los anfiteatros del imperio romano. Y es que la idea de la devoción al mártir ha sido, desde tiempos immemoriales, un objetivo manipulador de primera magnitud en todos aquellos movimientos que han basado su fin en el triunfo a toda costa de la idea presuntamente perfecta que defienden y con la que pretenden, a corto o a largo plazo, el dominio del mundo o de un determinado pedazo del mundo en cuestión. El mártir es, en cierta forma, la justificación de cualquier acto abusivo que pueda cometerse en su nombre, porque ante cualquier queja o ante cualquier acusación que el movimiento pueda recibir queda siempre el respaldo —demasiado a menudo utilizado— de que antes de cometerse ese abuso (que no lo es ahora, sino acto de justicia), se sufrió más en la carne de los mártires que murieron por el triunfo del ideal que luego habrá de utilizarlos como chivos expiatorios de sus arbitrarios abusos.

En el caso concreto del Temple y de su proceso y de su posterior abolición, se nos ha creado una y otra vez la imagen sanguinolenta del martirio y de la tortura. Y esa imagen —cierta por otra parte— ha sido aceptada a ciegas por los historiadores, aunque los datos que se han podido recoger vienen a demostrarnos que no se cometió con ellos una tropelía más grave que las que sufrieron, años antes o años después, los cátaros, los judíos, los valdenses o los herejes de Durango.

Cifras cantan, porque precisamente ese asunto del prendimiento y proceso del Temple es (ya lo apuntaba en otro lugar) uno de los mejor documentados de toda la Edad Media.

Un cálculo aproximado de los templarios franceses en el momento de su prendimiento (13 de octubre de 1307) da una cifra que se aproxima a los quince mil miembros.

Entre el 19 de octubre y el 24 de noviembre de 1307, unos 36 murieron a causa de las torturas infligidas durante los interrogatorios.

El 11 de mayo de 1310, el concilio provincial de Sens condenaba a muerte a 54 templarios. Algunos parece ser que se libraron de la hoguera en el último momento.

Un templario, Pierre de Boulogne, desaparece misteriosamente a fines de ese mismo año, antes de ser interrogado por los delegados pontificios.

El 18 de marzo de 1314 mueren en la hoguera, en París, el maestre Jacques de Molay y el preceptor de Normandía, Geoffroy de Charnay.

Menos de cien templarios entre los quince mil que formaban el contingente francés de la Orden. O poco más de cien, si queremos imaginar unos cuantos más que pudieran morir en los calabozos a consecuencia de la tortura y que nunca hubieran sido citados.

Y esto sucedía únicamente en Francia. En la Península Ibérica, ya tenemos noticia de cuanto sucedió en los concilios de Salamanca y Tarragona. En Londres se convocó concilio para el 25 de noviembre de 1309 por el metropolitano de Canterbury en la iglesia de San Pablo. Todos los templarios ingleses salieron libres de cargos, En Maguncia se convocaba otro proceso conciliar por el obispo Pedro de Treveris. Los templarios, al mando de su maestre Pedro de Silvestris, entraron en la sala capitular con todas sus armas. El arzobispo les invitó a la defensa y salieron todos libres. El concilio de Ravena distinguió a templarios inocentes y templarios culpables, pero los culpables se decidió que fueran castigados por sus mismos compañeros y dentro de la misma Orden. Otro concilio, el de Pisa, los declaró culpables de herejía, blasfemia, idolatría y sodomía, pero se limitó a cumplir la orden de disolución de la Orden, sin condenar a los reos.

Fin del primer acto: telón

Todos estos hechos, hasta la detallada historia de ese proceso que tan bien ha podido llegar a conocerse, apuntan a una serie de consideraciones que conviene exponer como cierre —prematuro— de un acontecimiento inconcluso. El Temple, nacido como respuesta a uno de esos impulsos esotéricos cíclicos que surgen a lo largo de la historia de modo periódico, como sístole de un proceso en que van alternándose períodos de predominio solar con etapas de impulso racionalista, no desapareció por decreto con las bulas papales del concilio de Vienne, aunque sus continuadores, dispersos y ocultos por conveniencias del más diverso tipo, se esforzaron en magnificar hasta límites de tragedia clásica el drama —indudablemente doloroso sin necesidad de exageraciones— de una etapa fracasada.

Es totalmente cierto que, una vez abolida oficialmente la Orden, sus bienes se repartieron amigablemente entre la corona —la de cada país donde los templarios estuvieron establecidos— y las diversas órdenes religiosas y militares de turno. Es cierto también que, en muchos casos —y la Península Ibérica se llevó la palma en este aspecto— se intentó borrar en lo posible la huella templaria, haciendo desaparecer documentos, negando limpiamente paternidades de capillas y de castillos y silenciando hechos, ideas y testimonios de su presencia. Sin embargo, había una semilla lanzada a los vientos de aquella historia, una semilla de solarismo que la desaparición puramente material de la Orden sólo sirvió para abonar con la memoria exaltada de su tragedia. Mientras desaparecía el Temple como realidad tangible o incluso como ensayo frustrado de un proyecto imposible, sus esporas ideológicas germinaban discretamente, configurando aspectos de un mundo en el que, poco a poco, se iban produciendo, por un lado, una serie de acontecimientos que jamás habrían podido tener lugar en el caso de que la idea templaria hubiera prosperado y, por otro, el lento desarrollo de determinados ideales —filosóficos, científicos y hasta vitales— que eran como el secreto cumplimiento de unas miras que el Temple no llegó a realizar con su nombre y apellido.

Fijémonos, aunque sea a grandes trazos y sin entrar en detalles que caerían ya fuera de lo que aquí me he propuesto, que en el lado negativo de ese panorama histórico queda un Cisma de Occidente, que da comienzo prácticamente con la abolición de la Orden y que provocará, a lo largo de un siglo, una iglesia maltrecha y gravemente tocada en el ala de su unidad. Curiosamente, uno de los últimos representantes de esta tragedia cismática, Benedicto XIII o el Papa Luna, como ustedes quieran llamarlo, aprovecha en su éxodo antiguas posesiones templarias —Peñíscola— y se muestra especialmente proclive a beneficiar lugares con claro recuerdo de los freires a lo largo y ancho de sus extensos territorios del Maestrazgo.

Pero no sólo es el caso del Cisma espiritual, sino que, paralelamente a él, se desencadena una escalada bélica a nivel europeo —la guerra llamada de los Cien Años—, que deja marchita, apestada, hambrienta y enloquecida una tierra que había sido precisamente la causante directa del hundimiento templario y que sólo comenzó a despertar de esa miseria con la aparición —insólita aparición, por mucho que la historia nos haya acostumbrado a ella, y que muchos ponen en paralelo o en relación con el desaparecido Temple— de un nuevo personaje de rasgos decididamente místico-solares, que levanta con su contagioso mesianismo los ánimos caídos de un pueblo abocado irremisiblemente a la desesperación. Me estoy refiriendo a Juana de Arco, la Doncella de Orleans, quemada como bruja, hereje y relapsa en 1431, ciento diecisiete años después de la ejecución de Jacques de Molay, en un año que, lo mismo que aquel en que fue ejecutado el maestre del Temple, suman 9 sus cifras.[1]

No deja de ser significativo también, en este salto sobre la historia, que los coletazos de la guerra de los Cien Años afecten también a la Península Ibérica en toda una larga serie de conflictos y de guerras

---

1. Una tradición ocultista asegura que, cada nueve años y precisamente en aquellos en que sus cifras suman también nueve, ha de producirse en el mundo el sacrificio de una víctima propiciatoria que, en cierto modo, *paga* con su vida por la supervivencia de la humanidad.

civiles, la más cruel de las cuales tiene por protagonistas directos a dos hermanos bastardos —Pedro I y Enrique II de Trastamara—, que se disputan el reino de Castilla a golpe de maza, en una contienda que tiene por *deus ex machina* a otro extraño personaje, Bertrand Duguesclin, caudillo mercenario de unas no menos misteriosas «compañías blancas», del que no pocos historiadores aseguran que era un templario disfrazado. Cosa aún más curiosa: si investigamos los territorios que el vencedor Trastamara dio como premio por su ayuda al mercenario que tan decididamente le ayudó —y quiero dejar al lector la sospecha de comprobarlo, porque juro solemnemente que le merecerá la pena— nos sorprenderá verificar que la mayor parte de ellos habían sido antiguas posesiones de la Orden del Temple.

Resulta a veces casi escalofriante comprobar —y me refiero lógicamente a España, que ha sido por natural preferencia el campo habitual de mi curiosidad investigadora— cómo el templarismo y la memoria templaria se han prolongado después de la extinción oficial de la Orden, hasta el punto de que, muy a menudo, se siguen atribuyendo a los templarios hechos, huellas y testimonios de tipo esotérico que, en pura verdad cronológica, se produjeron después de su extinción. Un rasgo determinante de este misterio —pues de misterio se tratará, si no existe una razón lógica válida que lo aclare— está, como primer y significativo ejemplo elegido casi al azar, en el castillo de Ponferrada. Hace no muchos años, dos investigadores del esoterismo, Jaime Cobreros y Juan Pedro Morín, descubrieron en las torres de Ponferrada un evidente paralelismo con los signos y las formas zodiacales.[1] La atribución templaria parecía lógica, como podría haberlo sido la profusión de Taus que aparecen en muchos de los muros de la fortaleza. Sin embargo, es cosa probada que varias de esas torres fueron levantadas hasta dos siglos después de que Ponferrada dejase de ser templaria y que muchas de esas Taus fueron cinceladas a fines del siglo XIV o a principios del XV. Lo cual no quita un ápice a la evidencia de su significación, sino que añade, si cabe, una presencia subliminal templaria que sigue influyendo sobre los lugares que le pertenecieron mucho después de que el Temple fuera un recuerdo paulatinamente olvidado.

Otro caso evidente de templarismo postemplario lo tenemos en el mismo Camino de Santiago, en el crucifijo renano del siglo XIV que se

---

1. JAIME COBREROS AGUIRRE y JUAN PEDRO MORÍN BENTEJAC, *El Camino iniciático de Santiago,* Ediciones 29, Barcelona, 1976. Este descubrimiento fue posteriormente publicado sin citar a sus descubridores en el número 2 del Boletín *Cruzada,* del Círculo de Estudios Templarios de Tenerife.

venera en la capilla de su nombre de Puente la Reina (Navarra) y del que hablé ya en *La meta secreta de los templarios*. La capilla fue templaria, e incluso su ubicación, adosada a la iglesia principal en un rompimiento extraño de los cánones de las proporciones y de los volúmenes, hace pensar en que fue construida con el fin muy preciso de guardar una pieza importantísima, como lo es efectivamente el Cristo clavado no a una cruz, sino a un árbol con sus ramas en formas de «Y». Sin embargo, el Cristo fue puesto allí, con toda seguridad, varios años después de la desaparición del Temple en Navarra (y, como dato curioso, advirtamos que precisamente por el estrecho parentesco del entonces rey de Navarra Luis Huttin con Felipe el Hermoso de Francia, la suerte de los templarios navarros no fue tan halagüeña como en el resto de los reinos peninsulares).

¿Qué vienen a contarnos estos pocos ejemplos que he sacado a la luz entre otros muchos que tengo guardados en el saco sin fondo del templarismo, sino la pervivencia de una idea que, durante el resto de la Edad Media, sobrevivió a la disolución oficial de la Orden, de la mano de gentes que, de un modo o de otro, pero siempre dentro de una estricta discreción esotérica, supieron mantener vivo el rescoldo de la ideología defendida por la Orden del Temple?

14

Los alucinados locos del invicto Sol

Para entender, siquiera sea parcialmente, lo que pudieron significar los caballeros templarios en tanto que guardianes y vigilantes secretos de una tradición mesiánica y solar que les venía de muy atrás en el tiempo y que siguió reptando por el mundo de las ideas mágicas hasta mucho después de la desaparición oficial de la Orden, tendríamos que despojarnos previamente de toda una serie de condicionamientos lógicos sobre los que vamos pisando —o creemos pisar— cada día la tierra firme de nuestro mundo circundante. Y es que se da el caso de que no es posible llegar, por más que nos empeñemos, al meollo de la idea supuestamente trascendente del pensamiento mágico, a no ser que dejemos de llamar al pan pan y al vino vino. A no ser también que nos liemos a escarbar en el laberinto de las ideas inexpresables y de los símbolos extrañamente indefinidos que, en el fondo, en lo más al fondo, vienen encerrando verdades tan diáfanas que aterra su misma simplicidad, precisamente porque no estamos acostumbrados a contemplar y hasta a expresar *directamente* la realidad. Nos lo impide la babel de palabras, el engaño de esos sentidos a través de los cuales contemplamos la apariencia misma de esa misma Realidad y que nos hacen dar por buenas y por auténticas e inamovibles las imágenes deformadas que se nos transmiten.

El pequeño mundo de mi perra

Es curioso y cada cual podrá tomarlo por donde le guste, pero no es menos cierto que, mientras escribía las últimas líneas —y juro *de solemnis* que no estoy haciendo imágenes literarias, que no me va ni me viene hacerlas—, he oído ladrar a mi perra en una habitación contigua. Me he acercado a ver qué demonios podía sucederle y la he encontrado ladrándole a su propia imagen, reflejada en un espejo que habíamos puesto provisionalmente en el suelo. Y hete aquí que no se conformaba con los ladridos, sino que husmeaba impaciente por detrás de la luna, en busca de aquel sosias que le estaba haciendo frente.

Me ha parecido —y pido perdón si no es así— que contar este hecho cotidiano puede ayudarnos a aclarar también parte de nuestras ideas, quiero decir, de las ideas que me parece oportuno exponer.

Porque esa apariencia de perra que la mía estaba viendo más allá del espejo era paralela a las apariencias de realidad que nosotros, en nuestra vida cotidiana, tomamos como fundamento lógico de nuestra existencia. Y, del mismo modo que a mí me sería totalmente imposible demostrarle su error a mi perra, tampoco hay nadie que pueda apartarnos a nosotros del engaño que nos envuelve, a no ser que seamos nosotros mismos quienes logremos superar los condicionamientos sensoriales que nos encadenan al universo de las apariencias. En este sentido, la Tradición, con el cúmulo de símbolos trascendentes que la acompañan y la definen, es como un camino idóneo para que cada cual intente ese paso hacia el Conocimiento, pero nunca podrá significar una panacea que nos ponga, lisa y llanamente, en el camino sin retorno hacia el auténtico despertar de la conciencia.

A pesar de ello, lo que sí creo firmemente que no podremos intentar nunca es ejercitar la frase hecha de «cortar por lo sano» e ignorar los caminos que otros siguieron, pero interpretándolos bajo la lógica simplista y un si es no es chafardera que nos impone un racionalismo mal enfocado. Muy a menudo, una apariencia de locura, de fanatismo o de arbitrariedad encierra celosamente verdades imposibles de captar por medio de los parámetros de la lógica; del mismo modo, y demasiado a menudo, solemos caer en la arbitrariedad, en el fanatismo y hasta en la locura cuando creemos erróneamente estar realizando un acto que, a primera vista, se nos plantea como trascendente. El problema estriba en poder distinguir una situación y diferenciarla de la otra.

La loca loca loca aventura de don Suero

Pues señor, vaya ya de historia real y verdadera como la vida misma. Y vaya la historia por el reino de Castilla, cuando señoreaba en él mi señor don Juan el Segundo y gobernaba en ella, sin conciencia de futuro cadalso, don Álvaro de Luna, llamado el Condestable. Según cuenta el manuscrito existente en la Biblioteca del Real Monasterio de

El Escorial, que sacó a la luz impresa fray Juan de Pineda allá por 1588, con el consentimiento del muy católico rey don Felipe II, en los primeros días del mes de enero del año 1434 se presentó ante el soberano de Castilla —que, por cierto, pasaba su invierno en el palacio de Medina del Campo— un noble caballero leonés, don Suero, hijo del Merino Mayor de las Asturias don Diego Fernández de Quiñones y de una hermana de don Gutierre de Toledo, obispo de Palencia y pronto arzobispo de la Ciudad Imperial.

Don Suero de Quiñones había peleado, y al parecer muy valientemente, en La Higueruela y en Sierra Elvira contra la morisma granadina, pero ahora le traían aires muy distintos. Se presentaba ante el monarca acompañado de nueve caballeros, todos ellos «*con cobdicia de honor*» y amigos personales suyos; llevaba una argolla de hierro al cuello y traía consigo una curiosa petición.

Contada así, a bote pronto, resultaba que el buen don Suero estaba prisionero, pero no de enemigo guerrero, sino del amor de una dama cuyo nombre se negó rotundamente a dar: de allí la argolla. Y había decidido liberarse de esa prisión solicitando la caballeresca ayuda. Por eso, en unión de los nueve caballeros amigos que con él venían, se había propuesto instalarse junto al puente del río Orbigo —a tres leguas de Astorga y a seis de la ciudad de León—, entre los días 10 de julio y 9 de agosto de ese mismo año (es decir, quince días antes y quince después de la fiesta del Apóstol compostelano), instalar una liza de torneos y retar a singular combate a cuantos caballeros pasaren por el lugar y romper hasta tres lanzas con ellos, hasta un total de trescientas cañas rotas. Sólo así, según él, podría librarse de la prisión amorosa en la que se encontraba.

(Pensemos fríamente en la situación, pero ahora desde nuestro punto de vista de gente presuntamente civilizada del siglo XX pasando al XXI: era un año jubilar aquel de 1434. La afluencia masiva de peregrinos estaba asegurada en toda la extensión del Camino de Santiago. Y esos peregrinos tenían que pasar casi obligatoriamente por el puente sobre el río Orbigo, porque aquella era la ruta preceptiva que, desde tiempos de Sancho el Mayor y del Códice Calixtino tenían que cumplir todos los romeros. Pues bien, precisamente allí, recién pasado el puente, se iba a instalar un hidalgo leonés, con nueve amigos, jueces, farautes, trompeteros, heraldos, testigos, enanos, frailes, pajes, damas, cocineros, caballos, tiendas, banderolas y todo el entorno propio de un torneo, para impedir que pasase por aquellos pagos caballero alguno sin jugarse el tipo con uno u otro de ellos —so pena de pasar ya toda su vida por cobarde, por lejana que estuviera la tierra de donde viniese—, ni dama que no tuviera que dejar el guante de su mano derecha en prenda, salvo que algún paladín le saliera fiador y dispuesto a vérselas con don Suero o con cualquiera de sus compañeros. Esa, ni más ni menos, era la pretensión que planteaba ante el rey don Juan II el esclavo de amores hijo del Merino Mayor de las Asturias y esa fue también la gracia que el señor rey y el condestable le concedieron, pues *«deseo justo e razonable es, los que en prisiones o fuera de su libre poder son, desear libertad»*. «*Virtuoso Suero de Quiñones*» le llama el rey en otro pasaje del documento en el que otorga el permiso para que se lleve a cabo la locura. «*Generoso y magnánimo de corazón*», le califica Pero Rodriguez Delena, el escribano autor del manuscrito de El Escorial. Y Felipe II, al autorizar la edición del mismo, lo hace *«por parecernos la cosa más caballeresca y con mayor verdad escripta por escribanos... y por darse o estimar la honra y nobleza caballerosa en él, y por estimarse la valentía de los Hijosdalgo, tan necesaria en los Reynos...»*)

Y hasta se dio la circunstancia de que dos caballeros catalanes —don Franci Desvalls y don Riambau de Corbera—, que quisieron abreviar el lance, siquiera fuese por librar la ruta de molestias, y ofrecieron consumir todas las lanzas que aún quedaban —es decir, realizar ellos dos solitos todos los combates que faltaban para que se considerase cumplida la promesa—, escribieron a don Suero una carta de reto con estas condiciones y que esa carta fue calificada como *«rompida e fuera de nobleza militar y de nobleza caballeresca»*.

O sea, que el hecho de liarse a lanzazos y jugarse la piel a través de la armadura de combate con el primer rival que aceptara el reto era, en ese instante del siglo XV, muestra patente de hidalguía y de caballerosidad, digna de ser loada y cronicada. O sea, que resultaba perfectamente lógica y digna de encomio la circunstancia de que el amor de una dama desconocida llevase a un caballero rendido a ponerse argolla de hierro en la garganta y a exigir que le fuera prestada ayuda para su liberación, enfrentándose con él —o con sus amigos— en un combate del que fácilmente se podía salir con los pies por delante (lo que, por suerte o por desgracia, no le sucedió en aquella concreta ocasión más que a un caballero entre los sesenta y ocho que lidiaron: un aragonés por cierto y de nombre Esberto de Claramonte, a quien Suero Gómez, su rival, *«diole por la visera del almete, metiéndole todo el fierro de la lanza por el ojo izquierdo, fasta los sesos, e fízole saltar el ojo del casco, e rompió allí su lanza un palmo de fierro... Claramonte... fue fuera de la silla, recostado en el caballo, fasta el fin de la liz, donde del todo cayó del caballo a tierra, e sin fablar palabra espiró luego. Como le quitaron el almete, falláronle el ojo derecho tan hinchado como un gran puño, e su cara parescía de omne muerto ya de dos horas...*». Como puede apreciarse, ni todo eran bellas palabras de amor y de gloria, ni el torneo iba en broma).

Luchar por todo, morir por nada

Dice la crónica escurialense de la gesta del puente de Orbigo que el mismo don Suero de Quiñones rogó al capellán dominico que asistía al torneo un responso por el alma del muerto y que el fraile se negó en redondo, alegando que la iglesia «*non tiene por fijos a los que mueren en tales exercicios, porque non se pueden fascer sin pecado mortal*». Y añade el escribano Delena que, solicitado del obispo de Astorga el oportuno permiso para enterrar en sagrado al caballero aragonés, fue denegada rotundamente la licencia, por lo que le tuvieron que llevar, de noche, hasta la ermita de Santa Catalina, que estaba al final del puente, y allí lo enterraron, pero siempre fuera del recinto sagrado.

Para nuestra mente —digamos más propiamente, para las mentes de algunos de nosotros — esta es la gota que colma el vaso. Un mundo que se proclama cristiano a ultranza y hasta paladín de la fe, aprueba sin ambages una aventura tan irracional como la que hemos visto. Los caballeros oyen devotamente la misa al alba, antes de iniciar su jornada de mandobles. Tres dominicos están presentes durante los treinta días de las justas. Uno de los caballeros contendientes es, además, familiar de la casa del obispo de Astorga y otro de la del deán de León. Sin embargo, llegada la derrota y la muerte, ese mismo ser humano, que ha luchado porque un alienante concepto de su honor así se lo exigía, se ve oficial e inapelablemente privado de los elementos rituales que eventualmente le habrían permitido salvar su alma, si no su cuerpo.

Todo este tinglado comienza a tomar el aspecto de una burla cósmica. Pero es la misma burla que lleva a Carlos V a permitir que sus lasquenetes saqueen Roma, la misma que permite que sea ahorcado el obispo Acuña, la misma que permitió la muy poco evangélica Inquisición. Una burla que viene de un mundo aparentemente alienado, irracional, absurdo. Un mundo que, lógicamente, sólo puede ser defendido desde los límites de la locura irracional como la de don Quijote cuando proclamaba: «*Digan que fueron burlas las justas de don Suero de Quiñones del Passo... con otras muchas hazañas hechas por caballeros cristianos, tan auténticas y verdaderas, que torno a decir que el que las negase carecería de toda razón y buen discurso*».

Reconozcámoslo y recordemos muchas de las cosas que hemos

venido contando hasta aquí mismo: en esta locura tiene que haber gato encerrado; la violenta alineación amorosa de don Suero y sus compañeros y sus contrincantes en la liza y la aquiescencia de su entorno deben contener siquiera sea el germen o los últimos estertores de una idea que ha llegado ya deformada a la mente de unos seres volcados visceralmente a la apariencia incomprendida de un recuerdo. Porque el caso de aquellos paladines no era único, por supuesto, sino que se correspondía a toda una corriente de la que no sólo salieron personajes de ficción, Amadises, Palmerines y Tirants, sino toda una legión de caballeros que se ufanaban de su limpieza de sangre y que dedicaban su vida a luchar y morir y matar por promesas como la argolla de don Suero, o como la de no afeitarse la barba, o como la de mantener un ojo siempre cerrado (como hiciera el conde de Salisbury), o como la de atravesarse la pierna con una flecha todos los años el día de San Sebastián, como le dio por hacer al caballero aragonés Bernat de Coscó.

En todos los casos, reales o novelescos, y sin excepción alguna, se dan una serie de características que pueden conducirnos al esclarecimiento de las causas remotas de esa actitud vital, porque de actitud vital se trata y no de otra cosa. Causas que, como creo que hemos tenido ya ocasión parcial de ver, se corresponden con un concepto trascendente de la vida, con una especie de ascesis de la que, seguramente, los caballerosn andantes del siglo XV conservaban en su mayoría apenas el aspecto externo, la apariencia o la sombra de un conocimiento real ya por aquellas fechas perdido definitivamente. O, al menos, tan camuflado entre boatos y oropeles que muy difícilmente podría entresacarse su razón profunda, sus motivaciones. Y ello a pesar de que místicos como Teresa de Jesús e Ignacio de Loyola encontrasen en la lectura de aquellas gestas —tan a menudo crueles y sangrientas— motivo de meditación y ejemplo a seguir «a lo divino», naturalmente.

Si tratamos de establecer las estructuras primarias de esta mentalidad, o si intentamos entresacar el germen de este comportamiento, la primera característica que salta a la vista en esta absurda aventura caballeresca es el hecho de que el combate, por encima de cualquier excusa, es *un fin en sí mismo,* un fin que importa y produce el efecto buscado, al margen de supuestas causas que lo motiven y hasta al biés mismo de la personalidad de unos rivales que pueden ser, al mismo tiempo, los mejores amigos o la imagen misma de la máxima admiración o del más profundo respeto. Importa poco, pues, en este sentido, que la batalla se termine con la victoria, con la derrota o con la muerte misma. Importa incluso muy poco que la todopoderosa iglesia dé o no su aprobación oficial, por más cristianos que aparenten ser o incluso se sientan estos paladines del absurdo. La lucha viene a ser, para ellos, la exteriorización de una ascesis, la prueba mística —sí, he dicho mística— a la que tienen que someter su cuerpo; el equivalente a un cilicio o a unas disciplinas, con la única diferencia de que el caballero, al menos el caballero andante del siglo XV, necesita a toda costa de *la apariencia,* del reconocimiento público. Y por eso su combate es en una liza multitudinaria, y por eso tiene que presentarse ante su multitud como un auténtico modelo de elegancia, como se cuenta tan minuciosamente del mismo don Suero de Quiñones, exhibiendo el falsopeto de terciopelo terciopelado azul y, en el brazo derecho, cerca de los morcillos, su empresa bordada en oro, con letras azules, rodeándola bulloncillos de oro redondos y calzando calzas de grana italiana y una caperuza del mismo color.

El viejo orgullo de los pobres comilitones

Es una apariencia que, aunque diametralmente opuesta en su aspecto exterior, formó ya parte de la personalidad reconocida de nuestros templarios y que el mismo san Bernardo de Clarivaux se cuidó muy bien de poner de relieve cuando les había descrito en su *De laude novae Militiae:* «*Se cortan rasos los cabellos, porque saben por el Apóstol que es ignominia para un hombre cuidar su cabellera. Jamás se les ve peinados, raramente se lavan, llevan la barba hirsuta, huelen a polvo y están manchados por el calor y la cota de malla...*».

Recordemos: los templarios habían sido los primeros en adoptar la uniformidad en aquel anárquico ejército medieval de cruzados que se dejaban la piel a tiras en la Tierra Santa, lo mismo que habían hecho los *ashashins* del Viejo de la Montaña. Pero había algo más; algo que la historia —esa historia que se escribió siempre y se sigue escribiendo al son de las conveniencias ideológicas imperantes en cada período cultural— ha ignorado o ha transcrito según sus intereses: nada en la regla del Temple que escribió Jehan Michel al dictado de san Bernardo deja entrever, explícitamente al menos, que la Orden tuviera como fin militar, guerrero, político o siquiera religioso, combatir contra el Islam. Se habla en ella —artículos 1 al 5 de la regla primitiva— de «*vos qui avés menés seculiere chevalerie jusques ci, en laquelle Jhesu Crist nen fu mis cause»*;[1] se les ordena defender a los pobres, a las viudas, a los huérfanos ¡y a la iglesia, naturalmente!, y se les insta para que ofrezcan sus armas a Dios. En las ampliaciones posteriores se penalizan actitudes cobardes o traidoras en el combate, se ordena la disciplina y los deberes que tienen que cumplir los freires durante la batalla, pero sólo muy raramente, como ya vinos, y de modo extrañamente generalizado, el hecho de que el caballero en cuestión sea cristiano y su adversario turco (que ni siquiera el infiel musulmán) es objeto de regulación establecida. Se cita, sí, la defensa del estandarte —el gonfalón templario— y hasta quién debe llevarlo, pero jamás se especifica de modo tajante y directo a qué o a quién hay que combatir.

Tenemos ahora que rememorar, siquiera sea brevemente, cuestiones anteriores que no se cerraron con la violenta disolución de la aventura templaria. Wolfram von Eschenbach, que fue casi con absoluta seguridad miembro de la Orden y que escribió su *Parzifal* en los primerísimos años del siglo XIII, llama *Templeisen* a los caballeros guardadores y vigilantes del Grial de Montsalvatze e insiste en varias ocasiones en que, para ellos, el combate y la lucha son una ascesis, un modo directo de purificación, un camino seguro hacia la trascendencia. Si tenemos aún en cuenta que el *jihad* —la guerra santa— de los ismailíes tenía exactamente el mismo sentido y que prescindía en su realización de todo cuanto pudiera significar en un sentido estricto victoria, derrota, conquista territorial o triunfo político-religioso, valorando exclusivamente la capacidad del adepto para emprender místicamente el combate como medio para superar las propias limitaciones, comprobamos cómo el concepto arcano de *milicia* adquiere, en el lenguaje simbólico del camino tradicional, un carácter próximo —y atención a que insisto en la calidad de próximo y nunca al de idéntico— al proceso igualmente místico hacia el Conocimiento, hacia la Gnosis.

Mucho me temo que, de la mano de un loco o enamorado o alucinado o mesiánico caballero leonés de argolla al cuello que rompió trescientas lanzas allá por el año de gracia de 1434, hemos comenzado a atravesar uno de los terrenos más espinosos, enlodados y resbaladizos de cuantos integran los laberintos esotéricos de la llamada Gran Tradición. Porque, reconozcámoslo, por el camino solar del combate ascético, tomado como meta y como fin a la vez y llevado a la práctica —como se ha llevado y como se sigue llevando hoy mismo— a modo de realización trascendente, puede alcanzarse con peligrosa facilidad

---

1. «Vosotros que ejercisteis hasta hoy secular caballería, en la que Jesucristo jamás se vio puesto en entredicho».

ese estadio vital de la auténtica *violencia mística*, que se hizo norma cotidiana en la Alemania nazi y costó la vida a diez millones de seres sacrificados en los campos de exterminio, en aras de una idea mesiánica de raíces presuntamente trascendentes. Y, cuando pienso en aquella Alemania nazi —que yo mismo viví, ideológicamente trasplantada a una Península que ni quitaba ni ponía rey, pero ayudaba como iluminada a su señor de la esvástica—, no dejo de pensar, aquí y ahora, ¡ahora mismo!, en campamentos palestinos aniquilados, en las matanzas de refugiados de Bangla Desh, en los múltiples paramilitarismos uniformados que infestan el planeta y en bombas y ametrallamientos llevados a cabo con la mesiánica idea de imponer la obediencia y la sumisión a quienes tienen el derecho inalienable de pensar, vivir, sentir, creer y saber por su cuenta lo que es la libertad del ser humano —de todos los seres humanos— para decidir y alcanzar su propio destino.

Los delfines de los budhas

Investigaciones de toda solvencia y seriedad, realizadas después de la segunda guerra mundial, sacaron a la luz toda una serie de prácticas iniciáticas llevadas a cabo por los aspirantes a los mandos de la orden Negra nacional-socialista de la Alemania nazi —quiero decir, las SS de Heinrich Himmler— en sus retiros periódicos por los castillos de Westfalia, sobre todo en aquel Werwelsburg que fue cuidadosamente reconstruido por arquitectos inspirados en la Tradición arcana según los cánones estrictos que inspiraron muchos siglos antes la construcción de Montségur, de Monzón, de Tomar y de tantas otras fortalezas destinadas a albergar el período de iniciación de los presuntos líderes del mesianismo solar. Según los datos conseguidos por R. Petitfrère, los jóvenes nazis se retiraban por tandas semanales a aquel castillo y, en su período de iniciación, llevaban a cabo, junto a «*ejercicios de espiritualidad y de concentración mental (inspirados en los ejercicios espirituales de Ignacio de Loyola) a un ritmo y a una seriedad difíciles de concebir*»,[1] pruebas psíquicas y físicas sólo posibles de superar para aquellos para quienes la muerte —quiero decir, el morir y el matar— y el combate fueran un fin en sí mismos.

Transcribo textualmente[2] el proceso de una de esas pruebas,

---

1. Citado por WERNER GERSON, *Le Nazisme, société secrète,* Éditions J'Ai Lu, París, 1972.
2. Op. cit.

porque puede dar luz sobre la idea que trato de exponer: «*Practicaban igualmente la* prueba de la granada. *Ante testigos protegidos por un murete de hormigón, el candidato debía activar una granada de mano y colocarla suavemente sobre su propio casco, quedarse quieto en posición de firme y esperar los cuatro segundos exactos que mediaban hasta la explosión... Podían darse dos casos: que la granada hiciera explosión sobre el casco, en cuyo caso el hombre quedaría totalmente obnubilado por algún tiempo, pero sería admitido; o que la granada cayera al suelo, ante cuya eventualidad podían darse dos consecuencias: o que el hombre se quedara quieto, en cuyo caso la granada le produciría heridas más o menos graves en las piernas (lo cual le daría derecho a una pensión de invalidez), o se apartaba rápidamente del artefacto que estaba a sus pies (lo que le valdría ser automáticamente eliminado)*».

Al margen del resto de implicaciones esotéricas y ocultistas, que ya han sido minuciosamente y hasta sobradamente estudiadas en el proceso del desarrollo de la idea nacionalsocialista, no olvidemos que, en síntesis, Hitler y los jerarcas nazis proclamaban *el advenimiento de un mundo nuevo*, regido precisamente por los representantes elegidos de una raza superior —la raza aria o indoeuropea—, detentadora de los valores arcaicos de la Tradición Primordial y susceptible de adquirir poderes suprahumanos que le permitirían el dominio sobre toda la tierra y sobre el resto de las razas consideradas como inferiores. Curiosamente, gracias a esa visión auténticamente mesiánica y solar (¿o diríamos mejor mesianista?), que caracteriza sin excepción a los movimientos espiritualistas totalitarios, el nazismo adoptó no sólo una cosmogonía acorde con la idea que servía de motor para su acción, sino que transformó a su conveniencia el sentido último del impulso trascendente universal, resaltando, sobre todo, el papel que en la historia de los grandes movimientos religiosos tuvo siempre la rama *militante* y activa y, concretamente, la milicia *kchatriya*, como la llamó la tradición hinduista, los caballeros guerreros guardadores celosos de la integridad espiritual, casta a la que pertenencía por su mismo nacimiento el príncipe Shidharta, el fundador histórico del budismo, el Gotama Budha que basó su doctrina —aunque esto lo ignoraron explícita y sistemáticamente los jerarcas sólares del nazismo— en el respeto y la compasión por el ser humano y en la realización auténtica del iluminado, cuando ha de sacrificar su propia realización personal en aras del servicio —y nunca de la conquista— hacia toda la humanidad.

El nazismo, lo mismo que las sectas ocultistas que lo propiciaron casi directamente, la Golden Dawn, el Vril, la Estricta Observancia

Templaria o el grupo Thulé, y exactamente igual que muchos otros movimientos más o menos inclinados hacia las doctrinas tradicionales, surgidos a la sombra de mentes generalmente alucinadas por una revitalización de los aspectos *estrictamente temporales* del pasado, intentó de modo violento el establecimiento de una especie de «regreso a los orígenes», despertando modos de vida que pudieron tener un motivo real en el contexto del instante cultural en que se produjeron, pero que habían perdido su vigencia y, sobre todo, su humanismo, al trasladarse a épocas culturalmente muy distintas. No se tuvieron en cuenta los principios —que, esencialmente intemporales, son los que en realidad mueven los hilos de la historia—, sino los métodos, que son los que producen los *acontecimientos históricos*, pero de ningún modo transforman ni la evolución de las ideas ni la evolución del ser humano mismo. Por ese camino, como pudo suceder si se hubiera llegado al triunfo del ideario teológico nacionalsocialista, sucede una involución de los valores culturales y, sobre todo, de los valores trascendentes. Y el ser humano, lanzado obligada o voluntariamente por esa senda, cae en las casillas de castigo del gran juego cósmico y tiene que retroceder en su camino si quiere alcanzar su propia auténtica libertad.

La sutil piel de los camaleones

En este sentido, los templarios —secreta y anacrónicamente admirados por muchos movimientos paralelos al nazismo, del mismo modo que fueron profundamente admirados y hasta venerados los caballeros teutónicos, creadores de la expansión territorial prusiana medieval por el Báltico— respondían, por su militancia guerrera y hasta por su disciplina monacal, a la necesidad de su momento histórico, que les había impulsado a defender, con la apariencia de una fuerza guerrera, unos principios que, sin la presencia de la espada y de la cota de malla, podrían haberles llevado a la aniquilación inmediata, lo mismo que llevaron a la aniquilación de los cátaros languedocianos a través de la cruzada y de los tribunales de la Inquisición dominica y como —mucho después de la desaparición de la Orden templaria— llevaron a los judíos a los grandes *pogroms* de las aljamas europeas. No olvidemos, aunque sea llover sobre mojado, que el mismo papa Inocencio III que ordenó la cruzada cátara, acusaba veladamente de herejes unos años después a los templarios, por amigos de los musulmanes, pero no se atrevía a enfrentarse por las armas a unas ideas también defendidas con las armas que, por esos mismos años, en

Sicilia y en la Corona de Aragón, estaban consolidando un determinado tipo de espiritualidad griálica a través de la reactivación de mitos como el de Parsifal de Eschenbach o de Chrétien de Troyes y contaban con la admiración sin veladuras de un pueblo lógicamente imbuido por la cultura feudal y guerrera de las cruzadas —la de Tierra Santa y la peninsular—, que veía en ellos a los auténticos paladines de un mundo tradicional profundamente incrustado en el inconsciente colectivo.

La idea templaria, en su sentido más universalista y aun mucho después de la desaparición de la Orden, se exteriorizó en una apariencia acorde con su época, lo mismo que el camaleón adapta el color de su piel al terreno que pisa. Gracias a ella, pudieron contar con una fuerza suficiente para seguir adelante con un ideal de búsqueda trascendente, para preparar mientras tanto esotéricamente a las hermandades de constructores que levantarían las grandes catedrales de los siglos XII y XIII y hasta para influir sobre soberanos como Jaime I de Aragón o Alfonso Enriques de Portugal en los inicios de una política sinárquica multinacional, que culminaría con la convocatoria de los Estados Generales en Francia en 1302, que pudo muy bien ser el detonante que acelerase su caída ante un rey, Felipe IV el Hermoso, poco propicio a ceder en sus prerrogativas de poderío feudal.

Los templarios, pues, pudieron contar con el poder en determinados momentos de su aventura histórica, pero prefirieron de momento ejercer la autoridad que les confería el conocimiento esotérico y tradicional que poseían los miembros de élite de la Orden. Por eso, su política, en cuanto a actitud vital y humanística, nunca fue *ordenar* sino *influir*, ni se ejerció desde el mando, sino por medio del consejo y de la utilización sabia y profunda de símbolos significantes de principios trascendentes que, por un lado, fueron recogidos por los constructores y plasmados en la estructura misma del gran templo popular: la catedral; mientras que, por otro, se fueron trivializando lentamente a través de los trovadores tardíos y de los autores de los libros de caballerías que, apenas cien años después de la quema de Jacques de Molay —y salvo excepciones geniales como el *Amadís de Gaula,* el *Tirant lo Blanc*, el *Curial y Güelfa*, el *Orlando Furioso* de Tasso o, finalmente, el mismísimo *Quijote*— perdieron la profundidad trascendente del símbolo tradicional y convirtieron la aventura caballeresca y espiritual a la vez en un juego cortesano, entre circense y guerrero, en el que el simbolismo fue sustituido por la alegoría referida a un modo de vida artificiosamente sacralizador de las categorías mundanas.

Es así precisamente cómo, en el referido Passo Honroso de don Suero de Quiñones junto al puente del río Orbigo, toda aquella sangrienta farándula se ciñe estrictamente al motivo de una esclavitud real y concreta —aunque absurda e irracional— de su protagonista por una dama que ya nada tiene que ver con la Dama Blanca de los primitivos trovadores provenzales y gallegos, ni con las reinas de la Pata de Oca que templarios y benedictinos representaron a través de sus vírgenes negras, sino con la mujer de carne y hueso que se idealizaba sólo por obra y gracia del amor humano. Y así era cómo, grotescamente, uno de los caballeros de ese espectáculo, al ser herido y temer por su vida —el caballero Francis Davio— ofreció al cielo, para salvarse de la muerte, no volver a amar jamás a monja alguna.

La recóndita supervivencia del símbolo

Sin embargo, la simiente plantada por el espíritu caballeresco difundido por la Orden del Temple y desde los trovadores de la tradición cátara o prisicilianista —y doy al adjetivo caballeresco, ahora y siempre, su valor exclusivamente circunstancial y contingente— permanece, en cierta manera, disimulado en el oropel de las seudogestas de los paladines cortesanos del siglo XV, seguramente sin conocer ellos mismos el alcance de aquellos motivos simbólicos que utilizaban a modo de impronta de autenticidad de su nobleza y como signo de reconocimiento tácito de la idea supuestamente trascendente que habían abrazado.

En el manuscrito de El Escorial que ya he mencionado, se da noticia de toda una serie de detalles que proclaman sin lugar a dudas la pervivencia inconsciente del símbolo tradicional, como aquel elmete que lleva uno de los pajes «*con la figura de un árbol con manzanas doradas y hojas verdes, a cuyo pie sale una serpiente y en medio del árbol una espada*», que tendría que haber proclamado a su dueño como adepto de la Ciencia del Árbol que se encuentra en todas las tradiciones ocultistas, desde la Qabbalah hasta el budismo. O aquella devoción ya inconsciente por santa Catalina, la sabia santificada de Alejandría, la «rueda» de cuyo martirio figura en el bordado de una de las túnicas que luce el mismo don Suero y cuya ermita, al otro lado del puente, sirve de lugar sagrado para enterrar al caballero Esberto de Claramonte.

Es curioso que precisamente la fiesta de santa Catalina (el 25 de noviembre) fuera una de las fiestas oficiales que debían celebrarse en las casas templarias, según el artículo 75 de la regla Primitiva, junto a otras muy especialmente significativas del santoral imposible, como san Nicolás, san Lorenzo, la Candelaria o san Miguel. Y permítaseme ahora añadir un par de circunstancias absolutamente insólitas, de esas que siempre hay que aceptar con todas las dudas posibles de la razón, pero que espeluznan cuando se calibran sus eventuales alcances.

La primera, esa advocación a santa Catalina, que, al margen de su problemática realidad como personaje estrictamente histórico, viene a ser, en la ideología simbólica tradicional, una especie de personificación ortodoxa —o pretermitida, si se quiere— de la sabiduría docente de Lusina, la expresión femenina de la divinidad desconocida Lug, encargada de transmitir a los seres humanos una enseñanza venida del Otro Lado, el conocimiento puro procedente de la mismísima trascendencia divinal sin nombre. Y es significativo, en este sentido, que la supuesta tumba de la santa, como apunté ya anteriormente, se encuentre precisamente en la falda del monte Horeb, en el Sinaí, en el lugar preciso donde Yavé *regaló* la Torah a Moisés, como depositario del conocimiento divino. Y más significativo aún el hecho de que, tan a menudo, se identifique a santa Catalina con santa Dorotea, que —lo vimos también, pero conviene repetir las cosas que son importantes— quiere decir textualmente «regalo de Dios».

La segunda es esa advocación a la Candelaria, una Virgen de las Luces o virgen luciferina en el sentido más luminoso del término, que sigue siendo patrona o madre providencial y protectora en numerosos lugares que fueron templarios en su día y que es, sobre todo, una más que inquietante patrona o deidad telúrica en las islas Canarias, llevada allí en tiempos oscuros por unos extraños ángeles de capas blancas y cirios procesionales que dejaron su imagen en manos de unos guanches que todavía no habían recibido la próxima visita de sus conquistadores normandos al servicio de la Corona de Castilla. Extraño en verdad.[1]

Pero pidamos perdón y regresemos a ese puente del río Orbigo y a esa rueda martirial de santa Catalina, que se supone que fue uno de los suplicios que sufrió esta extraña mezcla de mujer *santa* y *sabia*. Porque la rueda —sí, esa misma, la que don Suero llevaba, probablemente sin conocer su significado, bordada en el sobrepelliz— es también símbolo múltiple y universal, que aparece en la Gran Tradición como representación del conocimiento cósmico, acumulando motivos

---

1. Véase *Historia de Nuestra Señora de Candelaria,* por fray ALONSO DE ESPINOSA, escrita en el siglo XVI y nuevamente editada por Goya Ediciones, Santa Cruz de Tenerife, 1967. A propósito de toda esta historia, bueno será esperar la siempre retrasada aparición del libro escrito por Rafael Alarcón Herrera sobre este tema, que apunta con buen conocimiento de causa la posibilidad de que la imagen fuera llevada hasta Tenerife por caballeros templarios.

de meditación que se extienden desde el mandala de Oriente hasta los laberintos de las catedrales del siglo XIII, pasando por todos esos nombres de *rueda* —Rota, Rodela, Rodiles, Sant Pere de Roda, Redondela...— que aparecen siempre en las proximidades de las casas de templarios, pasando por los signos en forma de rueda de los petroglifos guanches y gallegos y hasta por los «recintos» grabados en los dólmenes bretones. E incluso por las infinitas representaciones —orientales y occidentales— de esa *esvástica* que, siendo símbolo de vida y de movimiento y de armonía, llegó a convertirse en emblema macabro de un movimiento que produjo tantos muertos como habitantes tenía el mundo cuando el símbolo apareció.

Un espacio desde donde trascender

Casi sin propósito previo —porque esa y no otra es la gran virtud del símbolo: que sus significados se enganchan como cerezas maduras y sugieren incesantemente ideas nuevas— la rueda martirial de la santa alejandrina nos aproxima de nuevo, de la mano de la ingenua locura de un muchacho noble y probablemente malcriado del viejo reino leonés, don Suero de Quiñones (y, ¡por favor!, no se lo digan, que podría despertar de su muerte de siglos para retarnos de nuevo a singular combate del que podríamos salir demasiado mal parados), a esa simbología con las raíces profundamente clavadas en la tradición de los buenos freires del Temple. Porque la Rueda Cósmica, convertida en triple recinto, defensora tanto de enemigos palpables como de peligros desconocidos, se convierte constantemente en esquema arquitectónico de los castillos templarios. Revelador: porque ese castillo feudal, que habría tenido que ser, en buena lógica medieval, mero reducto defensivo de ataques humanos, se plantea por parte de los caballeros templarios como defensa paralelamente espiritual, como protección mágica ante unos poderes que tienen que ser vencidos, efectivamente, pero que nada tienen que ver con aceifas almohades o con turcos mahometanos, sino con enemigos interiores, íntimos adversarios en la senda de la propia superación.

La cosa viene de lejos. Y, con toda probabilidad, los templarios accedieron a ella no precisamente desde su experiencia guerrera, sino desde el conocimiento exacto de las estructuras trascendentes, que pudieron adquirir en Jerusalén, primero durante su larga y silenciosa estancia entre las ruinas del Templo de Salomón, luego a través de su contacto con las cofradías de arquitectos armenios, finalmente —y

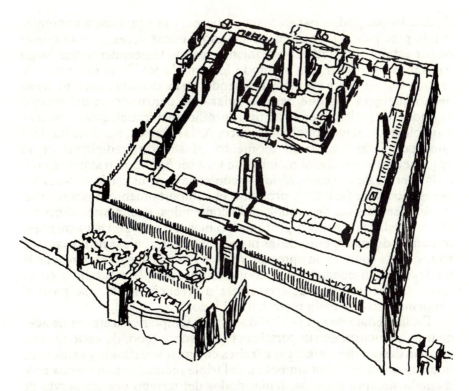

El triple recinto del Templo de Salomón, tal como aparece en la reconstrucción ideal realizada por Vogue en el siglo XIX.

como complemento y suma de las demás experiencias— mediante el contacto con la espiritualidad de los sufíes y de los monjes guerreros islámicos, los levantadores de *ribbats*.

Ahora resulta generalmente difícil de distinguir, al menos en la Península Ibérica, la construcción templaria propia en sus viejos castillos. Porque, al contrario de lo que venía sucediendo en muchas donaciones de otros países europeos, y por la misma época, los freires peninsulares no levantaron casi nunca sus fortificaciones de la nada, ni siquiera sobre la base ruinosa de un castro celta o romano, excepción hecha de lugares como Pollensa, que nombrábamos anteriormente. Aquí, la misma constante circunstancia guerrera provocada por el enfrentamiento político, espiritual y guerrero a la vez, de dos culturas, hacía que las conquistas territoriales obligasen, demasiado a menudo tal vez, a la adaptación precipitada de las fortalezas recién abandonadas, o incluso a la conversión inmediata de la mezquita en iglesia.

Contra lo que podría parecer, sin embargo, esa adaptación aparentemente precipitada no carecía de sentido muchas veces, puesto que el *ribbat* estaba levantado con el mismo sentido trascendente que luego habrían de aprovechar a su modo los templarios. Y al decir eso de sentido trascendente me estoy refiriendo, de modo muy concreto, a ese hecho que guía —o que debería guiar— la construcción del recinto sagrado, sea militar —en el sentido de milicia espiritual, quiero decir— o simplemente devocional o iniciático. Aclarémonos, por si no hubiera quedado diáfano hasta el momento: el sentido tradicional de la arquitectura exige que el recinto que va a ser *habitado* o siquiera *visitado* —en cualquier caso, *vivido*— contenga en sí mismo los elementos necesarios para facilitar y propiciar el comportamiento trascendente. Y ello bien a través de símbolos allí contenidos, excitadores subconscientes de las vivencias espirituales, o bien a través de las mismas estructuras: de los ángulos, de las proporciones armónicas de masas y de vanos, de la conjunción apropiada de las fuerzas que intervienen en la realización del conjunto. Un conjunto que, detalle a detalle y en su totalidad, ha de inspirar, consciente o vivencialmente, ese paso al conocimiento que es la meta del iniciado.

En la medida de sus posibilidades, los templarios trataron de adecuar la estructura de sus fortalezas —y, sobre todo, de aquellas que estaban destinadas a albergar a freires con misión definida y estricta de iniciación— a la forma simbólica del triple recinto, más o menos acomodada siempre a las particularidades del terreno que les servía de base, pero siempre respondiendo a principios que, incluso estando eventualmente en contra de los intereses estrictamente tácticos o guerreros, eran conformes con sus intenciones mediatas. La fortaleza de triple recinto tenía, lógicamente, un fin defensivo concreto. Suponía —y esto lo sabían muy bien los templarios— la presentación de sucesivas líneas de resistencia que permitían, en caso de necesidad, el repliegue a espacios más reducidos y mejor fortificados. Sin embargo, el hecho mismo de utilizar tan a menudo la citada estructura responde también al mismo principio que hace que, en el arte popular por ejemplo, una serie de artefactos de uso común y diario —jarra, botijas o platos, pongo por caso—, se hayan fabricado también corrientemente con el aditamento de ciertos detalles ornamentales concretos: el gallo, el toro, el pez..., que responden a una intencionalidad que, en el caso del pueblo, es puramente mágica, mientras que, en el caso de las comunidades iniciáticas obedecía al cumplimiento de una tradición precisa y, sobre todo, a la idea de que determinadas estructuras pueden contribuir, por su forma o por sus medidas o por sus proporciones, a fines que sobrepasan el puro utilitarismo y acercan a quienes las *viven*

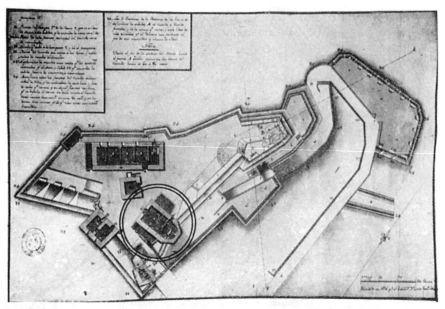

La planta del castillo templario de Monzón levantada en 1836 acusa la presencia del triple recinto, aunque los muros que componen los dos recintos exteriores son, hoy, reconstrucciones tardías levantadas sobre los cimientos del castillo primitivo. El doble círculo encierra la capilla de la fortaleza.

a un determinado tipo de trascendencia, impregnándolas de sentido.

El caso concreto del triple recinto constituye el símbolo de una iniciación progresiva *hacia el centro,* en el cual, tal como sucede en la rueda, el movimiento se anula y el tiempo desaparece. Ir replegándose —utilizo aposta y sin segundas intenciones el lenguaje militar— hacia el centro, es ir cubriendo las etapas precisas de esa iniciación que, siempre simbólicamente, lleva a la comprensión de la Otra Realidad. Por eso —y lo vemos en Tomar, en Leiría, en Monzón, hasta en Miravet— en ese centro preciso se encuentra la capilla iniciática. Y no sólo porque *tiene* que construirse en el lugar más seguro de la fortaleza, sino porque representa el espacio esencialmente sagrado, el eje, el enclave divinal y protector que servirá de refugio —ahora espiritual— al que ha alcanzado el conocimiento y la comprensión última del símbolo. Exactamente así puede ser —debe ser— interpretado esotéricamente —kabalísticamente— el Templo de Salomón en Jerusalén.

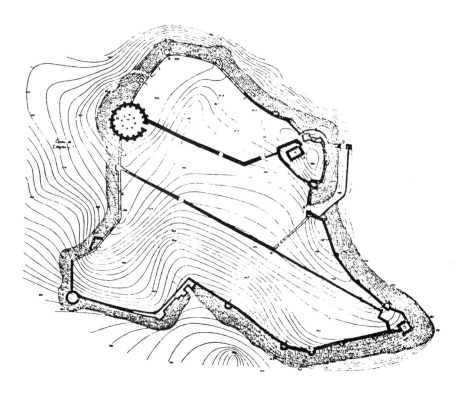

Una excelente muestra del triple recinto de la fortaleza templaria: planta del castillo de Tomar, según la reconstrucción de F. S. de Lacerda Machado.

Pensemos, en este sentido, que el triple recinto es no sólo característica de la fortaleza templaria, sino que surge en los grabados druídicos[1] y se repite significativamente en la mezquita sufí[2] en el mandala búdico, en las representaciones medievales de la Jerusalén Celeste, en los megalitos de Stonehenge y hasta en los claustros góticos de las catedrales y de los monasterios, donde el templete de la fuente —o el viejo pozo, donde la referencia al agua sagrada es diáfana— quedará marcado en el centro geométrico o divinal, aunque sea despla-

---

1. RENÉ GUÉNON, *Le triple recinthe druidique,* publicado en «Le voil d'Isis», junio de 1929 e incluido en *Símbolos fundamentales de la ciencia sagrada,* recopilación traducida y publicada por Eudeba, Buenos Aires, segunda edición, 1976. Cap. X: «*El triple recinto druídico*».

2. Me estoy refiriendo muy concretamente a la mezquita de la Roca, ya citada, levantada en el recinto del mismo Templo de Salomón en Jerusalén y utilizada por los templarios.

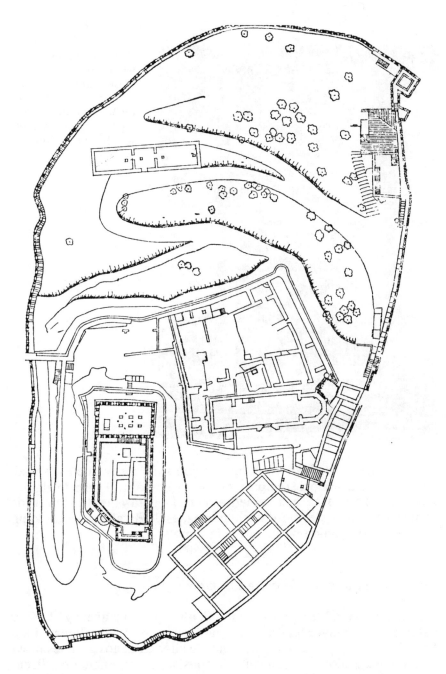

Una muestra más del empleo iniciático del triple recinto en la fortaleza de Leiría, en Portugal.

La mezquita de la Roca, levantada en el recinto del Templo de Salomón, es una estructura insólita también dentro de los cánones arquitectónicos islámicos.

zado, del lugar destinado a la meditación superior, y que es labrado en ocasiones a modo de recipiente griálico, como en el caso de algunos baptisterios o en el caso de la piedra central, pileta y fuente a la vez, del claustro primitivo del monasterio portugués de Batalha, inspirado por el ideal cosmogónico de la herencia templaria.

La distancia que media entre un «para» y un «por»

En muy probable que la mayor dificultad para un investigador —y, naturalmente, mayor habrá de ser para quien se crea totalmente identificado en ideas e ideales con la meta esotérica de los grandes movimientos heterodoxos medievales— consista precisamente en discernir fríamente hasta dónde llega la plasmación significativa del símbolo y, consecuentemente, en fijar los límites exactos entre lo utilitario —lo que sirve como medio, lo inmediato— y lo ideológico: lo que es concebido como fin, como logro y hasta como mensaje cara a los que vengan detrás. Esta dificultad es la que, en términos generales, ha separado sin remedio la investigación racionalista de la historia de esa otra visión, esotérica y tradicional, que ha guiado soterrañamente a los grandes esquemas tradicionales. Lo que la primera percibe como hechos perfectamente adecuados a un ambiente sociológico determinado, la otra lo interpreta, sin más, como expresión pura y simple de un ideario trascendente, que nunca podría encontrarse en los restos arqueológicos ni, por supuesto, en los documentos públicos —crónicas, actas, recibos, donaciones o leyes—, que son los que se han conservado en esos archivos polvorientos considerados erróneamente como base insustituible sobre la que ha de edificarse el monumento de la historia verdadera. En este sentido, el proceso del acontecer cultural es como nuestra propia casa. Lógicamente, tal casa responde, generalmente, a unos cánones prácticamente inamovibles, por las necesidades inmediatas creadas en la concreta cultura de *nuestro momento*. Tiene dormitorios, baños, cocina, cuartos donde estar, despachos, salas, comedores... Sin embargo, la simple entrada a una vivienda concreta nos marca, muy a menudo, el carácter, los ideales, las esperanzas y hasta las creencias de sus habitantes, al margen de que la edificación responda a los cánones preestablecidos y prescindiendo incluso de que la distribución de la vivienda se haya conservado tal como un constructor ajeno la concibió, sin pensar —porque no tenía por qué pensarlo— en la personalidad de sus futuros habitantes. Nos equivocaríamos exactamente igual juzgando la casa por la estructura que si la midiéramos exclusivamente por las coordenadas de lo que ha puesto de sí mismo —de su visión particular del mundo, de su *Weltanschauung*— quien mora en ella.

Por eso mismo, igual que no es posible marcar indiscriminadamente nuestra civilización actual como «la del acero y el cemento» o «la del átomo», como tan a menudo se la menciona, tampoco cabe adjudicar al castillo templario, como lo hace Elie Lambert,[1] una finalidad y unas intenciones estrictamente defensivas de pasos palestinos o de peninsulares extremaduras. Hay una adecuación entre lo que es necesario y lo que exige un determinado ideario vital, del mismo modo que existe un instante justo y cronológico para expresar de modo específico ese ideario. Aun siendo el mismo, las necesidades cultu-

---

1. ELIE LAMBERT, *L'Architecture des Templiers*, París, 1955. Reedición por Éditions A. et J. Picard, París, 1978.

rales exigen alterar el medio expresivo, por más que el contenido semántico pueda ser idéntico. Así, la expresión del ideal trascendente que había sostenido la Orden del Temple no era ya, en el siglo XV de don Suero de Quiñones, aquello que se estaba expresando aparentemente como ideal caballeresco, aunque este presunto ideal se manifestaba por medio de elementos simbólicos y hasta formales que eran paralelos con aquellos; ese ideal, el auténtico, el que marcaba la continuidad espiritual, estaba escondido en otra corriente mucho más sutil, mucho menos volcada al oropel histriónico; una corriente, en fin, de la que eran portadores algunos movimientos heréticos todavía mal estudiados, como el de los herejes de Durango, o incluso personalidades erróneamente juzgadas por la crítica y la historia, como don Enrique de Villena o el franciscano sufí Ansèlm Turmeda;[1] o los constructores herméticos del gótico manuelino portugués; o los cartógrafos qabalistas de Mallorca; o los poetas casi anónimos de los cancioneros, últimos continuadores de una tradición simbólica que era sólo comprendida en lo que tenía de alegoría inmediata.

Cada estadio cultural obedece a motivos concretos y a unos estrictos modos de comportamiento, aunque un ideal de trascendencia pueda ser válido en cualquier ciclo histórico. Lo que necesariamente varía es el modo de alcanzar ese ideal. La pretensión de conservarlo a ultranza, con su contexto, lleva irremediablemente al desfase de la misma idea motriz, convirtiéndola en vehículo y no en meta.

Así, el ideal trascendente se trueca en obsesión enfermiza, en idea fija e inmutable que conduce a la trivialización de la trascendencia que el ser humano busca, o —lo que es infinitamente más grave— al empeño violento de regresar machaconamente a una situación psicóticamente idealizada, en la que se intenta mesiánicamente involucrar a la humanidad entera, con desprecio total por esa libertad que el ser humano debe poseer por encima de todas las demás cosas, tanto a niveles individuales como colectivos.

Como vestir coraza

Viene a cuento todo esto —y precisamente por ello me he detenido, y quién sabe si más de la cuenta, en la estructura trascendente de la fortaleza iniciática de los templarios— por tratar de esclarecer, si es

---

1. Cfr. mi artículo «Turmeda el Apóstata», en *Historia 16,* año V, núm. 48, pp. 33-40.

que fuera humanamente posible, esa obsesión que se ha apoderado, en nuestro siglo (y hasta aquí mismo, en torno nuestro, aunque muchos lo nieguen o lo pongan en entredicho), de muchos peligrosos soñadores que vuelven al mesianismo solar, pero siguiendo paso a paso los cánones marcados hace casi setecientos años por los freires del Temple. Y viene igualmente a cuento, ciertamente, de esas prácticas que se celebraban en Werwelsberg y que aún pueden hacernos estremecer por lo que tuvieron de exaltación mística de la violencia, bajo la excusa de la instauración de un orden nuevo viejo como la historia misma del ser humano. Pero viene más a cuento aún cuando otras prácticas paralelas, convertidas en ritual programado, están teniendo lugar aquí y hoy mismo, en la sede de las sectas mesiánicas que se consideran herederas de los saberes arcaicos legados por la noche de los tiempos y portadoras de la fórmula que hará aparecer al *Hombre Nuevo,* mesías solar colectivo, elegido a partir de cánones marcados por una supuesta tradición y destinado inexorablemente a convertirse en salvador y guía de nuestra descarriada humanidad, lo quieran o no los pobres seres humanos que la integran y que tendrían que sufrir esa salvación a la fuerza.

Hoy mismo, la gesta que hemos contemplado como alocada y paranoica de don Suero de Quiñones, esa gesta que me he entretenido en narrar como ejemplo específico al iniciar este capítulo, es como una parábola de actitudes muy semejantes, pero mucho más peligrosas, que están floreciendo en este mundo nuestro que, sin lugar a dudas, no nos gusta, pero que tenemos que intentar salvar entre todos los que lo integramos, aunque nunca entregándonos en manos de quienes pretenden arrogarse el derecho exclusivo de esa salvación, a su aire y contra todo sentido realmente trascendente de lo que esa salvación ha de ser.

Comprendo perfectamente que muchos, entre los que estén leyendo en su momento estas líneas, se preguntarán preocupados si acaso no estaré imaginando la existencia de situaciones periclitadas que en modo alguno podrían tener cabida en nuestro contexto cultural y hasta vital. Efectivamente, las apariencias tienden a proclamar que muchas ideologías han muerto de muerte natural, cuando la realidad es muy diferente; por debajo de la cotidianeidad de nuestra vida, manteniendo una discretísima apariencia de pequeños núcleos aislados, minoritarios e inoperantes de espiritualidad o de investigación filosófica y religiosa, hay todo un movimiento que, desde la penumbra, promueve con distintos nombres la futura eclosión pública de un ideario solar llevado a la práctica desde supuestos ideológicos aparentemente intemporales, pero realmente enraizados con toda firmeza en una filosofía que no responde a principios universalmente válidos, sino a métodos que enlazan con toda claridad con mesianismos de vía estrecha, aunque desgraciadamente trágica por la experiencia histórica, empeñados en la sumisión del ser humano a principios supuestamente ordenados desde las alturas prohibidas de lo inalcanzable. Hablo en sus términos, por supuesto, pero eso puede no bastar para aquellos que, a pesar de todo, sigan creyendo que se trata sólo de románticas e inocuas añoranzas medievales, de las que esos seguidores alucinados tendrían que regresar en el instante mismo en que se dieran cuenta de la situación anacrónica en que se hallan inmersos. Y, sin embargo, no es así.

La cosa no es tan sencilla, reconozcámoslo. Y no lo es porque ese movimiento —único, aunque con distintos nombres y supuestamente distintos fines— no es en modo alguno producto de un Aquí y de un Ahora, sino que forma parte de una parcela constante de la naturaleza humana: la de aquellos que se consideran a sí mismos con el derecho inalienable de *disponer* del futuro de la humanidad, porque están convencidos de hallarse en posesión de la única verdad posible, dentro de ese misterio inextricable que es, en esencia, la naturaleza humana. Ante ese convencimiento, que yo llamo *mesiánico* y al que añado a menudo el apelativo de *solar,* no existe posibilidad alguna de reflexión, porque se le acepta o se le rechaza, pero no admite análisis racionales que pudieran definirlo. Lo cual no es extraño, porque en cierto modo se mueve, a su aire, por las coordenadas de lo suprarracional, de lo metalógico y de lo estrictamente trascendente, aunque con unos fines indudablemente mucho más terrenales y dominadores de lo que cabría esperar de quienes presuntamente estarían en posesión del conocimiento. Y me detengo en ello por dos razones que, al menos desde mi punto de vista, son fundamentales. La primera, porque me consta que muchos de los que se han llegado a integrar en estos movimientos lo han hecho con una total buena fe, porque han querido hallar en ellos la respuesta afirmativa ante un mundo que les desagradaba fundamentalmente, por no ser capaz de dar respuestas a las inquietudes de quienes de verdad desean alcanzar un conocimiento de la Realidad y una auténtica superación de la propia naturaleza. La segunda, porque sé también que hay aún un gran sector de insatisfechos viscerales que, leyendo proclamas o publicaciones procedentes de estos grupos, escuchando sus conferencias públicas o estudiando —superficialmente, eso sí— sus textos, reciben de ellos una impresión equívoca, tomando por ideales de conducta los señuelos y por fines espirituales las manipulaciones —frecuentemente sólo políticas— que les guían en última instancia.

Por sus actos les reconoceréis

Por eso, aunque advirtiendo previamente que hablo sólo desde los niveles de lo más estrictamente personal e intransferible, me gustaría lanzar así, como al tresbolillo y caigan donde caigan —y allá quien se quiera sentir aludido, porque lejos de mí la intención de arremeter aquí y ahora sobre este o aquel grupo, sino sólo sobre el hecho de la agrupación abstracta, presuntamente montada sobre supuestos ideales tradicionales y llámese como se quiera, que tanto da—, unas cuantas normas, ni únicas ni seguramente excluyentes, que permitirán tal vez reconocer bajo los sayales de la espiritualidad proclamada la cota de malla de unos ideales peligrosamente inclinados, incluso a veces sin conciencia exacta, hacia un futuro dominio de esa gran parcela de la Humanidad que jamás podría ser capaz, la pobre, de alcanzar por sí misma sus sublimes cotas de perfección.

Trataré de ser escueto, aunque mucho me temo que la variedad del fenómeno y las señales comunes son demasiado prolíficas para poder sintetizar todo un mundo de dichos que no se dicen, de revelaciones que no se revelan, de iniciaciones que jamás se inician y de actos que nunca son lo que parecen; porque aquí, como en nuestra vivencia mundana, cada cual arrima el ascua a su sardina y nadie se muestra capaz de reconocer sus propias limitaciones antes de haber proclamado las de quienes les rodean. Pero hay unos cauces de reconocimiento primario y por ellos vamos a tratar de adentrarnos en las marismas del comportamiento solar.

1) *La conciencia de una misión mesiánica.* La encontraremos, sin excepciones, en las manifestaciones de todos los que se proclaman a sí mismos dirigentes o santones de estos movimientos. Unas veces —porque veremos que hay gustos para todos— bajo la proclama encubierta de una revelación de cualquier tipo, pero siempre de origen divinal o, al menos, suprahumano. Otras, mediante la divinización efectiva de un supuesto maestro ya desaparecido, que dejó firme e indestructiblemente sentadas las reglas por las que el movimiento ha de canalizar sus actividades. Otras aún, por delegación de un grupo ubicado en alguna parte —siempre lejana, escondida o inalcanzable— que supuestamente ha delegado en estos dirigentes visibles la evangelización de unas ideas que ellos, los de afuera, los desconocidos, tienen perfectamente claras y absolutamente asumidas. Y otras, en fin, por la existencia de unos textos declarada o solapadamente considerados como sagrados, que contienen todo aquello que la Humanidad debe *reconocer* y *acatar* y sólo los miembros del grupo *conocer* (y aún, a veces, sólo los escogidos, los adeptos de primera clase).

2) *La concepción inmediata del pasado.* El grupo asume un pasado que proclama suyo, como si se tratase de un acontecimiento sucedido en ese mismo instante o, en último extremo, en el ayer inmediato: hasta tal punto se acepta la conciencia de continuidad. La asunción de los acontecimientos que interrumpieron el movimiento del que el grupo se declara heredero, se efectúa entonces no como un renacer al cabo de los siglos, sino sólo como un salir a la luz después de un largo período de actividad subterránea y secreta, hasta la llegada del tiempo propicio. En ocasiones, esa aproximación de los hechos pretéritos, en lugar de acercarlos a nuestra mentalidad, hace que, por el contrario, la mentalidad del adepto o del neófito se retrotraiga a la aceptación tácita de idearios pasados y concretos de un determinado instante histórico, sin reconocer siquiera la atemporalidad de lo que podría considerarse como el meollo de las grandes ideas eternas de la Tradición. Se produce entonces una evidente nostalgia por ese específico tiempo perdido y, consciente o inconscientemente, se reniega, en favor de aquél, de cualquier aspecto positivo que pudiera encontrarse en el contexto temporal en el que realmente vivimos.

3) *La manía persecutoria encubierta.* No conozco ninguna excepción evidente. Todos estos movimientos, aunque de hecho se mueven sin ser molestados, aunque sus miembros aparezcan a menudo ante los medios de comunicación, aunque su propaganda pueda verse en las calles de todas las ciudades donde se encuentran implantados, aunque puedan publicar sus textos sin problemas ni restricciones y los difundan como les venga en gana, siempre proclaman ser grupos marginados, perseguidos o, al menos, mal vistos. Es como una excusa para su aparente discreción, un camino idóneo para no tener que proclamar sus mutuas vinculaciones, cuando las hay y, sobre todo, un motivo para la inevitable carga de culpas a su situación presente o supuestamente pasada, sobre un chivo expiatorio que, cosa extraña y, a la vez, altamente significativa, resulta ser indefectiblemente el pueblo judío. (Y no me refiero al sionismo igualmente mesiánico que hoy campa por sus respetos en el Oriente mediterráneo, sino al pueblo judío en general, el que se encuentra en cualquier parte del mundo ahora y, a la vez, el pueblo judío del pasado, precisamente aquel sobre el que la iglesia triunfante cargó en su día la muerte del Salvador que originó el Cristianismo.)

4) *El comportamiento militarista.* Milicia, guardia, combate, jefe (y hasta, a veces, jefa, refiriéndose a Nuestra Señora, por ejemplo), disciplina, enemigo, ataque: son palabras que surgen muy a menudo en los escritos de estos movimientos. Y no sólo en los escritos, sino en las actitudes y en los comportamientos. Y no sólo ahí tampoco, sino, even-

tualmente, en determinados actos rituales que, lógicamente, se realizan aún en lugares apartados y sin la presencia de espectadores molestos. En esos actos imperan a menudo los uniformes, las paradas disciplinadas, las voces de mando, las actitudes firmes de los que saben que deben obedecer «como un solo hombre» a la jerarquía establecida y aceptada. Sin embargo, aun prescindiendo de esa parafernalia castrense —que, insisto, se da únicamente en algún grupo aislado que, a pesar de su histrionismo, parece empeñado en seguir negando públicamente su finalidad de dominio a corto o largo plazo—, no cabe duda de que, al igual que en ciertas órdenes religiosas ortodoxas como, en su día, los jesuitas, el espíritu o el sentimiento de constituir un *ejército* o una *legión* forma parte de la estructura interna de los grupos. No olvidemos lo que apuntábamos páginas atrás: los alevines de las SS nacionalsocialistas se inspiraban en los Ejercicios Espirituales de Ignacio de Loyola en sus reuniones iniciáticas de los castillos de Westfalia. Todo este entorno militar —o militarista, que tanto da— se envuelve en connotaciones trascendentes, como es lógico: el ejército es el de Cristo, el enemigo es el Maligno, la disciplina es ascesis mística, la guardia es la cuidadora del triunfo del Bien. Pero todo ello, aun en el mejor de los casos, no impide en modo alguno que los miembros del grupo aparezcan como un disciplinado *ejército* sometido a reglas estrictas que convierten a cada adepto en tuerca del engranaje, al servicio exclusivo y excluyente de una idea superior que debe *triunfar* a cualquier costa.

5) *La manipulación de la historia.* Aunque, por desgracia, en este aspecto al menos no se diferencian demasiado de muchos historiadores académicos, es un hecho observado y repetido que los miembros de estos grupos no vacilan a la hora de transformar los acontecimientos históricos a su conveniencia. Y no se trata sólo, en muchos casos, de poner en duda lo que las crónicas o la historia oficial nos han legado —lo que sería, al menos desde mi punto de vista, totalmente lícito—, sino que se inventan los acontecimientos, dan por sentada la existencia de personajes dudosos o la filiación de otros más seguros, alteran las fechas al gusto de los fines que se quieren defender y prescinden limpiamente de la investigación, dando por bueno lo que el primer alucinado novelero ha querido decir sin preocuparse de las consecuencias. Lo único que parece importar es que los hechos coincidan con las ideas preconcebidas. Y si esos hechos se muestran obedientes hacia un ideario trascendente —de predestinación divina, pongo por caso, o de obediencia ciega a leyes superiores e inalcanzables—, se acepta sin más dudas la supuesta coincidencia y se refabrica la historia a imagen y semejanza de un plan convenientemente trazado

desde las insondables alturas del saber. Así surgen, sin más, los 22 maestres inamovibles (para que coincidan con la cifra tarótica sagrada), los 9 caballeros fundadores (aunque uno se incorporase siete años después y aunque se pudieran detectar templarios en Portugal dos años antes de aprobada la regla de la Orden). Y esto en lo referido únicamente a los templarios. Lo mismo habría que pensar en las manipulaciones ideológicas ejercidas sobre personajes como Giordano Bruno, Joaquín de Fiore, Dante o Ramon Llull. El caso es que la historia asuma las ideas que el grupo defiende.

6) *La utilización del lenguaje críptico.* Y entiéndase bien que digo críptico y no hermético o qabalístico en sentido estricto y justo, en tanto que lenguaje que pudiéramos considerar como universal y secreto a la vez. La utilización de términos supuestamente secretos por parte de estos grupos consiste, demasiado a menudo, más en una apariencia que en una realidad. Suelen aprovechar conceptos consagrados por la Tradición y se lanzan a utilizarlos sin poseer un conocimiento real ni de lo que significan ni del contexto universal en el que adquieren realmente su sentido. Han olvidado, o acaso nunca han sabido, que hay efectivamente un *lenguaje de los pájaros* (y ya hemos hablado largamente de él a través de estas páginas), pero que esa lengua, lejos de ser secreta y reservada a una supuesta élite escogida según su grado de obediencia y de sumisión, es *un modo universal de expresión,* destinado al género humano, el cual debe tener acceso a él para acceder a su propia evolución y no al presunto ascenso de un grupo que tratará de aprovecharlo en su exclusivo beneficio. En este sentido, cabe igualmente señalar la efectiva *censura* que se ejerce, dentro de estos movimientos —o en bastantes de ellos, al menos— en lo que atañe a lecturas y estudios prohibidos o autorizados a sus miembros, exactamente igual que hizo la iglesia con los libros y los autores que, estando incluidos en el *Index,* son de acceso vedado a quienes pretendan librarse del anatema herético, pero con la diferencia sustancial de que, hoy en día, la iglesia es una autoridad exotérica y masiva, pese a la evidente degradación de sus instituciones, con lo que sus miembros, de hecho, hacen de su capa un sayo a la hora de elegir sus lecturas, en tanto que estos grupos supuestamente herederos de la Tradición, siendo como son minoritarios y elitistas, pueden ejercer un control mucho más eficaz sobre la vida y el saber privado de sus miembros.

7) *El atisbo de la «tercera vía».* Todos los movimientos de pretendido entronque tradicional se declaran apolíticos y fundamentalmente espiritualistas. Y, en tanto que tales, arremeten, siempre que se les presenta la oportunidad, contra las actitudes de las potencias en litigio

mundial y con el comportamiento de los estados que se inclinan hacia uno u otro planteamiento. Los problemas mundiales, desde esa perspectiva, aparecen en su ideario como una simple y llana pugna entre el capitalismo y el marxismo y reniegan de ambos sistemas, muy a menudo con la misma virulencia y, lo que es más curioso, con la misma razón (aunque suele predominar la carga de tintas negras sobre el «ateísmo marxista»). Si les creyera capaces de haber profundizado en determinadas lecturas consciente y honradamente, me atrevería a definir esa actitud como un ataque constante a la *anarquía*, tal como la denuncia en tanto que forma histórica Saint-Yves d'Alveydre. Del mismo modo, y siempre previa proclama de apoliticismo, se adivina una defensa de algo que algunos grupos se atreven a llamar *sinarquía,* pero que resultaría mucho más fácil de identificar —al menos en sus fases teóricamente iniciales o de implantación— con lo que podríamos llamar una *dictadura mesiánica solar,* con la consiguiente eliminación de ideales políticos y la sumisión gozosa a una autoridad ideal que suele coincidir con su mismo ideario, más o menos solapadamente proclamado.

La nueva y manipulada gnosis

Por último, y a modo de octavo rasgo que, en cierta manera, encuadra y define a los demás, se detecta en todos estos movimientos con aparente asunción del ideario medieval —templario y semitemplario casi siempre—, una adecuación generalmente artificiosa entre el sentimiento religioso, enraizado en el cristianismo pero con toques de las formas esotéricas de otras muchas religiones (sin excepción mal asimiladas y tomadas en sus aspectos más anecdóticos y fenoménicos), con el estudio y hasta con el intento de práctica de todos los hechos que entran en el campo de lo parapsicológico y de lo paranormal. De esta manera proclaman, explícita o implícitamente, que su forma de entender la trascendencia puede convertirse en la búsqueda de la adquisición de dichos *poderes,* que deben conferir, en principio, una situación de superioridad manifiesta a quienes los poseen (los adeptos) sobre quienes nunca podrán soñar en alcanzarlos (el hombre de la calle, el ciudadano de a pie, la inmensa mayoría silenciosa de la humanidad).

Como podemos ver, nos estamos tropezando con la mejor tradición (con minúsculas) del esoterismo ocultista. Sin confesarlo jamás, incluso proclamando humildades, taras y pecados que tampoco vienen a cuento, los adeptos de estos movimientos se integran en esa parcela estrictamente minoritaria con el fin, nunca admitido y hasta rechazado a voces, si se les pregunta en público, de alcanzar un estado de poder por la posesión de facultades paranormales que les ponga en condiciones de dominio sobre aquellos que nunca las poseerán.

A este estado lo llaman, indefectiblemente, de perfección. Y tratan de alcanzarlo —dicen— como forma de trascendencia. Y, para alcanzarlo, someten a una rígida ascesis y a una disciplina evidentemente paramilitar a sus elegidos, a aquellos que habrán de formar parte de la élite de choque del movimiento que, llegado el instante, podría presuntamente tomar el mando frente a grupos muy superiores en número de ciudadanos de a pie, con el fin de imponer ese ideario suyo que es (como se proclaman explícita o tácitamente) la única salida religiosa, científica, cultural, estética, erótica, moral y política para la futura humanidad.

A esta actitud la llaman gnosis. Y muy a menudo, en la definición oficial del grupo, citan la palabra *estudio*. Y usan y hasta abusan de su búsqueda del conocimiento como si de un fin en sí mismo se tratara cuando, por lo que llevamos visto —y si es que acaso estoy en lo cierto— sólo se trata de un medio, que deberá conducir, teóricamente, a la irremediable implantación de esos ideales en un mundo que, irremisiblemente desgajado de su identidad y desesperanzado de los principios que lo rigen actualmente, venga a reclamarlos como lo que pretenden ser: la mesiánica salvación del planeta.

Reflexiones finales entre el tiempo y la eternidad

Si nos detenemos a pensar, aunque sea por última vez durante esta singladura, en lo que fue el fenómeno templario y en lo que es o pretende ser el neotemplarismo, sea cual sea la denominación a la que se acoja,[1] saltará a la vista, cuanto menos, la enorme, la abismal distancia que media entre la coherencia de la Orden, como producto gnóstico y esotérico de su tiempo, y todos los movimientos que hoy reclaman su herencia, pública o privadamente.

El Temple, a través de la huella documental e ideológica que nos legó, constituía un movimiento de raíz tradicional y de intención esotérica que respondía, por su constitución y por su ideario, a una

---

1. Sé que, después de haber leído las anteriores observaciones, cada grupo o movimiento que se proclama beneficiario del *testamento* templario se sentirá aludido, pensando tal vez que me he referido a él y no a cualquier otro. Aparte esa idea: todo cuanto he dicho se basa en estructuras generales y afecta indistintamente a grupos que ni siquiera se conocen. O creo yo que no se conocen.

postura casi increíblemente progresista *para su momento histórico*. Imaginemos lo que podía significar, en los albores del siglo XII —es decir, en pleno auge del feudalismo europeo y en pleno dominio de una iglesia esencialmente preocupada por el poder temporal a toda costa—, una Orden, monástica y militar a la vez, que planteaba desde dentro cuestiones tales como la unidad religiosa de las iglesias oficialmente enemigas (islam, judaísmo y cristianismo), el derecho del hombre al conocimiento, el saber transmitido a través de las formas religiosas oficialmente anatematizadas por la cristiandad triunfante, la sustitución del feudalismo por una política de poder mesiánico de los soberanos, o la necesidad de proporcionar al ser humano, a través del templo catedralicio, un espacio sagrado desde el que le fuera factible la experiencia trascendente. Todo ello en un contexto histórico en el cual el señor feudal era dueño reconocido de la vida y la hacienda de sus súbditos, en el que la iglesia proclamaba anatema ante cualquier desviación dogmática, en el que el rey soberano era poco menos que un débil *primus inter pares* de nobles caciquiles habituados a mandar a su placer sobre el territorio que les pertenecía, en el que la vida y el sentir mismo de cualquier ser humano no valía ni su peso en carne caliente, en el que cualquier desviación de las normas impuestas era merecedora de la horca o de la hoguera.

En este contexto, no cabe la menor duda de que el esoterismo templario, buscando en Oriente y en Occidente las raíces de una identidad perdida y haciendo uso del resultado de esa búsqueda para impulsar la evolución de la sociedad de su tiempo, significa algo realmente importante, porque la Edad Media europea se divide, queramos reconocerlo o no, en dos períodos claramente marcados antes y después de la presencia templaria. (Otros hablarán, si lo prefieren, de un antes-o-después de las cruzadas, olvidando lógicamente que, en gran medida, el espíritu profundo de las cruzadas es el espíritu del Temple; pero no importa, porque los freires formaron parte de un contexto histórico del que asumieron el lado esotérico, mientras que la parte exotérica y evidente, lo que alcanzó a conocer el mundo, fue el fenómeno inmediato, guerrero y político y comercial, que cubrió con su apariencia al otro, mucho más ignorado pero, por eso mismo, también mucho más profundo, con todas las consecuencias culturales y trascendentes que llevó consigo.)

Frente a ese fenómeno eminentemente dinámico e impulsor de cambios, que surgió en su época como una auténtica revolución subterránea y progresista, el pretendido espíritu neotemplario se plantea, en el menos grave de los casos, como una enfermiza nostalgia de épocas pasadas, como la necesidad de retrotraer al medievo la espiritualidad intemporal del ser humano, o como un deseo, en fin, de completar, tras un profundo bache de casi setecientos años, el ideario que supuestamente dejó de cumplir el Temple porque su prendimiento y su disolución oficial le impidieron llevarlo a cabo. Esta visión romántica, eventualmente transformada en pretendida prueba de eternos retornos nietzcheanos, no deja de ser peligrosa en sí misma, porque se empeña en convertir el devenir humano en inmortal serpiente mordiéndose la cola, regresando siempre al punto de partida para reiniciar la misma aventura espiritual hasta el día del Juicio. Es una actitud que, en su propio espíritu, lleva consigo la ignorancia profunda de los mismos símbolos tradicionales que pretende conocer, entre los cuales el laberinto espiral marca claramente el sentido del retorno cíclico a situaciones paralelas, sí, pero sujetas al *paso adelante* que la lenta evolución humana va imponiendo.

Pero hay aún otro aspecto mucho más alarmante, que viene definido, en cierta forma, por la diferencia generalmente aceptada —aunque no siempre correcta— entre los términos de *esoterismo* y *ocultismo*. Dentro del esoterismo se bandean quienes, en cualquier época y con mayor o menor fortuna, tratan de alcanzar el conocimiento universal transmitido por la Tradición para, con su ayuda, evolucionar internamente y colaborar en la evolución de la Humanidad. Por los vericuetos del ocultismo, en cambio, se sumergen aquellos otros que intentan servirse de los supuestos poderes que da ese conocimiento para ejercerlos en su beneficio frente al resto de los seres humanos.

En este sentido, el sectarismo o, si lo preferimos, la tendencia a un asociacionismo jerárquico establecido desde una cabeza rectora mesiánica, es la forma idónea para la implantación de la idea, para la siembra de los principios que dará como resultado el establecimiento de los *mandos* rectores que, llegado el instante propicio —y no es necesario pensar en propósitos inmediatos, sino en proyectos que pueden concebirse idealmente a muy largo plazo—, formarán la cúspide de la pirámide iniciática del poder solar, en cuya base habrá de encontrarse la inmensa mayoría de la Humanidad, obligada a regirse por los principios dictados desde las alturas definitivamente inaccesibles, porque el *cupo* de iniciación deberá ser —es, de hecho— limitado.

De este modo, navegando vagamente entre las nostalgias anacrónicas y la búsqueda ocultista de unas bases oscuras de dominio, la sombra de los caballeros templarios se ha ido extendiendo lentamente, en círculos crípticos y en cenáculos supuestamente bendecidos por la iniciación griálica. Muy lógicamente, han comenzado a calar poco pero hondo, en muchos espíritus inquietos que, dominados por la insatisfacción de la espiritualidad perdida, creen percibir en esas logias el aire de una Tradición incontaminada que las múltiples poluciones de nuestro entorno evidencian como caminos de salvación o, al menos, como tragaluces de escape hacia una búsqueda imposible. A menudo, las frases publicitarias, los textos de sus publicaciones y hasta las intervenciones públicas de sus mesiánicos rectores colaboran a esta sensación y cooperan al proselitismo entre quienes ansían encajar sus ideales difusos en una idea concreta y tangible. El mundo de hoy, tan depredado por la tecnología utilitaria —me refiero a nuestro mundo occidental sobre todo, aunque todos van contaminándose poco a poco y en distinta medida— es un campo abonado para estas mentes, para las que cualquier cosa, o cualquier idea que suene a *nueva* arrastra fácilmente. La fórmula es, por lo tanto, bien sencilla, y a ella nos remitimos:

Mézclese un supuesto ideal, procedente de épocas anteriores a Descartes (cuanto más añejo mejor), con una buena dosis de espiritualismo cosechado indiscriminadamente en las huertas de todas las religiones; añádase una cucharada colmada de símbolos, a ser posible sin digerir; agítese; cúbrase luego con el hielo bien frío de unos cuantos términos sánscritos, kabalísticos e islámicos; póngasele encima una gruesa guinda con la que todo se tiña de *nuevo:* hombre *nuevo, nueva* filosofía, *nueva* ciencia, para que se quite el sabor de todo lo vetusto que se ha vertido anteriormente; agítese de nuevo y sírvase en recipiente griálico con la luz eléctrica apagada, los cirios (negros o blancos) encendidos y en medio de un círculo mágico, mientras se repite una y otra vez al neófito: eres el hombre nuevo, serás todopoderoso, tendrás el mundo a tus pies... Inténtenlo: nunca fallará, mientras haya sobre la tierra seres humanos que caminen a ciegas en busca de la Verdad.

Apéndice I
Cronología templaria

Estamos desgraciadamente habituados a contemplar los acontecimientos de la historia como hechos aislados y sin conexión, tanto temporal como espacial. Sin embargo, sucede, y mucho más a menudo de lo que imaginamos, que la historia es una y que sus avatares se enlazan en el tiempo y en el espacio, sin que nada suceda en un lugar determinado y en un instante concreto que pueda quedar desgajado de la totalidad del devenir de los seres humanos.

En este esquema que sigue, y que quiero dejar a la consideración de quien quiera sacar sus consecuencias, he tratado únicamente de destacar tres aspectos: 1) Los hechos y las noticias sobre los templarios (en letra mayúscula); 2) Los acontecimientos históricos en la Península Ibérica (letra cursiva); 3) Los acontecimientos históricos en el resto del mundo mediterráneo y europeo (letra redonda).

Faltan datos, posiblemente algunos de ellos importantes. Pero tengo la impresión de que, con los que están consignados, el lector podrá sacar muchas consecuencias decisivas. Y hasta añadir ausencias que pueden ser fundamentales a la hora de juzgar la importancia decisiva de la Orden en la Península Ibérica y en el mundo que vivió.

1090 Fundación de la secta de los ashashins.

1092 *Probable fundación del condado de Portugal por Alfonso VI por matrimonio de su hija Teresa con Raimundo de Borgoña.*

1095 Urbano II llama a la Cruzada. *Los almorávides conquistan las Baleares.*

1097 Consagración de Cluny III. *Ramón Berenguer III, conde de Barcelona.*

1099 Conquista de Jerusalén por Godofredo de Bouillon. *Probable muerte del Cid en Valencia.* Pascual II, papa. Surge el antipapa Clemente III.

1100 Balduino I, rey de Jerusalén a la muerte de Godofredo de Bouillon. *Enrique de Borgoña casa con Urraca, hija de Alfonso VI.*

1101 El monje Theofilus escribe su «Enciclopedia de artes y oficios». *Toma de Barbastro por Pedro I de Aragón.*

1102 Balduino I derrota a los fatimitas y ocupa Cesarea. *Los almorávides toman Valencia.* Tres monjes de Solesmes son transferidos a Citeaux.

1104 *Alfonso I el Batallador, rey de Aragón.* HUGO DE CHAMPAÑA VA POR PRIMERA VEZ A TIERRA SANTA. *Conquista de Medinaceli.*

1106 *Conquista de Balaguer por Ramón Berenguer III. Los almorávides sitian Barcelona y se apoderan de Sevilla.*

1108 SEGUNDO VIAJE DE HUGO DE CHAMPAÑA A TIERRA SANTA. *Victoria almorávide en Uclés.* Luis VI rey de Francia.

1109 *Los almorávides ocupan Zaragoza. Muerte de Alfonso VI y boda de su hija Urraca con Alfonso I de Aragón. Nacimiento de Alfonso Enriques de Portugal.* Enrique V emperador. Fundación de los ducados de Trípoli y Beirut.

1110 Balduino I toma Sidón. PRESENCIA DE HUGUES DE PAYNS EN TIERRA SANTA, CONSTRUYENDO CASTILLOS. *Alfonso Raimundez, rey de Galicia. Almorávides en Lisboa.* Sublevación en Roma contra la coronación de Enrique V.

1111 Tratado de Sutri, entre la Iglesia y el Imperio.

1112 *Alfonso Enriques, conde de Portugal, por muerte de Enrique de Borgoña.* Bernardo de Clairvaux en Citeaux.

1114 TERCER VIAJE DE HUGO DE CHAMPAÑA A TIERRA SANTA. *Intervención de cruzados en la primera conquista de Baleares por Ramón Berenguer III. Sitio de Zaragoza con la ayuda de cruzados. Se disuelve el matrimonio de Urraca y Alfonso I de Aragón.* Bernardo funda Clairvaux.

1115 Expedición de Balduino I a Egipto. HUGO DE CHAMPAÑA OFRECE AL CÍSTER TERRENOS EN EL VALLE DE LA ASANTA.

1116 *Pascual II lanza bula de excomunión contra quienes no acaten a Alfonso VII Raimundez.*

1117 *Sublevaciones gallegas contra Alfonso VII. Adquisición del condado de Cerdaña por Ramón Berenguer III.*

1118 PRESENTACIÓN DE LOS PRIMEROS TEMPLARIOS ANTE BALDUINO II. *Toma de Zaragoza por Alfonso el Batallador. Predicación de cruzada. Discrepancias duras entre Alfonso VII y Alfonso Enriques.* Concilio de Tolosa. Muerte del profeta san Malaquías en brazos de Bernardo de Clairvaux.

1119 *Repoblación de Soria por Alfonso I el Batallador.*

1120 *Compostela, sede metropolitana.* Fundación de la orden de San Juan del Hospital. Comienzan a funcionar en París las escuelas que constituirían la Sorbona. Calixto II, papa. Se crean las constituciones de la Orden del Císter.

1121 Primera condena de Abelardo. *Incremento de las peregrinaciones a Santiago.* Fin de la lucha de las Investiduras.

1122 *Revolución almohade en Marruecos.* Pedro el Venerable, abad de Cluny.

1123 Primer concilio de Letrán.

1124 Conquista de Tiro por los cruzados. HUGO DE CHAMPAÑA SE UNE A LOS TEMPLARIOS DE JERUSALÉN. Sube Honorio II al pontificado.

1125 *Alfonso I el Batallador entra en Al Andalus. Alfonso Enriques se arma caballero en Zamora.* SE DETECTA LA PRESENCIA DE POSIBLES TEMPLARIOS EN PORTUGAL. *Fecha probable de El Kuzarí, de Yehudá Haleví.*

1126 Balduino II aliado de los ismailíes. *Raimundo de Fitero, arzobispo de Toledo. Fundación de la Escuela de Traductores de Toledo por Alfonso VII.*

1127 PRIMER MAESTRE TEMPLARIO EN PORTUGAL (?): GUILHELME RICARD. LA REINA DOÑA TERESA LES DA FONTE ARCADA Y EL CONSEJO DE PENAFIEL. DOÑA MARÍA LES CONCEDE EL CASTILLO Y DIGNIDAD DE SOURE. Canciones del trovador Guillermo de Aquitania.

1128 CONCILIO DE TROYES, EN EL QUE LOS TEMPLARIOS RECIBEN SU REGLA Y EL ESPALDARAZO OFICIAL. *Alfonso VII casa con Berenguela, hija de Ramón Berenguer III. Batalla de San Mamede.* HUGUES DE PAYNS VISITA LAS PRIMERAS DONACIONES.

1129 POSIBLE ENTREGA DE CALATRAVA LA VIEJA A LOS TEMPLARIOS. DONACIONES EN ANJOU. SE LES ENTREGA LA IGLESIA DE SAN JUAN BAUTISTA DE AVIGNON. Cisma papal entre Anacleto II, de ascendencia judía, e Inocencio II.

1130 *Protección de Alfonso I el Batallador a Gastón de Béarn.* RAMÓN BERENGUER III ENTREGA GRAÑENA AL TEMPLE Y SE HACE TEMPLARIO. Creación de la monarquía siciliana, con Roger I. «DE LAUDAE NOVAE MILITIAE» de san Bernardo.

1131 *Muerte de Ramón Berenguer III, al que sucede su hijo Ramón Berenguer IV.* TESTAMENTO DE ALFONSO I EL BATALLADOR EN FAVOR DEL TEMPLE Y EL HOSPITAL. *Apogeo de Ibn Ezra. Tratado de Tuy entre Portugal y Castilla.* Foulques de Anjou, rey de Jerusalén.

1132 *Armengol VI de Urgel* DONA EL CASTILLO DE BARBARÁ A LOS TEMPLARIOS. Reconstrucción del monasterio de Clairvaux.

1134 *Muerte de Alfonso I en el sitio de Fraga. Aragón pasa a Ramiro II el Monje, porque las cortes de Borja* ANULAN EL TESTAMENTO DEL BATALLADOR EN FAVOR DE LAS ÓRDENES MILITARES.

1135 *Nacimiento de Petronila, heredera de la Corona de Aragón. García Ramírez proclamado rey de Navarra, desgajándose de Aragón. Coronación de Alfonso VII emperador en León.* Los normandos de Sicilia llegan a África del Norte.

1136 MUERTE DE HUGUES DE PAYNS, A QUIEN SUCEDE ROBERT DE CRAON COMO MAESTRE DEL TEMPLE. El emperador Lotario contra los normandos italianos.

1137 *Ramón Berenguer IV se compromete matrimonialmente con Petronila de Aragón y Ramiro II se retira.* CARTAS DE RAMÓN BERENGUER IV AL TEMPLE. *Fundación de la Universidad de Montpeller.* LUIS VI CEDE TERRENOS AL TEMPLE EN PARÍS.

1138 Conrado III de Alemania, primer Hohenstaufen. *Ramón Berenguer IV, regente de Aragón.* Muerte del papa cismático Anacleto II. Único papa, Inocencio II.

1139 MAESTRE TEMPLARIO DE PORTUGAL, HUGO MARTINS. *Batalla de Ourique. Alfonso Enriques se proclama rey de Portugal.* INOCENCIO II CREA LOS CAPELLANES DEL TEMPLE Y DESVINCULA A LA ORDEN DE SUS OBLIGACIONES CON LAS AUTORIDADES ECLESIÁSTICAS LOCALES.

1140 Momento cumbre de la lírica provenzal. RAMÓN BERENGUER IV OBTIENE RENUNCIA DEL TEMPLE AL REINO DE ARAGÓN A CAMBIO DE OTRAS CONCESIONES. Comienza a construirse la catedral de Noyon.

1141 Segunda condena de Abelardo en el sínodo de Siena, conseguida por Bernardo de Clairvaux.

1142 LOS TEMPLARIOS RECIBEN EL EMBLEMA DE SU CRUZ. *Fuero de Daroca, concedido por Ramón Berenguer IV. Conquista de Coria por Alfonso VII.* EL TEMPLE EN EL PÉRIGORD.

1143 Balduino III rey de Jerusalén. PERE ROBIRA, MAESTRE PROVINCIAL DEL TEMPLE EN LA CORONA DE ARAGÓN. *Tratado de Zamora con Alfonso VII.* DONACIONES AL TEMPLE ACORDADAS EN EL PRIMER CAPÍTULO GENERAL DE LOS DOMINICOS.

1144 *Entrada de los almohades en la Península.* Termina de construirse la abadía de St. Denis por el abad Suger. Sube Lucio II al solio pontificio. Revuelta republicana en Roma.

1145 EL TEMPLE RECIBE EL EMBLEMA DE LA CRUZ (según otra versión). Eugenio III, cisterciense, sube al papado. San Bernardo predica la segunda cruzada.

1146 *Probable fecha del «Poema de Mio Cid». Toma de Córdoba por Alfonso VII. Toma de Leiria, Santarem y conquista de Lisboa con la ayuda de cruzados ingleses.* Fundación de la Orden del Carmelo.

1147 Derrota de los cruzados ante Damasco. *Expedición a Almería en la que intervienen todos los reinos cristianos de la Península.*

1148 LOS TEMPLARIOS SE ESTABLECEN EN TORTOSA. *Muerte de Berenguela, reina madre de Castilla-León.* PORTUGAL CONCEDE A LOS TEMPLARIOS TODOS LOS DERECHOS ECLESIÁSTICOS SOBRE SANTAREM.

1149 *Fundación del monasterio de Poblet. Gerardo de Cremona, jefe de la Escuela de Traductores de Toledo.*

1150 GRAN MAESTRE DEL TEMPLE, ÉVERARD DE BARRES. *Derrota de Alfonso VII frente a los almohades. Sancho el Fuerte sucede en Navarra a García Ramírez. Fracaso de la Segunda Cruzada.*

1151 ÉVERARD DE BARRES RENUNCIA A SU CARGO Y SE HACE FRAILE EN CITEAUX. Primera copilación del derecho canónico: leyes de Graciano. «Sentencias» de Pedro Lombardo.

1152 BERNARD DE TREMELAY, MAESTRE DEL TEMPLE. *Fundación de la feria de Valladolid.* Federico Barbarroja, rey de Alemania.

1153 BERNARD DE TREMELAY MUERE EN EL SITIO DE ASCALON. LE SUCEDE COMO MAESTRE ANDRÉ DE MONTBARD. Muerte de Bernardo de Clairvaux. GUALDIM PAIS EN EL SITIO DE GAZA. *Liberación definitiva de Cataluña del poder musulmán.* CONQUISTA DE MIRAVET Y ENTREGA AL TEMPLE. El Idrisi escribe su Geografía. Construcción de la catedral de Laon. Los normandos en Túnez. Anastasio IV, papa. Tratado de Constanza.

1154 Enrique II rey de Inglaterra. Sube al solio pontificio Adriano IV, también inglés. *Cortes castellanas en Cuéllar.*

1155 Federico Barbarroja, emperador. Los turcos selyúcidas en Damasco. *Campañas provenzales de Ramón Berenguer IV.* LOS TEMPLARIOS ABANDONAN CALATRAVA. TERCER MAESTRE PORTUGUÉS DEL TEMPLE: PEDRO ARNALDO. CARTA DE PROTECCIÓN AL TEMPLE CONCEDIDA POR ALFONSO ENRIQUES. GUALDIM PAIS REGRESA A TIERRA SANTA. Tomás Becket, canciller de Inglaterra.

1156 *Fundación de la orden de Calatrava.* BERNARD DE BLANQUEFORT, MAESTRE DEL TEMPLE. Ruptura de Federico I y el papado.

1157 SANCHO EL SABIO DE NAVARRA CONCEDE AL TEMPLE TERRENOS ENTRE PONTELLAS Y RIBAFORADA. *Conquista de Almería por los almohades. Muerte de Alfonso VII y división de sus estados.* ADRIANO IV CONCEDE PRIVILEGIOS A LOS TEMPLARIOS PORTUGUESES EN EL CONCILIO DE LETRÁN.

1158 *Repoblación de Calatrava. Fundación de la orden de Alcántara.* FUNDACIÓN DEL MONASTERIO DE ALCOBAÇA. GISORS EN MANOS DE LOS TEMPLARIOS. *Conquista de Alcacer do Sal.* Federico invade Italia.

1159 GUALDIM PAIS, MAESTRE DEL TEMPLE PORTUGUÉS. HUGO DE BARCELONA, MAESTRE DE ARAGÓN-CATALUÑA. Sube al papado Alejandro III y surge Víctor IV como antipapa.

1160 COMIENZA LA CONSTRUCCIÓN DEL CASTILLO DE TOMAR. *Fortificación de Gibraltar por los almohades.* Los normandos son expulsados de Túnez.

1161 DESACUERDOS INTERNOS TEMPLARIOS POR LOS LÍMITES DE SOBERANÍA DEL GRAN MAESTRE. Beroul escribe «Tristán e Isolda».

1162 Amaury Lusignan rey de Jerusalén. *Muerte de Ramón Berenguer IV. Le sucede Alfonso II (I de Cataluña). Fundación de la orden de Santiago.* Comienza la construcción de la catedral de París. Destrucción de Milán. *Sublevación de judíos y musulmanes en Granada, duramente reprimida por los almohades.*

1163 HUGO GEOFFROY, MAESTRE PROVINCIAL DE ARAGÓN-CATALUÑA. SE HABLA DE UNA POSIBLE PRIMERA DONACIÓN DE UCLÉS AL TEMPLE.

1164 *Doña Petronila renuncia a Aragón en favor de su hijo. Primera y definitiva unión de Aragón y Cataluña.*

1165 Concilio de Lombez, contra la herejía cátara. *En los conflictos castellano-portugueses, Geraldo Sem Pavor toma Monsfragüe.* Pascual III sucede como antipapa a Víctor IV.

1166 12 TEMPLARIOS COLGADOS POR AMAURY I POR HABER ENTREGADO UNA FORTALEZA AL ISLAM. ARNAU DE TORROJA, MAESTRE DE ARAGÓN-CATALUÑA. *Comienza el apogeo de Averroes. Comienza la campaña de Extremadura de Fernando II de León.* Construcción de la catedral de Poitiers.

1167 Federico I hace valer en Roma los derechos de Pascual III y es excomulgado. Concilio cátaro de San Félix de Caraman presidido por el obispo Nikita. Principios de la Universidad de Oxford.

1168 TOMÁS BECKET EN GISORS. PHILIPPE DE MILLY, GRAN MAESTRE. LOS TEMPLARIOS INTERVIENEN EN LA CONQUISTA DE CALANDA, MATARRAÑA, CASPE, ALFAMBRA Y CASTELLOTE. Calixto III, papa.

1169 Conquista de Egipto por Nur ed-Din de Damasco. DONACIÓN PORTUGUESA AL TEMPLE DE LOS CASTILLOS DE ALMOUROL, OZEREZE Y CARDIGA.

1170 DIMISIÓN DE PHILIPPE DE MILLY, SUCEDIDO COMO MAESTRE POR ODO DE SAINT-AMAND. LOS TEMPLARIOS ARAGONESES RECIBEN ALFAMBRA, ORRIO Y PEÑA DE RUY DÍAZ. *Toma de Albarracín. Comienza la construcción de la catedral de León. Alfonso VIII casa con Leonor de Inglaterra.* CONSTRUCCIÓN DE LA GIROLA DE TOMAR. Asesinato de Tomás Becket. Primera institución bancaria en Venecia.

1171 Saladino, sultán egipcio. *Fernando II concede fuero especial a los judíos de Salamanca.*

1172 LOS TEMPLARIOS QUEDAN LIBRES DE TODA JURISDICCIÓN EPISCOPAL. *Alianza de Aragón y Castilla contra Navarra.* Alejandro III santifica a Tomás Becket. Concilio de Rouen, con la condena de los goliardos.

1173 Pedro Valdo funda la secta de los valdenses. Balduino IV, rey de Jerusalén. *Conquista de Teruel. Los almohades son dueños de toda Al Andalus. Reaparece la orden de Monsfrag.*

1174 *Comienza la construcción de Santes Creus. Repoblación de Uclés y entrega a Santiago.* Construcción de la torre de Pisa. Y de las catedrales de Cantorbery y Soisson.

1175 CONSTRUCCIÓN DE LA CAPELA DO OLIVAL EN TOMAR. *Aparece la «Guía de descarriados» de Maimónides.*

1176 CONQUISTA DE CUENCA, CON LA COLABORACIÓN DEL TEMPLE, TANTO ARAGONÉS COMO CASTELLANO. Saladino en Siria. Coloquio entre cátaros y católicos en Lombiers, cerca de Albi.

1177 ENTREGA DE PONFERRADA AL TEMPLE. Federico I y el papa Alejandro III reciben una supuesta carta del Preste Juan, después de acordar la paz entre ellos. Concilio de Citeaux, en el que Ramón V de Tolosa anuncia los peligros de la expansión cátara. *Aparición del falso Alfonso I el Batallador.*

1179 ARNAU DE TORROJA MAESTRE DEL TEMPLE. *Se fijan las fronteras entre Aragón y Castilla.* DONACIONES AL TEMPLE POR PARTE DE ALFONSO IX EN TIERRAS DE PALENCIA. Tercer concilio de Letrán. Condena de los valdenses.

1180 LOS TEMPLARIOS OBTIENEN VILLEL. *Paz entre León y Castilla.* María de Francia escribe sus «Lais». Felipe Augusto, rey de Francia. El papa manda al Languedoc al obispo de Albano.

1181 MUERE EN LA CÁRCEL MUSULMANA ODO DE SAINT-AMAND, QUE FUE MAESTRE. BERENGUER D'AVINYÓ, MAESTRE DE ARAGÓN-CATALUÑA. *Construcción del Alcázar de Sevilla.* AMONESTACIÓN DEL PAPA A TEMPLARIOS Y HOSPITALARIOS. Muerte de Alejandro II y le sucede Lucio II.

1182 Aceifas de Saladino en Tierra Santa.

1183 Saladino conquista Alepo. MAESTRES PROVINCIALES DE ARAGÓN Y CATALUÑA, GUY DE SELLON Y RAMÓN CANET. Paz de Constanza.

1184 GÉRARD DE RIDEFORT, GRAN MAESTRE. Coronación de Enrique VI como rey de Italia. *Batalla de Santarem, con la muerte del almohade Yusuf.*

1185 GILBERT ERRALL MAESTRE DE ARAGÓN-CATALUÑA. *Muerte de Alfonso Enriques, le sucede Sancho I.* Papa Urbano III.

1186 Muerte de Balduino V niño. Lucha sucesoria con Guy de Lusignan. *Fundación de Plasencia por Alfonso VIII.*

1187 Toma de Jerusalén por Saladino. DERROTA DE HATTIN. *Fundación del monasterio de las Huelgas de Burgos. Conquista de Badajoz.* Gregorio VIII, papa.

1188 *Primera reunión de las cortes castellanas.* GERARD DE RIDEFORT, PRESO DE SALADINO, ÚNICO TEMPLARIO SUPERVIVIENTE. Quedan sólo en manos cristianas Tiro, Trípoli y Antioquia. *Fundación de la Universidad de Coimbra, primera de la Península.* Posible expedición de normandos a América. Federico I emprende cruzada. *Muerte de Fernando II de León.*

1189 PONÇ RIGAUT, MAESTRE DE ARAGÓN-CATALUÑA. Gengis Khan unifica Mongolia. Comienza construcción de la catedral de Bourges.

1190 MUERTE DE GERARD DE RIDEFORT ANTE ACRE. Tercera Cruzada. ROBERT DE SABLÉ (inglés) ES NOMBRADO GRAN MAESTRE. CERCO DE TOMAR POR ALMOHADES. Muerte de Federico I Barbarroja. *Alianza de Alfonso IX de León y Sancho I de Portugal contra Castilla. Fuero de Cuenca, igualitario con las tres religiones.*

1191 Toma de Acre por los cruzados. Celestino III papa. LOS TEMPLARIOS ADQUIEREN CHIPRE. Enrique VI emperador.

1192 Regreso de Ricardo Corazón de León a Inglaterra, tras el Tratado de Jerusalén. Fundación de la orden teutónica.

1193 GILBERT ERRALL GRAN MAESTRE DEL TEMPLE. CONCORDIA SOBRE RIBAFORADA (NAVARRA) ENTRE EL MAESTRE RIGAUT Y EL OBISPO DE TUDELA.

1194 *Desembarco del emperador almohade Yacub en la Península.* Amaury de Lusignan sucede a su hermano Guy en Chipre. *Batalla de Alarcos, gran derrota castellana.* MUERTE DE GUALDIM PAIS, LE SUCEDE EN EL MAESTRAZGO PORTUGUÉS FREI LOPO FERNANDES. Construcción de la catedral de Chartres.

1196 Inocencio III papa. Los cruzados conquistan Beirut. SON MAESTRES EN CATALUÑA Y ARAGÓN SUCESIVAMENTE GÉRALD DE CAERCINO Y ARNAU DE CLARAMUNT. UNIÓN DEL TEMPLE CON LA ORDEN DE MONTGAUDÍ.

1197 Muerte de Enrique de Champaña. OCUPACIÓN DEL CASTILLO DE CANTAVIEJA. Inocencio III tutor de Federico II por muerte de Enrique VI. *Paz entre Castilla y León.*

1198 Instauración de la inquisición episcopal en el Languedoc. El Islam reconquista Jaffa.

1199 Preparación de la segunda Cruzada. FREI LOPO MUERE EN EL SITIO DE CIUDAD RODRIGO. El «Cantar de los nibelungos». Construcción de la catedral de Saint-Martin. INOCENCIO III INTERCEDE POR LOS TEMPLARIOS EN SU CONFLICTO CON LOS OBISPOS DE SIDON Y BIBLIS.

1200 WOLFRAM VON ESCHENBACH: «PARSIFAL». El Císter cuenta con 694 monasterios. RAYMOND DE GURB, MAESTRE DEL TEMPLE ARAGONÉS Y CATALÁN. Comienza construcción de la catedral de Rouen. Auge de trovadores languedocianos y Minnesinger alemanes. *Guipúzcoa se incorpora a Castilla.*

1201 GRAN MAESTRE, PHILIPPE DE PLAISIEZ. Qabalah en Languedoc.

1202 Cuarta Cruzada. Conquista de Constantinopla. PONÇ RIGAUT, POR SEGUNDA VEZ MAESTRE DE ARAGÓN-CATALUÑA. MAESTRE DE PORTUGAL, FERNANDO DIAS. Juan Sin Tierra invade Francia.

1203 LOS TEMPLARIOS ARAGONESES TOMAN POSESIÓN DEL CASTILLO DE ALBENTOSA.

1204 Se autoriza la orden monástica de Joaquín de Fiore. Saqueo de Constantinopla. *Pedro II (I de Cataluña), coronado en Roma.* Muerte de Maimónides en Fostat.

1206 UNA PESTE ASOLA TOMAR.

1207 PERE DE MONTAGUT, MAESTRE DE ARAGÓN-CATALUÑA. Villehardouin comienza sus «Crónicas» de la Cuarta Cruzada.

1208 *Nacimiento de Jaime I el Conquistador en Montpeller.* Asesinato de Pierre de Castelnau en el Languedoc. Comienzan a organizarse en París las corporaciones artesanas. Invasión de Francia por Juan Sin Tierra. INOCENCIO III HACE REPROCHES AL TEMPLE. *Cortes de León convocadas por Alfonso IX.*

1209 Sumisión de Ramón VI de Tolosa a la Iglesia. Un ejército cruzado invade el Languedoc. GUILLERMO DE CHARTRES, MAESTRE DEL TEMPLE. Saqueo, incendio y matanza en Béziers. *Fundación de la Universidad de Palencia.* Los dominicos fundan la orden de los Fratres Gaudenti. Otón IV emperador. Toma de Carcasona por los cruzados.

1210 LOS TEMPLARIOS ARAGONESES Y CATALANES CONQUIS-

TAN ADEMUZ, CASTELLFABIB Y SERTELLA. *Fundación de la Universidad de Salamanca.* Fundación de la orden franciscana. GOMES RAMIRES, MAESTRE DE PORTUGAL.

1211 Después de la toma de Lavaur son quemados cuatrocientos cátaros. Auge de Minnesänger Walter von der Vogelweide. *Muerte de Sancho I de Portugal y acceso de Alfonso II.* Comienza a construirse la catedral de Reims. *Toma de Avis. Saqueo de Játiva por Alfonso VIII.* Federico II aparece en Alemania como antirrey.

1212 *Batalla de las Navas de Tolosa.* PEDRO DE ALVITO, MAESTRE DE PORTUGAL. GUILLÉN CADELL, MAESTRE DE ARAGÓN-CATALUÑA.

1213 *Batalla de Muret, en la que muere Pedro II de Aragón.* El príncipe Luis, hijo de Felipe-Augusto, toma la cruz.

1214 *Jaime I es llevado* a MONZÓN CON LOS TEMPLARIOS. *Muerte de Alfonso VIII.* GUILLÉN DE MONTREDÓ, MAESTRE PROVINCIAL DE ARAGÓN-CATALUÑA.

1215 Reconocimiento de la orden de los dominicos. Construcción de la catedral de Auxerre. Federico II emperador. Cuarto concilio de Letrán, en el que se especifican las señales que deben ostentar los judíos de Europa.

1216 Muerte de Inocencio III, le sucede Honorio III. Simón de Montfort recibe su investidura por el Languedoc. El papa entrante confirma la orden dominicana. Enrique III, rey de Inglaterra.

1217 *Fundación de la orden de la Merced.* JAIME I SALE DE MONZÓN. *Proclamación de Fernando III en Castilla.* Construcción de las catedrales de Le Mans y Coutances.

1218 Muerte de Simón de Montfort. Los cruzados de la quinta Cruzada atacan Damietta.

1219 PERE DE MONTAGUT, GRAN MAESTRE DEL TEMPLE, POR MUERTE DE GUILLERMO DE CHARTRES EN LA CRUZADA. *Casamiento de Fernando III con Beatriz de Suabia.* HONORIO III INTERVIENE EN LOS PLEITOS SUSCITADOS ENTRE TEMPLARIOS Y SANTIAGUISTAS ANTE LOS OBISPOS DE ZAMORA Y ASTORGA. Comienza la construcción de la catedral de Amiens. El príncipe Luis de Francia reanuda la Cruzada cátara. Toma de Marmande.

1220 Invasión de los mongoles.

1221 Desastre definitivo de la quinta Cruzada en Egipto. EL MAESTRE DE ARAGÓN-CATALUÑA GUILLÉN D'AZYLACH ACOMPAÑA A ÁGREDA A JAIME I PARA TOMAR POR ESPOSA A LEONOR DE CASTILLA. *Comienza la construcción de la catedral de Burgos.* Fundación de la Universidad de Padua.

1222 Muerte de Ramón VI de Tolosa.

1223 *Muerte de Alfonso II de Portugal, le sucede Sancho II.* MAESTRE PROVINCIAL DE PORTUGAL, PEDRO ANES. Confirmación de la orden franciscana.

1224 MAESTRES PROVINCIALES DE ARAGÓN-CATALUÑA: RUPERT DE PUIG-GUIGONE Y FOLCH DE PONTPESAT. MAESTRE DE PORTUGAL: MARTÍN SÁNCHEZ.

1225 *Conquista de Andújar.* Establecimiento del Fondaco dei Tedeschi en Venecia.

1226 Excomunión de Ramón VII de Tolosa, en el concilio de Bourges. Sube al trono Luis IX, san Luis. Muerte de Gengis Khan. Excomunión de Federico II por Gregorio IX.

1227 *Construcción de la catedral de Toledo. Conquista de Cáceres por Alfonso IX.*

1228 Federico II parte en Cruzada a Tierra Santa. *Conquista de Mallorca por Jaime I. Concilio de Valladolid.* SUPUESTA PACTIO SECRETA DE FEDERICO II. GUILLÉN CADELL, MAESTRE PROVINCIAL DE ARAGÓN-CATALUÑA.

1229 Firma del tratado de Meaux y flagelación penitente de Ramón VII de Tolosa en Notre Dame. Federico II se proclama rey de Jerusalén. *El rey Abu Zeyt de Valencia se refugia en el reino de Aragón. Conquista de Badajoz.* MAESTRE PROVINCIAL DE PORTUGAL: ESTEBAN BELMONTE.

1230 *Unión definitiva de Castilla y León.* Hermann de Salza funda el Estado Teutónico.

1231 GRAN MAESTRE, ARMAND DE PÉRIGORD, QUE NEGOCIA CON EL SULTÁN DE DAMASCO LA DEVOLUCIÓN DE JERUSALÉN. *Tratado sucesorio entre Jaime I y Sancho el Fuerte de Navarra.* Montségur se convierte en baluarte del catarismo.

1232 *Jaime I conquista Morella. Nacimiento de Ramon Llull.* Establecimiento de la Inquisición bajo los auspicios de los dominicos, por delegación de Gregorio IX.

1233 MAESTRE PROVINVIAL DE ARAGÓN-CATALUÑA: RAMON PATOT. *Conquista de Burriana.* Federico II levanta la fortaleza de Castel del Monte.

1234 *Boda de Jaime I con Yoles de Hungría. Toma de Úbeda. Muerte de Sancho el Fuerte de Navarra, a quien sucede Teobaldo I. Comienza la construcción de la Alhambra. Conquista portuguesa de Aljustel.* Los fransciscanos del Midi queman públicamente la obra de Maimónides.

1235 *Conquista de Ibiza.* CONQUISTA TEMPLARIA DEL CASTILLO VALENCIANO DE MONTCADA. Los teutónicos conquistan la Prusia Oriental. Paz de Maguncia entre Federico II y su rival Enrique.

1236 *Fernando III conquista Córdoba.* LOS TEMPLARIOS OBTIENEN UNA CASA EN CÓRDOBA. *Retirada de los almohades.*

1237 JAIME I CONFÍA EL PUIG DE SANTA MARÍA AL TEMPLE PARA SU DEFENSA. FERNANDO III PROCLAMA EL «PRIVILEGIO GENERAL DE LA ORDEN DE LOS TEMPLARIOS». EN PORTUGAL ES MAESTRE GUILHECME FULCON. Se escribe el «Roman de la Rose».

1238 *Auge de Gonzalo de Berceo. Conquista de Valencia.* LOS TEMPLARIOS RECIBEN EN LA CIUDAD LA TORRE DE BARBAZACHAR Y RUZAFA. *Defensa de Martos.*

1239 Nueva excomunión de Federico II. Predicación de la séptima Cruzada. 188 cátaros quemados en Montwimer. MAESTRE PROVINCIAL DE ARAGÓN-CATALUÑA, ESTEVE BELMONT. *Teobaldo I de Navarra parte a la Cruzada con Luis IX. Conquista de Mertola por Portugal.*

1240 RAMON SERRA, MAESTRE DE ARAGÓN-CATALUÑA. *La universidad de Palencia pasa a Salamanca.*

1241　*Jaime I conquista Murcia para Castilla.*

1242　Revuelta fallida de Ramón VII de Tolosa. Matanza de cátaros en Avignonet. LA IGLESUELA DEL CID, AL TEMPLE. *Fernando III crea el Consejo de los 12 varones doctos.* MAESTRE PROVINCIAL DE PORTUGAL, MARTÍN MARTINS, QUE RECOGE EL CARGO DE CASTILLA Y DE NAVARRA. Papa Inocencio IV.

1243　*Toma de Játiva. Aparece la «Historia» de Ximénez de Rada.* Asedio de Montségur. LOS TEMPLARIOS RECUPERAN PARTE DE TIERRA SANTA Y EFÍMERAMENTE JERUSALÉN.

1244　Los turcos recuperan Jerusalén. Caída de Montségur y quema de cátaros en el Camp dels Cremats. GRAN MAESTRE, GUILLAUME DE SONNAC, POR MUERTE DE PÉRIGORD ANTE GAZA. GUILLÉN DE CARDONA, MAESTRE DE ARAGÓN-CATALUÑA. EL TEMPLE EN CARAVACA.

1245　*Primer intento de expedición a Tierra Santa por Jaime I.* CREACIÓN POR LOS TEMPLARIOS DE LA COFRADÍA DE ANDÚJAR. Nueva excomunión a Federico II en el concilio de Lyon.

1246　Viaje al Imperio mongol del primer explorador europeo, Juan del Pian del Carpine. *Conquista de Jaén.* JAIME I DA A LOS TEMPLARIOS LA TORRE DE MONTCADA.

1247　*Cortes en Huesca. Muerte del arzobispo Ximénez de Rada.* MAESTRE TEMPLARIO EN PORTUGAL, PEDRO GOMES. *Carta puebla de Carmona, con privilegios a los judíos que vayan a habitarla.*

1248　Toma de Damietta y desastre de Mansurah por la séptima Cruzada. *Conquista de Sevilla. Alfonso III, rey de Portugal.* JOINVILLE CONSIGUE EN MARSELLA BARCOS TEMPLARIOS PARA LA CRUZADA DE SAN LUIS.

1249　PRISIÓN DE LUIS IX, EL TEMPLE SE NIEGA A PROPORCIONAR EL DINERO DE SU RESCATE. *Conquista de Cádiz. Termina la Reconquista portuguesa de Algarve.* Muerte de Ramón VII de Tolosa.

1250　EL TEMPLE TIENE 20.000 MIEMBROS. MAESTRE PROVINCIAL DE PORTUGAL, PAIO GOMES. Muerte de Federico II. Comienza la construcción de la catedral de Strassburgo.

1251 MUERTE DEL MAESTRE GUILLAUME DE SONNAC, LE SUCEDE RÉNAUD DE VICHIERS. Invento del timón de los barcos.

1252 *Muerte de Fernando III, le sucede Alfonso X. Termina la construcción de la catedral de León.* Roger Bacon en Oxford.

1253 *Códice de «Las Tierras de Santiago». Muerte de Teobaldo I y ascensión de Teobaldo II.* Misión de Rubruquis ante los mongoles.

1254 Regreso de Luis IX a Francia. MAESTRE DE ARAGÓN-CATALUÑA, HUG DE JOUY, EXPULSADO DE FRANCIA POR LUIS IX. MAESTRE DE PORTUGAL, MARTÍN NUNES. Alejandro IV, papa.

1255 *Conquista de Jerez.* Toma del castillo de Queribus, último baluarte cátaro del Languedoc.

1256 MAESTRE THOMAS DE BÉRARD, AL QUE SE ATRIBUYE EL RITO DE ESCUPIR SOBRE LA CRUZ. *Pactos de Jaime I y Alfonso X en Soria. Alfonso X recibe embajadores pisanos proponiéndole como Rey de Romanos.* Fundación de la Liga hanseática. Comentarios a Aristóteles de san Alberto Magno.

1257 Fin de la secta de los ashashins. *Alfonso X es elegido emperador de Alemania.*

1258 MAESTRE DE ARAGÓN-CATALUÑA, GUILLÉN DE MONTAÑANA. Fundación de la Sorbona.

1259 «Summa contra Gentiles» de santo Tomás de Aquino.

1260 *Compilación de las Siete Partidas. Se ordena en Castilla la redacción de todos los documentos públicos en castellano.* Consagración de la catedral de Chartres. POSIBLE FECHA DE CONSTRUCCIÓN DE LA PIRÁMIDE DE FALICON. Álbum arquitectónico de Villard de Honnecourt.

1261 Papa Urbano IV. Restablecimiento del califato de El Cairo. *Arnau de Vilanova es alumno de la Facultad de medicina de Montpeller.*

1262 *Fundación de Ciudad Real.* Construcción de la catedral de Troyes.

1263 El papa RECOMIENDA A AMAURY DELA ROCHE COMO GRAN

MAESTRE DEL TEMPLE. *Primera controversia de Nahmánides con Pau Chrestiá.*

1264 *Conquista de Cádiz.*

1265 *Conquista de Cartagena.* UN LLAMADO OLIVIER LE TEMPLIER ESCRIBE SU PANFLETO «IRA ET DOLOR», SOBRE LA CAÍDA TEMPLARIA. Clemente IV, papa. Se escribe el «Libro del tesoro», de Brunetto Latini. *Segunda controversia de Nahmánides.*

1266 MAESTRE DE ARAGÓN-CATALUÑA, PERE QUERALT, QUE RECIBE CASA EN MURCIA, Y ARNAU DE CASTELNOU. EN PORTUGAL, MAESTRE GONSALO MARTINS. «Opus Maius» de Roger Bacon. Carlos de Anjou, rey de Sicilia.

1267 Comienza la «Summa Teologica» de santo Tomás de Aquino.

1269 Hugo III de Chipre, rey de Jerusalén. *Segundo intento de Jaime I por ir a Tierra Santa.* Primer estudio sobre el magnetismo, de Pierre de Maricourt (Carta sobre el imán).

1270 *Rebeliones de la nobleza de Castilla.* Muerte de Luis IX en Túnez. EL TEMPLE TIENE MIL ENCOMIENDAS EN FRANCIA.

1271 GUILLAUME DE BEAUJEU, GRAN MAESTRE. BELTRAO DE VALVERDE, MAESTRE DE PORTUGAL. Comienza el viaje de Marco Polo. Se inicia la construcción de la catedral de Narbona. Gregorio X, papa.

1272 EL MAESTRE DE ARAGÓN-CATALUÑA INTERVIENE EN EL CONDADO DE FOIX POR ENCARGO DE JAIME I. MAESTRE EN CASTILLA Y PORTUGAL, GARCIA FERNANDES. El Languedoc es definitivamente unido a Francia. La escuela de medicina de Bolonia practica la disección humana.

1273 Rodolfo de Habsburgo, rey de Alemania.

1274 *Tratados de Marruecos y Fez con Castilla.* EL CONCILIO DE LYON INTENTA LA PRIMERA UNIÓN DE TEMPLARIOS Y HOSPITALARIOS. Fin del Cisma de Oriente.

1275 Marco Polo en China.

1276 *Muerte de Jaime I. El papa Juan XXI aprueba las misiones de Ramon Llull. Las Cortes de Segovia nombran al infante don Sancho heredero de Alfonso X.* Segunda parte del «Roman de la Rose».

1277 EL TEMPLE RECIBE PULPIS DE LA ORDEN DE CALATRAVA. EN PORTUGAL, MAESTRE JOAO ESCRITOR. Condena de las tesis tomistas y averroístas por parte del obispo Tempier de París. Nicolás III, papa.

1278 Construcción de Santa María Maggiore de Florencia.

1279 MAESTRE DE ARAGÓN-CATALUÑA: PERE DE MONTCADA. *Don Dinís, rey de Portugal.*

1280 *Arnau de Vilanova es médico de la casa real. Ramon Llull viaja por Europa.*

1281 Martín IV, papa.

1282 Tregua de 10 años entre los cruzados y Egipto. *Vísperas Sicilianas, excomunión de Pedro III. Arnau de Vilanova traduce libros médicos islámicos.*

1283 *Cortes en Barcelona «una vegada lo any». Alfonso X deshereda a su hijo Sancho. «Blanquerna» de Ramon Llull, que parte a evangelizar África.* BERENGUER DE SANT JUST, MAESTRE DE CATALUÑA-ARAGÓN. *Alfonso X entrega al* TEMPLE FREGENAL, JEREZ DE LOS CABALLEROS Y SU COMARCA. MAESTRE DE PORTUGAL, JOAO FERNANDES.

1284 *Fundación de la feria de Córdoba. Muerte de Alfonso X; Sancho IV, rey de Castilla.* Construcción de la mezquita de Kalaoun, en El Cairo.

1285 *Alfonso III rey de Aragón y Cataluña. Peste en Gerona.* Felipe el Hermoso, rey de Francia. Papa Honorio IV.

1287 *Rebelión del infante don Alfonso de Portugal.*

1288 *Ramon Llull, maestro en Artes.* Nicolás IV, papa.

1289 *Ramon Llull regresa de Italia.* MAESTRE DE PORTUGAL, ALFONSO PAIS. DOCUMENTOS ATESTIGUAN RAMA FEMENINA DEL TEMPLE.

1290 *Aparece el «Zohar» de Moisés de León. Fundación de la Universidad de Lisboa.* MAESTRE PORTUGAL, LOURENÇO MARTINS.

1291 Pérdida definitiva de Tierra Santa, tras el desastre de San Juan de Acre. LOS TEMPLARIOS SE REFUGIAN EN CHIPRE. MUERTE DEL MAESTRE BEAUJEU. BERENGUER DE CARDONA, MAESTRE DE ARAGÓN-CATALUÑA.

1292 GRAN MAESTRE EN CHIPRE, THIBAULT GAUDIN. *Conquista de Tarifa. «Vita Nuova» de Dante. Arnau de Vilanova escribe el tratado «De semine scripturarum», atribuido largo tiempo a Joaquín de Fiore, y el «Allocutio super Tetragrammaton», de gran influencia qabalística.*

1294 Elección y renuncia de Celestino V. Sube al solio Bonifacio VIII. Caída de Accon, última plaza cruzada en Tierra Santa. LOS TEMPLARIOS CAMBIAN TORTOSA POR PEÑÍSCOLA, CUEVAS DE AVINROMA, ARES Y ALBOCÁCER. *Presunta gesta de Guzmán el Bueno en Tarifa. Primera acusación a los judíos de un crimen ritual, en Zaragoza.*

1295 *Bonifacio VIII entrega Córcega a Jaime II. Paz de Anagni. Fernando IV, rey de Castilla.* MAESTRE DE PORTUGAL, VASCO FERNANDES.

1296 Separación de Nápoles y Sicilia. Conflictos entre Bonifacio VIII y Felipe el Hermoso. EL TEMPLE PARECE PARTIDARIO DEL REY DE FRANCIA.

1297 TEMPLE PRESTA 2.500 LIBRAS A FELIPE EL HERMOSO.

1298 GRAN MAESTRE, JACQUES DE MOLAY. *Comienza la construcción de la catedral de Barcelona. Ramon Llull: «Árbol de la Filosofía del Amor». Marco Polo dicta su crónica de viaje a Oriente.* NUEVO PRÉSTAMO ECONÓMICO DEL TEMPLE A FELIPE EL HERMOSO.

1299 Comienza la dinastía ismailí de turcos otomanos.

1300 *Fundación de Bilbao. Jaime II ofrece al Khan alianza contra los turcos.* NUEVO PRÉSTAMO DEL TEMPLE A FELIPE EL HERMOSO: 50.000 LIBRAS. Aparecen los primeros portulanos. *Fundación de la Universidad de Lérida.*

1301 ENTREVISTA DE LLULL CON JACQUES DE MOLAY EN CHIPRE. Bula «Ausculta fili» de Bonifacio VIII contra el rey de Francia.

1302 *Comienza la expedición de los almogávares.* El dominico Guillaume de Paris, gran inquisidor de Francia. Duns Scott enseña en la Sorbona. Concilio de Roma contra Felipe IV.

1303 COMPRA DE CULLA POR EL TEMPLE. *Ramon Llull predica nueva Cruzada.* Estados generales en París. Muerte de Bonifacio VIII; le sucede Benedicto XI.

1304 EL TEMPLE TIENE 30.000 MIEMBROS. *Mohamed III se reconoce vasallo de Castilla.* Sube al papado Clemente V.

1305 PROPUESTAS DEL PAPA PARA UNIFICAR LAS ÓRDENES MILITARES. *Ramon Llull escribe el «Liber de Fine».* PRIMERA DENUNCIA A LOS TEMPLARIOS. FELIPE IV SE REFUGIA EN EL TEMPLE ANTE UNA REVUELTA POPULAR.

1306 Expulsión de judíos de Francia. SIMÓN DE LENDA, MAESTRE PROVINCIAL DE CATALUÑA-ARAGÓN. JACQUES DE MOLAY REGRESA A FRANCIA. *Propaganda espiritual de Arnau de Vilanova entre las comunidades laicas del Midi francés.* Felipe de Francia ha unido a su reino la Corona de Navarra.

1307 Clemente V en Avignon. *Ramon Llull se encuentra en Bugía.* Encuentro en Poitiers de Felipe el Hermoso con el papa. SE PERFILA LA ACUSACIÓN A LOS TEMPLARIOS, QUE SON APRESADOS EN FRANCIA EL 13 DE OCTUBRE. COMIENZAN LOS PRIMEROS INTERROGATORIOS.

1308 ARNAU DE VILANOVA, CONSULTADO POR JAIME II, SE MUESTRA PARTIDARIO DE TERMINAR CON EL TEMPLE. ÓRDENES DE RETRACCIÓN DE LOS TEMPLARIOS. Convocatoria de Estados Generales en Tours. 72 TEMPLARIOS ANTE CLEMENTE V. LOS TEMPLARIOS DE ARAGÓN RESISTEN A LA ORDEN DE PRENDIMIENTO. SE RINDEN EN VILLEL, CASTELLOTE, CANTAVIEJA, ALFAMBRA Y MIRAVET. EL PROCESO PASA PARCIALMENTE A LA IGLESIA.

1309 Toma de Gibraltar por Fernando IV. SE RINDEN LOS CASTILLOS DE MONZÓN Y CHALAMERA. CLEMENTE V MANDA CARTAS A LOS ARZOBISPOS DE TOLEDO Y SANTIAGO PARA QUE PROCEDAN CONTRA EL TEMPLE. Joinville escribe su «Vida de San Luis».

1310 CONCILIO DE SALAMANCA PARA JUZGAR A LOS TEMPLARIOS DE CASTILLA Y PORTUGAL, QUE SON ABSUELTOS. LOS TEMPLARIOS FRANCESES DESIGNAN CUATRO DELEGADOS DEFENSORES. CONDENA Y MUERTE EN FRANCIA DE 54 TEMPLARIOS RELAPSOS. *Fundación de la dinastía nazarita de Granada.* La orden teutónica en Estonia.

1311 CONCILIO DE TARRAGONA, QUE ABSUELVE A LOS TEMPLARIOS DE ARAGÓN Y CATALUÑA. APERTURA DEL CONCILIO DE VIENNE. *Muerte de Jaime de Mallorca. Muere Arnau de Vilanova.*

1312 EL CONCILIO DE VIENNE SUSPENDE LA ORDEN DEL TEMPLE. LOS BIENES DE LA ORDEN PASAN EN SU MAYOR PARTE A LOS HOSPITALARIOS. *Muerte de Fernando IV.*

1313 *Disturbios nobiliarios en la minoría de Alfonso XI. Regreso de los almogávares de Oriente.* Muerte del emperador Enrique VII. EL PAPA MANDA DELEGADOS PARA SEGUIR EL PROCESO AL MAESTRE JACQUES DE MOLAY. *Comienza la construcción de la catedral de Gerona.*

1314 PROCESO Y EJECUCIÓN DEL MAESTRE JACQUES DE MOLAY Y GEOFFROY DE CHARNAY (18 de marzo). MUERTE DE FELIPE EL HERMOSO Y DE CLEMENTE V.

1315 *Muerte de Ramon Llull.* «DIVINA COMEDIA» DEL DANTE. EL PAPA JUAN XXII REGALA TOMAR AL CARDENAL FRANCÉS BERTRAND DE SAINTE MARIE.

Apéndice II
Los maestres del Temple

En la controvertida historia de los templarios, tan manipulada según los distintos intereses por historiadores que se creían objetivos o por investigadores comprometidos hasta los tuétanos en la ideología solar o, simplemente esotérica, que les hacía ver el hecho templario como una especie de acontecimiento milenarista programado providencialmente, la sucesión misma de los grandes maestres de la Orden ha constituido a menudo motivo de confrontaciones. El resultado: que hoy mismo es prácticamente imposible de establecer la sucesión cronológica de estos maestres, porque varios de ellos son todavía objeto de dudas o, lo que es peor, casan mal con el cumplimiento de determinadas actitudes previas.

No pretendo ahora poner el punto final en la cuestión, sino exponer, lo más objetivamente que me sea posible —que tampoco me pido a mí mismo objetividad, sobre todo cuando estoy convencido de una determinada verdad que es, al menos para mí, inamovible de momento—, el estado de la cuestión. Los maestres seguros, los maestres sospechados, los maestres cuestionados, los maestres imposibles o improbables. Tengamos en cuenta, en todo caso, que si hubo realmente una jerarquía paralela en la Orden —recordemos que se habla, por ejemplo, de aquel maestre Roncelin que sería el autor de la Regla Secreta— es muy posible que alguno de aquellos dirigentes se *colase* eventualmente en la sucesión lógica de los maestres oficiales contemporáneos suyos. Tengamos en cuenta igualmente que la mayor parte de los estudios que se han realizado sobre el hecho templario han llegado del otro lado de los Pirineos, en un intento, en gran parte conseguido, de adjudicarse un nacionalismo que casa poco con lo que fue la realidad política, religiosa y hasta esotérica del Temple. La historia francesa está, por lo demás, lo suficientemente plagada de apropiaciones indebidas como para tergiversar las más objetivas realidades históricas, si es que tales realidades pueden realmente serlo.

Tratemos pues, simplemente, de establecer una escala de posibilidades. No reneguemos de nadie. Pero pensemos que, muy probablemente, esos 22 maestres casi taróticos que se nos han querido colar como demostración de predestinaciones mesiánicas puedieron ser una baraja más numerosa.

1. HUGUES DE PAYNS, o DE PAYENS, o PAGANIS, ¿o BAGANIS?
   Fundador de la Orden. Su nombre aparece como «Magister Militum Templi» desde 1125, bajo el privilegio del rey Balduino II. A él va dedicada la «Exortatio» de san Bernardo. Parece que donó su señorío de Payns a la Orden y lo convirtió en su primera encomienda europea. Según el Obituario del Temple de Reims, murió el 9 de las calendas de junio (24 de mayo) de 1136.

2. ROBERT DE CRAON
   Sobrino de un llamado Anselmo (?) y llamado a su vez el Borgoñón. Establece relaciones amistosas con los fatimitas de Damasco, cuyo jefe Urru'r le visita en Jerusalén con su emir Uxama. El maestre le permite orar junto a la mezquita de la Roca. En 1138 reconquista Tegoa, la ciudad del profeta Amós, pero es una conquista efímera que termina en matanza de templarios. En 1139 y 1145 las bulas papales «Omne Datum Optimum» y «Militia Dei» conceden a los templarios el derecho a construir oratorios en los que escuchar los oficios y ser enterrados. Muere en 1147 o 1148, después de haber colaborado a salvar del desastre la marcha cruzada sobre Laodicea y Pisilia y de haber salvado prácticamente la vida del rey Luis VII.

3. ÉVERARD DE BARRES
   Accede al gran maestrazgo después de haber sido maestre de Francia, en cuyo cargo había sido organizador de la segunda Cruzada. En 1149 dimite de su cargo y se retira al monasterio de Citeaux. Se asegura que murió en 1173 en olor a santidad.

4. BERNARD DE TREMELAY
   Maestre desde la dimisión de su antecesor. En 1153, durante el sitio de Ascalón por Balduino II y durante un ataque que tuvo lugar el día 13 de julio, el maestre entra en la ciudad por una brecha acompañado de cuarenta templarios y son todos muertos. Campomanes, sin embargo, dice que fue hecho prisionero y puesto en libertad en 1157.

4a. ANDRÉ DE MONTBART
   Uno de los fundadores de la Orden y tío de san Bernardo por parte materna. Hay muchos autores que no le incluyen en la lista de maestres. Campomanes, por su parte, le cita como tal desde 1165. Es, en cualquier caso, uno de los maestres controvertidos. No entra en el cómputo de los 22. San Bernardo habla de él en la epístola 288. Sería maestre hasta 1156.

5. BERNARD DE BLANQUEFORT

De su maestrazgo datan los estatutos de la Regla, que fijan el comportamiento de los freires. En 1168, ante la disposición del rey Amaury de Lusignan de romper el pacto suscrito con los sultanes egipcios, proclama el no consentimiento del Temple y considera perjura la expedición que prepara el rey. Es hecho prisionero mientras defiende una fortaleza de los hospitalarios. Muere en 1168.

6. FELIPE DE NAPLOUSE o NAPLÚS, o DE MILLY

De origen sirio. Señor de esta fortaleza antes de ser templario. Se le considera un maestre tremendamente influido por la cultura musulmana. Dimitió de su cargo en 1171.

7. EUDES u ODON DE SAINT-AMAND

Durante su maestrazgo se produce un acontecimiento oscuro: un asunto de deudas y conversiones por parte de miembros de la secta de los ashashins termina, al parecer, con una degollina realizada por los templarios en las personas de emisarios del Viejo de la Montaña. Está presente en la batalla de Montgisard (1177), en la que 500 cruzados, 80 de ellos templarios, se enfrentaron con 30.000 mamelucos de Saladino. Dos años después, en el desastre de Peneas, del que Balduino IV escapó a duras penas, el maestre fue hecho prisionero y nunca regresó.

8. ARNAU DE TORROJA

Había sido maestre de Aragón y procedía de una familia catalana. No obstante, los historiadores franceses le citan siempre como ARNAUD DE TOROGE. Fue el firmante del tratado de paz con Saladino que hacía a los musulmanes dueños de Jerusalén. Regresa a Europa para solicitar ayuda para la reconquista de la ciudad Santa, pero muere en Verona en 1184, antes de iniciar siquiera su gestión.

8a. TERRIC, TEODORICO o THÉRENCE

Controvertido y dudoso. Varios historiadores no le incluyen en la lista de maestres. Personalmente, me da la impresión de ser un *buco emisario* o un chivo expiatorio de las eventuales culpas achacadas a Gérard de Ridefort, que sería en tal caso su sucesor. Según lo que se cuenta de él, sería el causante de la derrota de Hattin y de la entrega del Krak a Saladino. Tendría que dimitir en 1188 por haber pactado no tomar las armas contra el sultán. Las fuentes que le citan son la Historia Jerosilimitana y el monje de San Pantaleón.

9. GÉRARD DE RIDEFORT

Maestre desde 1184 (si no existe realmente su antecesor Terric) o desde 1188. La primera posibilidad parece la más probable, así como las culpas que se le achacan. Antes de ser templario, parece que fue Senescal de la orden y, como tal, firme aliado de Reinaldo de Châtillon y de Guy de Lusignan, enemigo declarado de Raimundo III de Trípoli por cuestiones sucesorias, porque, al parecer, su llegada a Oriente fue con la intención de contraer matrimonio con la señora de Butron, cosa que no logró y le impulsó a ingresar en el Temple. Igualmente se cuenta de él que logró el cargo de maestre mediante promesas a los electores. En la batalla de Hattin (1187) persiguió con 150 templarios a los musulmanes, contra el consejo del mariscal Jacques de Mailly, y fue el único superviviente, aunque cayó prisionero con los demás responsables del desastre. Sigue contando su historia negra que, siendo el único que salió con vida entre ellos, tuvo que ser por abjuración. En cualquier caso, parece que fue puesto luego en libertad y que murió peleando en el sitio de Acre, el 1189.

9a. GUALTERIO

Extrañamente citado por Campomanes como sucesor de Ridefort entre 1190 y 1195. No tengo más datos sobre él.

10. ROBERT DE SABLÉ

Compró Chipre para la Orden a Ricardo Corazón de León. Incluso hay historiadores que aseguran que fue inglés. Posteriormente tiene que ceder la isla a Guy de Lusignan, en circunstancias controvertidas (y me refiero a las razones de esa cesión). Es él quien, al parecer, puso los medios para facilitar al rey inglés su regreso de Tierra Santa, tras haber firmado los pactos con Saladino. Muere en 1193, el mismo año que Saladino.

11. GILBERT HORAL, ERAIL o ERRALL

Había sido maestre de Aragón y Provenza entre 1185 y 1189, lo que permite suponer que fue provenzal o catalán. Cuando el capítulo de 1184 eligió a Gérard de Ridefort, él era el otro nominado y parece que perdió por el nepotismo de su rival. Durante su maestrazgo se organiza la cuarta Cruzada. Muere en 1201.

12. PHILIPPE o GILBERT DE PLAISSIEZ

(Aunque Campomanes le hace preceder de un *Ponce Giraldo* —o Giralt— en 1198, que pudo ser pariente de Pere Giralt, maestre en Aragón). Su mestrazgo se caracteriza por disputas con el Hospital.

13. GUILLERMO DE CHARTRES
    (Campomanes, evidentemente mal informado, antepone a este maestre dos más: *Theodato de Persiaco* y *Guillén de Montredón,* el que fue preceptor de Jaime I el Conquistador). Fue el constructor de la fortaleza de Château-Pélerin, en Athlit. Asistió a la consagración como rey de Jerusalén de Juan de Brena. En la cruzada egipcia, consiguió salvar a la Armada cristiana del desastre de Damieta y murió de peste en 1219. Durante su maestrazgo se tienen noticias de las invasiones mongolas y surge de modo evidente la figura del Preste Juan.

14. PERE DE MONTAGUT (llamado PIERRE DE MONTAIGU)
    Fue maestre de Aragón y catalán. Campomanes le llama Thomas y apunta que, durante su mandato, los templarios fueron eximidos de la jurisdicción del patriarca de Jerusalén. Algo de cierto tiene que haber en ello. Es durante su maestrazgo cuando tiene lugar la Cruzada de Federico II, su enfrentamiento con el Temple y su autocoronación como rey de Jerusalén. Fue él quien contribuyó a la Conquista de Damieta. Se le cita en un ejemplo de la Regla Templaria (artículo 552) como Pierre de Montagu. Murió en 1233.

15. ARMAND DE PÉRIGORD
    Muerto frente a Gaza en 1244, el mismo año en que los templarios castellanos se posesionaban de Caravaca. Hay confusión entre este maestre y un templario que fue preceptor en Sicilia y Calabria, citado como *Armand de Peiragros* en la lista manuscrita de maestres del British Museum. Del maestre reconocido se sabe que mandó levantar la fortaleza de Safet, arruinada desde 1219, y que hizo frente a las disensiones entre hospitalarios y teutónicos. En 1239 apoya con su firma una carta del patriarca de Jerusalén a Teobaldo de Navarra, aconsejándole que emprenda una Cruzada.

16. GUILLERMO DE SONNAC
    Interviene activamente en la Cruzada de san Luis, colaborando y aconsejando en el triunfo de Damieta y después, por haberse opuesto al ataque de Mansurah, ideado por el hermano del rey de Francia, Robert d'Artois. Parece ser que, acusados los templarios de cobardía, se lanzó a esa lucha imposible con sus freires y murió al frente de todos ellos (1250). De ese hecho sólo se salvaron tres templarios.

17. RENAUD DE VICHIERS
    Fue el impulsor de un tratado con los ismailitas de Damasco, impugnado por san Luis, que se negó a aceptar pacto alguno con los musulmanes. Fue él quien se negó a proporcionar el dinero para el rescate del rey prisionero, según cuenta Joinville en su crónica. En 1247 había sido maestre de Francia

y posteriormente Mariscal en Tierra Santa. Su muerte, al parecer en 1256, se contradice con documentos firmados por su sucesor en 1252. Siendo maestre, Federico II devolvió al Temple los bienes que le había confiscado en Tierra Santa.

18. THOMAS DE BÉRARD o DE BÉRAUT

Su maestrazgo se caracteriza por la pugna y hasta la lucha abierta con los hospitalarios. En 1257 se produce una invasión tártara, que toma Damasco y otras plazas importantes. El Temple sufre derrotas ante el Islam y, según cuenta Puteano en su *Historia de la Destrucción de los Templarios,* fue él quien, después de ser hecho prisionero en Sepahad, renegó de Cristo para obtener su liberación. Fue maestre hasta 1272, aunque su presunto sucesor firmó como tal desde 1263.

19. AMAURY DE LA ROCHE

Fue recomendado para el Maestrazgo por el papa Alejandro IV, mientras Bérard estaba prisionero. Cabe pensar que fuera un «mestre interino», que dejaría su cargo cuando, en 1272, fue nombrado su sucesor efectivo.

20. GUICHARD o GUILLAUME DE BEAUJEU

Fue padrino de una hija de san Luis. Durante su maestrazgo se inicia la pendiente más fuerte del declive templario, hasta el sitio y toma de San Juan de Acre, en cuya defensa muere en 1291, luchando al lado de los hospitalarios, en una última reconciliación entre ambas órdenes.

(Según Campomanes, entre Tomás Bérard y Jacques de Molay hay maestres distintos a los que hoy se reconocen más o menos oficialmente. Allí figura un ROBERTO, que asistiría al Concilio de Laon, y un GUIFREDO DE SALVANY —posiblemente catalán o tolosano— que figura en el catálogo de Villanueva.)

21. THIBAUT, TEOBALDO GAUDINI o GAUDIN

Se retiró de Chipre con los únicos diez templarios supervivientes de los quinientos que defendían la plaza. Allí siguió como maestre hasta su muerte en 1298. Campomanes, seguramente conocedor de su ascendencia italiana, le llama Mónaco Gaudino.

22. JACQUES DE MOLAY

Último maestre templario, ejecutado el 18 de marzo de 1314 frente a Notre Dame. Permaneció en Chipre hasta 1305 y regresó a Europa para asistir a una reunión con el maestre del Hospital convocada por Clemente V. El maestre hospitalario no asistió, De Molay se quedó en Francia y fue prendido con el resto de los templarios franseces el 13 de octubre de 1307, iniciándose el proceso que terminaría con a disolución definitiva de la Orden.

Como vemos en esta lista, cuadran los 22 maestres si prescindimos de algunos que, a mi modo de ver, tendrían que tomarse muy en cuenta, tanto por lo que presuntamente significaron como por su personalidad. El caso de *André de Montbart* es significativo, en tanto que fue uno de los fundadores de la Orden y, al parecer, no accedió al maestrazgo, si es que efectivamente accedió, hasta 1153, mientras que le precedieron tres maestres que no formaban parte del núcleo fundador. Además, su maestrazgo —si es que lo fue en efecto— tiene lugar durante los años que anteceden y siguen a la muerte de san Bernardo. Otro caso digno de tenerse en cuenta es el de *Amaury de la Roche,* eliminado por los exégetas del esoterismo porque su mandato habría coincidido con el maestrazgo de un Bérard prisionero del Islam y presunto renegado del cristianismo ortodoxo.

Apéndice III

Huellas para un misterio

Es una desgracia, habrá que reconocerlo, pero no siempre se puede trabajar con datos comprobados sobre el terreno. Pero se trata de un inconveniente como otro cualquiera, que debemos asumir si no queremos que una sospecha difícilmente comprobable se quede en el aire, sin la mínima posibilidad de que otros, algún día, puedan sacar a la luz la evidencia que esa sospecha sólo podía anunciar. En una parte de lo que ahora voy a tratar de exponer brevemente, desconozco el lugar y todos aquellos complementos de la historia que podrían esclarecer aquello que, con los datos que he podido ahora manejar, resulta evidentemente incompleto. A pesar de todo, he preferido arriesgarme, porque, aun en el peor de los casos, hay elementos suficientes para entender algo de ese conocimiento que los templarios pudieron beber en las fuentes gnósticas armenias y que muy bien pudo contribuir a modos muy específicos de enfrentar el conocimiento de la arquitectura sagrada. Como se da el caso, además, de que existen, entre esos pocos datos, elementos suficientes para establecer un paralelo —evidente, aunque misterioso— entre este fenómeno que vamos a sintetizar y otros que nos son mucho más conocidos, creo que el riesgo merece la pena de correrse, sin más peligros que los de una información lógicamente incompleta.

En territorio de Azerbaijhán, la vieja Iberia caucásica, que hoy forma parte de la República Islámica del Irán, pero a poco trecho de las fronteras de Turquía y de la Unión Soviética, casi a la vista del monte sagrado del Ararát, donde se posó el Arca de Noé tras los cuarenta días y cuarenta noches de Diluvio Universal, se encuentran las ruinas del monasterio armenio de San Tadeo y el monumento de su iglesia, felizmente reconstruido cuando estaba seguramente a punto ya de desaparecer.[1] Las noticias que se han conservado de este lugar no son ni muy numerosas ni demasiado completas, pero sí suficientes como para poder conocer, con cierta aproximación, que el monasterio tuvo sus orígenes en torno al siglo VI, que de aquella primera época se conserva la que llaman hoy todavía la «iglesia negra», *Kara Kilise*, que conforma el ábside del total del templo actual (porque un terremoto en 1319 destruyó casi todo el monasterio, que tuvo que empezar a ser reconstruido diez años después por el abad Sakaria —Zacarías—, añadiéndosele, al parecer, lo que ahora constituye todo el resto del templo). Es por aquellos años del siglo XIV cuando los documentos armenios comienzan a dar noticia de este lugar apartado de las rutas comerciales y cuando comienza a ser, para los fieles, enclave de sagrada peregrinación. El primer europeo que lo visitó fue, según las noticias que nos han llegado, el coronel inglés W. Monterth, en 1831 y, desde 1954, gracias a la publicación de las investigaciones arqueológicas realizadas en el monasterio, la fama de San Tadeo empezó a extenderse más allá de las estrictas e imprecisas fronteras de la antigua Armenia.

Creo que, conforme a los datos que desde aquí cabe recoger sobre este monasterio perdido entre las cumbres del Cáucaso, habría que proponer un estudio en profundidad (que tendré que dejar a otros con posibilidades de realizarlo), centrado en dos aspectos principales: el primero, los motivos de su emplazamiento y de su advocación; el segundo, las razones esotéricas de su estructura.

a) *Emplazamiento y advocación*. La proximidad del monte Ararat, considerado y sentido incluso como lugar profundamente sagrado de arribo de la Humanidad salvada del Diluvio, supone la declaración tácita del enclave como centro sagrado de primera magnitud en el contexto de la gnosis iniciática. Y no tanto porque cumple determinados preceptos de la historia religiosa —ya que coincide estrictamente con el recuerdo de la tradición judeo-cristiana en este caso— sino por el simbolismo que encierra en sí mismo en tanto que advocación que puede considerarse como uno de los grandes mitos salvíficos de la historia oculta. El monte sagrado, en este caso, cumple su función inmediata para quienes, desde el monasterio, verían en él la evidencia del enclave originario de todo Conocimiento. El monte sería, a la vez, símbolo y presencia inaccesible, motivo de meditación y

---

1. Extraje noticias y planos del artículo «Le Monastère Arménien de Saint Thádée en Azerbaidjan», del profesor Wolfram Kleiss, publicado en la revista *Archeologia*, núm. 19, nov.-dic. 1967, p. 72 y ss. El profesor Kleiss era por entonces director adjunto del Deutsches Archäologisches Institut de Teherán.

elemento de trascendencia; es decir, elemento místico y, al mismo tiempo, ejemplo permanente de certezas religiosas.

Paralelamente, el enclave es puesto bajo una advocación que no puede considerarse ni gratuita ni circuntancial. San Tadeo es el último de los doce apóstoles, el que, según la tradición, sustituyó a Judas el traidor. También él es llamado Judas; Judas Tadeo, Judas Santiago (por ser hermano de Santiago el Menor y de Simón, todos ellos hijos de Alfeo y de María Cleofás) y Judas *Lebeo*. Pero pongamos atención a este último nombre porque, según Jacobo de la Vorágine,[1] procede de la voz *lebes,* que significaría precisamente *vasija* o *recipiente;* un recipiente que tiene que ver con las connotaciones alquímicas y griálicas del lugar de donde el santo procedería, Caná, el pueblo de las bodas en las que Jesucristo convirtió simbólicamente el agua en vino. Así lo narra su primer biógrafo, Abdías, obispo de Babilonia, que es también el primero en asociar a Tadeo con su hermano Simón Cananeo y en entrelazar para ambos una historia común de evangelizaciones por distintos territorios del Asia Menor. (No olvidemos, por otra parte, la importancia que en el esoterismo tiene la unión simbólica de dos hombres empeñados en una misma tarea de conocimiento recibido o impartido. Es el mismo simbolismo que emplearán los templarios en su célebre sello de los dos jinetes sobre un mismo caballo y el mismo que proclamará la Qabalah hebrea cuando asegura, por boca de Ishaq el Ciego, que sólo la colaboración de dos hombres podrá permitir el acceso al Conocimiento[2] y a las verdades encerradas en el saber tradicional.

San Tadeo se nos muestra en su trayectoria evangélica como un auténtico hombre de conocimiento, «hombre de sentido y cabeza», como le definió san Jerónimo, quien añade que predicó en Edessa. Nicéforo Calixto le hace evangelizador de Mesopotamia, san Paulino de Nola le sitúa en Libia y Fortunato de Poitiers le supone proclamando el Evangelio en Persia. Jacobo de la Vorágine, tras hacerle mensajero de Cristo ante el rey Abgaro de Edessa —mientras Simón predica en Egipto— reune a los dos hermanos en Persia, donde se enfrentaron con éxito a los magos zoroástricos Zoroen y Arfaxat y posteriormente fueron ambos sacrificados en Samir, después de que un ángel del Señor

---

1. «*La Leyenda Dorada*», op. cit. II, p. 681 y ss.
2. Traté este tema en *La meta secreta de los templarios,* op. cit. p. 58 y ss.: siendo Yavé *uno* y creador *único,* jamás *un solo hombre* pudo alcanzar el Conocimiento de su obra. Son necesarios al menos dos en íntima colaboración para llegar a atisbar ese conocimiento.

les diera a elegir entre su martirio y el castigo mortal del pueblo entero que reclamaba su muerte.

La tradición armenia aisla a su apóstol del hermano Simón, le proclama evangelizador del Kurdistán y le hace fundador y constructor del monasterio al que venimos refiriéndonos, que sería según parece *«la primera iglesia del mundo»*. En el reino de Ardaz llevaría a la fe cristiana a la princesa Sandukht, pero enterado de la conversión, su padre, el rey Sandruk, hizo ejecutar juntos a conversor y conversa. Al santo lo enterrarían sus discípulos en la misma iglesia que fundó y a la princesa en uno de los montes vecinos.

San Tadeo es, según parecen coincidir los comentaristas bíblicos, el autor del penúltimo escrito del Nuevo Testamento, la Epístola de Judas. Un texto que, para muchos, debe ser encasillado entre los no demasiado ortodoxos, porque, a pesar de arremeter contra los impíos *«que convierten en lascivia la gracia de nuestro Dios y niegan al único Dueño y Señor nuestro, Jesucristo»* (versículo 4), cita como palabras a seguir al pie de la letra algunos textos considerados como apócrifos y consiguientemente rechazados por las autoridades eclesiásticas: el de Enoc (versículo 14) y la *«Assumptio Moysis»* (versículo 9).

Con todos estos datos dispersos, la personalidad —simbólica y, en su caso, esotérica— de san Tadeo, se nos dibuja a través de una serie de rasgos que conviene resumir:

a) hombre de conocimiento, elegido, capaz de enfrentarse a la magia (negra) con la magia (blanca);
b) conocedor profundo de los escritos sagrados a todos los niveles: santo, pues, sincretizador de corrientes diversas;
c) construntor, adepto, buscador del lugar mágico para la edificación sagrada, buscador por tanto también del fenómeno trascendente;
d) protagonista de historia simbólica con implicaciones alquímicas ya insertas en su propio apelativo (la historia simbólica sería la de la princesa armenia, trasunto de la historia alquímica de la compañera convertida en adepta personificación de la madre-tierra, incluso con su presunto enterramiento bajo la montaña sagrada, eventualmente el Ararat).

Tales rasgos convierten al santo y, de rechazo, a su obra o a la obra levantada en su nombre y bajo su advocación, en hecho hermético que encierra conocimientos transmitidos desde una gnosis plenamente integrada en los saberes tradicionales.

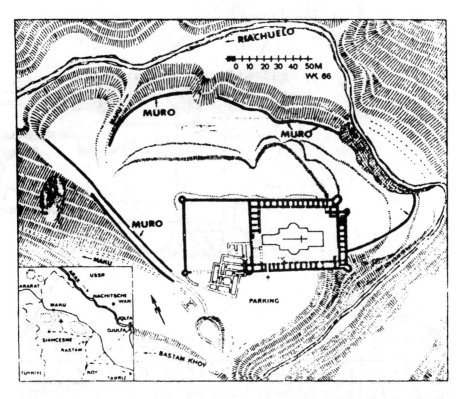

El triple recinto que fue propio de las construcciones templarias puede ser ya detectado en los muros que rodean y conforman el monasterio de San Tadeo.

b) *Razones para una estructura.* Apunté al principio que el monasterio de San Tadeo se compone, después de la reconstrucción efectuada en 1325, de un templo doble, en el que la iglesia primitiva —la *«iglesia negra»*, como la llaman los fieles, no lo olvidemos— sirve de ábside a la totalidad. Visto hoy en planta, sin embargo, ese templo sorprende por lo que la presunta ampliación hizo de él: un recinto sagrado con doble crucero —el primitivo y el posterior del siglo XIV— que marca perfectamente la forma de la cruz patriarcal, la cruz de doble brazo transversal que ya hemos dado en llamar cruz de Caravaca, pero que no falta quien la llame —al otro lado de los Pirineos— cruz de Lorena y hasta, en ocasiones, cruz templaria.[1]

1. Dicen varios autores —aunque nada parece que pueda probarlo documentalmente— que esta fue, antes del 1143, la primera enseña adoptada por los templarios, en tanto que dependientes del patriarca de Jerusalén.

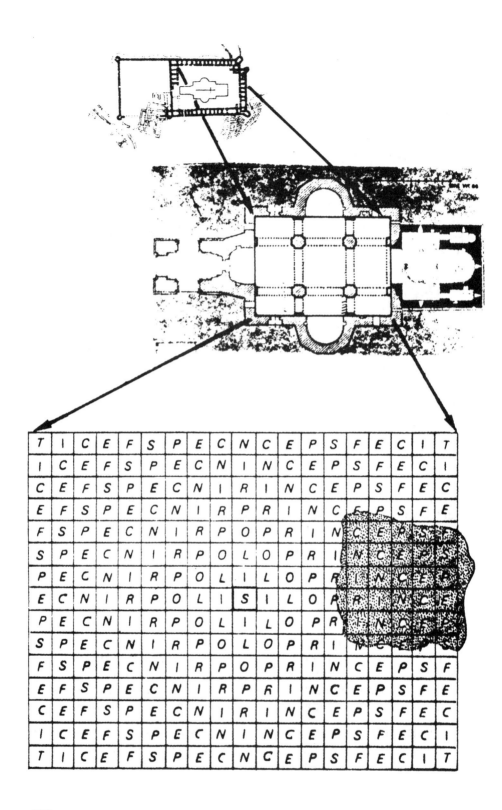

Pero pongamos atención. Estamos, aparentemente al menos, ante un templo *doble*. Es decir, ante una edificación sagrada que plantea, en cierta manera, un dualismo arquitectónico: el de un primer recinto, la «iglesia negra», y el definitivo, que respetó enteramente la estructura originaria para añadirle *otra estructura* que la complementaba y que, sin embargo, la aislaba al mismo tiempo, puesto que la dejaba reducida a *una parte* de lo que anteriormente había constituido un total. Una parte que, además, conservaba —y conserva aún— todas sus características de *totalidad,* transformando el conjunto en la obra dúplice que hemos planteado al principio.

— Hay una cruz *menor* a la que se le ha adaptado otra *mayor*;
— hay una iglesia deliberadamente *negra* a la que se le ha añadido otra conscientemente *blanca*.

Si nos planteamos una razón profunda que explique lo que una supuesta lógica arquitectónica nunca podría aclarar, nos asaltará irremediablemente la sospecha de la presencia de un simbolismo dualista deliberadamente expresado y apoyado, primitivamente, en el principio (satánico o luciferino si queremos) negro del sol oscuro, que es el origen de la creación del mundo según la gnosis de las formas del cristianismo oriental basadas, como hemos tenido oportunidad de ver, en las iniciaciones de las religiones mistéricas precristianas. (Pero un dualismo que también, sin ser explícitamente proclamado y, aún más, a pesar del anatema que sufrió siempre por parte de la iglesia oficial, siguió latente en el lado esotérico del cristianismo más ortodoxo, empeñado en una constante lucha por demostrar su radical alejamiento de los dos principios condenados.)

Pero no se detiene ahí el simbolismo tradicional que parece impregnar todo el recinto monástico. Si tomamos las proporciones de las medidas que nos da el patio de las celdas que rodea al templo, veremos que coinciden con las del interior de la nave de la iglesia nueva. Y que ambas, curiosamente, coinciden a su vez con casi pasmosa exactitud con la misteriosa proporción 19/15 que caracteriza a los templos de la Península Ibérica desde la época visigótica a la introducción del románico cluniacense y que se encuentra explícitamente anunciada, como magnitud sagrada, en el laberinto que el soberano asturiano Silo mandó poner en el templo real de Santianes de Pravia, uno de los primeros que se levantaron en el pequeño reino después de haberse contenido allí la invasión islámica y de haberse proclamado como

a proporción 19/15, tal como aparece en el laberinto del rey Silo, en la lanta de la nave central de San Tadeo y en el recinto claustral del ionasterio.

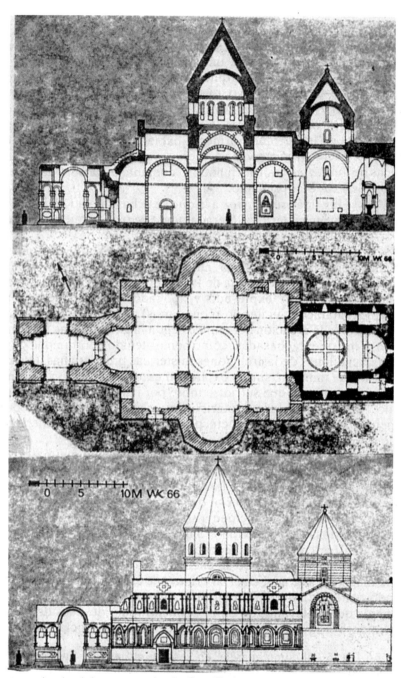

Planta y alzado del monasterio de San Tadeo.

Situación del monasterio armenio de San Tadeo.

continuador de la tradición heredada de la monarquía goda.[1] Por mi parte, a pesar del tiempo transcurrido desde que apunté estas evidencias referidas a la arquitectura sagrada peninsular, tengo que confesar con toda humildad que aún no he sido capaz de encontrar una explicación que pudiera dar la clave de esa misteriosa y tan repetida proporción —19/15— pero me confirma en su secreta importancia esotérica el hecho de que venga repitiéndose sistemáticamente allí donde, de una forma o de otra y en los lugares más alejados entre sí y sin aparente conexión cultural o histórica, surge la *casa sagrada* como centro del mundo superior. Y lo que resulta aún más inquietante, siempre —dije siempre, sí— dentro de esa insólita faja geográfica de la que habló Louis Charpentier hace ya muchos años, comprendida entre

[1]. Véase *La meta secreta de los templarios,* op. cit.

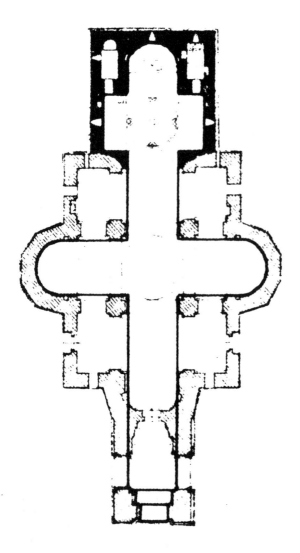

Planta de San Tadeo. Las dos iglesias conforman el esquema de la Cruz de Caravaca.

los paralelos 40 y 45 de latitud norte y, con enorme preferencia, a lo largo del paralelo 42, que parece así convertirse en un camino sagrado a escala cósmica, marcando la dirección de un oriente ignorado, pero fundamental para quienes aspiran a alcanzar el conocimiento.

El mundo de la tradición está lleno de preguntas cuyas respuestas todavía no han llegado. Al menos, aquellas respuestas que podrían darnos razón cierta del saber inalcanzado.

El monasterio de San Tadeo, desde su iglesia vieja, la «iglesia negra» de los armenios.

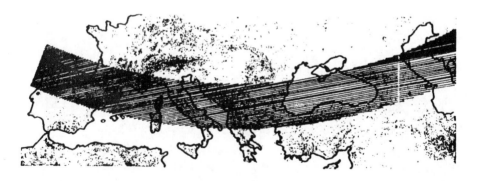

La franja marcada por los paralelos 40 y 45 grados de latitud norte contiene buena parte de las tierras mágicas y de los grandes centros espirituales de Europa.

ESTE LIBRO SE HA IMPRESO
EN BROSMAC, S.L.